인간학습의 철학

크리스토퍼 윈치 저 | 이병승 · 김우영 공역

THE
PHILOSOPHY
OF
HUMAN
LEARNING

Philosophy

학지사

The Philosophy of Human Learning

by Christopher Winch

　이 책은 크리스토퍼 윈치가 저술한 『The philosophy of human learning』 (London and New York: Routledge, 1998)을 완역한 것이다. 책의 제목이 말해 주듯이, 이 저작은 인간학습을 철학적인 관점에서 고찰하고 있다. 주지하다시피 지금까지 학습은 주로 사회과학, 특히 심리학 분야에서 다루어져 왔다. 즉, 학습의 개념은 심리학 혹은 교육심리학자들의 전유물처럼 다루어져 왔다. 이런 이유로 오늘날 우리가 알고 있는 학습의 개념은 심리학자들이 탐구해 놓은 학습의 의미 그 이상도 이하도 아닌 것처럼 되어 버렸고, 오늘날에는 많은 이가 학습을 자극에 대한 반응으로 설명한 행동주의 심리학자들의 주장을 당연한 것으로 여기거나, 학습을 인지구조의 변화로 설명하는 인지주의 심리학자들의 주장을 아무런 의심 없이 받아들이고 있다. 더욱이 이러한 학습관들은 교육이론가들뿐만 아니라 교육실천가들에게 심대한 영향을 끼치고 있다.

　하지만 우리가 교육언어로서 학습의 의미에 대해 좀 더 찬찬히 숙고해 보면 다음과 같은 질문들에 관심을 기울이게 된다. 즉, 학습에 대한 과학적인 설명은 만족할 만한 것인가? 특히 학습을 행동의 변화 혹은 인지구조의 변화로만 설명하는 관점은 어느 정도 타당하다고 할 수 있을 것인가? 만약 타당하지 않다면 이러한 학습이론들의 인식론적 토대를 이루고 있는 합리론(合理論)과 경험론(經驗論)의 전제가 과연 옳다고 할 수 있는가? 만약 그 전제가 그릇된 것이라면 그동안 당연한 것으로 여겨졌던 기존의 학습관을 비판적으로 검토해 봐야 하는 것이 아닌가? 이러한 비판적 검토를 통해 기존의 학습관이 지나치게 편협한 것이라는 점이 드러난다면 이를 확장하고 보완해야 하는 것이 아닌가?

　이 책의 저자인 윈치 교수는 이 같은 문제의식을 가지고 기존의 학습이론과 이러한 이론의 철학적 배경을 이루는 낭만주의(浪漫主義), 행동주의(行動主義), 표상주의(表象主義), 발달주의(發達主義) 그리고 의 주장에 대해 도전장을 던지고 있다. 특히 그는 비트겐슈타인(L. Wittgenstein)의 저작들에서 얻은 몇 가지 통찰을 기반으로 이들 학습이론이 가진 한계와 약점을 통렬하게 비판하면서 그동안 거대이론(巨大理論)들의 숲에 가려 상대적으로 무시되어 온 학습의 고유한 의미를 찾아내고 그 중요성을 부활시키려고 한다. 그는 사람들이 계몽시대의 비전을 추구하는 동안 잃어버린 인간 삶의 다양한 측면들을 부각시킴으로써 과학주의와 낭만주의의 양극단으로 기울어진 학습 개념의 균형을 잡기 위해 노력하고 있다.

　이 책은 총 16개 장으로 구성되어 있다. 우선, 저자는 제1장 서론에서 학습을 철학적으로 다루게 된 배경과 각 장의 개요를 밝히고 있다. 제2장에서는 학습이론의 인식론적 배경을 이루는 합리론과 경험론 간의 유사성과 차이를 추적하면서 이것들이 현대 학습이론의 형성에 끼친 해악을 비판하고 있다. 제3장에서는 인간 삶의 규범적 측면을 거부한 루소의 낭만주의적 관점이 가지는 한계를 검토하고 있다. 제4장에서는 학습 이해에 있어서 사적 언어가 가지는 중요성을 평가하고 있으며, 제5장에서는 학습 과정에서 훈련이 가지는 중요성을 부각시키고 있다. 제6장에서는 표상주의 형식 안에 드러난 인지주의 학습이론의 한계를 지적하고 있으며, 제7장에서는 오늘날 가장 영향력 있는 발달주의의 학습관을 비판하고 있다. 제8장에서는 언어학습에 대한 과학적 설명이 가지는 허구성을 비판하고 있으며, 제9장에서는 개념이란 독립적으로 생성되는 것이 아니라 사회적, 규범적 맥락에서 형성되는 것이라는 점을 부각시키고 있다. 제10장에서는 학습과정에서 기억의 역할에 대해 설명하고 있으며, 제11장에서는 학습 과정에서 주의력이 어떤 위치에 있는가를 고찰하고 있다. 제12장에서는 후기 학습의 의미 및 중요성을 설명하고 있으며, 제13, 14, 15장에서는 그동안 무시되어 왔던 학습의 측면들, 즉 종교, 도덕, 감상 분야에서 학습이 가지는 의의와 중요성을 논의하고 있다.

　　결국 윈치 교수는 이러한 방대한 분량의 논의를 통해 학습이 단지 특정 분야에서의 앎의 과정에만 영향을 주는 것이 아니라 우리 인간 삶의 모든 분야에 영향을 주고 있으며, 따라서 우리가 다양하고 복잡한 속성을 띤 학습의 개념을 바르게 이해하기 위해서는 경험적이고 심리학적인 연구의 편협한 관점에서 벗어나 철학적인 검토를 해야 할 필요가 있음을 힘주어 강조하고 있다. 이 책은 학습에 전문적인 관심을 가지고 있는 심리학자들과 교육학자들뿐만 아니라 심리학과 교육학 분야를 공부하는 학생들에게도 흥미로운 책이 될 수 있을 것이다.

　　이 책이 나오기까지 수고한 분들에게 감사의 말씀을 드린다. 특히 바쁜 와중에도 틈을 내 번역본의 원고를 꼼꼼히 읽어 주고, 문맥을 잡으면서 비판적인 조언을 아끼지 않았던 주위 분들과 상업성이 떨어지는 서적임에도 불구하고 학문의 발전을 위해 흔쾌히 출판을 맡아준 학지사 김진환 사장님 및 직원 여러분에게 감사의 말씀을 드린다.

이병승 · 김우영

지난 150년 이상 인간학습에 관한 놀랄 만한 관심과 엄청난 양의 연구가 있어 왔음에도 그것에 관한 지식과 이해는 여전히 답보상태에 놓여 있다. 이러한 일이 생겨난 것은 우리가 이 주제에 대한 정보를 축적하지 못했기 때문이 아니라 잘못된 방향으로 이끄는 그릇된 정보를 너무 많이 모았기 때문이다. 이런 이유로 우리는 특정한 사례들을 다루는 데 시간을 허비하면서 '이론 구축'에만 신경을 써 왔다. 이 책의 초판이 1998년에 출간되었는데, 나는 아직까지도 그때 가지고 있던 생각을 바꿀 마음이 없다. 만약 바꾸어야 할 것이 있다면, 그것은 그러한 그릇된 경향에 대해 더 많은 경고를 해 줘야 한다는 것이다. '학습 스타일' 이론, '학습방법의 학습' 그리고 '두뇌기반 학습'의 이론들이 최근 몇 년 동안 널리 확산되어 가고 있다. 이들 각각의 경우 이러한 움직임의 기반을 이루는 개념적 기초가 빈약하며, 따라서 이것들과 관련된 경험적 연구들이란 미흡하거나 무가치하다는 것이다.

이 책은 인간학습에 관한 '거대이론 수립'에 참여하라는 유혹을 물리치고, 대신에 연구자가 다루려는 것이 무엇인지에 대한 이해에 기반을 둔, 보다 작고 다루기 용이한 활동에 관심을 가지고 있다. 학습상황에 참여하면서 무엇인가를 배울 때 자신들이 실제로 하고 있는 것이 무엇인가에 관해 관심을 가지도록 하는 연구들이 인간 마음에 관한 한두 가지의 형이상학적인 견해에 기반을 둔 거대이론화 작업보다 규모는 작을지 모르나 유용한 것들이 더 많다. 우리는 이러한 분야에서 쓸모 있는 경험적 연구를 하기 위해 철학적 이해가 반드시 필요하며, 배운다는 것이 무엇인지에 대한 철학적 탐구가 연구자를 짜증 나게 하는 선택사항이어서는 안 된다는 점을 받아들일 필요가 있다. 이렇게 할 때 비로소 경험적 연구가 진지하게 시작될 수 있을 것이다. 이 책에서 전개하는 논의들이 학습과 관련을 맺고 있는 학술 공동체에 반향을 불러일으킬 수 있겠지만 충분하다고 할 수는 없을 것이다. 비슷한 논의를 전개하는 다른 저자들 또한 주목을 받지 못하고 있기 때문이다.

나는 『The philosophy of human Learning』이 한국어로 번역되게 된 점을 매우 기쁘게 생각한다. 나는 한국의 독자들이 영향력 있는 학습이론들에 대한 새로운 관점을 제시하는 이러한 논의로부터 도움이 될 만한 것을 얻어내기를 희망하며, 그러한 이론들을 비판적으로 검토하는 가운데 쓸모 있는 것은 지키고 그렇지 않은 것을 버리기를 희망한다. 무엇보다 개념적으로 불충분한 이론화 작업을 지나치게 존중하여 훌륭한 교육이 위험에 빠지지 않도록 막는 것이 중요하다. 이것이야말로 이 글을 쓰는 지금도 약화될 조짐이 보이지 않는 지속적인 위험성이다. 나는 한국어 번역판이 이러한 일이 그치도록 하는 데 도움 주기를 간절히 희망한다.

나는 영어로 되어 있는 책을 한국어로 번역하고, 이것에 풍성한 결실이 맺어질 수 있도록 작업해 준 이병승 박사와 김우영 님에게 진심 어린 감사의 말씀을 드린다.

크리스토퍼 윈치

저자 서문

 내가 이 책을 서술하게 게 된 동기는 아주 간단하다. 그동안 인간학습에 대한 특별한 관심과 엄청난 양의 연구가 이루어져 왔음에도 불구하고, 우리는 아직까지 20세기 초에 알아냈던 것 이상을 알지 못하는 처지에 놓여 있다. 이렇게 된 이유는 우리가 인간학습에 대한 정보를 축적하지 못해서가 아니라 우리가 가지고 있는 정보 상당수가 우리를 잘못된 방향으로 이끌어 왔으며, 나아가 특수한 사례들을 연구하는 데 너무 많은 대가를 치르면서 이론체계를 수립해 왔기 때문이다. 심리학의 한 분야로서 학습에 대한 빠른 속도의 연구는 일반적으로 정보를 증가시키는 데 도움을 주기는 하였지만, 이 주제에 대한 명료함을 모호하게 만드는 결과를 가져왔다. 우리는 이미 알고 있는 것, 이미 '민족심리학'[1]이라 불리던 것 안에 담긴 것을 설명해 내지 못하고 있으며, 결국 우리는 인간학습에 대한 과거의 심오한 이해와 모순되거나 갈등을 일으키는 거대이론들에 압도당하고 있다.

 이 책은 학습에 대한 거대이론을 수립하기 위해 이루어진 과학적 연구의 허세에 의문을 제기하는, 미약하지만 나름대로 가치 있는 시도다. 이 책은 우리가 이미 알고 있는 것을 회상하게 하는 것, 우리가 이미 적용해 온 적절한 과학적 탐구 그리고 이 분야에서 거대이론의 구성에 내한 자기부정의 태도에 기반을 둔 어떤 접근방식을 제안하려고 한다. 이러한 제안을 따름으로써 우리는 분에

---

1) [역주] folk psychology: 통속심리학 또는 민속심리학이라고도 불리며, 주로 민족정신의 문제를 민족의 정신발달단계 특성과 성격적 특성에 비추어 고찰하는 학문분야다.

넘치는 과학적 열정의 대가로 얻어낸 것보다도 더 명료한 것들을 얻어낼 수 있을지도 모른다. 또 이러한 작업이 그리 나쁜 일은 아니라는 생각이 든다.

별도의 설명이 없는 한 남성 대명사는 남성과 여성 모두를 의미한다.

〈일러두기〉

- 본문 안의 인명과 도서명의 경우 한글로 적고 괄호 안에 원어를 병기하였다.
- 도서와 잡지인 경우는 『 』로, 논문은 " "로, 그 외 예술작품 등은 〈 〉로 표기하였다.
- 한글 단어만으로 혼란이 있을 경우 괄호 안에 한자를 병기하였다.
- 본문 안에서 저자가 강조한 단어나 구절은 **고딕체**로 표기하였다.
- 각주는 본문에서 번호 1), 2), 3) ……을 붙이고 그 내용은 각 페이지 하단에 표기하였다. 각주로 표기한 경우는 다음과 같다.
  ① 저자가 강조한 단어나 구절 중 그 의미를 명확히 밝혀야 할 경우, 해당 원어를 그대로 실었으며 이탤릭체로 표기하였다(본문의 **고딕체**에 해당).
  ② 보충설명이 필요한 경우 역자가 [역주]라고 쓴 후 설명을 달았다.
  ③ 본문 안의 단어나 구절 중 그 의미를 명확히 밝혀야 할 경우 해당 원어를 그대로 실었다.
- 원서의 주석은 번호 1, 2, 3, ……을 붙이고 각 장 끝에 후주로 처리하였다.
- 인용문의 경우 글씨체를 본문과 달리하고 양 옆 들여쓰기로 본문과 구별하였다.

제1장 **서론: 학습에 대한 재고찰**

제2장 **학습이론에 대한 합리론과 경험론의 유산**

제1장

서론:
학습에 대한 재고찰

서론:
학습에 대한 재고찰

1. 이 주제가 중요한 까닭은 무엇인가

이 책은 아동 양육과 교육에 적용되어 왔던 학습의 개념을 철학적으로 다루는 데 목적이 있다. 이 책이 필요한 까닭은, 학습을 왜곡해서 다루어 온 다수의 심리학자들과 그러한 심리학자들에 의해 영향을 받은 교육학자들이 학습을 왜곡해서 바라보고 있기 때문이다. 학습이란 단순히 어떤 사회 안에서 이루어지는 아동양육제도에 대해 언급하는 것이 아니다. 이것은 인간의 삶에 있어서 중요한 부분으로서 우리가 행하고 있는 교육과 훈련체제의 중요 관심사다. 이와 더불어 삶에서 중요한 문제는 경험을 더 많이 하는 것이 아니라 경험을 준비하고 반성하는 것이다. 이러한 활동들도 아동기와 성인 초기에 이루어지는 지식, 기술, 이해의 습득과 마찬가지로 '학습'이라 불릴 수 있다. 따라서 학습이란 인간경험의 핵심으로서 그리고 구원작업[1]이 필요한 곳에서 철학적으로 다룰 수 있는 적절한 주제라고 할 수 있다.

우선, 개념을 명확하게 하자. 나는 '학습'을 사람들이 의도적으로 정성껏 지

---

1) [역주] rescue operation: 저자가 학습을 구원하겠다고 표현한 것은 학습이라는 말이 사회과학만의 지배적인 탐구대상이 아니라는 점을 지적하기 위한 것이다.

식, 기술, 이해를 획득하려는 상황뿐만 아니라 뚜렷한 노력을 기울이지 않은 채 또는 정상적인 성장을 거치면서 그것들을 획득하게 되는 상황까지 모두 포괄하는 말로 사용하고자 한다. '획득'과 '발달'이라는 말은 각각 이러한 경우들에 적용되는 것이어서 나는 이러한 용법을 따르되 이 경우들 간의 유사점과 차이점을 항상 염두에 두면서 '학습'이라는 말에 대한 관심의 폭을 넓혀가고자 한다. 하지만 유사 생물학적 형태의 발달을 통해 이루어지는 학습에 대한 아이디어는 제7장에서 비판적으로 논의될 것이다. 이에 덧붙여, 나는 과업의 의미[2](학습하려고 하는 것)와 성취의 의미[3](학습이 성공적으로 이루어진 것), 이 두 가지 측면 모두에서 학습에 대해 관심을 가질 것이며, 따라서 만약 논의와 맥락의 구별이 필요하다면 이를 명료하게 구별할 것이다.

이 책을 쓰면서 내가 지닌 관심사는 구체적으로 다음과 같다.

1. 나는 학습을 사회과학(심리학과 특히 언어학)의 지배적인 관심사로부터 구원하여 이 주제가 철학적으로도 중요하다는 점을 옹호하고자 한다.

2. 나는 학습에 대해 영향력 있는 설명을 한 표상주의,[4] 행동주의,[5] 발달주의[6] 그리고 루소(J. J. Rousseau)의 낭만주의[7]에 도전할 것이다. 내가 논의를 전개해 가는 동안 이러한 네 가지 접근법이 일반적으로 생각하는 것보다 훨씬 더 서로 밀접하게 관련을 맺고 있다는 점이 분명해지길 바란다. 나아가 이 네 가지 관점은 엄격한 비판을 받아야 할 공통된 뿌리를 가지고 있다는 점이 분명해지길 바란다.

3. 나는 보다 일반적으로 다루어져 온 학습의 측면들뿐만 아니라 대부분의

---

2) task sense

3) achievement sense

4) representationalism

5) behaviourism

6) developmentalism

7) Rousseauian romanticism

저자들이 무시해 온 학습의 측면들을 다루고자 한다. 전자에는 주의집중[8]의 개념과 학습의 종교적이고 심미적인 측면들이 포함된다. 후자의 범주에서, 기억력, 언어, 도덕적 학습에 처방된 광범위한 치료는 이제 인습적 지혜[9]가 되어버렸다. 이러한 인습적인 설명은 철저한 비판을 받게 될 것이며, 대안적 관점들이 제시될 것이다.

4. 나는 학습의 사회적, 정서적, 실천적[10] 본질을 강조하고자 한다. 그동안 이 세 가지 특질은 비교적 주목을 받지 못해 왔다. 하지만 나는 인간이 어떻게, 또 왜 무엇인가를 학습하는가를 이해하는 데 이들이 근본적으로 중요하다고 믿는다.

비트겐슈타인(L. Wittgenstein)은 자신의 저서, 『철학적 탐구(*Philosophical investigations*)』 말미에서 다음과 같이 적고 있다.

심리학의 혼란과 무익함은 그것을 '덜 성숙한 과학'이라고 부른다고 해서 해명될 수 있는 것이 아니다. 현재 심리학의 상태는 예컨대 초창기의 물리학과 비교될 수 있는 것은 아니다……. 왜냐하면 심리학 안에는 실험적 방법이 존재하나 개념적 혼란[11]이 존재하기 때문이다…….

우리는 실험적 방법이 있으니까 우리를 괴롭혀 온 문제들을 해결할 수단을 지니고 있다고 생각하게 되었다. 비록 그 문제와 방법이 서로 엇갈리고 있더라도 말이다.[1]

이 말은 거의 50년 전에 그랬듯이 지금도 여전히 일리가 있으며, 또한 교육적

---

8) attention

9) conventional wisdom

10) *social, affective and practical*

11) *conceptual confusion*

사고 및 언어적 사고(두 가지 모두 심리학의 영향을 크게 받고 있다)에도 상당 부분 해당될 수 있다.

내가 학습의 개념을 검토해 봐야 한다고 언급했다고 해서, 우리에게 대안적 이론이 필요하다고 말하는 듯이 보이지 않았으면 좋겠다. 다만 나는 이 책을 통해 ('획득'과 '발달'이라 불리는 것을 포함한) 학습에 관한 오늘날의 생각이 혼란스럽고 무익하기 때문에 유감없이 폐기되어야 함을 보여 주고 싶을 따름이다. 심지어 인간학습에 대한 과학적인, 적어도 체계적인 설명이 가능하리라는 생각 역시 잘못이다.

이러한 설명이 가능해 보이는 이유들 중 하나는 학습을 다루어 온 심리학이 계속하여 인간 삶의 어떤 측면들, 특히 종교, 예술 그리고 보다 일반적으로 인간 삶의 사회적, 실천적, 감성적 차원[12]을 구성하는 측면들에 대해 충분한 설명을 해내지 못했기 때문이다. 사실 중요한 주제들 중 하나는 인간 삶의 사회적, 실천적, 감성적 차원이 매우 핵심적인 것이며, 서로 다른 실제적 상황 가운데서 학습을 설명해 내려는 여러 부문에 실제로 중요한 의미를 던져 줄 수 있다는 것이다. 이러한 일이 가능할 때, 학습을 이해하는 데 있어서 맥락[13]이 지닌 중요성이 분명해질 것이며, 더 나아가 학습을 거대이론[14]의 관점에서 이해하려는 경향을 약화시킬 수 있을 것이다.

그렇다고 해서 이러한 경고의 주장들이 우리가 학습을 이해할 수 없으리라는 비관론으로 받아들여져서는 안 될 것이다. 이해의 가능성이 아니라 이론 수립의 위험성에 좀 더 주의를 기울이자는 데 경고의 목적이 있다. 앞으로 논의하겠지만 우리가 원하는 바는 더 많은 이론이 아니라 이미 우리 앞에 정립되어 있는 것에 대한 보다 정확한 서술과 이해[15]다. 어떤 중요한 측면에서 생각해 보자면,

---

12) social, practical, and affective dimensions

13) *context*

14) grand theory

15) *description* and *understanding*

이론들이란 이해의 방식을 기초로 수립된 것들이다. 지금까지 언급한 내용을 사람들이 배우는 방식에 대해 새로운 지식과 통찰력을 얻는 것이 불가능하다는 뜻으로 이해하면 안 된다. 오히려 그러한 지식이란 거대이론을 구성하지 않을 뿐 아니라 거대이론으로부터 나올 수 없는, 소위 지엽적이고 특정한 활동들에 관련되어 있을 따름이라는 것이다.

내가 말하고자 하는 것 대부분은 어쩔 수 없이 아이들, 때로는 매우 어린 아이들에 관한 것이며, 대부분의 교육이 이루어지는 기간에 관련되어 있다. 그럴 수밖에 없는 것이 학습이란 대부분 전체 삶의 단계에서 볼 때 바로 이 어린 시절에 일어나기 때문이다. 분명히 그간 교육계는 다음 장들에서 서술할 이론들에 의해 큰 영향을 받아 왔다. 나는 어느 정도 이러한 이론들에 토대를 두고 있는 실제적인 것들[16]에 관해 비판을 가할 것이다. 그 이유는 이러한 비판이 교육을 구성하는 방식에 시사하는 바가 클 것이라고 생각하기 때문이다. 그러나 보육원이나 교실에서 무엇이 이루어져야 하는가에 대한 처방적 설명을 시도하지는 않겠다. 다만 대부분의 경우 그 안에 담긴 의미가 분명히 드러나게 할 것이다. 최근 몇 년간 학습이 이루어지는 구체적 상황에 대한 충분한 겸손함과 존경심 없이 이 영역에 뛰어드는 사람들에게 교육적 실천에 대한 독단적 처방이 지나치게 많이 제시되어 왔다. 사실 나는 여기에서 만들어진 학습이론들에 대한 비판이 가지는 의미가, 교직(教職)[17]에서 현재 이루어지고 있는 실제적인 일들을 반성하고 재고하는 수단으로 논의되기를 바란다. 하지만 학습이란 어린 시절에만 일어나는 것이 아니기 때문에 이 책의 범위는 교육에 직접 관련된 것보다 더 광범위할 것이다.

인식론으로 알려진 철학의 영역은 지식을 어떻게 획득하며 지식과 신념은 어떻게 구분되는가 하는 문제들과 관련을 맺고 있다. 인식론이란 우리가 어떻게 학습하는가 하는 경험적인 질문들에 관심을 가지기보다는 이러한 질문들에 대

---

16) practices

17) teaching profession

한 답을 찾을 수 있도록 하는 이론적 틀[18])을 제공하는 일에 관심을 가지고 있다. 우리는 어떻게 학습하게 되는가 하는 질문들은 이러한 인식론적인 전제[19])와 관련이 있으며, 또 대개 이러한 전제에 의존한다. 학습이론에 대한 과학적 탐구는 인식론적 입장들에 의존하고 있다는 점에서 이러한 입장들을 고려하지 않고는 이해가 어렵다. 이 책의 상당 부분은 이러한 입장들과 그 입장들이 잘못된 이유를 설명하는 데 관심을 기울일 것이다. 학습이론은 어느 정도 미흡한 인식론에 기반을 두고 있다는 점에서 대체로 절충적인 성격을 띠고 있다. 그러므로 내가 관심을 가지는 것 대부분은 학습이론 이면에 깔려 있는 전제들을 찾아보고 이러한 이론들에서 도출되어 나오는 경험적 결과가 얼마나 관련성이 부족한지를 보여주려고 한다는 점에서 인식론적이라고 할 수 있다.

모든 이론이 다 그런 것은 아니지만 대부분의 현대 학습이론은 한편으로는 데카르트(R. Descartes), 다른 한편으로는 로크(J. Locke)의 저작에서 유래하는 인간 지식과 인간 본성에 관한 사고의 전통에 기반을 두고 있다. 일반적으로 알려져 있듯, 이 두 철학자는 서로 다른 진영(각각 합리주의와 경험주의)에 속하지만, 또 본유적 원리나 관념의 존재에 대해 전혀 다른 입장을 취했지만, 이들 사이에는 상당한 유사성이 있기에 그 공통된 인식론적 입장을 기반으로 현대 학습이론들이 자신들의 주장을 이끌어 낼 수 있었다. 오히려 현대 철학 분야에서 공통된 근거를 기반으로 이론을 세우려고 한다는 점에서 경험론과 합리론 간의 계속된 절충[20])이 이루어지고 있다고 말하는 편이 차라리 나을 것이다.[2] 이 두 인식론의 출발점은 개인의 의식적인 각성[21])이 모든 지식의 기초를 이룬다는 것이다. 이러한 개별성은 신체적인 용어들이 아닌 정신적인 용어들로 인식된다. 경험론과 합리론이 공유하고 있는 공통된 인식론적인 입장이란 역사적으로 정

---

18) framework

19) preoccupations

20) *rapprochement*

21) conscious awareness

신적인 것을 근원적인 것으로, 신체적인 것을 부차적인 것으로 바라보는 인간 존재의 개념에 기반을 둔 방법론적 개인주의[22]의 형식이다. 이것은 다음 장들에서 공격받게 될 가정들[23]중 하나이며, 이러한 공격의 결과는 인간학습의 다양한 측면에 대해 제기된 설명들로 확산될 것이다. 요컨대 이러한 가정은 실천적이고 사회적이며 감성적인 것을 무시하는 학습관을 낳게 된다.

그렇기는 하지만 유심론(唯心論)[24]에 대해서는 맹공을 가하고 개인주의 그 자체로는 불충분하다고 여기는 등 상황은 복잡하다. 이러한 상황들 중 그 첫째는 경험론 안에 관념론의 가설을 피하면서 인간의 신체적인 측면을 강조하고 동물세계와의 연속성을 강조하는 경향이 한 가닥 있다는 점이다. 그렇게 하면서 이것은 데카르트에 의해 고무되고, 칸트(I. Kant)에 의해 계승된 견해, 즉 인간이란 자연세계의 일부로서 인과법칙의 지배를 받기 때문에 과학적으로 이해될 수 있는 자동장치[25]로 다루어질 수 있다는 견해를 채택하게 된다.[3] 행동주의[26]로 알려진 경험주의적 접근은 심리학과 교육학에 영향을 주어 왔으며 지금도 계속 영향을 주고 있다. 행동주의자들은 학습을 외적 자극에 의해 일어나는 신체운동의 변화라는 맥락에서 설명한다. 아이러니하게도, 행동주의자들이 만든 프로그램은 경험주의자들이 말하는 개인의 입장에서 학습을 탐구하고, 관찰된 대상(그것이 동물이건 사람이건 주요한 것이 아니다)의 행동과 관련된 감각 자료를 구하며, 그러한 자료에 기초하여 일반화하려는 관찰자 혹은 과학자를 필요로 한다.[4]

두 번째 복잡한 문제는 데카르트철학[27]에 속한 몇 가지 경향이 물리주의적 세계관[28]에 종속되어 오늘날의 언어 및 학습이론 안에 그대로 상존하고 있다는

---

22) methodological individualism

23) assumptions

24) mentalism

25) automata

26) *behaviourism*

27) Cartesianism

28) physicalist view of world

점이다. 이러한 경향은 컴퓨터 공학이 더욱 발전함에 따라 그리고 이것이 인간의 마음을 조작하기 위한 모델을 제공해 줄 것이라는 그럴듯한 약속을 함에 따라 더욱 왕성해지고 있다. 데카르트철학의 가장 영향력 있는 변형이론으로 불리고 있는 현대 인지주의(認知主義)[29]는 물리주의의 변형으로 볼 수 있는데, 그 이유는 이 이론이 마음과 두뇌란 하나이며, 인간 마음의 상징적인 능력이 신경 구조 및 과정의 맥락에서 설명될 수 있다고 보기 때문이다.[5]

세 번째 문제는 발달주의(發達主義)[30]에 놓여 있다. 이것은 루소에게서 비롯된 인간의 성장과 학습에 대한 접근법이기는 하지만 피아제(J. Piaget)와 다른 학자들에 의해 계승되고 있는 바, 이들은 아동기와 성인 초기의 서로 다른 단계에 관련된 학습능력에는 질적인[31]차이가 있다는 점을 강조한 바 있다. 발달주의는 유심론적 개인주의의 전반적인 수정 내용보다 더 정교하다는 점에서 논의할 만한 가치가 있다.

마지막 네 번째 문제는 루소의 저작에서 유래하는 자유주의(自由主義)[32]다. 루소는 교육이 성취될 수 있으려면 인간 의지의 귀속으로부터 인간을 해방시켜야 한다고 강조한다. 앞으로 살펴보겠지만, 이 말은 권위로부터의 자유를 함축한다. 그러므로 현대의 여러 학습이론은 분명히 유토피아적이고 자유주의적이고 반권위주의적인 편견[33]을 가지고 있는데, 이 편견은 이미 서구사회의 아동 양육과 교육 양식에 심대한 영향을 끼친 것들이다. 사실, 아동기를 포함하는 인간 삶의 규범적 본질을 제대로 평가하지 못하는 것은 바로 이러한 학습에 대한 접근법 때문이다. 따라서 어떤 영향력 있는 현대 저자들의 저작 안에서 인지주의(방법론적 개인주의를 강조하는 이론)와 루소적인 진보주의(개인의 자유를 강조하는 이

---

29) *cognitivism*

30) *developmentalism*

31) *qualititative*

32) *liberationism*

33) bias

론) 사이에 밀접한 관련이 있다는 점을 발견하는 것은 결코 놀랄만한 일이 아니다.[6]

2. 비트겐슈타인의 저작에서 얻은 통찰력

내가 앞에서 유심론적 개인주의라고 서술한 바, 인간의 마음과 학습의 본질에 관한 오래된 사고의 전통은 이번 세기 동안, 지금까지 그리고 현재도 변함없이 막강한 지배력을 행사해 오고 있다. 이러한 지배력에 대한 중요하고도 유일한 도전이 비트겐슈타인의 저작에 의해 이루어졌다. 유심론적 개인주의의 인식론에 대한 그의 도전이 주목을 받기 시작하면서 그의 저작은 인간학습을 설명하는 다양한 프로젝트들에 커다란 시사를 던져 주었다. 이러한 시사점들은 간략하게 요약할 수 있는 것이지만, 책의 구체적인 내용은 이들을 하나하나 자세히 설명하고 있다.

첫째, 비트겐슈타인은 지식이란 확실성[34]을 추구해야 한다는 견해를 의심한다. 데카르트의 "나는 생각한다"[35]라는 주장에서, 또 경험론자들이 주장하는 관념과 인상[36]의 직접적인 자각에서 드러나는 이 견해는 우리의 행동을 떠받치고 있고, 반응과 판단을 일치하도록 하는 신념과 태도에 대한 참조로 대치된다. 우리가 굳게 지지하며 다른 모든 판단의 기초로 삼는 신념들이 있기 마련이다. 말하자면 이러한 것들은 의심을 살만한 것이 될 수 없다는 점에서 도저히 의심해 볼 수 없는 신념들이다. 일련의 사실들에 대한 확신이 있어야 비로소 우리는 다른 사실들에 대해 지식을 얻거나 의문을 던질 수 있는 능력을 갖게 된다.[7] 그러므로 우리가 우리의 어린 시절에 많은 일들(예컨대, 일상적 물건들이 사라지지 않

---

34) *certainty*

35) *cogito*

36) impressions

고 늘 다시 나타나는 것)을 확실하게 하도록 배운다고 할지라도, 우리는 우리가 아는 것을 확신하기 어렵다. 사실 우리는 우리가 아는 것을 의심하기에 이르기도 하고, 우리가 확신하는 견고한 신념의 체계 안에 의심이 존재할 수도 있다. 지식이란 지식이라는 것으로 대충 서술될 수 있는 것이 아니라 지식을 이루는 필수 불가결한 요소인 실제와 신념의 체계 안에서 존재한다고 할 수 있다. 비트겐슈타인은 지식을 구성하는 틀[37]을 규정함으로써 그리고 동시에 확실성과 지식 사이의 범위가 모호하고 불분명하다는 점을 알림으로써 확실성이 규범적인 성격을 띠고 있다는 점을 밝히고자 한다. 이러한 생각들은 후기학습(後期學習)[38]을 이해하는 데 중요한 것들이다(제12장을 참고하라).

둘째, 비트겐슈타인은 인간의 자연사[39]에 대한 관심을 촉구했다. 그렇다고 그가 이를 통해 데카르트주의자들이 동물을 규정할 때 그랬던 것처럼 우리가 스스로를 자동장치로 생각해야 한다고 말하려는 뜻은 아니었다. 오히려 그는 우리 인간이 두 부분, 즉 정신적인 것과 신체적인 것으로 구성되어 있다는 견해에 의문을 제기하였으며, 인간을 이 두 부분으로 구분하는 것을 이해할 수 없다고 강조하였다. 이러한 강조점의 변화에서 발견되는 여러 가지 시사점이 있다.

❖ 인간 본성의 인지적, 의지적, 정서적 측면들 간의 관계는 매우 밀접하다. 이것들이 비록 어떤 목적을 실현하기 위한 것으로 편의상 분리되어 있다고 할지라도 이것들이 어떤 의미에서 분명하게 구별되는 마음의 기능들[40]이라고 생각한다면 이는 잘못이다. 특히 다른 사람들에게 표현된 우리의 감정과 정서(그 자체가 인지적 측면을 지닌다)는 일상적인 삶 가운데서 우리의 행동을 이해하는 데 중요하다. 이것들은 우리가 무엇을 생각하고 느끼

---

37) framework
38) later learning
39) natural history
40) distinct faculties of mind

는가에 관한 실마리를 제공하며 어느 정도 생각과 느낌을 구성한다.

❖ 우리는 사고, 감정, 행동을 마음의 속성이 아닌 **사람**의 속성으로 이해한다. 타인이 반응하는 행동을 보고 익힌 학습은 우리가 인간이 되어 가는 과정에 있어서 근본적인 것이며, 지식의 배경을 이루는 반응에 동의하고 있다는 것을 보여 주는 몸짓과 표정을 인식하고 또 그것에 반응하는 우리의 능력에 깊이 관련되어 있다.

❖ 인간 본성의 정서적인 측면은 학습욕구를 포함하여 동기, 흥미, 욕구 등을 이해하는 데 매우 중요하다. 행동주의자들은 발달주의자들과 마찬가지로 동기화가 학습에서 중요한 것이라고 관심을 기울이지만 이들은 모두 그것을 거칠고 부적합한 방식으로 다루어 왔다.

❖ 비트겐슈타인은 우리 인간의 동물적 성격을 강조한 결과 학습에서 훈련이 중요하다는 점을 강조한다. 대부분의 인지주의자들은 훈련을 두려운 것으로 생각하였으며, 행동주의자들은 훈련을 조건화[41]로 생각하였으나, 비트겐슈타인은 훈련을 매우 중요하게 여겼다. 우리가 인간 삶에 참여하도록 해 주는 여러 가지 반응을 발달시킬 수 있는 것은 바로 훈련을 통해서라는 것이다. 즉, 언어를 사용하고 이해하며, 단순하기도 하고 복잡하기도 한 하루하루의 일상을 살아갈 수 있게 해 주는 것, 나아가 도덕적으로, 종교적으로, 예술적으로 자각하게 해 주는 것은 바로 훈련이라는 것이다. 인간 훈련은 그 활동의 가능성이 반응에 어느 정도 동의하는가에 의존하고 있다는 점에서 규범적인 성격을 띠고 있다. 우리가 우선 규칙에 따라 배울 수 있는 것은 훈련을 통해서이며, 우리가 수업, 설명, 발견을 통해 더 많은 것을 배울 수 있게 된 것도 훈련을 통해 배운 규칙을 따르기 때문이다.[8]

❖ 말로 표현하지는 않겠지만, 나는 이런 식의 접근은 더 나아가 행동하도록 하는 학습과 어떤 능력을 가지도록 하는 학습은 모두 어떤 것이 그 경우에

---

41) *conditioning*

해당하는지 배우는 것과 밀접하게 관련되어 있으며 그 자체로도 매우 중요하다는 사실을 이끌어 낸다고 논증하고자 한다.[9] 게다가 이는 행동주의자들의 조야한 취급을 제외한다면, 상대적으로 경시되어 온 학습의 영역이다.

셋째, 비트겐슈타인은 인간 삶의 사회적 속성에 관심을 기울였다. 그는 기본적으로 사적인 규칙 따르기[42])와 같은 것은 있을 수 없다고 주장하는 가운데 이러한 점을 설명하고자 했다.[10] 비트겐슈타인이 내세우는 주장의 핵심이 여러 철학자에게 논란의 대상이 되었지만 그들의 해석 역시 논란의 대상이었다. 나는 이러한 점들을 다음 장들에서 다루겠지만 여기서는 관찰 내용을 두어 개만 설명하겠다. 어떤 논평자들이 생각했던 것처럼, 비트겐슈타인의 주장은 개인 기억에 관한 회의론(懷疑論)[43])에 의존하지 않고 있으며, 그것을 사적인 감각언어[44])를 지배하는 것과 같이 공유할 수 없는 규칙에 적용하지도 않는다. 그의 주장은 그보다 더 급진적이다. 왜냐하면 규칙을 따르는 사회제도[45])가 존재하지 않고는 옳고 그름, 정확함과 부정확함의 개념을 파악할 수 없다고 보기 때문이다. 그 어떤 규범적인 활동도 고립된 삶 안에서는 처음부터[46]) 존재할 수 없다. 기억 주장들[47])의 가능성은 옳거나 혹은 그르거나 한 가능성에 의존하기 때문에 그러한 주장들이 의미 있게 평가되는 사회적 맥락을 제외하고는 기억 주장들에 호소할 만한 것이란 아무것도 없다.[11]

규칙 따르기라는 사회적 속성은 인간학습이 개인적 활동 이상의 것이라는 의미를 담고 있다.[12] 학습에 관심을 가지고 있는 심리학자, 언어학자, 교육학자 대

---

42) private rule following
43) scepticism
44) private sensation language
45) *social institution*
46) *ab initio*
47) memory claims

부분은 이러한 사회적 차원에 대해 별로 관심을 기울이지 않는다. 관심을 기울인다 해도 매우 피상적인 차원으로, 예를 들어 협동의 중요성과 같은 맥락에서 다룬다. 보다 진지하게 생각해 보면, 학습의 사회적 본질을 이해한다는 것은 개인 상호 간의 것으로부터 정치적인 것에 이르는 광범위한 수준까지, 생각보다 훨씬 심오한 것이다. 이것의 의미들을 탐구하는 것이 이 책의 주요 테마들 중의 하나다.

3. 학습과 제도

인간학습이 최소한의 사회적 기반을 가지고 있다면, 학습이 형성되는 과정에 있어서 사회가 중요하다는 점을 어떻게 설명해야 할 것인가? 나는 우리가 살고 있는 사회, 즉 발달한 후기 산업사회의 종류들에 대해 특별한 관심을 기울이고자 한다. 하지만 이어서 사회의 종류들을 보다 넓은 인류학적 관점에서 숙고하는 쪽으로 이동하겠다. 그 속성이 아무리 다양하다고 할지라도 모든 인간사회는 개념적 구조 안에서 발견되는 어떤 제한적인 요인들을 이러저러한 방식으로 설명할 수밖에 없다.[13] 탄생, 번식 그리고 죽음의 생물학적 요인들과 관련된 이러한 개념들은 문화마다 다른 방식으로 설명될 수밖에 없다. 그들은 서로 다른 방식으로 인간 실존의 여러 측면을 이루게 된다. 즉, 가정적, 경제적, 도덕적, 종교적 그리고 미적인 측면을 이루게 된다. 이러한 제한적인 요인들이 가지는 중요한 함의는 이것들이 각 사회에 다음 세대를 생산해 내는 과업을 부여하고 이를 통해 스스로를 재생산하는 과업을 부여한다는 데 있다.

이러한 일이 이루어지는 방식이 매우 다양할 수 있지만 어떤 사회건 아이를 양육하는 형식,[48] 문화적이고 제도적인 입문 형식, 직업 준비의 형식 등을 가지

---

48) form

고 있을 것이다. 이러한 범주가 어느 정도는 피상적인 것이라고 이해할 수 있을 것이다. 예컨대, 이러한 것들이 대부분 비슷한 활동이나 비슷한 집단활동 안에서 발견된다는 점은 충분히 납득할 만하다. 우리는 도덕성 형성뿐만 아니라 신화 학습, 인공물 만들기, 회화 및 조각 학습을 포함하는 어린이 양육이 이루어지는 부족을 상상해 볼 수 있을 것이다. 아이는 성장해 가면서 동식물을 확인하는 방법과 사냥하고 도구를 만드는 방법을 배우고, 부족의 신념과 관습을 더욱 많이 학습하게 된다. 이러한 신념과 관습이 사냥과 만들기 같은 직업 활동들에 대한 정보를 제공하기 때문에 그것들이 별도로 학습되었다고 말한다면 옳지 않다. 즉, 그것들은 모두 그 부족 사람들의 삶의 부분으로 연결되어 있다고 할 수 있다. 아이가 청소년이 됨에 따라 제도와 그 부족 사람들의 의식(儀式)에 관해 더 많은 것을 배우게 되고, 이제는 장차 훈련자 및 교육자의 역할을 담당할 준비가 된 성인 남자 혹은 여자로 입문[49]하게 된다. 이것은 공상적인 시나리오가 아니라 우리가 수렵-채집[50]이라고 부르는, 세계 여러 다양한 지역에 존재하고 있는 사회적 조건을 서술하고 있다. 이 예시는 학습이 일상적 삶의 부분일 뿐만 아니라 그것의 서로 다른 측면들이 다른 것들과 분리되기 어렵다는 점을 보여주고 있다.

하지만 우리 사회는 이와 같지 않다. 우리 사회는 제도적으로 복잡하며 전문화되어 있다. 우리 사회의 특징은 19세기의 마르크스(K. Marx)가 말했던 경제적 토대와 잉여적 상층구조를 가지고 있다. 그러한 특정 이미지가 만든 신화(神話)가 무엇이든지 간에 현대인들이 자신들의 삶을 여러 부분으로 나누는 경향이 있다는 점은 부인할 수 없는 사실이다. 이는 우리가 매우 섬세하게 조직된 노동 분업을 운영하고 있기 때문이기도 하지만(이것이 상당히 큰 부분이기는 하다), 다른 한편으로 우리는 과거에 그랬던 것보다 훨씬 더 적극적으로 사회가 서로 다른 범주들로 구성되었다고 생각하려 들기 때문이기도 하다. 하지만 역설적이게

---

49) initiated

50) hunter-gathering

도 사람에 대해서는 종족, 문화, 연령, 성(性)과 상관없이 근본적으로 동일한 존재로 생각하는 경향이 더 강하다. 그러다 보니 오늘날 우리는 자연히 경제, 종교, 예술 그리고 가족생활을 삶의 분리된 영역으로 생각하기에 이르렀다.

　이것은 우리 대부분이 상대적으로 잘 모르는 삶의 영역들이 있다는 것을 의미한다. 또한 이것은 젊은이를 양육하는 일이 그것에 책임을 지고 유치원, 학교, 대학과 같이 그 나름의 규칙과 우선권을 어느 정도 보장받는 기관에서 일하는 사람들에게 주어진 전문적인 과업이라는 것을 의미한다. 때로 상이하고 대립되는 가치를 성취하려는 책무성,[51] 능력, 사명감[52]이 요구되는 곳에서, 서로 다른 제도들 간의 갈등이 다루어질 수 있을 것이다. 하지만 그러한 제도 구분이 가져다주는 대가는 불가피하게 상대적으로 자율적인 제도들이 사회 안에서의 폭넓은 운동과 지배적인 조직 내부의[53] 의무를 반영하는 그 자체의 가치와 문화(신념과 일을 행하는 방식)를 발전시킨다는 점이다.[14] 학습과 그 학습에 연결된 교육제도를 구체적으로 들여다보면, 이것은 어떤 때는 갈등하기도 하고 어떤 때는 조화를 이루기도 하는 두 가지 힘의 지배를 받게 된다. 그중 하나는 과학주의[54]이며 다른 하나는 반권위주의적인 낭만주의[55]다. 이 두 가지 경향은 많은 사회에 큰 영향을 주었지만, 특히 교육체계 안에서 큰 영향력을 행사하였다. 이것들은 또한 앞에서 소개한 바 있는 유심론적 개인주의[56]에 큰 영향을 받았다.

　과학주의와 반권위주의적인 낭만주의가 때로 공생관계처럼 협동하는 것이 놀랍게 보일지 모르겠다. 하지만 그리 놀랄 일이 아니다. 대체로 과학은 전통적인 권위와 제도적 사슬에서 벗어남으로써 발전해 왔다. 사회, 도덕성, 종교에 대한 루소적인 아이디어들은 대개 비슷한 원천(源泉)에서 흘러나왔다. 말하자

---

51) accountability

52) willingness

53) intra-institutional preoccupations

54) *scientism*

55) *anti-authoritarian romanticism*

56) mentalistic individualism

면 사부아 보좌신부의 신앙고백[57]은 19세기 과학적 세계관이 확장되어 가는 상황에 직면하여 종교적 신념의 어떤 형식을 지키려는 시도였다.[15] 과학과 민주 정치이론이 융기함에 따라 권위로부터의 해방과 권위에 대한 거부가 이들의 공통된 테마로 등장하였다. 그러나 이 양편에 어두운 측면도 있었는데, 그것은 권위주의자에게서 나타나는 오만함과 통제의 욕구였다. 이것은 억제하기 힘든 것으로, 그것은 아마도 자유와 해방이라는 수사학(修辭學) 속에서 전개되었기 때문일 것이다.[16]

이 두 가지 경향은 우리가 가르치고 학습시키는 현대적 방식을 구성하고 있으며, 우리가 이러한 활동들에 관한 생각을 할 때 영향을 주는 방식을 구성하고 있다. 교수 및 학습에 관한 우리의 사고방식은 자연히 과학주의의 영향을 받음으로 인해 인간 활동 전체를 포괄하는 학습에 관한 이론들을 수립하도록 이끌고 있으며, 한편으로는 실제로 어떤 측면들을 무시하도록 하고 있다. 나는 거대 이론 수립을 희생시켜서라도 다양성을 회복하고 싶다. 즉, 상대적으로 무시되어 온 삶의 영역들에서 의미를 가지는 학습의 중요성을 부활시키고 싶다. 또한 나는 우리가 계몽기의 비전을 추구하는 동안 인간 삶의 어떤 중요한 측면들, 특히 학습에 대한 우리의 견해가 관련된 어떤 측면을 이해하려고 할 때 중요한 것을 잃어버렸다는 점을 말하고 싶다. 이러한 주장이 근대성[58]을 맹렬하게 비난하는 것으로 보일 수도 있겠으나 내가 목적하는 바는 통합되고 전일체적인[59] 사회제도를 가지는 '프리토피아'[60]로 되돌아가는 것이 아니라, 얼마 전부터 교정이 필요하게 된 우리의 생각에 균형을 잡는 것이다. 또한 나는 성공적인 학습을 이끌었다고 여기는 개인주의의 중요성에 대해 비판을 하는 동안 우리가 어떻게 개인과 특정한 환경에 영향을 주는 정치적, 문화적, 사회적 그리고 가정적 요인들

---

57) The Creed of Savoyard Vicar
58) modernity
59) holistic
60) pretopia

의 영향으로 다양하게 이루어진 학습의 결과로 생겨난 다양한 개별성[61]과 개인
적 능력을 인식할 수 있는지를 보여 주고 싶다.

4. 이 저작의 개요

　제2장은 합리주의와 경험주의 학습이론 간의 유사성과 차이점을 추적하면서
이 이론들의 기원에 대해 보다 구체적으로 탐색해 보고자 한다. 제3장은 루소
의 저작, 특히 『에밀(*Émile*)』에서 발견되는 교육적인 주장들을 비판적으로 탐색
할 것이며, 인간이란 자신들이 생각하는 방식을 이루는 자연사[62]를 가지고 있
다는 루소의 인식을 비판적으로 검토하고, 그의 반권위주의 그리고 교육 및 어
린이 양육과 관련된 인간 삶의 규범적인 속성을 평가하기를 거부한 루소의 인식
을 비판적으로 검토하고자 한다.

　제4장은 이러한 규범적인 속성을 보다 깊이 탐색하고 그것이 사회적 상호작
용, 반응 그리고 인간 본성의 감성적 측면에서 가지는 의미를 검토할 것이다.
학습을 이해하는 데 있어서 사적 언어 논의가 가지는 중요성 역시 평가가 이루
어질 것이다. 제5장은 규칙 준수에 있어서, 더 나아가 학습 전반에 대해 훈련[63]
이 지니는 중요성을 검토할 것이다. 이 장은 또한 과학적 학습이론으로서 현대
행동주의의 한계를 살펴볼 것이다. 제6장은 오늘날의 지배적인 과학적 학습이
론을 비판적으로 검토할 것이다. 즉, 표상주의 형식 안에 드러난 인지주의를 비
판할 것이며, 그것이 표상의 개념을 맥락('마음/두뇌')에 적용하고 있다는 점에서
일관성이 없음을 제시하려고 한다. 제7장은 가장 영향력 있는 발달주의의 형식
을 비판적으로 설명할 것이며, 그것이 옳다면 하찮은 것에 불과하다는 점을 시

---

61) individuality

62) natural history

63) *training*

사하고자 한다. 그것이 아무런 쓸모없는 것인 한 학습능력은 계속해서 과소평
가받게 될 것이다. 제8장은 우리가 말하는 것을 어떻게 배우는가에 대한 현대
의 과학적인 설명을 비판적으로 고찰할 것이며, 이것이 더 이상 설명할 필요가
없는 미스터리를 계속 설명하려고 한다는 점을 제시할 것이다. 제9장은 개념 형
성에 관심을 가지고, 개념이란 무엇인가를 판단할 때 작용하는 능력이라는 견
해를 지지할 것이며, 개념들이 어떻게 앞 장들에서 서술된 규범적 맥락에서 발
달하게 되는가를 보여 주고자 한다. 제10장은 학습에서 기억의 역할을 재평가
할 것이며, 제11장에서는 주의를 기울인다[64]는 개념과 그것이 학습의 어떤 위치
에서 이루어지는가에 대해 고찰할 것이다. 제12장은 후기학습을 검토할 것이며
무엇보다도 초월적 사고기술[65]로 받아들여지고 있는 '학습을 학습한다'는 것이
중요하다고 여기는 주장에 의문을 던지고자 한다.

제13, 14, 15장은 모두가 상대적으로 무시되어 왔던 학습의 측면들(도덕적 학
습이란 여기서 제외되기는 하지만 주로 발달주의의 영향을 받아 왔다)과 관련되어 있
지만, 이것들은 서로 밀접하게 관련되어 있다. 또한 이 장들은 앞선 장들에서
다루어진 주제들에 기반을 두고 있다. 제16장은 모든 논점들을 요약하고 결론
을 내릴 것이다.

---

64) *paying attention*

65) super-thinking skill

1 L. Wittgenstein, *Philosophical Investigations*, Oxford, Blackwell, 1953, p. 232.

2 최근의 사례를 알아보기 위해서는 Peter Carruthers, *Human Knowledge and Human Nature*, Oxford, Oxford University Press, 1992를 참고하라. 이와 비슷한 성격을 띤 책으로는 Fred D'Agostino, *Chomsky's System of Ideas*, Oxford, Clarendon, 1986을 참고하라.

3 René Descartes, *Philosophical Writings*, selected, translated and edited by G. E. M. Anscombe and P. T. Geach, London, Nelson, 1966. 예컨대, *Discourse on Method*, 제5부를 참고하라. 또한 I. Kant, *Critique of Practical Reason*, 'The Antinomy of Practical Reason', pp. 117-118 (L. W. Beck, Indianapolis, Bobbs-Merrill, 1956년판(초판은 1788)을 참고하라.

4 이 점에 대해 좀 더 알아보려면, Charles Taylor, *The Explanation of Behaviour,* London, Routledge, 1964를 참고하라.

5 이 상황은 몇몇 심리학자가 행동주의와 인지주의 각각으로부터 비롯된 물리주의적 설명들을 모두 종합하여 신체와 신경의 활동을 설명할 수 있는 통합된 법칙을 세우려고 했기에 더욱 복잡해졌다. D. Lieberman, *Learning*, California, Wadsworth, 1990, 제9, 10장을 참고하라.

6 예컨대, Noam Chomsky, *Language and Problems of Knowledge,* Cambridge, Mass., MIT Press, 1988, pp. 154-155.

7 비트겐슈타인의 이러한 생각은 *On Certainty*, Oxford, Blackwell, 1969에 가장 잘 나타나 있다.

8 L. Wittgenstein, *Zettel*, Oxford, Blackwell, 1967, 608절.

9 예컨대, 이러한 입장은 *Woman, Reason and Nature*, London, Macmillan, 1982에서 C. A. MacMillan에 의해 제시되었다.

10 내가 이렇게 말하는 이유는, 비트겐슈타인이『철학적 탐구(*Philosophical Investigations*)』라는 책에서 이러한 점들이 사적 언어의 맥락에서 다루어져야 한다고 주장한 것 같지만, 그는 다른 저작들에서도 이미 사적 언어와 같은 어떤 것들을 옹호할 준비가 되어 있었기 때문이다. 이것은 그의 편에서 이루어진 견해에 불일치하는 부분이 있다거나 그 견해에 어떤 변화가 있었다는 점을 의미하지는 않는다. 그는 메커니즘으로서의 언어(사적인 것이 될 수 있는 것들)의 가능성을 인정하였지만, 규범으로서의 언어(사적인 것이 될 수 없는 것들)의 가능성을 인정하지는 않았다. 사적 언어에 나타난 구절은 후자의 가능성과는 정반대의 방향으로 나아간다는 것이다.

11 동물이 기억을 할 수 없다는 것이 아니라, 동물은 기억 주장들을 해낼 수 없다고 주장하려는 것이다.

12 비트겐슈타인의 저작이 출간되기 이전에 이러한 문제를 인식하고 있었던 사상가는 마르크스주의의 영향을 크게 받은 심리학자, 비고츠키(L. S. Vygotsky)였다. (언어사용을 포함하여) 인간행동의 사회적 성격은 마르크스에 의해 널리 알려지게 되었는데, 마르크스주의자였던 피에로 스라파(Piero Sraffa)가 비트겐슈타인이 자신의 저작『논리-철학논고(*Tractatus Logico-Philosophicus*)』에서 밝힌 언어에 관한 견해를 바꾸기 위해 대화를 하는 동안, 언어에 대한 사회적 측면의 중요성을 강조했다는 점은 흥미로운 일이다. 하지만 마르크스와 비고츠키 그

누구도 인간의 사회적 실존을 이해하는 데 근본적이라고 할 수 있는 규범적인 속성을 이끌어 내지는 못하였다. 사실 주장하고 싶은 것은 마르크스의 철학적 접근법이 그렇게 하려는 그를 방해했다는 것이다.

13 "우리가 발견한 것은 문명된 국가뿐만 아니라 야만적인 국가들이 시간과 공간이 서로 달라 각기 따로 성립되기는 했지만 이들 국가들은 다음 세 가지의 관습을 가지고 있다는 점이다. 즉, 모든 국가가 어떤 종교를 가지며, 모든 국가가 경건한 결혼식을 행하며, 모든 국가가 죽으면 장례를 치른다는 것이다. 하지만 국가가 없는 곳에서 야만인들은 보다 정교한 의식과 보다 깊은 경건함을 가지고 종교의식, 결혼의식, 장례의식을 치른다는 것이다." 이것은 1725년 처음 출간된 Giambattisa, Vico, *The New Science*에 담긴 글로서, 1968년 코넬대학교 출판부에서 펴낸 책 p. 97에서 인용한 것이다. 또한 P. Winch, *Ethics and Action*, London, Routledge, 1972에 실린 'Understanding a Primitive Society'를 참고하라.

14 이 문제에 대해 좀 더 깊이 공부하려면 C. Winch, *Quality and Education*, London, Blackwell, 1996을 참고하라.

15 이것은 1762년에 처음 출간된 J. J. Rousseau, *Émile ou l'éducation*에 담긴 내용으로, 여기에 인용된 것은 Barbara Foxley가 영역(英譯)한 London, Dent, 1911년 판의 pp. 228-278이다. 프랑스어 판은 Paris, Éditions Flammarion, 1996이 있다.

16 나는 루소가 조건화에 따르는 가르침을 암암리에 전제하고 있었으며, 조건화된 절차에 따라 이루어지는 학습을 구성하려는 시도, 특히 행동주의자들의 전통 안에서 분명하게 드러나는 학습을 전제하고 있었다고 생각한다.

학습이론에 대한 합리론과 경험론의 유산

1. 서론

데카르트와 경험론자들은 학습에 관한 현대적 사고에 상당히 큰 영향을 주었다. 현대 인지주의는 데카르트에게 엄청나게 큰 빚을 졌으며, 학습에 관한 연합주의자[1]의 설명은 버클리(B. Berkeley)와 흄(D. Hume)의 이론에서 비롯된 것이다. 기억에 관한 행동주의의 견해와 현대적 사고는 데카르트와 경험론자들의 사고에서 아직도 벗어나지 못하고 있다.

데카르트와 경험론자들은 독자적인 개인을 지식의 원천으로 생각한다. 데카르트의 개인주의는 참된 인식을 제공하는 신(神)에 대한 믿음으로부터 비롯된 것이지만 바로 그러한 지식은 관념을 하나하나 검토함으로써 이루어진 것이다. 개인이 학습의 출발점이라는 사고는 경험주의자들도 공유하고 있다. 하지만 그들은 데카르트처럼 어떤 관념들이란 사람이 이미 태어나기 전에 마음속에 심어진 것이라고 주장하지 않는다. 이러한 견해는 현대 학습이론에 매우 큰 영향을 주었다. 하지만 데카르트의 역사적인 견해와 '데카르트적인 이원론'[2]과 관련된

---

1) associationist

2) Cartesian dualism

원리들을 혼동하지 않는 것이 중요하다. 어떤 점에 있어서 이것은 데카르트가 내세운 견해보다 오히려 경험론에 가깝다.[1]

경험은 개인의 마음이 알고 있는 사적(私的) 대상과의 친숙으로 구성된다는 우리의 생각은 데카르트보다 경험론자들에게서 영향을 받았다고 할 수 있다. 이러한 인식은 인식하고 있는 마음이 아닌 다른 어떤 사람은 교정하거나 접근할 수 없다. 이러한 설명에 따르면 마음이 인식하는 각각의 특수한 대상들이란 우선 감각인상[3])으로 구성되며, 다음으로 사고, 의지, 기억 그리고 상상력으로 구성된다. 마음은 (시각에 따라 모델링되는) 내적 감각 능력을 통하여 이러한 사물들을 인식하게 된다. 이러한 맥락에서, 데카르트의 견해에 대한 일반적인 설명은 모든 정신현상을 의식적인 마음의 지각대상들로 묶어 버린 경험론자들의 설명과 일치한다. 이러한 견해에 따르면 데카르트가 경험론자들과 다른 점은 이러한 정신현상들 중 적어도 몇몇은 경험을 통해 얻어지기보다는 타고나는[4]) 것이라고 생각했다는 데 있다. 사실 데카르트는 의식적인 경험이란 대상에 대한 경험이므로 이러한 대상들에 대한 우리의 경험이란 사적이고, 교정 불가능하며, 주관적인[5]) 것이라는 견해를 받아들이지 않았다. 데카르트가 지지하는 판단에 대한 논리적인 설명이 해당 명제를 인정하지 않고 있기 때문에, 그는 그 판단을 판단자와 대상물 간의 관계로 생각하지 않고 있었다.[2] 하지만 데카르트가 후기 아리스토텔레스적인 논리범주[6])의 영향을 받아 이러한 생각을 했던 것이 아닌가 하고 말하는 것이 합당하다.[3]

데카르트는 자신의 본질이 사유하는 존재[7])의 본질임을 증명했다고 생각했다. 그가 말하는 '사유한다'는 '판단을 내린다'를 의미한다. 따라서 동물이 비록 지

---

3) sense impressions

4) *innate*

5) *private, incorrigible* and *subjective*

6) post-Aristotelian logical categories

7) *res cogitans*

각하고, 감각을 가지고 있고, 기억하고, 상상한다고 할지라도 그들은 판단하거나 의지대로 행할 수 없다. 인간의 본질은 사유하는 것이요, 동물과는 달리 인간의 행동은 기계적인 설명의 법칙에 종속되지 않는다. 그러므로 인간의 학습은 두 종류의 학습인 듯 보인다. 첫째는 동물의 신체적인 운동이 그러하듯이, 기계적으로 설명되는 신체운동의 변형이 있다는 것이요, 둘째는 판단을 하고, 의지대로 행하도록 하는 학습(이 두 가지 모두는 의지행동의 본보기들이다)이 있다.[4]

잘 알려져 있다시피 데카르트는 태어날 때부터 어떤 관념들이 마음속에 존재하며, 이는 경험으로부터 얻을 수 없다는 주장을 지지한 인물이다. 이러한 주장은 학습에 대한 데카르트적인 설명에 아주 강한 영향을 주었다. 그 이후로 본유관념[8]의 실재를 포함한 인간 지식에 대한 설명은 최소한 지식이 어떻게 경험으로부터 오는가 하는 점을 설명하는 견해에 영향을 주게 되었다. '관념'이라는 용어를 인간 마음의 내용에 대한 언급으로 사용한 것은 철학분야에서 새로운 출발점이 되었는데, 이때부터 데카르트는 이 용어를 오늘날 우리가 구별하기 좋아하는 어떤 개념들을 서로 결합시키는 말로 사용하기 시작한 것으로 보인다. 예컨대, 그는 『성찰 I(*Meditation* I)』에서 '관념'이란 말을 오늘날 우리가 '명제'라고 생각하는 의미로 사용하였으며, 『성찰 II(*Meditation* II)』에서는 그것을 '지구, 하늘, 별, 그리고 감각을 통해 얻을 수 있는 것들'[5]을 표현하는 아이디어 혹은 사고로 생각하고 있다. 하지만 관념에 대해서는 뭔가 그림 같은 면이 분명히 있고, 이는 우연한 특질이 아니다.

　　말하자면, 이러한 경험들 중 어떤 것은 대상에 대한 그림이며 이것들만이 관념들로 불릴 수 있는 것이다. 예컨대, 내가 사람, 키메라, 하늘, 전사 혹은 하나님에 대해 **생각**[9]할 때에 비로소 그것들이 관념들로 불릴 수 있는 것이다. 이러

---

8) innate ideas

9) *cogito*

한 관념들은 그 자체로 잘못된 판단으로 여겨질 수 없다.[6]

비록 그림과 같은 혹은 그림과 유사한 특성을 갖는다는 점에서는 같다고 해도 관념들은 그 기원에 있어서 같지는 않다. 시끄러운 소리를 듣고, 태양을 보고, 불을 느끼는 것은 외부 대상으로부터 이루어지는 것처럼 보인다. 반면에 사이렌,[10] 히포그리프스[11] 등은 데카르트가 만들어 낸 것이다. 하지만 '사물' '진리' '의식' 같은 관념들은 데카르트 자신의 본성에서 나온 것처럼 보이며, 따라서 본유적이다. 이러한 점에서 이러한 것들이 그림 같은 것이라고 주장하기는 어렵다.

이러한 언급은 여러 가지 질문을 불러일으킨다. 왜냐하면 한편으로 '개념'이라는 말은 그 항목들 중 일부, 즉 그림 같은 것과 그림 같지 않은 것 모두에게 적합해 보이지만, 다른 항목들은 꼭 경험에 기반을 두고 있지는 않은 듯 보여도 성격상 경험적이고, 또 다른 항목들은 상상의 산물처럼 보이기 때문이다.[7] 게다가 동일한 대상에 여러 종류의 서로 다른 관념이 있을 수 있다. 데카르트는 태양의 관념을 예로 든다. 이것은 내가 한편으로는 경험적으로 얻을 수 있는 것이요, 다른 한편으로는 천문학상의 추리를 통해 얻어낸 본유적 개념일 수 있다.[8] 후자의 관념이 전자의 관념보다 태양을 더 잘 묘사하고 있다. 데카르트는 관념들을 정의하는 것을 거북해한다. 이는 그가 '관념'이라는 용어를 이것저것이 함께 들어 있는 포괄적 개념으로 사용하고 있음을 암시해 준다. 즉, 그 중심부에는 일반적 그림과 경험이 있고, 그 주변부에는 일반적이지 않은 그림, 명제, 판단을 담은 개념으로 사용하고 있다는 것을 말해 준다.

---

10) [역주] Siren: 그리스 신화에 나오는 바다의 요정으로 아름다운 노래를 불러 근처를 지나는 뱃사람을 유혹하여 파선시켰다.
11) [역주] Hippogriff: 전설에 나오는 괴물로, 말 몸뚱이에 독수리의 머리와 날개를 가지고 있다.

이러한 구분을 하게 되면 관념의 기원에 관련된 더 많은 것이 구분될 수 있다. 관념들이란 그 기원에 있어서 본유적이며, 우연적[12](경험적)이거나 인위적인[13](공상적인) 것이다.[9] 동시에 우리는 우연적 관념들이 그 관념의 대상과 닮았다고 가정하면 안 된다. 흡사 이것들은 그림과 같을 수 있지만 유사하지는 않다(위에서 말한 태양의 관념을 참고하라). 하지만 이것들은 우리가 지금 살고 있는 세계에서 번성할 수 있게 하려고 구성되었다.[10] 물론 우리 마음 안에서 물질세계와 접촉한 결과로 생기는 그러한 것들이 물질의 속성들[14]에 대한 상이하고 혼란스러운 관념들이기는 하지만, 물질의 본질[15]이란 계속해서 확장되어 간다고 생각한 데카르트는 이것을 로크가 후에 물질의 '제2의 성질들'[16]이라고 부른 것과 유사한 어떤 것으로 분류하고 있는 것처럼 보인다.[11] 하지만 우리가 알고 있는 관념들이 물질의 성질에 의해 생겨난 것이 아니라면, 그것들은 우연한 것은 아닐지라도 마음의 속성일 수는 있다는 생각을 해 볼 수 있다. 여기서 말하는 이것이 바로 이러한 경우에 해당하는 것이면, 그것들은 '나는 생각한다'의 속성들이며, 마음이 그 기원으로부터 가질 수밖에 없는 속성들이라고 할 수 있을 것이다.

이런 이유로 관념들에 관한 데카르트의 원리를 해석하는 데 어려움이 있다. '관념'이라는 용어는 정신적 이미지, 어떤 능력의 실행 결과, 어떤 잠재능력, 어떤 수용력과 관련해 현재의 경험으로부터 비롯되는 어떤 것을 의미한다고 할 수 있다.[12] 예컨대, 갓난아이의 신(神)에 대한 본유관념은 어떤 의미에서 그 아이의 마음 안에 있지만 드러나지 않는 것인지, 아니면 이는 신이라는 관념을 획득하는 능력인지 여부가 분명하지 않다.[13] 케니(A. Kenny)는 데카르트가 다음

---

12) adventitious

13) factitious

14) properties

15) essence

16) secondary qualities

과 같은 잠재능력[17]의 두 가지 경우를 구별하는 것을 탐탁지 않게 생각한 것처럼 보인다고 주장한다. 즉, (1) 개념을 획득하기 위한 잠재능력이 존재한다. (2) 해당 개념이 이미 습득되었지만 지금 당장은 활용되고 있지 않다. 이미 앞에서 논의한 바 있듯이, 인간학습을 설명하기 위해서는 첫 번째 종류의 잠재능력을 가질 필요가 있다. 본유관념의 원리는 이러한 구분을 모호하게 만들어 버리기 때문에 대부분의 학습을 일종의 플라톤적인 모델 곧 출생 이전에 이미 획득한 것을 회상[18]하는 잠재능력으로 간주할 우려가 있다.[14] 따라서 그 갓난아이가 신에 대해 배울 수 있는 능력을 가지고 있기보다는 신에 대한 본유관념을 가지고 있다면, 우리가 일반적으로 '신에 대한 학습'[19]이라고 부르는 것은 이미 존재하고 있는 신의 관념을 회상하는 것이라고 할 수 있다.[15] 이에 대해 케니는 다음과 같이 적고 있다. '데카르트의 학문 체계 안에는 학습이라는 개념이 있을 만한 실제적 공간이 존재하지 않는다.'[16]

　어느 한편으로, 만약 내가 이미 어떤 관념을 생득적으로 가지고 있다면 나는 그것을 배울 수 없다. 다른 한편으로, 만약 내가 어떤 관념을 획득했지만 그것을 내 마음 속에 간직하지 못하고 있다면, 그것은 어떤 의미에서 내가 그것을 '가지고' 있는지 분명하지 않으며 따라서 어떤 의미에서 내가 그것을 실제로 학습했는지가 분명하지 않다.[17] 이러한 문제를 다루는 한 가지 방식은 촘스키(N. Chomsky)처럼 본유관념을 마음속에 있는 어떤 구조로 설명해 보는 것이다. 마음속에 있는 그 구조란 능력이요, 어떤 의미에서 그 능력을 가진 사람이 그 능력을 밖으로 드러내는 표상이라고 할 수 있다. 따라서 본유적 언어[20]란 의사소통을 위한 능력일 뿐만 아니라 이미 주어져 있는 것을 배우도록 하는 모든 자연언어들[21]의 구조적 표상이라고 할 수 있다. 이러한 의미에서 본유적 언어란 일

---

17) potentiality

18) recollection

19) learning about God

20) innate language

종의 능력이다.

지적한 바와 같이 경험(우연한 관념들)으로부터 비롯되는 관념들이 또한 어떤 의미에서 본유적이다. 경험을 일으키는 원인은 어떤 경우에도 자신들이 불러일으킨 관념과 비슷할 수 없다. 때문에 그러한 관념들은 우리가 무엇인가를 경험하기 전에 이미 존재하고 있었음에 틀림없고 어떤 의미에서 대상 물체가 우리의 감각에 충격을 가하면 이들이 촉발되거나 튀어나오게 된다.[18] 이 점에 대한 케니의 해석은 다음과 같다. 능력[22](그가 사용한 단어는 capacity다)으로서의 관념은 본유적인 것이다. 삽화(揷話)[23]로서의 관념은 우연한 것이다. 능력이 마음 밖의 어떤 것에 관한 판단이 이루어지는 동안 발휘된다면, 그 능력이란 우연한 것이다. 하지만 그 어떤 관념도 그것이 마음에 대해 불러일으키는 감각자극과 같은 것이라고 할 수 없다. 데카르트에 따르면, 비록 관념들이 어떤 의미에서 그림과 같은 것일 수 있으나, 그것들은 마음 밖에서 나타나는 사물에 대한 그림이 아니다. 이것은 삽화로서의 관념의 경우가 아닌 능력으로서의 관념의 경우에 더욱 분명해진다. 데카르트는 (삽화로서의) 관념들이란 두뇌 속의 이미지가 아니라는 점을 분명하게 하였으며, 관념들이란, 두뇌의 한 부분으로 이끌려 갈 때 마음의 눈 안에 나타나는 이미지일 수 있다는 점을 분명히 하고 있다.[19]

사실 그가 말하는 관념들은 어떤 물리적 그림의 속성, 어떤 정신적 이미지 그리고 어떤 개념들을 가지고 있다. 물리적이고 정신적인 그림처럼, 관념들은 사물을 드러내는 표상들이다. 이 둘과는 달리, 관념들은 물질적인 것[예컨대, 턱수염을 늘어뜨린 현자(賢者)]을 표상함으로써 비물질적인 대상(예컨대, 하나님)을 표상해 낼 수 있다. 물질적인 그림과 같이 그리고 정신적인 이미지와는 달리, 관념들은 심지어 마음이 없을 때조차도 존재하며, 마음이 있을 때에는 마음이 인식하지 못하는 상세한 내용을 담고 있다.[20]

---

21) natural languages

22) ability

23) episode

현재 쓰이고 있는 개념이 하나의 표상이라는 생각은 어떤 의미에서 소급의 악순환으로 이어질 수 있다는 주장도 가능하다. 만약 여기 사람이 있다는 나의 판단이 그 사람은 사람이라는 정신적 표상에 상응한다는 뜻이라면, 그 표상 자체가 올바르게 인식되어야 내 판단이 옳게 된다. 이런 판단이 가능하려면, 한 사람의 표상과 그 사람 자신의 관계에 대한 또 다른 표상이 가능해야 하며, 이 역시 그 표상이 올바르게 인식되었다는 점을 확실하게 하기 위해 동일한 요구 조건을 충족시켜야 한다. 이러한 종류의 문제는 마음을 고립된 호문쿨루스[24]로 기술할 때 나타나는 두드러진 특징이다. 호문쿨루스는 고립되어 있기 때문에 그것이 정확한 표상인지 아니면 부정확한 표상인지를 구분할 명확한 방법이 없다(이 문제에 대한 자세한 논의는 제4장과 제7장을 참고하라). 관념이 본유적이라고 말할 수 있는 분명한 근거는 그 '관념'이 '개념'이 아니라 개념을 획득할 수 있는 능력으로 받아들여진다는 점이다. 심지어 이러한 능력을 표상의 형식으로 특징 지으려고 할 때 혼란이 뒤따르게 된다. 하지만 경험론자들을 포함한 그 누구도, '본유적'이라는 말의 의미에서 볼 때, 인간은 개념들을 형성할 수 있는 능력을 획득하기보다는 본래 본유적이라는 점을 그 누구도 부인할 수 없을 것이다. 이 명제가 비록 이론의 여지가 없을지라도, 관념들의 기원을 밝히는 색다른 철학적 설명이라고 하기에는 그다지 흥미롭지 못하다. 우리가 개념을 형성할 능력이 있게 만들어졌다는 주장에 불과하기 때문이다.[21]

　　관념들을 그림과 유사한 표상으로 해석하려는 데카르트의 시도는 또 다른 문제를 야기한다. 생각되어지는 대상이 마음 외적인 실재[25]를 지니지 못한 어떤 것인 경우들과 마음 밖에 있는 어떤 것인 경우들이 뒤섞이게 된다. 따라서 데카르트에게 유니콘에 대해 생각하는 것은 마음속에 유니콘의 관념을 갖는다는 뜻일 것이다. 즉, 유니콘이 마음속에 있거ㅏ 또는 사람이 실제 존재하는 유니콘에 대해 생각하는 것이라고 추정할 수 없다. 이와는 반대로 태양에 대한 생각이 태

---

24) [역주] homunculus: 뇌 속에 존재한다는 난쟁이다.

25) extra-mental existence

양에 대한 관념을 가지는 것이라면, 태양이 마음 안에서 나타나고 있다는 것을 의미한다고 할 수 있는데 이것은 태양이 유니콘과는 달리 상상할 수 있는 대상이 아니기 때문이다. 데카르트는 태양에 관한 사고는 순전히 태양의 외재적 속성을 포함한다는, 즉 그것은 내가 이해하는 외적 대상을 가진다고 말하기도 하고, 그것이 내가 이해하는 외적 대상인 한(나는 공상적인 태양에 대해 생각하고 있지 않다) 그것은 어디까지나 관념으로서의 대상이라고 말하기도 한다. 이러한 주장으로부터 내릴 수 있는 결론은 다음과 같은 것이다. 즉, 내가 태양에 대해 생각하고 있을 때, 나는 태양의 관념에 대해 생각하고 있다는 것이다. 왜냐하면 태양이 나의 마음에 담긴 객관적인 대상을 가질 수 있다고 할 수 있는 바로 그런 방식이기 때문이다. 물론 그 객관적인 대상이란 내가 진짜 태양에 대해 생각할 수 있도록 하는 데 필요한 것이다. 하지만 이러한 결론은 잘못된 것처럼 보인다. 왜냐하면 이 두 종류의 사고(태양과 태양의 관념에 대한 사고)는 구별될 수 있기 때문이다. 이 같은 난점이 발생하는 것은 태양의 관념을 일종의 태양의 표상으로 여기고, 이런 관념을 태양에 대해 생각할 수 있는 유일한 방법으로 보기 때문이다. 이런 문제점은 우연한 태양의 관념이나 인공의 관념이나 동일하게 발생한다. 둘 다 표상적이기 때문이다.

이와는 반대로 X의 관념이 X(이미지가 있거나 없을 수 있다)에 관한 생각으로 이해될 때, 그것은 다양한 활동 안에서 활용되고 있는 개념 X의 한 측면으로 이해된다. 말하자면, 예컨대 개념 X는 판단활동이 이루어질 때 활용되게 된다. 개념이 유니콘과 같이 존재하지 않는 대상에 적용될 때 그 개념을 활용하여 이루어지는 판단은 개념이 외적인 어떤 것에 상응하는 경우와는 다소간 다른 방식으로 참과 거짓이 갈린다. 판단의 행위들은 주장, 행동, 그리고 한때 기치(P. T. Geach)가 주장, 질문하기 등과 같은 실제적 행위의 유추에 근거하여 이루어진다는 점에서 소위 '정신적 행위'[26]라고 부른 것을 포함하여 여러 가지 다른 방식

---

26) mental acts

으로 서술될 수 있다.[22] 이런 의미에서 개념들이란 판단의 행위와 정신적 행위를 포함하는 다양한 종류의 행위들 안에서 작용하는 능력들이다(제9장을 참조하라). 정신적인 행위를 수행한다는 것은 X에 관한 사고에 포함되는 무엇일 수도 있지만 X와 관한 사고와 동일시되는 것일 수는 없다. X를 사고하는 것이거나 X에 관한 사고는 X에 관해 어떤 판단(정신적인 것이건 아니건)을 내리는 것보다도 더 넓고 확장된 개념이다. 우리는 X와 관련이 있는 판단을 내리거나 정신적인 행위를 수행함이 없이도 다양한 방식으로 X에 관해 사고할 수도 있을 것이다(제11장을 참조하라). 버클리와 흄에 의해 이루어진 학습에 관한 연합주의자의 설명은 정신적 이미지가 어떻게 개념을 표상하는가를 보여 주려는 것이었으며 이 점에 대해서는 제9장에서 자세하게 논의될 것이다.

2. 로크와 본유관념의 원리

로크가 말하는 관념들도 데카르트가 말하는 관념들처럼 이질적인 요소로 구성된 듯이 보인다. 하지만 그는 관념이 경험 외에 다른 것으로부터 발생할 수 있다는 점을 부인한다. 한편, 그는 앞 절에서 설명한 개념들[27]을 의도했던 것 같지만 사실은 데카르트와 마찬가지로 자신이 모호하게 관념들이라고 부르는 것을 말하고 있다. 이러한 관념들에는 실체[28]와 단일성[29]과 같은 개념들이 포함되어 있다.[23] 또한 그는 다음과 같은 분석적인 명제들을 의미하고 있는 것처럼 보인다.

하나의 대상이 존재하면서 존재하지 않을 수는 없다.[30] [24]

---

27) *concepts*
28) existence
29) unity

감각기관들의 자극에 의해 일어나는 정신적 속성들을 포함하는 에피소드들 또한 관념들이다. 이것들은 대상 자체 속에서 직접 드러나지는 않지만 우리의 감각체계의 자극에 의해 만들어지는 물질의 속성들 중 어떤 속성을 포함하고 있다. 즉, 이것들은 대상들 자체 속에 내재하는 것이 아니라 대상으로부터 (추출되기보다) 감응된 것이다. 이러한 관념들에 감응하는 메커니즘이란 우리가 잘 모르고 있는 듯 보이는 정신적인 능력이다. 이러한 의미에서 로크는 관념들이란 마음 밖의 대상들에 의해 만들어진다고 주장한다. 그는 우리의 감각에 영향을 주는 자극으로 얻을 수 없는 종류의 관념들은 거부한다. 오히려 그는 관념이 세상에 대한 경험과 묶여 있다는 식으로 그 기원을 설명하고자 했다. 다음과 같은 관점에서 보면 로크와 데카르트의 견해는 대단히 유사한 것처럼 보인다.

1. 이 두 사람 모두 어떤 의미에서 관념들이란 그것들이 세계 안에 존재하도록 하기 위해 표상된다고 가정하고 있다.
2. 이 두 사람 모두 우리가 알지 못하는 어떤 마음의 기능을 상정한다. 이에 따르면 마음은 관념들이 마음 밖의 대상들에 의해 만들어지고, 의식에서부터 사라지거나 다시 소환되는 일을 허용한다.

경험론자들은 **상상력**[31]과 같은 여타의 다른 기능들에 대해 설명을 하고 있는데, 이것들은 관념들을 다른 관념들과 서로 연합시키고 연결을 짓고 있다는 것이다. 로크가 취한 전략은 모든 관념들이 경험으로부터 생겨났음을 보여 줄 수 있다면 그것들이 반드시 본유적이라고 가정할 이유가 없음을 증명하는 데 있다. 그의 첫 번째 논의는 동일성[32]과 무모순[33]의 원리들에 대해서는 모두가 동

---

30) *It is impossible for the same thing to be and not to be.*

31) *imagination*

32) identity

33) non-contradiction

의한다는 견해를 반대한다. 우선, 바보와 어린이들은 이런 원칙들에 대한 생각이 없다. 즉, 이것들이 본유적이라면 그들은 어쩔 수 없이 그것들을 인식할 수도 있겠지만 그들은 전혀 그렇지 못하며, 따라서 본유적이라고 볼 수 없다. 이러한 논의와는 반대로, 주체에게는 유용하지만 의식적인 사고에는 유용하지 않은 암묵적 지식에 대한 촘스키적인 범주[34]는 데카르트적인 설명을 지지할지는 모르나, 로크는 그것을 거부한 것처럼 보인다. 마음이 어떤 내용을 사용할 수 있으려면 다음의 두 가지 조건 중 한 가지를 만족시켜야 한다. 첫째, 지금 마음이 실제로 내용을 인식하고 있어야 한다. 둘째, 지금은 아니지만 과거에 한 번은 마음이 그 내용을 인식했다. 후자의 경우 내용은 기억 속에서 일종의 흔적을 남기는 듯 보인다. 출생하면서 사용 가능하다고 가정되는 본유관념들은 이 두 가지 조건들을 모두 만족시킬 수 없다. 즉, 이것들은 지금 인식되고 있지도 않거니와 지금껏 한 번도 그 개인이 주의를 기울여 본 적도 없다.

> 하나의 개념이 마음속에 새겨진다고 말하는 것, 동시에 마음이 그 개념에 대해 무지하여 아직 그 개념을 인식하지 못하고 있다고 말하는 것은 이러한 인상[35]을 무의미한 것으로 만들어 버린다.[25]

하지만 데카르트와 마찬가지로 로크는, 기억 또는 배운 것의 유지를 설명하려다 보니 개념이란 어떤 의미에서 마음에 새겨질 수 있으며 마음이 그것들을 알아차리지 못할 수도 있음을 인정해야 한다. 학습이 경험에 의한 관념의 생성에 의해 생겨난다면 그리고 그러한 관념들은 인식 안에 실재하는 동안만 존재한다면, 우리가 학습을 어떻게 할 수 있는지 이해하기 어렵다. 데카르트는 두뇌 속에 저장된 이미지는 주체에게 인지될 수 있으며 그러한 이미지들이란 기억이라고 불리는 것이라고 주장했다.[26] 이렇게 보면 케니가 그에게 제기한 비판, 곧

---

34) Chomskyan category

35) impression

그가 학습을 설명하지 못한다는 비판을 받을 이유는 없다고 할 수 있겠다. 어떤 것의 이미지[화상(畵像)]일 필요는 없다가 두뇌에 각인(刻印)되면, 마음이 어느 땐가는 그것을 탐색해낼지도 모른다. 따라서 관념을 얻지는 못했지만 그렇게 할 수 있는 능력을 가진 사람과 관념을 얻었지만 그것을 사용할 줄 모르는 사람, 그리고 획득한 관념을 당장 사용할 줄 아는 사람 간에는 차이가 있다. 이 점에 대해 로크는 다음과 같이 주장한다.

마음속에는 관념들을 다시 재생할 수 있는 능력이 있다.[27]

하지만 돈 로크(Don Locke)가 지적하듯이, 이것은 만족스러운 답이 될 수 없다. 왜냐하면 사람들은 그 전과 비슷한 관념들을 기억 행위를 통해 불러낼 수 있다는 주장에 어떤 의미를 덧붙일 수 없기 때문이다. 이것은 한때 비트겐슈타인이 말한 '사적인 언어 논의'[36]라고 부른 중요 관점들 중의 하나로서, 독립적인 개별화의 원리[37]가 유용하지 않은 것과 마찬가지로 '같은 것'이나 '같지 않은 것'을 이와 같은 경우로 설명할 수는 없다는 것이다. 로크는 관념을 관계적인 판단을 내릴 때 나타나는 특수한 내용이요, 판단의 논리적 주제로 다루기 때문에 그러한 비판에 취약해지는 반면에, 데카르트는 관념에 양식적 실체를 허락했을 뿐이므로 비판을 피할 수 있었다.[28] 하지만 데카르트는 기억의 토대를 이루는 두뇌의 인상[38]은 그것을 확인할 수 있는 명확한 기준으로 사용할 수 없으므로 기억을 점검하는 수단으로 의심스럽다는 비판에 직면하지 않을 수 없다. 데카르트의 경우, 곤혹스러운 문제는 기억 자료의 사적 속성[39]보다는 고립적인 속성[40]에 관한 것이다(제4장을 참고하라).

---

36) private language argument

37) independent principle of individuation

38) brain-impressions

39) *private* nature

40) *solitary* nature

로크가 데카르트에게 가한 첫 번째 반론을 피하기 위해 때론 사람들이 이성을 활용하여 논리적인 진리를 받아들이며 이것이 곧 진리를 본유적인 것으로 만드는 것이라고 말하곤 한다. 하지만 이 경우 로크는 이성이 사람들로 하여금 그전까지 인지하지는 못하고 있었지만 마음에 이미 각인되어 있던 진리를 발견하도록 이끌었음에 틀림없다고 반격한다. 로크는 이러한 방식은 모순에 봉착할 것이라고 주장한다. 즉, 관념들이 이미 마음에 각인되어 있다면, 사람은 이미 그것들을 알고 있는 것이며, 그렇지 않다면 그는 그것들을 알지 못한다는 것이다. 하지만 이미 그 관념들을 알고 있기 때문에 어떤 의미에서 그가 그 관념들을 발견하기 위해 자신의 이성을 활용하기 전에는 그것들을 알 수 없다고 가정하는 것은 자기모순이다. 이것은 로크가 무엇을 알기 위해서 필요하다고 내세운 두 가지 조건, 즉 그 무엇이 마음에 지금 있거나 또는 과거에 있었던 적이 있어야 한다는 조건을 위반하기 때문이다.[29]

또한 로크는 어떤 명제들에 동의할 수밖에 없기 때문에 그것들이 본유적인 것이라고 여기는 입장도 혼란스럽다고 주장한다.

다음과 같은 점을 부정할 수 없다. 즉, 인간들이란 우선 그들에게 주어진 최초의 존재를 자명한 진리로 받아들이면서 서서히 성장해 간다. 하지만 분명한 것은 그가 누구이든 자신이 누구인지를 발견하고는 그전에 알지 못했던 명제를 알기 시작하며, 그것이 본유적인 것이기 때문이 아니라 그러한 말 속에 담긴 사물에 대한 숙고가 그것을 다르게 생각하도록 고통을 주지 않았기 때문에, 즉 언제 어떻게 그것들에 대해 성찰해 보도록 고통을 주지 않았기 때문에 결코 의심해 보지 않게 된다.[30]

이어서 로크는 이러한 관념들이 설령 의식의 차원까지 끌어올려지지 않더라도 마음속에 내재되어 존재한다는 주장을 다룬다. 그는 이러한 주장은 마음이 그러한 명제들을 이해하는 능력을 가지고 있다는 뜻 외에 별다른 의미가 없다고 보고 일축해 버린다.

　　우리는 학습에 관해 말할 때 다음과 같이 말하는 것이 자연스러운 것처럼 보인다. 즉, 우리는 학습할 능력을 가지고 있으며, 학습한 것을 마음속에서 불러일으키는 능력을 가지고 있는 것처럼 말할 수 있다. 라일(G. Ryle)이 지적한 바 있듯이, 지식과 신념의 개념은 우연한[41] 것이기보다는 의도적인[42] 것이다.[31] 이것은 모든 지식이 '방법적 지식'[43]이라는 점을 의미하지 않는다. 오히려 앎이란 경험론자들과 합리론자들 모두가 염두에 두었던 것으로서, 마음에 무엇인가를 불러일으키는 우연한 일들[44]과 동일시될 수 없다는 것이다. 경험론자들은 이 문제에 대해 덧붙인 것이 거의 없기는 하지만 그들의 입장은 합리주의자들보다 더 복잡하다. 우리는 이미 살펴본 바지만, 데카르트의 철학 속에는 지식은 두뇌 안에 있는 신체적 표상을 통해 저장된다고 하는 기억의 흔적이론이 들어 있다. 우리는 이러한 점을 한층 더 발전시킬 수 있으며 인식 주체가 무엇인가를 인식하지 못할 때 모종의 암묵적 지식을 제공하는 것이 바로 흔적이라고 주장할 수 있을 것이다.

　　이러한 종류의 신체적 표상주의는 현대 인지주의에서 확장되어 가고 있으며, 이러한 확장 움직임 중 상당 부분은 데카르트의 철학을 의식적으로 확장해 가려는 움직임으로 볼 수 있다.[32] 이것과 관련해 생겨날 수 있는 난점은 두뇌 속의 물리적 흔적이 무엇인가를 표상해 낼 수 있다는 생각에서 생겨난다(제6장과 제10장을 참고하라).

---

41) *episodic*

42) *dispositional*

43) 'know-how'

44) episodes of bringing something to mind

3. 결론

데카르트, 로크, 흄은 자신들의 인식론 저작 속에서 학습을 혼자 하는 고독한 활동으로 기술하고 있다. 데카르트에게, 학습이란 본유관념들이나 두뇌 속 흔적의 표상들에 대한 주의와 관련된다. 경험론자들에게 학습이란, 대상으로서의 실체가 필연적으로 사적인[45] 것일 수밖에 없는 관념들의 유지 및 상기(想起)와 관련된다. 경험론자들은 비트겐슈타인이 『철학적 탐구(*Philosophical investigations*)』의 258~265절[33]에서 밝힌 사적 대상들에 관한 지적 논의의 가능성을 이루는 비판을 불편하게 생각한다. 위의 책 258~265절이 그러한 주장에 이의를 제기하는 방향으로 전개되지 않았다는 점에서 이러한 비판은 학습이 본질적으로 고독한 활동이라는 주장에 적용되지 않는다. 현대 인지주의는 전자의 견해보다는 후자의 견해에 관심을 더 많이 기울인다는 점에서 사적 언어 논의의 비난에 대해 불편해한다. 처음부터[46] 다른 사람 없이 혼자 하는 언어가 있는 것인지 아니면 없는 것인지는 하는 문제는 더 많은 논의를 필요로 한다. 명백한 것은 데카르트와 경험론자들에 의해 주창된 인간 지식에 대한 **정초주의(定礎主義)**적 견해[47]는 고독한 개인의 지식을 모든 지식을 수립할 수 있는 기초로 다룬다는 것이다.

오늘날 대부분의 학습이론은 이러한 선입견을 기반으로 하고 있다. 이것이 루소가 제시한 학습에 대한 반사회규범적인[48] 견해와 결합할 때, 인간이 어떻게 학습을 하게 되는가 하는 왜곡된 견해가 출현하게 된다(이 점에 대해서는 다음 장에서 비판적으로 논의될 것이다). 학습이란 가장 근본적인 형식에 있어서 고독한 과정일 뿐만 아니라 **최고의**[49] 학습은 고독한 것이다. 어쩔 수 없이 이러한 견

---

45) private

46) *ab initio*

47) *foundationalist* view

48) anti-society normative

해들의 통합은 학습은 근본적으로 사회적 활동이며 다른 개인들에 의존하여, 예를 들어 훈련이나 수업을 거쳐야 성공할 수 있다고 이해하려는 입장에 상당한 이의를 제기한다. 제4장에서는 인간학습의 가장 큰 특징이 처음부터 고독한 것이라는 견해가 비판적으로 검토될 것이다.

---

49) best

1 예컨대, G. P. Baker and K. J. Morris, *Descartes' Dualism*, London, Routledge, 1996을 참고하라.

2 Ibid., pp. 60-69.

3 한편, 로크는 관계적 판단을 인정한다. J. Locke, *An Essay Concerning Human Understanding*, London, Dent, 1961, Vol. I, Book II, Chapter XXV, pp. 266-270.

4 이것은 다음과 같은 전제, 즉 데카르트는 자기가 자기 몸으로부터 확연하게 구분되는 존재라고 생각하는 것이 곧 자기의 본질이라는 전제로부터 비롯된 것은 아니다. 이러한 움직임은 A. Kenny, *Descartes*, New York, Random House, 1969, pp. 79-80과 John Cottingham, *Descartes*, Oxford, Blackwell, 1986, pp. 111-118에서 비판을 받아 왔다. 또한 이러한 움직임은 이 명제에 대한 비판을 고조시키고 있으며 Gassendi 같은 현대 데카르트의 지지자들로부터의 반론을 상세히 소개하고 있다.

5 René Descartes, *Philosophical Writings*, translated by G. E. M. Anscombe and P. T. Geach, London, Nelson, 1954, pp. 64, 77.

6 Ibid., p. 78.

7 Ibid., pp. 78-79. 데카르트 역시 신체 일반과 같은 '발생학적 개념들'에 대해 언급하고 있다 (ibid., p. 72).

8 다른 곳에서는 이러한 관념의 두 번째 종류는 그것이 어떤 능력의 실행으로 인해 생겨난다는 점에서 본유적이기보다는 사실적인 것으로 기술된다(*CEuvres de Descartes*, Charles Adam and Paul Tannary (eds.), Paris, Cerf [1897], 1913, Vol. III, p. 303, Kenny, op. cit., pp. 101-102에서 재인용. 이하 AT로 약칭한다)

9 이러한 내용들 중 어떤 것은 유정적 존재(sentient being)가 느끼는 경험, 즉 온냉의 경험의 일부가 될 수 있다. 무정자들(non-sapients)은 어떤 종류의 판단, 예컨대 '날씨가 내게 춥게 느껴진다'와 같은 판단을 해내지 못한다. 이러한 해석이 맞는다면, 그것이 바로 관념을 가진 *res cogitans*라고 할 수는 없다. 유정자와 무정자의 차이를 논하기 위해서는 Baker와 Morris의 문헌을 참고하라.

10 데카르트의 복지 개념에 대해서는 Baker and Morris, op. cit., pp. 179-180을 참고하라.

11 이 문제에 대한 논의를 위해서는 Ibid., pp. 130-134를 참고하라.

12 여기서 수용능력(capacity)이란 어떤 능력(ability)을 획득할 수 있는 존재의 중요한 재능(faculty)으로 이해된다. 예컨대, 신생아는 언어습득 수용능력을 가지고 있다. 이것은 언어를 학습할 때 비로소 그러한 언어를 사용할 수 있는 능력을 가지게 된다.

13 Kenny의 앞의 문헌 ATIII, p. 424와 ATIII, p. 357의 논의를 참고하라.

14 Plato, *Meno* in B. Jowett, *The Dialogues of Plato*, London, Sphere Books, 1970.

15 하지만 이러한 방식으로 사물을 다루는 것은 데카르트와 로크 모두에게 곤란한 것이다. 왜냐하면 이 두 사람 모두 관념들이란 그것들이 존재한다는 것을 의식적으로 드러낼 목적으로 획득된다고 생각하고 있는 것처럼 보이기 때문이다.

16 Kenny, op. cit., p. 103.

17 ATVII, p. 67에서의 제안은, 관념들이란 '귀중한 내 마음의 집'으로부터 생길 수 있는 것으로 볼 수 없다는 것이다. J. Cottingham, op. cit., pp. 145-146을 참고하라.

18 Kenny의 앞의 문헌에 인용된 ATVIII, p. 358 및 ATVIII, p. 417.

19 ATVII, p. 161. 또한 *Rules for the Direction of the Mind*, Rule XII(Geach and Anscombe edition), pp. 168-169를 참고하라.

20 이것은 두뇌 안의 이미지 혹은 흔적에 대한 존재 이미지들로부터 비롯된 것이다. Kenny, op. cit., p. 108을 참고하라.

21 하지만 그것들이 모두 사소한 것 같지는 않다. 왜냐하면 어떤 현대의 합리론자들은 우리가 획득하는 이러한 개념들은 실제로 본유적으로 유지된다고 믿기 때문이다. Noam Chomsky, *Language and Problems of Knowledge*, Cambridge, Mass., MIT Press, 1988 및 J. Fodor, *The Language of Thought*, Cambridge, Mass., MIT Press, 1975를 참고하라. 이 이론들은 제9장에서 철저하게 다루어질 것이다.

22 P.T. Geach, *Mental Acts*, London, Routledge, 1975.

23 Locke, op. cit., Vol.I, Book II, Chapter VII, p. 101.

24 Ibid., Book I, Chapter II, p. 16.

25 Ibid., Vol.I, Book I, Chapter II, p. 11.

26 Geach와 Anscombe이 편집한 *Rules for the Direction of the Mind*, Rule XII, p. 168.

27 Locke, op. cit., Vol. I, Book II, Chapter X, p. 118. 또한 Don Locke, *Memory*, London, Macmillan, 1971, p. 4를 참고하라.

28 Baker and Morris, op. cit., pp. 29-30, 161-162를 참고하라.

29 J. Locke, op. cit., p. 15.

30 Ibid., p. 20.

31 G. Ryle, *The Concept of Mind*, London, Hutchinson, 1949, Chapters 2, 5. 라일은 지나치게 대범하다고 할 수 있으며, 지식과 신념이란 대개 일시적인 것이라기보다는 의도적인 것이라고 말하는 것이 더 정확할 것 같다고 주장한다.

32 20세기 철학자들 중에서 이러한 방식으로 사고한 가장 뛰어난 철학자는 아마도 J. Fodor일 것이다. 앞의 문헌을 참고하라.

33 L. Wittgenstein, *Philosophical Investigations*, Oxford, Blackwell, 1953.

낭만주의의 학습관:
루소의『에밀』을 중심으로

낭만주의의 학습관:
루소의 『에밀』을 중심으로

1. 서론

이 장에서는 루소의 학습이론을 검토하고 그 강점과 약점을 평가하려고 한다. 여기서 그의 학습이론이란 『에밀(Émile)』에서 전개된 교육에 관한 설명의 핵심 부분을 말한다.[1] 『에밀』은 문학적으로 탁월한 작품일 뿐만 아니라 그 자체의 전제들을 가지고 엄격하게 완성해 낸 작품이다.[2] 이 책은 또한 인식론과 비트겐슈타인에게서 비롯되는 마음의 철학[1)]에 어떤 통찰력을 예시해 준다. 이 책이 제시하는 학습이론을 다루기 위해서는 저작의 근본적인 사상을 면밀히 고찰해야 하며, 비판을 하기 전에 그 사상들이 어떻게 서로 연결되어 있는가를 살펴봐야 한다.

루소가 학습에 관한 철학적이고 심리학적인 사고에 끼친 긍정적인 공헌은 다음과 같이 서술될 수 있을 것이다. 인간 존재란 영혼이 분리된 지성체가 아니라 신체를 가진 피조물로서 자연의 일부다. 루소 교육계획의 요체 그리고 그 속에 암시된 인식론의 요체는 개인들을 전체로, 유기적 존재로, 자연 질서의 일부로 다루는 것이며, 그들을 편협한 지적 방식으로 계발해 가기보다는 보다 넓은 방

---

1) philosophy of mind

식으로 계발해 가는 것이다.[3] 그리고 이 점은 그가 비록 관념의 발생과 사용을 묘사할 때 경험주의적 성격을 내보였지만 여전히 유효하다.[4]

루소는 인간이란 본질적으로 홀로 있는 존재라는 견해를 받아들이지 않는다. 하지만 인간사회가 서로 간의 친밀한 관계와 자기표현의 적절한 매개체로 제시한 인간사회라고 본 그의 생각이 인간학습이나 사회적 관계의 본질에 대해 만족스럽게 설명을 해 주지는 않는다. 규범적 질서가 모든 사회적 관계를 이루는 것이라는 점에 대한 저항적 태도가 그의 저작을 관통하고 있다. 이러한 이유로 그는 규범적 질서의 중요성을 높이 평가하지 않았으며, 실제로 그는 인간 삶의 초기 단계의 양육에 있어서조차 규범적 간섭이 필요하다는 점을 높이 평가하지 않았다.[5]

마지막으로, 루소의 사상 안에는 발달주의적 유산[2]이 담겨 있다. 이러한 주장은, 인간의 조건을 성장, 성숙 그리고 노쇠로 바라보는 그의 견해로부터 비롯된 것이다. 이것이 가치가 있는 통찰일지라도, 이것 또한 위험성을 가지고 있다. 이러한 지적은 루소의 사상 속에 담겨 있는 다음 두 가지 주장에서 비롯된 것이다. 그 하나는 동기[3]의 유일한 혹은 적어도 중요한 원천이 기본적으로 개인을 둘러싸고 있는 사회적 환경의 맥락에 기초하고 있는 것이 아니라 인간 개별자에 기초하고 있다는 주장이다. 다른 하나는 준비[4]에 대한 생각으로, 어린이가 사물을 배울 수 있는 단계에 이르렀을 때에 한하여 사물을 학습하게 된다는 주장이다. 준비를 이렇게 설명하는 것은 아이들이 삶의 어떤 특정한 단계에서 배우거나 배울 수 없는 것에 관해 지나치게 독단적으로 사고하는 위험성을 지니고 있다. 이러한 생각은 아이들의 잠재능력을 지나치게 과소평가할 가능성이 있기 때문이다.[6]

---

2) developmentalist heritage

3) motivation

4) readiness

2. 루소의 인식론

언뜻 보기에 루소의 학습에 대한 설명은 로크의 그것과 매우 유사하다. 로크와 마찬가지로, 루소는 **감각작용**[5]을 인간 지식의 원천이라는 생각을 가지고 논의를 시작한다. 감각작용에 있어서 마음의 역할이란 수동적인 것이다. 하지만 로크나 흄과는 달리 루소는 마음이 감각들에 대해 행하는 것은 일종의 활동, 말하자면 판단활동으로 그것의 작용방식은 부분적으로 우리의 성격을 구성한다고 주장한다. 예컨대, 로크는 다음과 같이 쓴 바 있다.

반성적 숙고[6]를 하고 나서 비로소 …… 나는 마음이 작용하기 시작한다는 것을 이해하게 되었고, 그 마음의 작용방식이란 이성이 오성 안에 놓인 이러한 마음의 작용에 대한 관념들을 가지게 되었을 때라는 점을 이해하게 되었다.[7]

루소가 제시한 다음과 같은 설명을 로크의 설명과 비교해 보자.

처음에 학생은 단순히 감각들을 가지고 있지만 이제는 관념들을 가지게 된다. 그는 처음에는 단순히 느끼지만, 이제는 이성을 가지게 된다. 계속적이고 동시적인 감각작용의 비교를 통해 판단이 이루어지고 이제 내가 관념이라고 부르는 혼합되고 복잡한 감각작용이 이루어지기 시작한다.[8]

여기서 판단은 **학생**[7]이 하는 것이지 **마음**[8]이 하는 것이 아니라는 점에 주목하라. 루소는 인간 지력을 이해하는 출발점이 그것을 육체로부터 이탈한 정신

---

5) *sensation*
6) REFLECTION
7) *pupil*
8) *mind*

으로 이해하는 것이라는 사상을 못마땅하게 여겼으며, 따라서 이러한 견해를 취한 로크를 드러내 놓고 비판한다.[9] 하지만 그가 인격의 정체성과 사후 신체에서 이탈된 존재의 가능성에 관심을 가지는 유심론적 개인주의[9]를 철저하게 비판했는지는 확실하지 않다.[10] 이처럼 그는 인간의 마음이란 출생 때부터 본유관념의 소유를 통해서건 아니면 관념을 받아들일 준비가 되어 있는 백지(白紙)[10]를 통해서건 완전한 형태를 갖추는 것이 아니라고 생각한다. 데카르트와 경험론자들에게 마음이란 출생 때부터 완벽한 형태의 구조를 가지고 있는데, 이것이 개인이 겪게 되는 특수한 경험을 가능하게 한다. 루소의 설명에 따르면, 마음이란 성숙과 직접 관련을 갖는 변화를 겪게 하고 또 자연세계와 인간 존재에 대한 경험과 관련해 변화를 겪게 한다. 나아가 우리가 판단하는 방식은 우리의 성격[11]을 구성하며, 그렇기 때문에 이 말 속에는 판단하는 방식을 학습할 수 있다는 뜻이 담겨 있다.[11]

감각작용은 수동적일지라도 판단이란 무엇인가를 좀 더 잘해 나가려는 일종의 활동이며, 이 말 속에는 일을 좀 더 잘해 나가기 위해 배움이 필요하다는 뜻이 담겨 있다. 우리의 판단방식은 부분적으로 우리가 어떤 종류의 사람인가를 구성하는 요소이다. 즉, 어떤 한 측면에서 형편없는 판단은 우리가 잘못이라는 것을 다른 사람들에게 말하는 것일 수 있지만 다른 측면에서는 그것은 우리가 피상적인 사람이라는 점을 말하는 것일 수 있다. 이와는 반대로, 우리는 우리들이 내린 판단의 자질로 인해 인격을 갖춘 사람이라는 평가를 받을 수 있다. 루소에 따르면, 우리는 태어날 때부터 판단을 할 수 있는 능력을 가지고 있는 것이 아니라 성장 과정의 어떤 단계에 이르렀을 때 그런 능력이 발달하는 것이다.

이러한 주장 안에는 인격과 판단의 자질이 다른 사람의 지도하에 더 잘 발달할 수 있다는 뜻이 담겨 있는 것처럼 보인다. 일반적으로 우리의 판단능력이란

---

9) mentalistic individualism

10) tabula rasa

11) character

철저함과 정확함 그리고 그것에 상응하는 개인적 자질을 증진시키는 데 목적이
있다. 권위를 가진 교사[12]를 외적 지도를 통해 아이들의 판단과 인격을 계발하
려는 사람이라고 생각하는 것은 자연스러운 일이다. 하지만 루소는 이러한 견
해를 받아들이지 않는다. 오히려 그는 사회와 다른 사람들이 어린아이들의 판
단 형성에 나쁜 영향을 주었다고 주장한다.

　이러한 인식론에는 문제가 있다. 예컨대, 지각[13]이란 대체로 감각작용을 수
동적으로 받아들이는 것이라는 취지는 지나치게 단순한 주장이다. 비트겐슈타
인의 저작이 출간된 이래 감각작용, 판단, 지각과의 복잡한 관계가 이제 막 평
가받기 시작하였다.[12] 하지만 루소는 움직이는 것이 구름인지 달인지, 물에 반
쯤 잠긴 나무토막이 곧바른지 아닌지를 논의할 때 판단이 지각에서 어떤 역할
을 한다는 사실을 잘 알고 있었다.

　판단이란 지각작용에 속할 뿐만 아니라 그것은 능동적이기도 하고 수동적이
기도 하다. 예컨대, 우리의 지각과정에서 이루어지는 대부분의 판단은 우리가
지각한 바로 이것이다. 우리의 감각작용이 그릇되게 이루어질 수 없듯이 감각
작용에 대한 우리의 판단 역시 잘못 이루어질 수 없다. 하지만 우리는 감각을
통해 지각한 것에 관해서는 오류를 범할 수 있으며 이러한 종류의 판단을 하는
동안에 우리는 능동적이며, 판단을 옳게 하거나 그르게 할 수 있다. 예컨대, 내
가 만약 전에 아이스크림을 먹어 본 적이 전혀 없다면 그리고 아이스크림을 처
음 먹어 볼 때의 첫 느낌이 불쾌한 느낌이었다면, 그때 이 불쾌하다는 판단은
직접적이면서도 자동적일 것이다. 이런 이유로 나는 아이스크림을 더 이상 먹
으려 하지 않을 것이고 또한 나의 판단이 옳다는 생각을 가지게 될 것이다. 사
실 나의 감각과 판단은 서로 분리하기 매우 어렵다고 표현할 수도 있다. 이와는
반대로 아이스크림에 데었다고 울어 댄다면 나는 아이스크림이 내게 안겨 주는
것에 대한 그릇된 판단을 한 것이다. 아이스크림이 내게는 뜨겁게 느껴진다는

---

12) authoritative teacher

13) perception

지각은 (수동적인 판단을 포함하는) 불편한 감각작용에 기초하고 있으며 나아가 이러한 감각작용이 성격상 내가 전에 불편하다고 느끼며 나에게 해를 입혔다는 것과 유사한 적극적인 판단에 기초하고 있다. 이런 경우 나는 과거에 가졌던 불편함이라는 것이 뜨거운 열 때문에 생겨났다는 그릇된 추론을 계속하게 된다.[13] 이 경우 나는 과거의 경험을 적절하게 사용하지 못함으로 인해 학습을 하지 못하게 된다. 이 이야기가 주는 시사는, 폭넓은 경험에 대한 보다 예리한 반성을 통해 정확한 판단을 할 수 있어야 한다는 것이다. 다시 말해서, 전통적인 교육실제의 측면에서 생각해 보면 권위를 가진 교사가 수업을 통해 판단의 실수를 줄이는 데 도움을 줄 수 있을 것이라는 생각이 자연스럽다. 하지만 루소는 이런 점에 대해 아무것도 말하지 않을 것이다.

3. 자연

루소는 자연상태를 인간들이 자신들의 본성을 가장 잘 계발하고 표현해 낼 수 있는 조건으로 바라본 철학자로 평가받고 있다. 이러한 평가는 지나치게 단순화된 것이며, 나쁘게 말하면 심히 그릇된 것이다. 인간이란 독립적인[14] 존재로 살아야 한다는 그의 주장은 출산의 목적을 이루기 위해서만 서로 결합해야 한다는 것을 의미하는가 아니면 생존에 절대적으로 필요한 것을 얻으려고 할 때만 서로 결합해야 한다는 것을 의미하는가? 루소의 주장은 그 어느 경우에도 해당하지 않는 것처럼 보인다. 왜냐하면 루소는 사회생활 능력을 인간됨[15]의 중요한 부분으로 보기 때문이다. 루소는 사회적으로 조직된 언어학습의 본질을 그 스스로 잘 알고 있었다.[14]

그러므로, 일종의 사회적 경험이 인간 존재의 자연스러운 부분으로 나타난

---

14) solitary

15) personhood

다. 즉, 다른 사람들과 상호작용하고 의사소통하려는 것은 인류가 가진 본성의 부분이라고 말할 수 있을 것이다. 하지만 우리가 루소가 말한 바를 받아들인다면 우리는 역설적인 측면을 다루어야 할지도 모른다. '자연적인 것'과 '사회적인 것' 간의 차이는 이 두 가지 상태 간에 확연한 차이가 있다는 점을 암시해 준다. 다음으로 이것은 이 둘 간의 뚜렷한 차이가 사회적 관계와 자연적 관계를 정반대로 바라보기 때문에 생겨난 것이라는 생각으로 우리를 이끌어 간다. 우리는 알다시피 이것이 인간이란 본래 고독한 존재라는 것을 뜻하지 않으며, 루소는 인간이란 본래 어울려 살기도 하고 그렇지 않기도 하다고 생각했다. 어울려 살지 못하는 이유는 인간은 상당 기간 동안 고독한 삶을 인간존재의 평범한 양식으로 허락할 준비가 되어 있었기 때문이다. 서로 어울려 사는 이유는 다른 사람들과 관계를 맺는 동안 공유된 언어와 문화를 통해 다른 종(種)들이 가능했던 것 이상의 폭넓은 관계를 맺을 수 있는 영역들을 가지고 있다고 보기 때문이다.

　이것이 사실이라면 인간존재에게 자연스러운 상태가 있다는 생각과 인간이 이러한 자연상태에서 자신을 가장 잘 표현해 낼 수 있음에 비해 사회적 관계를 맺게 되면 타락할 위험이 있다는 생각을 가지게 되는 까닭은 무엇인가? 그 답은 루소가 어떤 사회적 관계를 인간 본성 발달의 최소한의 조건으로 이해했다는 것이며, 따라서 이러한 관계가 유익한 인간관계 양식의 내부에서 발달할 수 있다는 것이다. 이러한 해석은 루소를 일관성을 지닌 논리적인 사상가로 바라보도록 하며, 이러한 견해는 『에밀』과 『인간불평등기원론(*Discourse on Inequality*)』을 좀 더 상세하게 검토함으로써 지지를 받을 수 있다.[15] 루소는 사회적 유대란 강압적이지 않을 때 자연스러운 것이라고 믿었던 것 같다. 이러한 생각은 바로 자연스러운 유대가 사람들 사이에서 호혜적으로 자유롭고 평등하게 이루어질 때에 가능하다는 주장에 기반을 두고 있다.

　자연상태에 대한 이러한 생각은 보다 전통적인 개념 곧 자연상태란 '자연 질서의 일부'를 뜻하며 우리의 생물학적 운명의 일부를 이룬다는 개념과 관련이 깊다. 이 두 가지 생각들은 서로 모순되지 않는다. 우리 모두는 생물학적 운명에 기인하는 충동과 열정을 가지고 있다. 즉, 우리가 구축한 사회체제 안에서 이러한 생물학적 운명에 대한 반응은 다음 두 가지 형식을 띠게 된다. 그 첫째 형식은 그 첫 번째 의미에서 유익하고 '자연스러운 것'이다. 즉, 그것은 한 사람이 다른 사람에게 의지를 부과하지 않는다는 것에 토대를 둔 인간들 사이의 교제를 포함하고 있다. 욕구를 충족시킬 수 있는 사람의 편에서 누군가의 욕구를 부정하는 것은 자신의 의지를 다른 사람에게 부과하는 사례가 될 수 있을 것이며 따라서 그것은 '부자연스러운 유대'가 될 것이다. 마찬가지로 아무것도 필요한 것이 없는 사람에게 자신의 뜻을 강제하는 것 또한 부자연스러운 것이다. 예컨대, 내가 누군가에게 무엇인가 나에게 도움이 된다는 이유로 그것을 하도록 요구하는 것은 부자연스러운 것이다. '자연적인 것'이 '사회적인 것'을 배제한다거나 '자연적인 것'이란 단순히 '부드러운 사회적 유대의 형식'을 뜻한다는 주장은 면밀히 살펴보면 허점이 드러날 수 있을 것이다. 자연적인 것에 대한 이러한 두 가지가 서로 모순된다고 할 수 없다. 왜냐하면 인간에게 자연스러운 것은 생물학적 숙명으로부터 기인하는 것이며 인간관계 속에서 발전을 도모해 가는 데 유익한 것이기 때문이다. 이들 간의 관계는 생물학적 운명으로부터 일어나는 열정을 만족시키려는 우리의 요구에 기반을 두고 있다.[16] 그러나 알아 두어야 할 것은 루소가 남에게 자신의 의지를 강요하는 것이 권력이나 지배의 의미를 충족시키기 위함이 아니라[16] (선생님이 생각하듯) 강요받는 사람의 이익을 촉진하기 위한, 바로 그런 상황에서도 다른 사람에게 자신의 의지를 부여하는 것이 유익할 수 있으며 따라서 '자연스러운 것'이라고 생각하지 않는다는 점이다. 이러한 일이 허락되지 않는 방식으로 이루어질 수 있다는 점을 이해하지 못한 루소의 과오는 그의 학습에 대한 설명과 가르침에 대한 설명을 받아들일 수 없게 하는 중요한 방해물 중 하나다.

우리는 유익한 상황을 조성하는 일이 어렵게 되는 이유 외 (루소가 주장한) 본

---

16) *not*

래적인 자연적 유대 상태가 유해하고 제한된 형태로 후퇴하여 만연되는 과정을 알 필요가 있다. 문제는 환경이 아닌 인간 본성에 깊이 뿌리를 박고 있는 성향으로부터 비롯되는 '부자연스러운' 유대의 형태가 점점 더 만연되고 있다는 점이다. 이러한 유대의 형태가 어떻게 만들어질 수 있는가에 대한 루소의 설명이 섬세하고 상세한 것일지라도, 앞에서 이루어진 비판, 즉 공평하게 이루어지지 못한 유대의 형식들은 사람들이 사회제도를 만들 때마다 인간적인 성향으로 드러난다는 비판에 적절하게 답할 수 없을 것처럼 보인다.

루소의 설명에 따르면, 지배하고 예속시키려는 욕망이 비록 부자연스럽다고 할지라도(그것이 우리의 생물학적 운명을 충족시켜 줄 수 있는 필요로부터 생겨나지 않았다는 의미에서), 그것은 인간 삶의 초기 단계에서 나타날 수 있다.[17] 갓난아이의 욕구가 신중하게 다루어지지 않는다면 지배의 성향이 삶의 아주 이른 단계에 나타나게 될 것이다. 또한 유아 의지의 좌절에서 비롯되는 의구심과 공포심이 나타나게 될 것이다. 갓난아이의 무기력함은 이른 시기의 의지를 좌절시키고 취약하게 만든다. 여기서 다시 한 번, 우리는 또 다른 구절에서 자연스럽다고 할 수 없는 다른 사람에 대한 편집증적인 증오심을 발견하게 된다. 루소에 따르면 그러한 증오심이란 거의 매일 인간적 환경 속에서 생겨날 것 같은, 예컨대 울고 있는 아이를 세차게 때릴 때 생겨날 것 같은 그런 것이다.[18]

이 상황에서 계속해서 우는 아이는 얻어맞은 것에 대해 부당(不當)[17]하다는 생각을 가지게 되고 이것으로부터 모든 분노와 증오심이 생겨난다. 루소에 의하면, 보모가 가하는 의지의 부과는 바로 그러한 부당함의 표출이다. 이런 종류의 상황에서 의구심, 증오, 그리고 실제거나 상상된 부당함에 대한 과잉보상을 바라는 욕구가 일어난다. 그리고 이 욕구는 활활 타오르는 자존심(自尊心)[18]의 특징이다. 루소의 말 안에 담긴 시사점은 분노를 불러일으키는 원인이 되는 것이 다름 아닌 지나친 뜻의 강제라는 것이다. 또한 사회적이고 심리적인 병은 자

---

17) *injustice*

18) *amour propre*

신에게 이러한 행동이 가해지고 있다는 점을 지각하기 때문에 발생한다.[19] 만약 이것이 사실이라면, 이러한 상황은 실제로 일상적인 삶의 일부라고 봐야 할 것이다. 루소의 주장에 따른 자연스러운 반응, 즉 울고 있는 아기를 무시하는 것은 대부분의 사람들에게는 대단히 부자연스럽다. 그러한 상황에서 울고 있는 아기를 대하고 있는 대부분의 어른은 루소가 든 예에서 등장하는 보모처럼 분노를 가지고 대하든가 아니면 편안한 마음으로 대할 것이다. 우리가 이미 말한 바와 같이 후자의 경우는 일반적인 상황에서 부풀려진 **자존심**을 불러일으킬 가능성이 높다. 이 두 경우의 반응 모두는 어떤 의미에서 자연스러운 것이기 때문에(즉, 이것들은 이러한 괴로운 상황에 직면했을 때 인간이 보이는 반응의 정상적인 양상이다) 루소가 인간관계의 자연스러운 형태를 발전시키는 데 적합하다고 제시하는 종류의 반응 또는 무반응이야말로 전형적이지 않을뿐더러, 그렇게 하려면 대부분의 사람들은 별도로 그런 태도를 길러야 한다. 해당 상황에 대한 '동물적' 반응과 정면으로 충돌하기 때문이다. 어떤 이는 루소가 자연스러운 인간관계 형성에 있어서 핵심적이라고 할 수 있는 반응을 증진시키기 위해 도덕적이고 정서적인 노력을 하려고 할 것이다. 사실 『에밀』의 개인교사가 보여 주는 전략이 바로 그렇다. 하지만 다음과 같은 중요한 질문이 제기될 수 있다. 우리가 유아들에게 보이는 분노와 편안함의 일반적 반응은 그에게는 왜 '자연스러운 것'이 아닌가? 즉, 그러한 일반적인 반응은 왜 우리의 생물학적 본성에서 생겨나지 않는 것이며 인간적 발달을 꾀하기 위한 방향으로 작용하지 않는 것일까? 우리는 그것들이 지배하거나 지배받는 데 별로 쓸모가 없는 욕망에서 비롯된다는 점을 제안할 타당한 이유를 가지고 있지 않다.

사람들은 위에서 든 예시를 별로 중요하지 않은 것으로 생각할 수도 있을 것이다. 하지만 루소는 그렇게 여기지 않는다. 그는 갓난아이와 돌보는 이의 관계에 대해 다음과 같이 쓰고 있다. "여러분이 주의를 기울일 만한 가치가 없다고 여기는 그러한 눈물은 인간과 환경 간의 최초의 관계를 맺도록 하는 것이다. 여기서 사회질서의 오랜 사슬에 최초로 연결되게 된다."[20] 루소는 이것이 다른 사람에 대한 정서적 인식의 성장에 도움이 되는 지침이 되어야 하며 개인의 심리학적 특성의 증진에 도움이 되는 지침이 되어야 한다고 생각한다. 물론 이러한 지침은 그들이 다른 사람들과 맺게 되는 관계에 영향을 주는 것이다. 이 점에 대해 그가 과연 옳은가 아닌가를 따져볼 수 있겠지만, 한때 루소에 의해 간과되었던, 어떤 의미에서 루소가 말하지 않았던 매우 중요한 또 다른 관점이 있다. 다른 사람에 대한 분노, 동정심, 격려가 동시적이고 무반성적인 수준에서 이루어지는 이러한 단순한 상황에서 유아는 처음으로 사회적 삶의 규범적 특성을 인식하게 된다. 그 이후에 이루어지는 사회구조에 대한 인식, 개인의 도덕성과 사회적 도덕성에 대한 인식, 종교적 신념에 대한 인식, 인류의 지적 성취에 대한 인식 등은 모두 아이가 다른 사람들이 그에게 가진 정서적 인식과 접하는 첫 순간으로부터 생겨난다. 이러한 만남을 통해 그는 처음으로 인간사회가 규칙에 의해 지배를 받으며 그것이 무엇을 의미하는지 알게 된다.

루소는 우리가 후손들에게 보이는 반응행동과 그들이 우리에게 보이는 반응행동이 인간 자연사의 일부이며 인간사회를 구성하는 규칙 지배적인 유대의 기초를 이루고 있다는 점을 이해하지 못한 것 같다. 이러한 의미에서 '자연적인' 반응이란 평가적 요소, 즉 자유롭고 평등한 유대가 유익한 것이라는 판단을 포함하고 있다. 하지만 만약 이것이 사실이라면, 자연스러운[19] 이라는 그의 생각이 비록 일관성을 가지고 있다고 하더라도 그것 안에는 그가 우리에게 추천하고 싶어 하는 사회의 가장 두드러진 특징이 담겨 있다. 한 사람의 의지를 다른 사람에게 강제로 부과할 가능성이 없는 사회는, 일반적으로 이해되는 사회라는 용어의 의미에 비추어볼 때 사회가 아니라고 할 수 있다. 인간관계에 있어서 자연스러움에 대한 루소의 생각은 타당해 보이지 않을뿐더러 좀 더 철저하게 따져보면 가장 피상적인 인간적 유대의 형식을 지지하는 쪽으로 기울고 있다.

자연스럽다는 것에 대한 루소의 생각은 신뢰하기에 어려운 점이 있는데, 그것은 그가 인간 의지의 상호작용 중 유익한 형식과 해로운 형식을 명백하게 구

---

19) *natural*

별해 내지 못하고 있다는 데 기인한다. 그가 바랐던 것은 협력적인 것이지만, 협력이란 관련자들의 상호 동의를 통해서 이루어질 수 있을 뿐이다. 하지만 관련자들이 (습관적으로 연합하는 것과 정반대로) 서로 동의하는 것은 오로지 규범적 틀을 통해서다. 그런 틀은 오직 언어라는 제도 안에서만 존재한다. 언어 그 자체는 정확하고 부정확한 의사소통의 형식을 구성할 수 있는 권위를 가지고 있으며, 젊은이에게 그 권위란 그와 가장 가까운 어른에게 속한 것이며, 어른은 의사소통하려는 아동 초기의 노력에 반응을 하게 된다. 가장 이른 시기에 이러한 것들은 우리가 앞에서 든 예시에서 살펴본 바와 같이 분노, 관심, 격려 등에 대한 일종의 정서적 반응을 포함할 것이다.

루소가 이해한 바와 같이, 갓난아이의 울음으로부터 가장 힘 있는 정치제도에 이르기까지 사회질서를 묶는 사슬이 있다. 하지만 이 사슬은 역동적인 연결고리로서, 스스로 현명한 것으로 여기는 유익하고 자연스러운 유대를 이루기 위한 목적으로 한 사람의 뜻을 다른 사람들에게 강제해야 한다. 이러한 일은 베이커(G. P. Baker)와 핵커(P. M. S. Hacker)가 **규범적 활동들**[20]이라고 부른 것 안에서 일어난다. 여기서 규범적 활동들이란 규칙을 따르는 행동, 예컨대 교정하기, 인정하기, 정의하기, 해석하기, 가르치기 등과 같은 행동을 말한다.[21] 이것들에는 권력행사와 같은 것은 포함되지 않는다. 이것들은 그 효력이 가르치는 사람이 누구이든지 간에 그 사람의 권위에 영향을 받는다. 즉, 이것들은 사회의 관점에서 볼 때 특정 부모와 보호자가 그러한 가르침을 주는 적임자라는 인식을 함께하는 지식이요 기술이다.[22]

우리가 사용하는 개념들 간의 관계를 추적하고 우리가 사용하는 언어가 가지는 문법을 서술하는 것 또한 개념적 사슬이다. 루소는 이러한 사슬을 인과적인 것, 즉 개인심리학을 통해 작용하는 것으로 만들려고 시도한다. 이러한 인과적인 사슬이 심리학적 속성을 지닌 유해한 환경과 불건전한 사회환경 안에서 어

---

20) *normative activities*

떻게 작용하는가 하는 것에 대한 심리학적 설명은 아주 자세하게 이루어질 수 있겠지만 결국 명백한 증거가 결여되어 있다. 규범적인 반응과 실제와 더불어 규칙의 개념과 규칙 지배적인 행위가 그것들과 관련을 맺는 방식에 의해 이루어지는 문법상의 사슬은 가정적인 일로부터 공적인 일에 이르기까지 인간 유대의 모든 단계에 관련되어 있다.

권위에는 유익하고 중립적인 형식뿐만 아니라 유해한 형식도 있으며 남에게 의지를 부여하는 것 또한 유익한 것도 있지만 그렇지 못한 것도 있다는 점을 부인할 수 없다. 하지만 그러한 현상이 필연적으로 유해하다는 점 또한 부인될 수 있다. 물론 우리가 특정한 상호작용을 유해한 것으로 생각할지 아닐지는 어느 정도 그러한 상호작용의 결과에 따라 이루어지는 판단에 의해 좌우되며, 이러한 점에서 루소의 평가는 다른 여러 가능한 평가들 중의 하나에 불과하다.

4. 자존심과 자기애[23]

루소에 따르면, 우리는 자신의 안녕[21]을 보존하는 것이 중요하다는 점을 알고 있다. 우리는 우리의 안녕을 이루는 것에 대한 인식의 도움을 받아 우리의 생존과 신체적 편안함을 보장받으려 한다. 이것은 우리 삶을 유지하는 데 필요한 것일 뿐만 아니라 바람직한 것이다. 이것이 우리의 최고의 이익을 위해 우리가 적극적인 존재가 되도록 동기를 불어넣어 주기 때문이다. 루소는 이러한 경향을 자기애(自己愛)[22]라고 불렀다. 어떤 의미에서 자기애란 그 자체로서 자기를 보존하고 자기를 발전시키려는, 즉 다른 존재들에 대한 고려를 배제하고 있다는 점에서 동물적 감각이라고 할 수 있다.[24]

---

21) [역주] well-being: 흔히 복지, 좋은 삶, 행복 등으로 번역되고 있으나 여기서는 문맥에 맞도록 하기 위해 '안녕'이라고 번역하였다.

22) *Amour de soi*

이와는 반대로, 자존심[23])은 사회적, 도덕적 차원에서의 자기애다. 즉, 이것은 우리가 다른 존재들과 함께하고 있다는 입장을 포함하고 있다.[25] 다시 말해서 우리가 자존심을 가지고 있다는 것에 관하여 처음부터 못마땅하게 생각할 아무런 이유가 없다. 가장 근본적 차원에서 자존심은 다른 인간 창조물들에 의해 한 인간으로 인정받기를 희망하는 것 이외의 아무것도 아니다. 인간으로 인정받지 못하는 사람, 즉 자기를 둘러싸고 있는 도덕적 공간을 만들어 만들어 가지 못하는 사람은, 시몬 베유(Simone Weil)의 말을 빌리자면, 살아있는 시체다.[26]

자기애와 자존심의 차이를 자기 존중의 유익한 형식과 유해한 형식의 차이로 이해하면 좋을 것 같아 보인다. 하지만 덴트(N. Dent)는 이것이 루소의 생각을 지나치게 단순화시킨 것이며 인간 삶에 있어서 자존심이 가지는 중요성을 제대로 평가하지 못하는 결과를 가져왔다고 힘주어 주장한다. 건강하고 자연스러운 상태(그리고 '자연스러운' 이란 말은 여기서 루소가 사용했던 의도에서 사용되었다)에서 자존심이란 다른 사람들로부터 똑같은 존중과 배려를 받을 자격이 있는 도덕적 존재로 인정받으려는 인간의 욕구를 구성한다. 자기애의 한 측면, 즉 우리 삶에 있어서 중요한 동기가 되는 요인으로서, 자존심은 또한 세상을 다루는 우리의 방식을 계발시켜 주고, 동물적인 욕구를 충족시켜 주며, 다른 사람과의 관계를 증진시키고, 우리의 학습욕구를 가능하게 해 주는 힘이다. 따라서 학습이란 대개 자존심의 작용 여부에 따라 좌우되는데, 이것이 건강하고 격정적이지 않은 상태를 유지하려면 명령조로 요구하는 경향(다른 사람의 의지를 내 의지에 종속시키기)과 자신의 의지를 지배하려는 다른 사람의 경향 모두로부터 격리될 필요가 있을 것이다.

실제 세상 속에서 대부분의 인간관계는 상호 간의 동의가 없는 기반 위에서 이루어지는 뜻의 강제를 수반하며, 뜻을 강요하는 사람이 그 사실을 의식적으로 아는 상태로 이루어진다. 때문에 자존심의 건강한 발달, 더 나아가 학습의 발

---

23) *Amour propre*

달은 다른 사람이 학생에게 또 그 학생이 다른 사람에게 **명시적**[24] 의지의 영향력을 끼치지 않도록 하는 상태에서 진행되어야 한다. 다른 방법을 취할 경우 학생의 마음속에 격정적인 **자존심**을 만들어 낼 가능성이 높다. 왜냐하면 이것은 한편으로 자기 자신의 오만한 지배를 이해하기 때문에 생겨나는 것이며 다른 한편으로는 다른 사람들에 대한 오만한 지배에 대한 인식에 기인하는 편집적인 분노와 회의에서 생겨나기 때문이다.

우리는 이미 루소가 판단이 인간발달 과정의 적절한 지점에서 나타나는 능동적인 능력이라고 주장하였음을 살펴보았다. 즉, 건강한 **자존심**이란 적절한 판단을 계속해서 보장해 줄 것이라고 주장했음을 살펴보았다. 학생은 사심 없는 호기심[25]을 가지고 피상적이고 부정확하거나 심지어 정신 나간 판단을 하기보다는 건전하고 정확한 판단을 해 나갈 수 있을 것이다. 피상적이고 부정확하거나 정신 나간 판단이 가지는 특징은 격정적인 **자존심**에 의해 동기가 부여될 때 나타나기 쉽다. 즉, 이러한 판단은 침울함과 분노를 통해 드러나거나 다른 사람들 사이에서 자랑하려는 무절제한 욕구를 통해 드러나기 쉽다.

이러한 점들은 어린이가 어떤 형태의 사회적 맥락이든 그 밖에서 교육을 받아야 한다는 것을 의미하지 않는다. 오히려 사회적 환경에 부딪친 어린이가 신중하게 자기 조절을 함으로써 **자존심**의 발달이 해로운 쪽으로 빗겨나가서는 안 되며, 따라서 판단의 발달이 왜곡되어서는 안 된다는 것을 의미한다. 루소는 에밀이 직면했던 다양한 상황(예컨대, 정원사와 함께 있을 때 그리고 박람회장에서)을 염두에 두면서 그가 이 점에 대해 어떻게 생각하는가를 보여 주기 위해 몇몇 예들을 들고 있다. 이러한 만남에 직면한 아이는 다른 사람의 **자존심**을 존중할 필요가 있다는 것뿐만 아니라 탐욕의 위험성과 자만심[26]의 위험성에 대해 학습하게 된다. 책의 후반부에서 감정의 발달 특히 성적 열정과 관련된 감정 발달이

---

24) *overt*

25) disinterested curiosity

26) pride

이성(異性)인 소피(Sophie)와의 만남을 신중하게 다루는 가운데 이루어진다. 이러한 모든 과정이 진행되는 동안 자존심은 학습을 가능하게 하는 원동력일 뿐만 아니라 그 자체로서 올바른 방향 속에서 형성되고 안내를 받는 에밀이 가진 특성들 중의 하나가 된다.

5. 루소의 발달주의[27]

자연스러운 것에 대한 루소의 특별한 생각, 여러 사회적 관계의 유해한 특성에 관한 그의 견해, 판단의 능동적 속성에 대한 그의 주장은 아동기에 대한 우리의 생각, 아이들이 어떻게 학습하는가 그리고 아이들은 어떻게 교육받아야 하는가에 대한 우리의 생각에 매우 중요한 시사를 던져 준다. 뿐만 아니라 삶의 순환이 특히 인생 초기 단계에 있어서 아동기라는 특수한 단계를 거쳐 이루어진다는 그의 견해 역시 똑같이 중요하다. 루소가 설정한 발달단계이론은 체계적으로 이루어지지도 않았으며 피아제와 같은 후기 발달이론가들이 마련한 체계처럼 엄격하지도 않다. 그럼에도 불구하고 루소가 제안한 발달단계는 그 체계를 논하는 데 있어서 상당히 중요하다고 할 수 있는 본질적인 요소들을 포함하고 있다.

인간발달에 대한 루소의 설명 안에 담긴 주요한 요소들은 다음과 같다. 첫째, 단지 감각을 통해서 지식을 획득하는 단계, 둘째, 감각의 비교를 기초로, 과거의 판단과 감각적 경험에 기초하여 이루어지는 추론을 통해 판단이 이루어지는 단계, 셋째, 다른 사람에 대한 고양된 인식이 이루어지는 단계. 이 마지막 단계에서 이성이 충분히 발달하게 된다. 이들 각각의 단계를 통해 시종일관 개인의 자존심에 의해 동기가 부여된다. 개인의 자존심은 다른 사람들의 의지를 지배하

---

27) developmentalism

거나 다른 사람에 의해 지배받을 가능성이 사라질 때 최대로 발현될 수 있는 것이다.[27]

하지만 이러한 구분이 성인기까지 계속 이어질 수는 없다. 특히 다른 사람들에 대한 인식과 반응이 문제가 될 때는 이러한 구분이 계속 이어질 수 없다. 지배와 복종에 근거한 불쾌한 인간관계가 더 이상 일어나지 않도록 하기 위해서 자존심이란 올바른 반응을 불러일으키는 방식으로 발달되어야 한다. 그 대신 자존심은 다른 사람들에 대한 관심으로 보다 확장되어야 한다. 예컨대, 남을 동정하는 사람은 불쌍한 사람에게 관심을 가지게 되고 그러한 관심을 자신의 것으로 만든다. 이러한 이유로 자존심은 판단을 적절하게 발달시키는 건전한 방식으로 계발될 필요가 있다.

우리가 도덕적 존재로 성장해 가기 위해서는 다른 사람들에 대한 관심이 커져야 한다. 도덕적 질서가 있다는 것 혹은 우리가 도덕적 질서를 잘 지키지 못하고 있다는 것 혹은 잘못된 방식으로 도덕적 질서에 반응하는 성향을 인식하는 능력은 다른 사람들에 대한 감정을 성장시켜 주며, 우리 자신의 자존심과 추리하는 능력을 발달시켜 주는 역할을 한다. 루소에 의하면, 감정이란 일종의 관념이다. 따라서 대상이 아닌 감각으로부터 받은 인상[28]으로 우리 자신을 생각해 볼 때 우리는 감정을 경험하게 된다.[28] 판단이란 자기를 고려[29]할 뿐만 아니라 타인을 고려[30]하도록 만드는 감정을 기초로 작용한다. 이것은 건전한 자존심이 성장해 가는 과정의 부분이기도 하다.

따라서 루소의 설명은 그 유형이 변하지 않는 단계의 연속성[31]에 주목하고 있다. 즉, 그의 설명은 목적론적이라고 할 수 있는데, 이것은 성인 초기에 나타날 수밖에 없는 결과라는 것들이 있으며, 발달의 원동력이란 그 자체로서 성장

---

28) impression
29) self-regarding
30) other-regarding
31) sequence

과 발달을 꾀할 수밖에 없는 **자존심**(여기서의 자존심이란 보다 동물적인 자기애를 포함하는 것이다)이라는 이유에서다. 한 단계에서 다음 단계로의 진행은 경험적 근거가 없이 이루어지는 불변의 과정이다. 발달이 이렇게 이루어진다는 것은 문법의 문제이다. 판단이란 원재료로서의 감각에 의존하며, 동료 인간에 대한 감정의 성장은 어떤 성숙한 판단이 처음 예에서 든 자기 자신과 관련이 있는 감정의 경험을 통해 영향을 받는 정서적인 반응의 결과로 이루어진다.

또한 루소는 '준비'[32]의 개념을 대단히 많이 강조하고 있으며 지식, 기술 그리고 이해 역시 젊은이가 그것을 얻을 준비가 되었을 때 비로소 획득될 수 있다는 생각을 강조하고 있다. 준비에 대한 그의 견해는 대단히 엄격하다고 할 수 있는데 그것은 그가 어린이가 7살 때 이성의 나이에 도달한다고 가정한 가톨릭 교회를 비판하는 가운데 15세가 되어서도 자신의 믿음을 완결지을 수 있는 이성의 나이에 이르지 못한다고 주장하고 있기 때문이다. 하지만 이것은 단지 의견의 문제이지 자연사의 문제는 아니다.[29]

다른 곳에서 루소는 어린아이와는 이성적 논의를 할 수 없다고 주장한다. 이성은 마지막에 발달하는 능력이므로 이성을 통해 이성을 발달시킬 수는 없기 때문이다.[30] 이러한 견해는 교육에 매주 중요한 시사점들을 던져 준다. 사실 루소는 그러한 시사점들을 이끌어 내는 일을 두려워하지 않는다. 오늘날 교육이란 청소년기에 이르기까지 기본적으로 정서적인 것에 기초를 두어야 한다는 주장은 이성의 발달에 대한 이와 같은 그의 견해로부터 비롯된 것이다. 아이들은 다른 사람의 의지에 노출되어서도 안 되며 아직 계발되지 않은 능력에 이런저런 요구를 해 대는 교육과정에 노출되어서도 안 된다. 루소가 에밀의 교육에서 중시한 교육적 상황(정원사와 있었던 일, 어둠의 공포를 극복하는 일, 박람회장에서 있었던 일, 몽모랑시로 돌아가는 길을 찾은 것)이란 기본적으로 정서적인 반응 교육에 기반을 둔 것이다. 몽모랑시에서 있었던 일은 에밀의 이성적 능력의 사용

---

32) readiness

이 항법원리에 관한 사심 없는 호기심에서라기보다는 집으로 돌아가려는 마음에 의해 자극을 받았음을 보여 주고 있다. 루소는 기하학에 대한 가르침이 추론에 기초하기보다는 상상력과 기억에 기초하여 이루어져야 한다고 권고한다.[31] 지리에 대한 가르침은 자연현상에 대한 정서적인 반응과 이것이 만들어 내는 호기심에 기초하여 이루어져야 한다.[32] 하지만 가정교사가 설정하는 학습상황은 그 역시 강력한 조작의 요소를 담고 있다(아래를 보라).

6. 루소의 학습관에 대한 비판

　인식론에 대한 루소의 인류학적 접근이 가지는 강점에도 불구하고(어떤 의미에서 비트겐슈타인의 저작을 예시(豫示)하는 것이라고 할 수도 있다), 인간과 인간성장에 대한 그의 견해는 그릇된 개념들을 담고 있다. 다음 두 가지 중요한 측면이 주목을 받는다. 즉, 하나는 성인이 아이들을 다룰 때 규범적인 것을 거부한다는 것과 관련되어 있다. 다른 하나는 발달단계가 인간 본성의 역사에 기반을 두고 있다는 그의 발달의 개념과 관찰에 관련되어 있다. 이 두 가지 그릇된 개념들은 서로 깊이 관련되어 있다.

　우리는 앞에서 루소가 건전한 자존심의 발달을 아이들과 젊은이들이 다른 사람들의 의지에 예속되지 않도록 하는 조건이라고 주장하였음을 살펴보았다. 루소는 인간이란 본질적으로 사회적인 존재라는 사실을 알았음에도 불구하고, 자신의 교육이론에서 받아들이기 힘든 견해를 제시한다. 첫째, 대부분의 사회적인 만남이란 유익한 내용보다는 유해한 내용을 담고 있다, 둘째, 상대적인 고립[33]이 젊은이에게 최선의 조건이다.

　우리는 여러 사회적 만남이 해로우며, 그러한 해로움이 남을 지배하려는 자

---

33) comparative isolation

부심이 강한 사람에게서 비롯된다는 루소의 주장에 동의할 수 있다. 또한 이러한 종류의 만남이 개인들과 사회관계 모두에 오랫동안 해로운 결과를 가져다준다는 주장에 동의한다. 그러나 사전 계약 동의의 제약을 받지 않는 사람이 한 사람의 의지를 공개적으로 지배한다는 것이 해롭다는 주장은 전혀 다른 의미를 가지고 있다. 또한 우리는 갓난아이가 울었다는 이유로 매를 대는 좋지 못한 경험을 근거로 성인기와 성인사회의 사악함을 추적해 볼 수 있다고 가정하는 것은 지나치게 추상적인 생각이다. 물론, 아동이 처한 환경과 가정 양육방식의 정반대되는 상황, 특히 이러한 정반대되는 상황이 가족들의 생활 속에 존재하는 병리학적 조건에서 비롯되는 것이라면, 루소가 서술한 결과들이 생겨날 수도 있다는 점을 부정할 수 없다. 하지만 그의 설명은 극단적인 상황뿐만 아니라 매우 일상적인 상황에서도 제대로 작동해야 한다. 이에 대해서 루소는 어떤 증거도 제시하지 못하고 있다.

그러나 루소의 설명 중 가장 심각한 문제는 그의 주장이 경험적으로 타당성이 결여되어 있을 뿐만 아니라 한 사람의 뜻을 다른 사람에게 강제하는 것이 어떤 유익한 효과를 가져올 수 있다는 점을 부인하고 있다는 것이다. 이것은 인간사회를 구성하는 사회적 유대의 형성 가능성을 부인한 것이라고 할 수 있다. 젊은이가 사회규범을 따르는 사람이 될 수 있는 것은 교정, 격려, 인정, 그리고 분노의 맥락 안에서만 가능한 것이다. 이러한 종류의 원시적인 동물적 상호작용은 인간사회를 특징짓는 규범성[34]을 소개하는 기초를 이룬다. [33] 이것들은 한 사람의 뜻을 다른 사람에게 강제한다는 뜻을 포함할 뿐만 아니라 이것은 '인정' '교정' 혹은 '낙담'과 같은 용어들이 의미하는 것의 일부다. 이러한 규범적인 실제들이 규범적 행동의 권위 있는 배경을 구성한다. 그 본질상 그것들은 명백하게 드러나야 한다. 그렇지 않다면 규정 차원에서 사용되는 규칙들이 규칙으로 인지되지 않을 수도 있다. 사람이 규칙에 **부합하여 행동**[35]하는 것과 정반대인 규

---

34) normativity

35) *act in accordance with a rule*

칙을 따르는 것[36]을 배우는 것은 훈련을 통해서이지 조건화[37]에 의한 것이 아니기 때문이다. 이러한 주장이 유익할 수 있다는 점을 부정하는 루소는 에밀을 어떤 의미에서 상식적인 사회 안에서 이루어지는 성장과 학습의 가능성에서 배제시키고 있을 뿐만 아니라 규범적이라고 할 수 있는 사회 안에서 이루어지는 성장 가능성으로부터 에밀을 제외시키고 있다. 하지만 개인교사는 계속해서 에밀을 가르치기 위해 암암리에 뜻을 강제하고 있다는 사실을 아는 것이 중요하다. 어떤 의미에서 개인교사의 교육학적 기술은 훈련이나 수업이라기보다는 조건화에 더 가깝다고 할 수 있다.[34] 아이의 발견 즉, 그것이 그런 포괄적인 방식으로 다루어진다는 사실은 훈련과 수업의 일반적인 형식보다도 편집중적인 분노를 더 많이 자아낼 것이라는 제안은 제법 그럴듯해 보인다.

루소에게 가할 수 있는 두 번째 비판은 그의 발달주의에 관련된 것이다. 루소에 의하면, 발달이란 우리들 자연사의 일부로서, 이것은 서로 다른 정서적이고 지적인 능력이 우리 삶의 다른 단계에 유익한 것이 될 수 있도록 해 줄 뿐만 아니라 특정한 시기에도 유익한 것이 되도록 해 준다. 인간 본성의 역사에 관해 관찰해 보면, 이러한 것들 중에는 사소한 것 같지만 사실인 것도 있고 어떤 것은 흥미로운 것도 있다. 예컨대, 5세 소년의 관심과 지적 능력이 청소년기에 있는 여자아이의 그것과 다르다는 것은 사소해 보이지만 사실이다. 어린아이들이, 청소년과 어른들에게는 지극히 정상적인 것으로 보이는 이성에게 정서적인 반응을 하지 못한다는 것은 사실이지만 그럼에도 불구하고 놀랄만한 일은 아니다. 나이 어린 아이들의 신체적이고 지각적인 능력의 일반적인 성장유형에 관해 배운다는 것은 흥미롭고 유익한 것이다.[35]

인류의 모든 구성원에게 이미 결정되어 있고 불변하는 방식으로 특정한 단계에 나타나는 지각적, 정서적, 도덕적, 인지적 발달유형이 있는지는 분명하지 않다. 이 경우 루소가 그랬던 것처럼 인간 본성의 역사에 호소하는 것이 그리 좋

---

36) *follow a rule*

37) conditioning

은 것은 아닌 것 같다. 그 첫 번째 이유는 학습의 발생과 패턴이 때로 개인에게 특수한 것이며 그들이 배우는 맥락에 대해 특수한 것이기 때문이다. 둘째는 문화적 변인이 학습에 중요한 역할을 하고 있다는 것이다. 셋째는 루소의 발달에 대한 설명이 앞의 것과 마찬가지로, 개인이란 자신이 행하는 방식으로 발달하고 배운다는 사실을 설명하기 위해 외재적 동기의 형식보다는 내재적 동기의 형식에 더 많이 의존하고 있다는 것이다. 루소는 내재적 동기를 일으키는 원천이 있어야 한다고 주장한다. 왜냐하면 그는 자기의 설명 안에 다른 사람이 에밀에게 의지를 부과할 때 생겨나는 어떤 동기를 포함시키지 않기 때문이며, 또 이것은 분노를 만들어 냄으로써 자존심의 해로운 발달을 가져오기 쉽기 때문이다.

　사실 자기애에 대한 생각은 인간 본성의 역사를 관찰해 보면 그 안에 어떤 근거가 놓여 있다는 점을 알 수 있다. 다른 동물과 마찬가지로 인간은 동물적 요구를 만족시키려고 노력할 것이며, 다른 사람에게서 특별한 격려를 받지 않고도 자신의 복지를 증진시키려고 노력할 것이다(물론 인간이 이러한 과정을 효과적으로 달성하기 위해 다른 사람들로부터 무엇인가를 배우기도 한다). 자존심이란 '동물적' 안녕을 증진시키려는 속성에서뿐만 아니라 인간사회의 성취를 구성하는 그러한 속성에 있어서 무엇인가를 배우고 능력을 계발하려는 성향으로 설명되어야 한다. 루소 스스로는 이러한 사회의 성취를 무가치한 것으로 바라보기 때문에, 자존심이 어떻게 추구할 만한 가치가 있는 성취를 선별할 수 있을 것인지 분명하지가 않다. 즉, 루소가 인정했듯이, 이러한 성취의 중요성과 가치가 사람마다 다른 가치판단의 문제라는 점에서 볼 때 어떻게 이것을 추구할 만한 계기를 제공할 수 있다는 것인지가 분명하지 않다. 이에 덧붙여 루소가 서술하는 자존심이란 납득할 만한 심리학적 범주를 구성하기에는 너무 유약하고 거친 것이다. 그것이 너무 유약하다는 것은 그것이 너무 쉽게 상처를 받을 수 있기 때문이며, 그것이 너무 거칠다는 것은 그것이 학습의 유일한 농기로만 부여되기 때문이다.

　개인이 적절한 방법으로 동기화된다고 할지라도 강한 동기만이 성공적인 학습을 불러일으키는 충분한 자원을 제공할 것이라고 가정하는 것은 너무 성급한 판단이다. 사실 우리는 인간이 축적하는 지식과 기술이 젊은이에게 별로 쓸모 없는 것이라고 믿도록 요구받는다. 즉, 젊은이는 순전히 자신의 노력으로 가치 있는 무엇인가를 발견하도록 해야 한다는 주장을 믿도록 요구받는다. 이러한 견해가 어떠한 형태의 수업과 훈련도 인정하지 않으려는 루소의 태도가 초래한 직접적 결과라면(지금쯤이면 명확하게 설명되었을 이유 때문이다), 교육적 처방이 자신이 기대고 있는 사변적 도덕심리학에 정당화를 요청했을 때 루소의 논지가 지닌 타당성을 별도의 근거로 삼지 않는 한 그 정당화의 부담을 도저히 감당할 수 없다.

마지막으로, 루소가 제시하는 발달주의의 형식은 (그 이후에 활동한 피아제와 같이) 인간발달을 너무 빈틈없이 그리고 터무니없이 구분하고 있다. 어떤 것은 어떤 단계에서는 결코 학습될 수 없다. 예컨대, 아이들에게는 종교교육을 시키 는 것은 무의미하다고 보는데 그 이유는 그들이 종교가 표현하는 추상적인 아 이디어를 파악할 수 없기 때문이라는 것이다.[36] 루소는 사람들이 한 단계에서 개념을 부분적으로 파악하고 다른 단계에서 그것을 완전히 파악한다는 견해에 동의하지 않는 것 같다. 즉, 학습을 전부가 아니면 전무로 여긴 것 같다.[37] 하지 만 규칙에 기반하여 개념이 형성된다는 설명[38])은, 루소라면 틀림없이 거부하겠 지만(이유야 분명해 보인다), 개념어[39]) 사용을 관장하는 규칙을 습득해 가는 중 이지만 아직 완성되지는 않았기에 개념이 부분적으로만 형성된 상태도 가능하 다는 점을 허용한다.[38]

루소의 학습에 대한 설명은 지금까지 줄곧 대단한 영향력을 행사해 왔다. 다 음 장에서는 그의 저작들이 학습이론에 끼친 영향에 대해 밝히고자 한다.

---

38) rule-based account

39) concept words

1 전통적인 자유 교육자의 관점에서 『에밀』을 관대하게 고찰한 문헌을 살펴보기 위해서는 R. S. Peters, *Essays on Educators*, London, Allen & Unwin, 1981에 수록된 R. S. Peters의 'The Paradoxes in Rousseau's *Émile*'을 참고하라. 루소가 진보적인 교육사상가들에게 끼친 영향에 대한 최근의 설명을 알아보려면 J. Darling, *Child-Centred Education and Its Critics*, London, Chapman, 1994, Chapter 2, 3을 참고하라. 『에밀』에서 인용한 모든 인용문은 1762년에 처음 출간된 J. J. Rousseau, *Émile ou l'éducation*에 의한 것이다. 편의를 위해 인용과 인용문은 1911년 Barbara Foxley에 의해 이루어진 영어 번역본(London, Dent)에 따른 것이다.

2 N. Dent, "The Basic Principle of Emile's Education", *Journal of Philosophy of Education*, 22, 2, 1988a, pp. 139-150.

3 J. Darling, "Rousseau as Progressive Instrumentalist", *Journal of Philosophy of Education*, 27, 1, 1993, pp. 27-38.

4 루소는 본유관념들의 체계적인 원리에 대해 서술한 적이 없다. 하지만 그는 정의감이란 본유적인 것이라고 믿었던 것 같다(op. cit., p. 32). 또한 그는 어떤 능력들이 사회적인 맥락에서 드러날지라도 그것들은 본유적인 것이라고 믿은 것처럼 보인다(ibid., p. 340).

5 물론, 루소는 어느 정도의 규범적 질서의 필요성을 인정하지만, 그 규범이 자유로운 평등한 관계를 전제로 할 때에 한해서만 인정될 수 있다고 본다. 여기서 문제가 되는 것은 "개인들의 자유로운 관계를 가능하게 하는 조건들이란 무엇인가?"이며, 그것에 대한 답은 그 질문이 규범적 질서가 이미 존재하고 있다는 점을 전제로 하고 있다는 것이다.

6 이 점에 대해 좀 더 알아보려면, J. Darling, "Understanding and Religion in Rousseau's *Émile*", *British Journal of Educational Studies*, 33, 1, 1985, pp. 20-34를 참고하라.

7 J. Locke, op. cit., Book II, Chapter 1, p. 78. 이 책은 1690년에 초판이 출간되었으며, 제5판은 1961년 London(Dent사)에서 출간되었다.

8 Rousseau, op. cit., p. 165.

9 Ibid., pp. 218-219.

10 Ibid., pp. 246-247.

11 Ibid., pp. 165-166.

12 예컨대, L. Wittgenstein, *Remarks on Philosophical Psychology*. Vol. 1, Oxford Blackwell, 1980을 참고하라.

13 Rousseau, op. cit., p. 166.

14 Rousseau, *Discourse on Inequality*, London, Dent, 1913, pp. 174-179.

15 N. Dent, *Rousseau*, Oxford, Blackwell, 1988b는 이러한 견해를 지지하는 경우를 잘 드러내 주고 있다. 이 절에서 소개한 '자연적인 것'에 대한 해석은 Dent의 논의에 상당히 많이 의존했음을 밝힌다.

16 더 자세한 논의에 대해서는 Dent, 1988b, op. cit., pp. 14-18, 74-78을 참고하라.

17 Rousseau, op. cit., p. 33과 p. 36을 보라.

18 Ibid., p. 32. *Culture and Value*에 담긴 Wittgenstein의 다음과 같은 말과 비교해 보라. "아이가 울고 있는 것을 듣고는 그것을 이해하는 사람은 그것에 잠복해 있는 정신적인 힘, 즉 일반적으로 생각하는 것과는 다른 정신적인 힘이 내재해 있다는 점을 알게 된다." Peter Winch가 옮김. Peter Winch, Oxford, Blackwell, 1980, p. 2e

19 Ibid., p. 33. 여기서 루소는 사람의 마음속에 이미 타고나는 정의감이 존재한다는 점을 시인하고 있는 것처럼 보인다.

20 Ibid., p. 32.

21 G. P. Baker and P. M. S. Hacker, *Wittgenstein: Rules, Grammar and Necessity*, Oxford, Blackwell, 1985, pp. 45-47.

22 루소는 이 점에 대해 상당히 정확하게 지적을 한 바 있다. 즉, 개인교사는 자기가 가르치는 학생을 전체적으로 통제하는 데 목적을 두고 있지만, 이러한 통제란 에밀이 어떻게 배우고 있는가 하는 방법을 인식하지 못하고 있다는 사실에 기초하여 그 효과가 좌우된다는 점에서 은닉되고 조작되고 있는 것이다(이 점에 대해서는 E. Rosenow, "Rousseau's *Émile*, an anti-utopia", *British Journal of Educational Studies*, XXVIII, 3, 1980, pp. 212-224를 참고하라). 그러나 Peters (op. cit.)와 Rosenow는 이러한 통제가 권위를 이루고 있다고 생각했는데 이러한 생각은 그릇된 것이다. 오히려 그것은 우세한 권력을 비밀리에 활용하는 것이다.

23 나는 이 점에 대해 루소가 생각했던 것이 무엇인지를 기술할 때 Dent(1988b)의 책에서 전개된 설명을 상당히 많이 참고하였다.

24 Rousseau, op. cit., pp. 173-175.

25 Ibid., pp. 175-176.

26 *L'Iliade, Poème de Force* cited in P. Winch, *The Just Balance*, Cambridge, Cambridge University Press, 1989, p. 105를 참고하라.

27 Rousseau, pp. cit., p. 130.

28 Ibid., 253 footnote.

29 Ibid., 221.

30 Ibid., pp. 53-54.

31 Ibid., pp. 109-111.

32 Ibid., pp. 131-134.

33 P. F. Strawson, *Freedom and Resentment and Other Essays*, London, Methuen, 1974에 수록된 P. F. Strawson, 'Freedom and Resentment'를 참고하라.

34 Rosenow, op. cit.를 보라. 또한 『에밀』에서 이러한 일들이 일어나는가에 대해서 좀 더 자세히 알려면 C. Winch, "Education Needs Training", *Oxford Review of Education*, 21, 3, 1995, pp. 315-326를 보라.

35 이것에 대한 예들을 보려면 K. Sylva and I. Lunt, *Child Development*, Oxford, Blackwell, 1982를 참고하라.

36 종교교육에 대한 루소의 설명을 이해하기 위해서는 Darling, 1985, op. cit.를 참고하라.

37 Rousseau, op. cit., 220.

38 그러한 설명의 요소들에 대해서는 P. Geach, *Mental Acts*, London, Routledge, 1957을 참고
   하라.

제4장

학습의 규범적 의미

학습의 규범적 의미

1. 서론

이 장에서는 이제 앞 장에서 제기된 바 있는 학습에 대한 루소의 설명에 대한 비판을 좀 더 자세하고 분명하게 밝혀보고자 한다. 동시에 학습이 규칙 지배적인 맥락에서 어떻게 가능한지 보여 줄 것이며, 그것이 인간 본성의 정서적이고 감성적인 측면을 어떻게 고무시키는지 그리고 특성상 어떻게 사회적인 것인지 밝히려고 한다.

2. 정서, 학습 그리고 반응행동[1]

루소의 접근법이 가지는 강점 중 하나는 우리가 사고하는 존재[2]일 뿐만 아니라 육체를 가진[3] 존재임을 인정했다는 데 있다. 우리는 실제적인 활동을 통해

---

1) reactive behaviour

2) *thinking beings*

3) *embodied*

배우며 감정과 정서에 관여함으로써 배운다. 그의 주장에 따르면, 어떤 종류의 학습은 먼저 감정의 관여, 특히 남성과 여성 간의 관계에 대한 복잡한 쟁점들을 고려하지 않고는 이루어질 수 없다.[1] 또한 루소는 우리의 습성과 취향이 어느 정도는 동물적 본성에 의해 형성된다고 주장한다. 이러한 통찰력을 가지고 루소는 로크와 데카르트의 인식론적 전통 안에 남겨져 있던 주장을 넘어서는 견해를 발전시킨다. 그러나 그는 그들과는 달리 학습과 성장에 있어서 사회의 역할이 중요하다는 점에 그저 무관심한 것이 아니라 다소 적대감을 가지고 있었다. 이러한 생각으로 말미암아 그는 교육적 사고와 실제에 가장 크면서도 가장 불행한 영향을 미친 것으로 보인다. 이제 나는 루소가 우리들의 후기 경험 형성에 있어서 초기 아동기가 가지는 중요성에 대해 중시하였다는 점을 알리면서 기울어진 균형을 바로잡아 보고자 한다.

다른 사람들에 대한 우리의 초기 경험은 애정과 반응적 행동을 보이는 사람들을 통해 이루어진다. 우리는 부모가 우리에게 주는 편안함을 통해 사랑을 경험하고 세계에 대한 인상을 가지게 되면서 우리의 노력에 대해 다른 사람들이 보여 주는 반응을 경험하게 된다. 이러한 반응들은 격려 혹은 질책의 형식을 띠기도 하고 승인 혹은 비난의 형식을 띠기도 한다. 이것들은 우리에게 언명된 어떤 것의 의미를 이해하기 전에 표정, 몸짓, 목소리의 높낮이 등을 통해 드러난다. 이러한 경험들을 통해 우리는 다른 사람들이 그랬던 방식으로 욕구와 바람을 표현하는 방법을 배우게 되고 그렇게 함으로써 우리의 지나친 욕구와 바람이 통제된다. 이제 점차 우리는 분노와 좌절의 감정을 통제하는 것을 배우게 되고 부모와 사회가 수용할 수 있는 방식으로 자신을 표현해 낼 수 있게 된다. 비트겐슈타인이 유아의 정신세계 안에는 근원적인 힘들이 있으며, 이 힘들이 처음 몇 달 동안 그리고 유아기 초기에 부모와 보모를 대할 때 요구되는 과업들 중의 하나인 보다 건설적인 길을 찾아 가도록 한다고 지적한 것은 옳았다고 할 수 있다. 우리의 행동에 대한 다른 사람들의 반응은 그러한 행동을 형성하는 데 기여하기 때문에 우리는 몸놀림을 통제하는 방법, 먹고, 놀고, 쉬는 방법을 배워 우리 삶이 어떤 형식을 갖추도록 한다.

동시에 갓난아이들은 다른 사람들이 자신들의 요구를 알아차릴 수 있는 방법으로 소리를 내고 몸짓을 하는 방법을 배운다. 이러한 요구는 기능적인 방식으로 이루어질 뿐만 아니라 말을 듣고 격려를 받고 혼이 나면서 점차 다양한 의사소통적인 행위를 이용하도록 훈련받게 된다. 이제 계속하여 우리는 이러한 일을 해 가는 가운데 어머니가 하는 말의 요소들을 받아들이는 방법을 배우게 되고 이러한 방향의 우리 노력이 보다 잘 이루어지고 고무를 받게 된다.[2] 이러한 방식으로 우리는 주변에 있는 사람들에게 수용될 수 있는 행동 유형과 더불어 어머니가 하는 말의 요소들을 배우게 된다. 우리의 행동에 대한 다른 사람들의 반응을 기대하면서 그리고 그들의 반응을 우리에게 맞도록 만들면서 우리 행동에 대해 책임을 지는 방법과 선택하는 방법을 배우게 된다. 역설적인 것은 우리가 어떤 행동을 할 때 훈련을 받지만 그러한 훈련은 선택과 책임의 형식을 적절하게 사용하도록 해 주는 행동의 유연성을 부여해 준다는 것이다.[3] 이 역설은 훈련이 조건화[4])와 동일시될 때만 존재한다. 즉, 우리는 사회를 배우고 사회에 참여하도록 조건화되는 것은 아니지만 훈련은 그러한 과정에서 중요한 몫을 담당하고 있다.[4]

이러한 점에 대해 언급하는 것은 우리 스스로 인간 본성의 역사가 가진 어떤 기본적인 사실을 상기해 보자는 것이다. 즉, 갓난아이들은 보살피는 사람들의 의지에 종속되어 있다. 그리하여 아이들은 격려와 꾸지람을 통해 훈련을 받게 되며, 아이들이 자기 어머니의 언어를 충분히 이해하게 될 때 비로소 그들에게 주어진 훈련은 수업[5])과 연결된다. 어린아이들의 입장에서 볼 때 목소리, 얼굴, 몸짓에 반응하고 또 보다 다양한 방식으로 자신들의 욕구와 요구를 충족시키려는 성향이 없이는 이러한 어떤 것도 작용하지 않는다. 이러한 활동을 하는 동안에 아이들은, 루소가 자기애라고 부른 바 있는 안녕에 대한 동물적 사랑을 해 가게 된다. 하지만 동시에 아이들은 부모와 보모가 그들에게 부여하는 통제를 통

---

4) *conditioning*

5) instruction

해 이루어지는 사적인 형식 안에서 권위를 인정하고 따르게 될 뿐만 아니라 언어학습을 통해 그리고 어른과 다른 사람들에 의해 주어지는 관념, 규칙, 가치들을 통해 이루어지는 보다 넓은 문화와 사회의 형식 안에서 권위를 인정하고 따르는 것을 배우게 된다. 따라서 아이들의 의지가 비록 다른 사람들의 의지에 종속되어 있다고 할지라도 그들은 그 자체의 옳고 그름에 대한 개념을 가진 규범적 질서에 종속되어 있는 것이다. 요컨대 아이들을 사랑스럽게 바라볼 자격을 가진 사람들의 권위에 종속하지 않거나 그들의 현재와 미래의 안녕을 보장할 자격을 갖춘 사람들의 권위에 복종하지 않는다면 그들은 매우 불행한 사람들이 될 것이다. 이러한 개인들과 이들이 구성하고 있는 사회의 권위는 확연히 드러나게 정치적인 방식이 아니라 그 자체의 놀이, 운율, 정해진 절차, 각종 의식(儀式)들을 담은 언어와 문화를 통해 영향력을 행사하기 시작한다. 이것은 전적으로 한 가지 과정으로 이루어진다고 할 수 없다. 어린아이들은 다른 사람들에게 의존하며 그들이 요구하고 원하는 것을 얻도록 다른 사람들에게 영향력을 행사할 필요를 느끼게 된다. 아이들이 규범적인 질서 안에서 행동하는 방법을 배움에 따라, 자신들의 요구와 사회의 기대 모두에 순응하는 방식으로 행동하도록 보살폈던 사람들을 자극하기도 한다.

　순전히 서술적인 의미에서 볼 때 이러한 것들 모두 인간 본성의 역사에 관한 추억 모음집[6]으로 보기에 충분할지 모르겠으나, 루소는 이러한 아동 양육의 실제를 부자연스럽고 해로운 것으로 보았다. 여기서 부자연스럽다는 것은 이것들이 평등한 입장에 서 있는 존재들의 연합이 아니기 때문이다. 또 해롭다는 것은 적의를 품게 되었거나 활활 불타오른 자존심[7]이 개인의 영혼 안에 또 사회적 질서 전반에 그 영향력을 파급하기 때문이다. 루소는 부모들이 자기 자식들에게 행사하는 권력[8]과 자식들이 부모에게 부여한 권위[9]를 구별하지 못했다. 부모들

---

6) assemblage of reminders

7) *amour propre*

8) *power*

의 권력 행사는 사회가 부모에게 부여한 권위로부터 파생된 것이며 따라서 어느 사회든 그 안에서 일정한 범위 내에서만 적절히 행사될 수 있는 것이다. 루소는 권력을 인정하면서도 이를 불평등한 관계로 전제하고 있기 때문에 그것을 합법적이라고 여기지 않았다. 자연스럽다는 것에 대한 그의 개념은 가치가 부여된 것으로서 특정한 사회들에서 그 자체로서 인정받는 자유와 평등의 개념에 이미 내포된 것이다. 그는 권력의 행사를 부자연스럽고 따라서 바람직하지 않은 것으로 보기 때문에 부모와 교육자들을 아무것도 할 수 없는 위치에 머물도록 하였다. 왜냐하면 부모와 교육자들이 어떤 특정한 방식으로 아이에게 영향을 끼치는 규범적인 질서를 허용하지 않으면서 그 아이가 규범적인 질서를 지키도록 안내해야 한다고 보기 때문이다.

『에밀』은 교육이 지나친 간섭과 힘을 들이지 않으면서 에밀을 시민으로 길러 가는 그런 자연적인 방법으로 어떻게 이루어질 수 있는가 하는 것을 보여 줌으로써 이 같은 난제를 풀 수 있는 가능성을 보여 주고 있다. 별로 놀랄만한 것도 아니지만, 루소는 교육적인 과정에서 권력의 형식이나 의지를 부과할 것이 아니라 오히려 다른 것들을 경계해야 한다고 주장한 것 같다. 이러한 주장은 여러 가지 의문을 낳게 한다. 첫째, 윤리적인 것으로, 권력을 사용하는 일은 교육을 할 때 어쩔 수 없는 것이라는 점이다. 즉, 권력을 행사하되 그것을 개방적인 방식으로 사용하기보다는 조작과 은폐를 통해 행사해야 한다는 것인가 하는 의문을 낳게 된다. 둘째, 실제적인 것으로, 루소는 에밀의 교육에 대해 엄청나게 큰 약속을 하고 있다. 우리는 문학 천재의 저작 안에서 그러한 교육이 얼마나 공상적으로 그려지고 있는가 하는 것을 읽어 낼 수 있다. 말하자면 그의 작품 안에서 실현 가능성을 찾아보기는 어렵다. 셋째, 기호논리학적인 것으로, 에밀의 교육이 한 개인에게 실현 가능한 것이라고 할지라도 루소의 처방은 운이 없는 대부분의 사람에게 상당한 정도의 변화가 없이는 적용되기 어려운 것으로 보인

---

9) *authority*

다. 그러므로 우리는 루소의 교육 프로그램을 회의적으로 바라볼 수밖에 없다. 즉, 개념적 근거(그는 권력과 권위를 혼동하고 있다), 교육학적 근거(그는 훈련과 수업의 중요성에 대해 거만한 태도로 거부하고 있다), 윤리적 근거(그는 점차 기만과 조작에 빠지고 있다) 그리고 실제적 근거(그가 생각해 보라고 권하는 교육적 상황은 특권적이고 비전형적인 성격을 지닌다)에 비추어 그의 교육 프로그램을 회의적으로 바라볼 수밖에 없다.

3. 실수하는 일

지금까지의 논의에서 사용되어 온 의미로 볼 때, 넓은 의미에서 규칙을 따르는 행동[10]은 학습될 수도 가르쳐질 수도 있다. 규칙을 따를 때 요구되는 정확한 절차가 있다고 할 때, 잘못된 규칙을 적용할 가능성도 있고, 규칙을 제대로 따르지 못할 가능성도 있을 수 있다. 실수하는 일, 가르치는 일, 교정하기, 설명하기, 실천하기 등은 누군가가 규칙을 따르는 일을 배우려고 할 때 요구되는 두드러진 활동들이다. 규칙에 정통하는 일은 기술[11]이나 일련의 능력을 숙달하는 일을 포함한다.[5] 방법을 배운다는 것은 실수를 할 수 있다는 것과 그것을 수정할 수 있다는 것을 포함한다. 무엇인가를 시도하고 수정하는 것은 기술을 배우고 나중에 드러나는 실천의 한 부분이다. 이러한 기술이 실천의 한 부분이 아니라면 어떻게 규칙을 따르게 하는 학습이 일어날 수 있는 것인지를 이해할 수 없게 된다. 우리는 기술을 적용할 수도 있을 것이고 그렇지 않을 수도 있을 것이다. 기술 적용에 실패한다는 것은 규칙을 따르는 일에 실패했다는 것이므로 그러한 기술에 관한 규칙 따르기 행동에 참여하지 못했다는 것일 수 있다. 우리가 규칙 따르기 행동을 실수할 가능성이 있는 것으로 특징지으려 할 때, 규칙을 따

---

10) rule-following behaviour

11) technique

르려는 부정확한 시도를 비규범적인 행동[12](규칙을 따르지 않는다는 점에서)으로 기술하는 것은 역설적일 수 있다. 이 경우 학습이 어떻게 규범적인 것이 될 수 있는가를 기술하지 못하는 원치 않는 결과를 가져올 수 있다. 만일 학습이 필연적으로 실수 가능성을 수반하고, 또 규칙에 대해 실수를 범하는 것이 그 규칙을 따르지 않고 있음을 의미한다면, 규칙을 따르도록 학습시키는 것[13]과 규칙을 따르도록 시도하는 것[14]을 규칙 따르기 행동의 일부분으로 서술할 수 없게 되기 때문이다.

그러나 규칙 따르기에 포함된 기술들이 그 기술이 사용되는 행동의 실제[15] 또는 형식의 일부이고 또 어떤 기술을 완벽하게 숙달하지 못했다고 해서 반드시 그 사람을 실제로부터 배제해야 하는 것은 아니라는 점을 인정하고 나면, 그러한 역설은 피할 수 있다.[6] 특히 학습자는 실수할 수 있지만, 그러한 실수를 교정할 수 있게 된다. 즉, 학습자는 교정 내용을 인식할 수 있을 것이며 자신의 과업을 성공적으로 수행해 갈 수 있을 것이다. 그러나 실수가 이루어질 수 있으며 그러한 실수는 교정될 수 있지만, 학습자에 의해 조직적으로 무시될 수 있다는 점도 인정해야 한다. 이러한 경우 우리는 때로 규칙 추종자로 추정되는 자가 규칙 따르기의 실제에서 스스로 벗어났고 이제는 심지어 관련 규칙을 따르려고 하지도 않는구나 하고 말하고 싶어질 것이다. 펜과 종이를 가지고 계산하는 것을 배우려는 아이는 셈을 하거나 계산을 할 때 자주 실수를 할 수도 있을 것이다. 이 경우 아이는 계산하는 기술을 숙달한 것이 아니지만, 수업, 교정, 설명, 정당화라는 규범적인 활동들[16]에의 참여를 통해 산술활동에 참여하고 있는 것이다.[7] 결과적으로 우리는 아이가 기술을 개선할 능력 혹은 열정[17]을 가지고 있

---

12) non-normative behaviour

13) *learning to follow a rule*

14) *trying to follow a rule*

15) *practice*

16) *normative activities*

17) commitment

으며, 실수하는 횟수를 줄이려는 능력 그리고/또는 열정을 가지고 있다고 생각해 볼 수 있다. 만약 그러한 능력과 열정이 없다면, 또 실수가 줄어들지 않는다면, 그리고 설명과 범례가 기술을 개선하는 데 아무런 영향을 주지 못한다면, 우리는 그 아이가 실제로 계산에 참여할 능력이 있는지 의문스러워 할 것이다.

위에서 설명한 방식으로 실제 이루어지고 있는 학습이란 학습자가 배우는 능력을 가지고 있고, 그렇게 하려는 열정을 가지고 있다는 사실을 수반한다. 첫번째 조건은 이론(異論)의 여지가 없어 보이지만, 두 번째 조건은 이상해 보인다. 열정이 없는 학습자가 성공적으로 기술을 배울 수 있을까? 이에 대한 답은 어떤 점에서 옳다고 할 수 있다. 왜냐하면 학습에 대한 열정의 정도가 다양하거나 활동이나 때에 따라 커다란 열정을 들이지 않고도 배울 수 있기 때문이다. 하지만 학습이란 학습자가 찬성, 반대, 교정, 설명, 정의[18]에 반응하지 않고는, 따라서 기술을 얻으려는 시도를 하지 않고는 일어나지 않는다. 규칙 따르기를 배운다는 것은 규칙의 정확한 적용과 부정확한 적용을 인지하는 일을 포함한다. 따라서 최소한 학습자 편에서의 욕구, 곧 부정확한 적용을 인지하여 이를 피하고 정확한 적용을 실행하려는 욕구를 포함한다. 이처럼 규칙 따르기의 학습은 의도 갖기와 시도하기[19]를 포함한다. 그러므로 무엇인가를 어느 정도 실천에 옮기려는 열정은 규범적인 맥락에서 학습의 필수적 부분이다. 하지만 무엇을 열정이라고 할 것인가 하는 점은 활동들마다 서로 각기 다른 형식을 취한다고 할 수 있다.

어린아이들이 가지는 학습열정은 대부분 본능적이다. 말하자면 어린이는 어떤 능력을 얻으려는 자연적 성향을 가지고 있다고 할 수 있다. 이러한 학습 중 어떤 것은 걷는 능력과 같이 비규범적인 것이 있다. 물론 생물학석 변인 안에서 걷기방식이 문화적으로 다양하므로 이러한 진술은 일정한 단서를 필요로 한다고 할 수도 있을 것이다. 아이들이 사람들과의 상호작용을 통해 습득하는 능력

---

18) definitions

19) having intentions and making attempts

은 여러 가지이며, 그 중 말하기 능력이 가장 두드러진다. 대부분의 아이는 말
하기를 통해 의사전달 능력이 빠른 속도로 발달하게 되지만 이러한 발달은 대
부분 다른 사람들과의 대화, 특히 아이의 능력을 끊임없이 확장하는 데 도움을
주는 유창한 사람들과의 대화에 의존한다. 약 4세까지 대부분의 아이는 말하는
능력을 획득하게 되는데, 이것은 겉보기에 최소한 모국어를 사용하는 어떤 성
인 화자의 능력에 비교할 만한 것이다.[8] 이 같은 본능은 말하지도 듣지도 못하
는 신체적 장애를 극복할 수 있을 정도로 상당히 강하다. 귀를 먹은 아이들은
수업을 받지 않고도 정상적인 아이들이 사용하는 어휘에는 못 미치겠지만 상당
히 복잡한 의미를 가지는 몸짓 언어[20]를 발전시킬 수 있을 것이다.[9]

　하지만 언어를 배우려는 열정은 모두가 다 본능적인 것이라고 보기 어려우
며, 언어 학습의 다른 측면들과 관련하여 드러나는 것도 아니다. 예컨대 모국어
가 아닌 다른 언어를 말하는 법을 배우는 것은 많은 사람이 습득할 수 없거나
습득하고 싶어 하지 않는 능력이다. 읽고 쓰는 능력은 본능적인 열정을 가진다
고 해서 생겨나는 능력이 결코 아니다. 또한 어린이들이 계산을 배우는 것은 본
능적인 것처럼 보이지 않는다. 하지만 거의 모든 어린이는 자기가 살고 있는 사
회의 능력 있는 구성원이 되려는 강한 열망을 가지고 있으므로 자기 또래와 즐
겁게 지낼 수 있는 기술들을 열정적으로 배우려고 하며 어느 정도 독립심을 갖
게 된다.[10] 서로 다른 사회마다 가치 있게 여겨지는 개별적인 활동들은 학습의
열정을 불러일으킬 수 있으며, 탁월성이 명예와 존경을 얻는 방법이라면 탁월
해지려는 욕구를 증진시킬 것이다. 이러한 주장은 경제 및 공공 선택이론[21]이
내세웠듯이, 우리가 가진 동기가 즉시적인 이익을 위한 것이라고 주장하는 사
람들에게는 별로 달갑지 않은 것으로 받아들여진다. 아리스토텔레스를 따르는
또 다른 사람들은 동기의 요인으로서 공적 존중감[22]의 중요성을 알고 있었으며

---

20) gestural languages

21) economic and public choice theory

22) public esteem

사회적 맥락에서 학습의 복잡함을 기술할 때 이러한 통찰을 통합해 넣으려고 하였다.[11]

활동을 배우려는 열정과 한 사회에서 소중하게 여기는 활동에 기반을 두고 있는 가치 사이에서 이루어지는 관계는 필연적인[23] 것이 아니다. 하지만 그러한 관계가 우연한[24] 것은 더더욱 아니다. 가치와 열정의 개념에 대한 용법 사이의 연결이 점차 줄어들거나 사라져 버린다면, 이러한 개념들은 그 자체로 변화하게 될 것이며 오늘날 우리가 매일같이 추론하는 다양한 관계들이 더 이상 이루어질 수 없을 것이다. 지금 검토하고 있는 바, 무엇을 가치 있게 여기는 것과 그것을 배우려고 전념하는 것 사이의 연계에 대한 사실은 인간의 행동과 태도에 대한 일반적이고 배경적인 사실로서 이를 바탕으로 해야 우리가 다른 인간들을 다루는 다양한 방법의 상당수가 의미 있는 것이 된다. 이러한 점에서 이것들은 비트겐슈타인이 우리들이 가진 개념의 배경에 놓인 것으로 이해한 자연의 일반적인 속성과 같은 것이다. 이러한 사실은 우리의 개념을 직접 결정하는 것이 아니라 그것이 의미를 이루고 중요성을 가지게 하는 배경을 구성하게 된다.

기술의 숙달은 그 기술이 다루는 다양한 기교(技巧)[25]와는 구별되어야 한다. F를 잘 해내는 능력은 F를 해내는 능력을 포함하고 있다. 하지만 그 반대는 성립하지 않는다. 계산능력이 있는 사람은 때에 따라 실수할 수 있으며, 심지어 계산의 결과가 틀렸다고 할지라도 우리는 그가 계산하는 일에 참여하고 있다고 말하는 경향이 있다. 왜냐하면 그가 확인하는 능력을 갖추었고 자신의 실수를 알고 있기 때문이며, 장차 그러한 실수를 하지 않으려고 노력하기 때문이다. 잘못 계산할 수도 있거니와 계산하는 일에 대한 열정의 증거가 있다는 점을 알리기 위해 계산을 계속하려고 할 수도 있다.

기술을 개선하는 일은 때로 단순하게 이루어지는 실행 및 반성의 문제가 아

---

23) necessary

24) contingent

25) skill

닐 수도 있다. 무엇인가를 잘 해내는 능력은 그 자체로서 규범적으로 숙고해 봐야 할 일이다[12]. 어떤 규칙들은 어떤 기술을 실행에 옮기기 위해 그것이 무엇인지를 규정하고 있다. 이러한 규칙들은 실천에 옮겨지지 않거나 이 규칙들을 배우려는 시도가 이루어지지 않을 때, 기술이 사용되지 않고 있다거나 그러한 규칙들을 따르는 일에 참여하고 있지 않다고 말할 수는 없다. 또 다른 규칙들은 어떤 행동 과정을 효과적이거나 탁월한 기술 수행의 수단으로 제안하거나 추천하고 있다. 우리는 그것들에 주의를 기울이지 않은 사람에 대해 그가 잘하지는 못해도 활동에 참여하고 있다고 말한다. 이러한 권고조의 규칙들도 여전히 가르침, 설명, 평가, 정당화와 같은 규범적인 실천[26]을 포함하고 있다. 말하자면 이것들은 규범적인 실천군[27)]에 속하는 것들이다.

이런 종류의 규칙과 어떤 활동을 **구성하는** 규칙들을 비교할 수 있는 예를 체스에서의 말의 움직임이나 승리를 결정하는 바를 지배하는 규칙들에서 찾아볼 수 있다. 이와는 반대로 권고조의 규칙들은 체스에서 성(城)을 지키는 규칙이라든가, 말을 희생하기라든가, 체스 막판에 전략을 구사하는 일 등과 같은 체스놀이를 하는 방식과 관련이 되어 있다. 이러한 규칙들은 기술을 효과적으로 적용하려면 어떻게 해야 하느냐와 같은 것을 권고하고 있다. 즉, 이러한 규칙들은 기술 그 자체를 구성하는 것이 아니다. 이러한 규칙을 따르지 못한다는 것은 그러한 활동에 참여하는 데 실패했다는 것이 아니라 해낼 수 있는 일을 효과적으로 실행해 내는 데 적절하지 못했다는 것을 의미한다.

이와는 반대로 어떤 활동을 구성하는 규칙들과 권고조의 규칙들 간의 경계는 절대적이지 않으며 특정 목적에 따라 그 경계선이 규정될 수 있다. 체스 게임에서 승리하는 데 필요한 것을 하지 못하는 사람은 비록 말을 정확하게 움직이고 다른 게임, 예를 들어 체스와 비슷하지만 킹이 붙잡히지 않게 하는 게 아니라 붙잡혀야 하는 게임의 규칙을 사용하지 않았다고 할지라도 체스 게임을 제대로

---

26) normative practices

27) family of normative practices

했다고 말할 수 없게 된다. 그러므로 우리는 규범적 맥락에서의 학습이 학습해야 할 것에 대해 열정을 가지고 있어야 하며 학습된 활동이 어떤 종류의 목적, 즉 그러한 목적의 성취에 대한 열정을 포함해야 한다고 할 수 있다. 이것은 바로 규칙을 따른다는 것이 무엇을 의미하는지를 중시한다는 점에서 문법상의 관점이라고 할 수 있다. 하지만 사랑을 포함하는 정서적인 열정[28]이 학습에서 하는 역할에 관한 것은 심리학적인 것(과학적인 의미에서가 아니라)이라고 할 수 있다. 이 점에 대해서는 좀 더 숙고해 봐야 할 일이다.

4. 정서적 열정을 통한 학습

앞에서 학습이란 학습되어야 할 것에 대한 열정을 포함하며, 이미 학습되거나 관여하고 있는 활동의 목적에 대한 열정을 포함한다는 점을 논의하였다. 하지만 탁월해지기 위해 그리고 이제껏 어느 누구도 이루지 못한 지식이나 능력을 습득하기 위해 애쓰는 것을 우리는 어떻게 설명할 수 있는가? 구성적이고 정형화된 규칙을 숙달한다는 것은 이 같은 성취를 위해 필요한 조건이지만, 늘 그런 것만은 아니다. 어느 과목이나 활동에 대한 강렬한 사랑과 더불어 성공하겠다는 열정적인 의지는 대개의 경우 탁월함에 도달하기 위한 전제조건이다. 이는 엄청난 재능을 타고난 사람들에게도 해당된다. 사랑이 학습에서 하는 역할은 대부분의 심리학자들에게 중요한 것으로 받아들여지지 않았다. 하지만 사랑이 차지하는 위치를 무시하고는 인간의 성취 대부분을 이해할 수 없게 된다.

인간의 가장 이른 시기의 학습은 부모와 아기 사이의 정서적 유대를 통해 이루어진다. 우리는 (말하기 학습에서처럼) 가끔은 본능적이라고 할 수 있는 열정을 통해 학습을 하지만 (읽기 학습에서처럼) 때로는 전혀 본능적 기초[29] 없이 학

---

28) affective committment

29) instinctual basis

습을 하기도 한다. 어떻게 우리는 본능 없이 학습할 수 있는 열정을 가질 수 있는가? 이러한 질문은 곧바로 답할 수 있는 것이 아니다. 때로는 대상이나 활동에 대한 사랑이 너무 강하고 노골적이어서 '본능'이라고 말하는 것이 더 적절할지도 모른다. 즉, 신체활동이나 음악 연주에 대한 사랑은 개인들에게 손쉽게 적용할 수 있는 예일 것이다. 하지만 이와 반대로 신체적이거나 정서적인 듯 보이더라도 사회적으로 구성되어야 하는 활동 역시 그렇다고 가볍게 말해 버린다면 이는 뭔가 잘못된 것이다.

이렇게 된 데에는 그럴만한 이유가 있다. 즉, 일반적으로 생각해 본다고 할지라도 어떤 종류의 활동들은 의당 사람들에게 속하는 것이다. 즉, 신체운동, 무용, 경쟁적 스포츠, 음악 창작, 도구 제작 등은 마음에서 비롯되는 것이다. 즉, 이러한 활동들 각각은 문화적으로 특수한 맥락에서 이루어진다. 언어도 그렇다고 할 수 있다. 예컨대, 우리는 프랑스어를 배우기 위한 본능적 기초를 가지고 있지 않지만, 모국어가 무엇이든지 간에 그것을 배울 수 있는 본능적 기초를 가지고 있다. 언어 획득의 경우와는 달리 모든 사람이 춤추고, 노래 부르고, 게임에 참여하는 것을 좋아하지는 않지만, 이러한 것들은 모든 인간의 자연스러운 활동들이다. 이들 각각은 문화적으로 독특한 형식을 가지며, 각기 다른 문화 속에서 서로 다른 수준의 지위와 품위를 가지고 있다. 나아가 이것들은 다른 중요한 문화적 활동들과 연결되어 있다. 예를 들어 음악은 종교와, 예술은 상업과, 신체활동은 군복무와 연결되는 식이다.

이러한 사실은 어떤 활동에서 학습동기의 원천이 복잡하다는 점을 시사한다. 말하자면 정서적인 태도에 어느 정도 고무되는가에 따라 학습은 그 자체로서 다른 형식을 띠게 될 것이다. 여기서 몇 가지 사례들을 들면 다음과 같다. 어떤 여인이 춤을 좋아하는데, 그녀가 사는 사회에서 그런 경력을 쌓을 기회란 종교기관에서 가능한 것이기 때문에 그녀는 여사제가 되어 종교의식의 일환으로 춤을 추게 된다. 여기서 알아 두어야 할 것은 그녀가 춤을 좋아한다는 이유로 여사제가 될 필요는 없지만, 신체적 표현을 할 수 있다는 가능성을 통해 종교적 소명감이 모색되고 강화된다는 점이다. 우리들이 가진 동기(動機)가 아무것도 섞이지 않은 순수한 것이라고 생각한다면 아주 큰 실수를 범하는 셈이다. 즉, 우리는 대부분의 시간 동안 우리가 충분히 인식하지도 못하는 다양한 이유 때문에 열심히 일을 한다.[13] 누군가는 군복무를 하면서 그곳 군악대에서도 음악 연주가 만족스러울 수 있다는 점을 발견하게 된다. 어떤 소년은 디자인과 만들기를 좋아하는데, 그는 엔지니어 공장에서 견습생이 되어 고품질의 물건을 만들어 내는 전문가가 되기도 한다.

이러한 대부분의 경우 일부는 그 활동에 대한 사랑의 마음으로, 일부는 주변 사람들에게 인정과 존경을 받으려고, 또 일부는 생계를 벌기 위한 요구 때문에 개인적인 요구에 답할 수 있을 것처럼 보이는 활동을 선택하게 된다. 열려 있는 여러 가능성 중에서 이루어진 선택은 한편으로 개인적 기호에 의해 결정되기도 하고 다른 한편으로는 사회에서 유용한 기회에 의해서 결정되기도 하는데, 이것들은 그 사회에서 이루어지고 있는 다양한 활동들, 그것들 간의 관계, 그 각각이 가지는 상대적 중요성과 지위에 의해 형태를 갖추게 된다. 물론 이것은 어떤 사람들은 일을 하거나 학습에 전념하는 동기가 순전히 도구적인 이유이지 대상이나 활동 자체에 대한 사랑 때문은 아니라는 점을 말하려는 게 아니다. 또 많은 사람이 자신들에게 주어지는 기회가 부족하므로 절망에 빠진다는 뜻도 아니다. 이것은 또한 어떤 이들에게는 이러한 일들 중 어떤 것을 하도록 고무시키는, 무엇인가에 대한 사랑이 결여되어 있다는 점을 부인하는 것도 아니다. 활동에 대한 학습과 사랑 간에는 필연적인 관계가 없지만, 그럼에도 불구하고 개념적으로는 중요한 관계를 맺고 있다.

이러한 보다 느슨한 종류의 관계가 만약 끊어진다면 어떤 것을 배우는 것의 의미, 어떤 것을 사랑한다는 것의 의미, 사회가 어떤 지식과 능력에 부과하는 중요성에 대한 우리의 생각을 바꾸어 버릴지 모른다. 많은 사람이 대상을 배우고 있거나 그 대상을 사랑하거나 존중하는 능력을 발전시키고 있다. 그러한 사랑들 중 어떤 것들은 그 자체 안에서 생겨나기도 하며, 그것들 중 어떤 것은 사회나 문화에 속한 가치에 의해 생겨나기도 한다. 개인의 측면에서 선택된 활동을 잘해가기 위한 것이거나 사회적 승인을 얻어내기 위한 것이나 이 둘 모두를 위한 것이거나 이것이 강한 사랑의 형식을 갖추게 될 때, 그러한 사람은 단지 경쟁만을 하기보다는 자신들이 행하는 일에서 탁월함을 성취할 수 있을 것이다. 우리는 일이 주는 만족감 때문에 일을 하기도 하고 그것이 사회 안에서 주는 위치 때문에 일을 하기도 한다. 이 두 가지 때문에 우리는 돈을 벌기도 하고 일을 잘하려고 한다. 비트겐슈타인이 언급한 바와 같이, 사랑의 시험에 통과할 수 있는 것은 우리가 사랑하는 어떤 것을 배울 때 얻게 되는 희생을 통해서이며 따라서 사랑은 부분적으로 그 자체를 드러낸다.[14] 그것은 다른 방식으로 작용하기도 한다. 즉, 사회에서 인정받지 못하는 활동들은 개인들에게 인정받지 못하게 된다. 또 개인들은 대체로 그러한 활동들에 참여할 뜨거운 열정을 느끼지 못하게 되며 성공을 위한 열정도 가지지 못하게 된다.

이들 관계가 보다 분명해지면, 대상에 대한 개인의 사랑, 탁월성을 얻기 위한 노력, 어떤 활동들에 속하는 지위 간에는 인식할 수 있는 관계라는 것이 성립할 수 없기 때문에 학습, 노력, 사회적 인정에 대한 우리의 생각도 바뀔지 모르며, 그것들 사이의 관계도 언어게임 안에서 더 이상 이루어질 수 없을 것이다. 이것이 이루어지는 방식들 중의 하나는 우리가 다음과 같이 말할 때 흔히 행하는 추론들[30] 속에서다. 예컨대, 'N은 어린 시절부터 바이올린을 좋아했기 때문에 뛰어난 바이올린 연주자가 되려는 공부를 했다'는 말은 왜 그 사람이 재능이 뛰어난 사람인가 하는 이유를 말해 주고 있다. 그런데 여기서 그 이유란 우리가 당연한 것으로 여기고 있는 학습, 열정, 탁월성 간의 배경 관계로 알 수 있는 이유라고 할 수 있다. 이러한 배경에 대한 지식이 없이 이루어지는 추론이란 공허한 것, 즉 불합리한 추론[31]이 되어 버린다.

하지만 우리가 지금까지 살펴보았고 또 앞으로 살펴볼 학습이론과 관련된 문제 중 하나는 이렇게 느슨한 종류의 개념적 관계가 그동안 체계적으로 절단되어 왔기 때문에 교수, 훈련, 교육과 직업적으로 관련을 맺고 있는 사람들이 이

---

30) inferences

31) *non sequitur*

를 발견하기 힘들게 되었다는 점이다. 따라서 데카르트와 로크의 인식론적 전통은 마음의 작용을 유사 기계적인 용어들[32]로 이해하고 있다는 점에서 사회가 정서뿐만 아니라 학습에 끼치는 영향을 무시하고 있다. 이와는 달리 루소와 그의 추종자들은 학습에 끼치는 신체적이고 정서적인 영향을 인정했지만, 정서가 생겨나고 성장하는 사회적 차원으로부터 이것을 분리시켰다. 훈련에 대한 공리주의적인 접근은 어떤 능력들에 대한 사회적 가치를 강조하지만 사랑과 돌봄을 통해 학습을 정서적인 것으로 만드는 정서적 차원을 무시한다. 합리론자들 및 경험론자들과 마찬가지로, 공리주의적 마인드를 가진 사람들은 학습을 기계적인 활동으로 인식하고 있다. 즉, 대체로 제한된 환경 범위 안에서 이루어진 측정 가능하고 외적으로 검증 가능한 능력의 점진적인 축적 상태[33]로 바라보고 있다.[15]

 학습을 사회적이고 정서적인 관계로부터 분리시키려는 움직임에는 두 가지가 있다. 첫째, 인간학습의 신비스러운 본성과 재능, 동기, 흥미, 사회적 존중, 돌봄, 사랑의 복잡한 관계를 정복하고 이해하려는 과학적인 욕망이 자리하고 있다. 둘째, 학습자들의 입장에서 볼 때, 교사들이나 트레이너들과 같은 개인이나 사회로부터 나오는 압력을 권위주의적인 것으로 여기는 경향이 있다. 여기에는 모순이 있다. 즉, 반권위주의적인 경향은 어느 정도 어떤 트레이너들과 교육자들에 의해 부추겨졌으며, 행동주의에 의해 고무된 바 있는데, 행동주의는 학습상황에서 필요한 지도의 규범적 맥락을 무시하고 있으며, 동물적 조건을 인간적 맥락에서 이루어지는 훈련과 동일시하는 경향이 있다. 행동주의적인 마인드를 가진 트레이너는 루소가 제안한 발견학습이 가지는 감상적 측면, 비효율성, 비효과성을 부각시키면서 자신의 생각을 강화시킨다. 이러한 오해를 바로잡는 방법은 우리가 배운 학습방식의 규범적이고 정서적인 속성을 인식시키고, 학습이 역사 및 문화와 관련되어 있으며, 우리가 살고 있는 사회의 노동방식과 관련이 있다는 점을 인식시키는 것이다.

---

32) quasi-mechanical terms

33) progressive accumulation of competences

5. 학습과 사적인 규칙 따르기[34]

제2장에서는 사적 언어의 가능성에 반대했던 비트겐슈타인의 논의들이 경험론에 강력하게 도전하지만 실제로는 인지주의와 관련이 없다는 점을 살펴보았다. 하지만 인지주의는 **전형적으로**[35] 고립적이며 반사회적인 학습이론[36]이다. 현대 인지주의는 태어날 때부터 독자적인 단위로 작용하는 개인의 두뇌가 표상구조[37]와 전환규칙[38]을 가지고 있으며, 외부에서 '정보'를 받아들이는 그 두뇌가 우리가 배우는 방식을 설명할 수 있다고 주장한다. 하지만 두뇌의 활동은 신경학상의 사건을 관찰할 수 있다는 점에서 반드시 사적인 것은 아니다. 나아가 그러한 활동은 공유 가능한[39] 것이라고 할 수 있는데, 그 이유는 개인의 두뇌가 상호작용하면서 정보를 공유하기 때문이다. 인지행동이 처음에는 독립적으로 이루어지지만 그렇다고 해서 반드시 사적인 것은 아니다. 왜냐하면 그것은 공유 가능한 것이며, 때로는 공유되기 때문이다. 인지주의의 약점을 논증하기 위해서는 규칙을 따르도록 하는 학습과 같은 독립적이면서도 공유 가능한 인지 활동들이 **처음부터**[40] 독립적인 것이 아닐 가능성이 있다는 점을 보여 줄 필요가 있다.

앞에서 살펴본 바와 같이, 규칙을 따른다는 것은 규칙 따르기 행동의 통합적인 부분인 '규범적 활동들'[41]로 특징지을 수 있다. 특히 이것들은 사회적 활동들이기 때문에 규칙 따르기는 **처음부터** 고립적인 활동들이 아니라고 할 수 있다.

---

34) private rule-following

35) *par excellence*

36) solitary and asocial theory of learning

37) representational structures

38) transformation rules

39) *shareable*

40) *ab initio*

41) 'normative activities'

이 주제와 관련된 여러 문헌들에서 교정하기[42) 활동은 중요하게 다루어지고 있는데, 그것은 교정하기가 실수가 일어났을 때 이루어지는 것이며 따라서 실수의 가능성은 규칙 따르기 학습에서 핵심적인 것이기 때문이다. 만일 처음부터 고립된 사람이 스스로 교정을 할 수 있다고 말할 수 있다면, 그가 실수를 범하고 이어서 그 실수를 충분히 인식할 수 있다고 말할 수 있다. 따라서 그는 규칙 따르기 행동 즉, 교정과 관련된 중요한 규범적 활동을 수행하는 능력을 가지고 있다는 것이다. 제6장에서 우리는 표상능력이 규칙 따르기를 수반한다는 점을 살펴볼 것이다. 처음부터 고립된 사람이 규칙을 따를 수 없다면, 그는 표상할 수도 없으며 나아가 표상 수단을 통해 학습할 수도 없게 된다. 독립적인 규칙 따르기의 가능성을 둘러싸고 벌어지는 문제는 이제 인간학습을 이해하고자 할 때 매우 중시해야 할 주제라고 할 수 있다.

　의심할 바 없이 고립되어 있고, 심지어 언어적으로 고립[43)되어 있어서 실수할 수 있으며, 그러한 실수를 고칠 수도 있는 것이다.[16] 하지만 여기서 중요한 문제는 그가 자신의 규칙 따르기 행동에 관해 실수를 하는가 하지 않는가 하는 것이다. 우리는 그가 규칙을 따른다는 점을 확인하지 않고는 이 질문에 대해 답하기 어렵다. 고립된 사람은 고립된 언어를 만들어 낼 수 없다는 생각에는 그럴 만한 충분한 이유가 있다.[17] 그러려면 그는 그 언어의 낱말들에 의미를 부여해야 한다. 이렇게 하는 유일한 방법은 구체적인 정의를 시도해 보는 것이다. 하지만 이것이 성공하려면 어떤 분명한 정의[44)가 실제로 이루어져야 한다. 그렇지 않을 것 같으면 정의[45)란 의문스러운 것이 될 것이며, 분명하게 규정될 수 없게 된다. '이것은 붉다'라는 문장은 그 색깔이 붉다는 것을 의미하거나 그 기호가 붉다거나 단어가 '붉다'라는 말로 불린다는 것을 의미한다. 하나의 기호가

---

42) *correcting*

43) language-less

44) ostensive definition

45) *definitions*

또 다른 해석 없이 의미를 가지게 될 때 선명한 정의가 이루어진다. 예컨대, 여기에는 '이것은 붉다'라는 문장에 이렇다 할 더 많은 해석을 붙이지 않으면서 '붉은색은 내 눈앞의 천 조각의 색깔이다'라고 분명하게 해석할 수 있도록 하는 규칙들이 있다는 것이다. 하지만 분명한 정의를 내리는 것이 논증을 하는 것이라는 규칙이 거기에 존재할 가능성도 있다. 고립적 언어 이론가는 자신이 입증하기를 원하는 바를 이미 전제하고 있는 것처럼 보인다. 비트겐슈타인이 언급한 바 있듯이, 언어가 어떻게 학습되는가에 관한 아우구스티누스적인 설명은 마치 어린이가 이상한 나라에 와서 그 나라 언어를 이해하지 못하지만 이미 말은 하고 있는 것처럼 보인다.[18]

하지만 이것은 인지주의의 모순된 입장을 밝히는 데 충분하지 않은 것처럼 보인다. 왜냐하면 인지주의는 독립된 두뇌가 규칙을 따르는 언어를 만들어 내는 것이 아니라 이미 준비된 것, 소위 '사고의 언어'[46]를 사용한다고 주장하기 때문이다(제6장을 보라). 처음부터 고립된 사람이 스스로 점검할 수 있는 규칙을 따를 수 있다는 주장에서 결정적으로 중요한 점은 그가 그 규칙을 따르면서 스스로를 교정할 수 있다는 사실이다. 그렇지 않다면 우리는 그의 행동이 습관화된 것인지 아니면 규칙에 따르는 것인지 구별할 방법이 없기 때문이다. 그리고 그의 규칙이 규범적이고 습관적인 것이 아니라는 주장의 핵심은 그가 동일한 방식으로 계속 할지 말지를 결정할 수 있다는 점이다.[19] 틀림없이 그는 스스로에게 자신이 지금 X를 행하고 있으며 계속 X를 한다고 말할 수 있다. 즉, 동일한 방식으로 계속 진행할 수 있다. 하지만 동일한 방식으로 어떤 것인가를 계속할 수 있다는 것은 수업[47] 등[48] 또는 그와 매우 비슷한 어떤 것을 정확히 따르고 있다는 점을 인식할 수 있다는 것이다. 따라서 처음부터 고립된 사람은 그가 행하고 있는 것이 '등'에 들어가는지 여부를 질문할 수 있어야 한다. 하지만 비트겐슈타인

---

46) 'Language of Thought'

47) instruction

48) *and so on*

이 지적한 것처럼, X 등을 행하는 수업은 분명한 정의를 내리는 것과 같은 것이다. 모든 것이 '등'을 어떻게 받아들이느냐에 달려 있다. 예컨대 누가 내게 도로 중간에 하얀 선을 칠하도록 지시하면서, 선을 약간 칠해 보인 다음 '이런 식으로'라고 말할 수도 있을 것이다. 만약 내가 이것을 노란색 선이 아니라 하얀 선을, 아니면 다른 굵기가 아니라 보여 준 굵기의 선을 계속 칠하라는 지시로 받아들인다면, 나는 이미 이 활동의 이면에 숨어 있는 많은 관례를 이해했음에 틀림없다. 하지만 내가 그렇게 하려면, 나는 이미 그러한 실제적인 일을 결정하는 규칙들을 파악하고 있어야 한다.[20] 처음부터 고립된 사람은 일의 정확한 추진방식을 나타내는 맥락을 제공하는 실제적인 일을 해 보지 않고서는 동일한 방식으로 X 등을 가르칠 수가 없다. 따라서 고립된 사람이 그러한 것을 이해할 수 있는 배경적 관습이 존재한다는 전제가 없다면 그 사람은 관습을 (시작하는 것은 말할 것도 없고) 따를 수 없다.[21] 하지만 이런 논의가 의도하는 바는 고립된 사람도 관습을 가질 수 있다는 점을 상기시키기 위해서였으나, 그가 다른 관습이 없이는 그러한 관습을 따를 수 없으므로 그가 관습을 갖는다는 것을 보여 주려는 시도는 순환적인 것이 되고 만다.

이러한 추론이 정확한 것이라면, 학습을 규칙 따르기의 맥락에서 설명하려고 하는 한 인지주의적인 기획은 공격받을 수밖에 없다. 하지만 인지주의자의 계획은 규칙들을 성격상 **법칙론적이거나 유사법칙론적인**[49] 것으로 여기는 형식 안에서 지속될 수 없으며 따라서 그것들이 규범적인 것으로 나타나는 동시에 기계적이라고 결론짓는다면 성급한 것일 수 있다. 이러한 움직임은 자연스러운 언어의 속성을 모방하는 **처음의 고립된 언어**가 모순이 없는 것처럼 보이는 기계적인 것의 개념으로 그럴듯함을 가지고 있다.[22] 제6장에서는 규범성을 재구성하려는 그러한 움직임이 정당한 것이라고 할 수 없다는 점을 논의할 것이다.

---

49) nomological or quasi-nomological

1 Rousseau, *Émile*, Book V, trans. B. Foxley, London, Dent, 1911, pp. 321-444.

2 M. A. K. Halliday, *Learning How to Mean*, London, Arnold, 1978을 참고하라.

3 P. F. Strawson, *Freedom and Resentment and Other Essays*, London, Methuen, 1974에 수록된 P. F. Strawson, 'Freedom and Resentment'를 참고하라.

4 이러한 비교는 상당히 중요한 것으로 이 장과 다음 장에서 보다 상세히 다루어질 것이다.

5 G. P. Baker and P. M. S. Hacker, *Wittgenstein: Rules, Grammar and Necessity*, Oxford, Blackwell, 1985, p. 161을 참고하라.

6 Ibid., p. 161.

7 더 많은 논의를 위해서는 G. P. Baker and P. M. S. Hacker (1985), op. cit., pp. 45-47을 참고하라.

8 K. Perera, *Children's Reading and Writing*, Oxford, Blackwell, 1984, Chapter 3, pp. 88-158; P. Menyuk, *Language Development: Knowledge and Use*, London, Scott Foresman, 1988, Chapters 6-9.

9 Menyuk, op. cit., pp. 61-62.

10 예컨대, B. Tizard and M. Hughes, *Young Children Learning*, London, Fontana, 1984를 보라.

11 경제적 맥락에서 이러한 아이디어를 적용한 문헌으로는 F. List, *The National System of Political Economy*, New Jersey, Augustus Kelley, 1991, Chapter XVII(First published 1841)을 보라.

12 M. Hollis, *The Philosophy of Social Science*, Cambridge, Cambridge University Press, 1994, pp. 152-153을 보라.

13 이러한 통찰의 발전에 대해서 알아보려면 H. Stretton and L. Orchard, *Public Goods, Public Enterprise and Public Choice*, London, Macmillan, 1993을 보라.

14 "사랑은 감정이 아니다. 사랑은 시험을 통과해야 하는 것이지 고통이 아니다." L. Wittgenstein, *Zettel*, Oxford, Blackwell, 1969, 504절, p. 89.

15 G. Jessup, 'Implications for Individuals: The Autonomous Learner' in G. Jessup (ed.), *Outcomes: NVQs and the Emerging Model of Education and Training*, Brighton, Falmer, 1991, pp. 115-117을 참고하라.

16 예컨대, R. Kirk, 'Rationality without Language', *Mind*, V. 76, 1967, pp. 369-386을 보라.

17 C. Verheggen, 'Wittgenstein and "Solitary" Languages', *Philosophical Investigations*, 18, 4, 1995, pp. 329-347.

18 Wittgenstein, 1953, op. cit., 32절.

19 Wittgenstein, 1953, op. cit., 1-3절. T. S. Champlin, 'Solitary Rule-Following', *Philosophy*, 67, 1992, pp. 285-306, 298을 참고하라.

20 여기서 실제적인 일이란 규범적인 활동들과 관련이 깊은 규칙 따르기를 의미한다.

21 Wittgenstein, 1953, op. cit., 208절을 보라. "'이렇게 계속 해라'라든가 "그리고 등등"을 뜻하

는 몸동작은 물건이나 장소를 가리키는 몸동작과 비슷한 기능을 지닌다.'

22 예컨대, L. Wittgenstein, *Philosophical Grammar*, Oxford, Blackwell, 1974, p. 188을 보라. 이와 관련이 있는 문헌으로, Wittgenstein, *Blue and Brown Books*, Oxford, Blackwell, 1958, pp. 12, 97과 Wittgenstein, *Philosophical Investigations*, Oxford, Blackwell, 1953, 495절을 참고하라.

제5장

학습, 훈련 그리고 행동주의

> ❝ 어떤 설명이든지 그 기반은 훈련에 있다.
> (교육자들은 이 점을 기억해 두어야 한다.) ❞
>
> (비트겐슈타인, 1967)[1]

1. 서론

훈련은 대부분의 교육 전문가들 사이에서 매우 나쁜 평을 듣고 있다. 때론 훈련은 교육의 반명제(反命題)로 다루어지곤 했다.[2] 훈련이 이렇게 평판이 나빠지게 된 데에는 깊고 복잡한 문화적 뿌리가 있으며, 이를 완전히 설명하려면 장(章) 하나로는 부족하다. 이를 요약하면 다음과 같다. 훈련이란 권위주의적이라고 믿고 있으며, 권위는 해로운 것이라고 믿고 있다. 훈련을 조건화[1]와 혼동하고 있으며, 훈련을 아주 편협한 직업준비의 형태와 연결시키고 있다는 것이다. 내가 설명하고자 하는 것은 첫째, 훈련이란 조건화와 같은 것이 아니며, 둘째, 교육이나 훈련이 어떤 종류의 권위에 대한 인식 없이 성취될 수 있다는 믿음은 그

---

1) conditioning

룻된 것이라는 점이다. 이러한 그릇된 생각을 가지게 되면 조건화의 은닉된 형식[2]에 의지하게 된다. 차라리 지식과 기술의 획득에 있어 실질적인 권위[3]를 가지고 있다는 이유에서 직위상의 권위[4]를 가진 사람으로서[3] 교사의 역할은 교육과 훈련 모두에 필요한 것이 무엇인가를 보다 분명하게 지각할 수 있도록 안내하는 것이라는 점을 알아두는 것이 좋겠다.

교양교육자들은 교육이 편협한 직업훈련으로 대치되면서 위기에 처하게 되었다고 경고하고 있지만 훈련의 개념에 대해서는 상대적으로 관심을 덜 기울이고 있다. 결국, 훈련이 교육에서 가지는 역할이 과소평가되고 있다. 이러한 과소평가로 인해 교양교육과 직업교육 모두 어려움에 처하게 되었다. 교양교육은 학습에서 훈련의 중요성을 소홀하게 여기는 경향이 있는 진보주의[5]의 영향으로 어려움에 처하게 되었다. 또 직업교육은 교양교육자들이 행동주의와 관련이 있다고 보는 형편없는 훈련모델을 채택함으로써 어려움에 처하게 되었다.[4]

훈련은 복잡한 개념이지만, 아동기로부터 성인기까지 학습의 여러 측면을 이해하는 데 중요하다. 훈련은 한편으로 조건화 같은 개념들과 구분되어야 하며, 다른 한편으로는 발견[6]과 구분되어야 한다. 물론 이 두 가지 개념들이 서로 관련을 가지고 있다. 교육과 훈련의 개념은 서로 다른 범주에 속해 있다는 점에서 훈련이 교육의 대안이라고 할 수 없다. 말하자면 교육은 개인의 삶을 위한 장기간의 준비에 신경을 쓰는 반면, 훈련은 대개 능력, 태도, 성향을 단기간에 획득하는 데 관심을 기울인다. 하지만 이러한 것들의 성공적인 획득은 교육의 본질적인 측면이며, 따라서 훈련은 그것이 교양교육이건 직업교육이건 어떤 가치 있는 교육적 노력의 중심부에서 이루어져야 한다. 다른 한편으로는 지식과 기

---

2) *covert* forms

3) *an* authority

4) *in* authority

5) progressivism

6) *discovery*

술과 이해의 범위에 있어서 그 길이가 길고 폭이 넓은 훈련의 형식은 '직업훈련[7]'이라기보다는 '직업교육[8]'이라는 말로 쓰일 수 있는 자격이 있다. 내가 주장하고자 하는 바의 핵심은 훈련과 교육이 구분되는 개념이라고 할지라도 이 둘의 범위가 모든 경우에 선명한 것은 아니라는 점이다. 그렇다고 해서 나는 훈련이 교육으로 대치되어야 한다고 주장하려는 것이 아니다. 다만 훈련이 교육에 있어서 중요한 역할을 한다는 점을 인식시키려는 것이다.

훈련의 개념을 다룰 때에 항상 거기에 내재되어 있는 중요한 문제들 중의 하나는 여러 가지로 갈라진 그것의 속성의 문제다. 훈련이란 최초의 언어학습에 있어서 중요한 측면이다. 또 문해와 계산의 능력 획득, 신체적 기능의 습득, 도덕적, 미적, 종교적 감수성의 획득, 뿐만 아니라 직업교육과 직업준비[5]에 있어서 중요한 측면이다. 하지만 무엇보다 우선 훈련을 조건화와 구별할 필요가 있다.

2. 훈련과 조건화

훈련을 못마땅하게 여기는 문헌에 나타나는 주요 관점은 훈련이 조건화보다 나을 것이 없다는 것이다. 따라서 훈련은 인간의 능력을 확장하기보다는 오히려 그것을 좁힌다는 것이다. 여기서 오늘날 잘 알려진 교양교육자로서 앱스(P. Abbs)가 언급한 훈련에 대한 그의 불만을 들어보자.

우리는 '배변 훈련' '개 훈련' '군대 훈련' '엔지니어 훈련' '기술자 훈련'에 대해 언급하고 있다. 이것은 훈련이란 하나같이 어떤 특정한 기술이나 기교를 숙달하기 위해 의식을 좁힌다는 의미를 담고 있다.[6]

---

7) 'job training'

8) 'vocational education'

이러한 주장에는 상당히 의문스러운 두 가지 가정이 담겨 있다. 그 첫째는 개 훈련이 엔지니어 훈련과 비교되고 있다는 것이요, 둘째는 기교와 기술을 훈련하는 것이 의식을 좁힌다는 뜻을 담고 있다는 것이다. 이 두 가지 가정은 틀렸다. 그리고 이 사실은 훈련이 교양교육자들의 상상 이상으로 교육에 기여할 여지가 많다는 점을 깨닫는 데 핵심적 역할을 한다.[7] 심지어 행동심리학자들이 '조작적 조건화'라고 부른 동물학습 모델도 동물이 훈련받을 때 그 동물이 학습한 것이 무엇인지를 파악하는 데 대단히 부적절하다.

연합학습이론[9]은 두 가지 사건 E1과 E2의 관계를 강조하며 학습자가 이 두 가지 사건을 어떻게 결합시키는가 하는 방법을 강조한다. 이러한 사건들 중의 하나는 심리학자들에게 '중요한 사건'으로 알려져 있는데 그 이유는 그것이 그 이전의 조건화 없이 반응을 유도해 내기 때문이다. 이러한 사건들은 또한 '강화물들'[10]로 알려져 있는데, 이것들은 다른 반응들을 강화하기 때문이다. 예컨대, 신체적 손상은 탈출에 대한 그 이전의 조건화 없이도 탈출 반응을 이끌어 낼 수 있다. 만약 어떤 동물이 또 다른 자극, 즉 큰 소음으로 인해 탈출에 조건화되었다면, 강화물은 그러한 반응을 강화하게 될 것이다.

고전적조건화이론[11]에서 중요한 사건은 자극에 의해 이루어지며, 그때 나타나는 결과는 두드러진 자극이 비슷한 반응을 중요한 사건으로 이끌어 낸다는 것이다. 예컨대 훅 하고 불어오는 공기는 눈을 깜빡이게 만드는데, 이는 사전에 조건화를 하지 않았어도 그렇다. 하지만 빛을 번쩍인 다음 공기를 훅 하고 불어 대면, 나중에는 빛이 공기처럼 눈을 깜빡이게 한다.

조작적 혹은 도구적 조건화[12]에서, 중요한 사건은 자극보다는 반응을 따르게 되며 그 결과는 반응의 가능성 속에서 변화하게 된다.[8] 강화에서 이어지는 사건

---

9) associative learning theory

10) 'reinforcers'

11) *classical conditioning* theory

12) *operant* or *instrumental conditioning*

이 매력적이면, 강화를 하는 데 도구로 작용하는 반응을 이끌어 낸다. 예컨대, 아이가 울 때마다 사탕을 주면 아이는 앞으로 더욱 울려고 할 것이다. 반면에 중요한 사건이 매력적이지 않다면 해당 반응의 빈도를 줄이는 경향을 보인다. 이러한 소극적 강화는 오해의 소지가 있게 '벌'[13]이라고 불린다. 물론 여기서 이 말은 우리가 통상적으로 말하는 '벌'의 규범적 의미는 전혀 가지고 있지 않다.

　조건화이론은 조건화되지 않은 반응이 있을 수 있음을 허용한다는 점에서 유기체의 행동이 조건화에 의해서만 결정되는 것은 아니라는 점을 인정한다. 하지만 이것이 어떤 경우에는 조작적 혹은 고전적 조건화의 과정이 훈련의 복잡성을 다루고 있다고 설득할 수는 없는 일이다. 이 점을 제대로 평가하기 위해서는 행동주의의 전통―이에 근거하여 현대 연합학습이론이 전개되고 있다 ―이 관찰과 서술의 가치 중립적인 체계에 근거하여 설계되고 있다는 점을 이해할 필요가 있다. 연합학습이론이 정립되기 위해서는 연구자의 가치와 신념이 연구와 그 결과의 서술에 개입되지 않도록 이론의 연구가 이루어질 필요가 있다. 나아가 특별하게 선정된 자극들의 효과와 그것들이 불러일으키는 반응들을 연구할 필요가 있기 때문에, 어떻게 그것이 특별한 자극에 반응하는가를 알아내려면 주제에 유용한 자극의 변인이 제한될 필요가 있다. 이러한 규정들은 연합학습에 대한 연구가 실험적 조건과 가치 중립적인 '데이터―언어'[14]로 표현되는 작업에 대한 서술을 전제로 이루어질 필요가 있다는 것을 뜻한다.[9]

　이러한 제한들은 중요한 영향을 끼치게 된다. 조건화의 이론은 적극적이고 소극적인 강화물의 반복된 적용과 관련이 있기 때문에, 여러 경우들을 확인하고 또 확인해야 할 필요가 있다. 이것은 '동일한 강화물' 같은 표현들을 실험실 용어로 정의 내리려면 엄격하게 해석되어야 한다는 것을 의미한다. 이것은 실험조건 속에서 이루어진 결과가 신뢰할 만한[15] 것, 즉 차후의 실험에서 번복될

---

13) '*punishment*'

14) 'data―language'

15) *reliable*

수 있다는 점을 확실하게 하기 위한 것이다. 그렇다고 자연스럽게 그것들이 타당하다[16]는 것, 즉 동물이 어떻게 배우는가에 대한 일반적인 설명으로 이어지는 것은 아니다. 사실, 동물 훈련이 인간 훈련보다 훨씬 쉽다고 할지라도, 조작적 조건화 모델이 제시하는 것보다 더 복잡하다. 이것을 제대로 평가하기 위해서는, '동일한 형태'라는 표현이 비실험적 조건들에 적용될 때 그것이 실험실 안에서 적용될 때보다도 더 느슨하게 해석되어야 한다는 점을 알아둘 필요가 있다. 동물은 복잡한 활동 속에서 훈련받을 때, 자극을 인식하고 반응을 하는 데 있어서 유연해진다. 이러한 가능성들 중 그 어떤 것도 조작적 조건화 모델에서는 허용되지 않는다.

예컨대, 양을 몰도록 훈련받은 개는 어떤 동작을 요구하는 다양한 표식들에 반응할 것으로 기대된다. 이러한 표식들은 다양한 물리적 환경 속에서 주어질 것이고 거리에 따라 소리가 다양할 것이다. 또한 이러한 표식들은 개가 융통성을 발휘할 수 있는 맥락과 관련이 있다. 즉, 해당 상황에 따른 특정한 구성에 따라 양과 관련된 어떤 유형의 동작을 수행해 낼 것으로 기대된다. 하지만 이것은 개가 생각을 가지고 있다는 입장을 밝히는 것은 아니다.[10] 개는 양들에게 해를 입히지 않으면서 그리고 양들과의 협조를 기대하지 않으면서 이곳에서 저곳으로 양들을 몰고 있다. 개는 지각, 판단, 인내, 용맹을 발휘해야 한다. 달리 말하자면, 개의 정신적인 능력이 최대한 작용하기 시작한 것이다.

위의 예시는 성공적으로 훈련받은 개가 조작적인 조건화 기술을 사용하는 미로 속의 쥐에게서 나타나는 행동패턴보다는 보다 더 크고 복잡한 성취를 해내고 있다는 점을 보여 주고 있다. 인간의 훈련이란 대부분의 경우 개의 훈련보다도 훨씬 더 많은 것을 포함하고 있다. 인간의 경우 훈련과정과 그 결과가 모두 동물의 경우에서보다 더 복잡하다. 아마도 가장 중요한 차이는 인간 훈련에 있어서 언어[17]가 사용된다는 점이다. 또한 인간은 규칙들에 따라 배운다는 점이

---

16) *valid*

17) *language*

다. 나아가 인간이 행한 바가 교정되고 평가될 수 있다는 점이다. 이러한 규칙들은 해석과 평가를 요구한다. 규칙들은 가르쳐질 수 있다. 하지만 훈련받은 사람이 그 규칙들을 다양한 환경 속에서 사용할 줄 알아야 하는데, 거기서 관련된 해석활동과 평가활동이 중요한 부분으로 작용하게 된다. 조건화와 같으며 반응의 유연성을 요구하지 않는 것을 수행하도록 훈련을 받는 그런 활동도 있다. 앞에서 앱스가 든 배변훈련의 예가 바로 그런 것이다. 하지만 이것이 훈련된 반응의 전형이라고 결론지어서는 곤란하다. 디어든(R. F. Dearden)은 교육활동과 훈련활동의 차이점에 대해 다음과 같이 언급하고 있다. '이러한 경우들 각각에서, 이 한 쌍의 교육구성체 중 각각은 이해[18]의 중요성과 특정한 종류의 수행을 대립적으로 강조한다.'[11] 이것은 훈련이 과업을 수행해 가는 데 있어서 과업의 이행과정에 대한 이해를 포함하고 있지 않다는 그릇된 뜻을 담고 있다. 앞에서 살펴본 바와 같이, 개 훈련에 대한 앱스의 사례는 양을 모는 개에게 적용될 수 있는 것이며, 이 예를 좀 더 면밀히 살펴보면 개들이 가진 일반적인 능력을 전제할 때 훈련이 고도의 정신적·육체적 능력의 연습으로 이어질 수 있음을 시사한다.

양 떼를 몰도록 훈련을 받은 개에 대해 양 떼를 모는 일이 개의 의식을 좁게 하는 것을 수반한다고 말하면 이상할 것이다. 만약 양 떼를 몰도록 훈련받은 개는 그 때문에 기술과 판단의 연습을 요구하는 다른 일들을 행하는 능력을 잃게 되었다면, 그렇게 말할 만한 충분한 근거가 있을지 모른다. 그러나 이 경우에 그렇게 가정할 이유는 없다. 이 점은 인간 훈련의 경우에도 적용된다. 예컨대, 훈련받은 엔지니어는 규칙들을 따르고, 그것들을 평가하고 해석하며, 해당 상황에 독특하다고 할 수 있는 환경 속에서 기교, 이해, 판단을 행한다. 이것은 결코 의식 좁히기에 해당한다고 할 수 없는 것으로, 엔지니어가 된다고 했을 때 그가 그전까지 하던 일을 못하게 된다거나 알지 못하던 것을 배우는 일이 어려운 것이 아님을 생각해 보면 분명해진다.

---

18) understanding

3. 훈련에서 벗어나기

이제 다음과 같은 질문에 답해 보자. '훈련은 왜 그토록 교육자들에게 인기가 없는가?' 이미 앞에서 우리는 조건화이론이 인간학습이나 동물학습에 대한 설명으로서 부적절하다는 점을 살펴보았다. 하지만 조건화를 인간이 무엇인가를 배우는 데 효과가 있다거나[12] 도덕적으로 바람직하다고 바라보는 것을 경계해야 한다는 주장은 정당하다고 할 수 있는 반면, 훈련은 조건화와 구별되어야 할 개념이며, 조건화에 의해 일어나는 반응보다는 유연한 능력들을 발달시키는 데 도움을 준다는 점이 논증되어야 할 것이다. 이에 덧붙여 그것은 윤리적으로 바람직하지 않다는 함축된 뜻을 전달하지도 않는다는 점이다. 그러므로 교육자들의 편에서 훈련을 의심하는 이유 한 가지는 그 근거가 매우 빈약하다.

이제 훈련이 왜 의심을 받고 있는가 하는 중요한 이유들 중의 하나, 즉 교육사상에 있어서 진보주의의 영향과 반권위주의[19]의 융기에 대해 살펴보자. 이러한 논의를 위해서 제3장에서 소개한 바 있는 루소의 주장, 즉 교육이 어떻게 인간의 자유를 최대로 실현하는 데 도움을 줄 수 있는가를 설명하려고 한 요구에 기반을 둔 루소의 교육적 처방을 다시 한 번 살펴볼 필요가 있다. 권위를 거부하는 것은 학습의 형식으로서 훈련을 거부하는 입장을 이해하는 데 중요하다. 하지만 우리가 살펴본 바와 같이, 이것은 권위를 권력과 혼동하는 치명적인 실수를 하고 있는 것이다. 성공적인 조건화는 조건화 주체가 조건화 대상에 대해 지니는 권력[20]에 의지한다. 사람의 경우, 훈련은 훈련자의 권위[21]에 대한 피훈련자의 인식을 포함하고 있다.

하지만 루소는 바라는 바를 이루기 위해 에밀이 원하는 것을 학습하도록 조작한 상황을 설정하고 있다. 『에밀』에는 이러한 사례들이 무수히 많다. 루소가

---

19) anti-authoritarianism

20) *power*

21) *authority*

아이는 12살이 될 때까지는 이성을 완전하게 습득하지 못한다고 생각했다는 점, 또한 훈련이란 한 사람의 의지를 다른 사람에게 굴복시키는 것이므로 루소가 이에 대해 무척 반감을 가졌다는 점을 고려해 볼 때, 에밀을 다른 식으로 가르칠 수 있었으리라고 생각하기 어렵다. 따라서 아이는 깨진 물건의 결여가 그의 삶에서 어떤 의미를 가지는가를 배움으로써 물건을 깨뜨려서는 안 된다는 것을 배운다. '에밀이 자기 방의 유리창을 깬다. 그러면 밤낮으로 바람이 들어오도록 내버려 둬라. 바보가 되는 것보다 감기에 걸리는 편이 차라리 낫기 때문이다.'[13] 비록 이러한 가르침이 주어지지 않았다고 할지라도 루소는 아이가 창문이 없다는 것이 무엇을 뜻하는지를 더 잘 알 수 있도록 창문이 없는 방에 아이를 내버려 두어야 한다고 덧붙일 것이라는 점을 알아둘 필요가 있다. 형식상으로는 아이가 어떤 것의 결여가 지닌 의미를 체득하면서 배우는 형국이지만, 암암리에 타인의 의지대로 움직이게 된 셈이다. 어른이 아이를 그런 불쾌한 경험을 겪을 수 있는 장소로 이동시켰기 때문이다.

　이보다 유명한 예는 에밀이 어떻게 집이 있는 몽모랑시[22]로 돌아가는 길을 찾게 되는가 하는 설명이다. 에밀은 숲이 몽모랑시 북쪽에 있다는 것을 들었으며 다음 날 그는 오랫동안 먹지도 못한 채 숲 속을 걷게 된다. 지금 그는 배가 고프고 목이 마르며 길을 잃었다. 정오쯤 그는 울기 시작한다. 루소는 에밀에게 『메논(Meno)』에 나오는 소크라테스와 노예 소년 간의 대화를 떠올리게 하는 방식으로 그가 알고 있는 것을 생각나게 한다.[14] 에밀은 질문에 따라 그림자가 드리워지는 정오에 북쪽을 찾을 수 있을 것이라는 점을 상기한다. 그는 계속 의문을 가지면서 숲이 몽모랑시의 북쪽에 있다면 몽모랑시는 숲의 남쪽에 있어야 한다는 점을 알아낸다. 그림자가 드리운 반대 방향으로 여행함으로써, 그는 몽모랑시로 돌아가는 길을 알게 된다.[15]

　이 예는 자연적인 결핍(배고픔과 갈증)이 어떻게 아이가 자신의 이성의 능력

---

22) Montmorency

을 자연스럽게 사용하여 지리학적 지식을 얻도록 이끄는가 하는 점을 보여 주고 있다. 그러나 루소가 든 예는 그가 바라는 대로 이루어질 수 없을 것이다. 에밀은 이미 몽모랑시를 발견하는 데 도움을 주는 정보를 받고 있기 때문이다. 즉, 숲은 그것의 북쪽에 있으며 그림자가 정오에 북쪽으로 기울어져 있다는 정보를 얻고 있기 때문이다. 그가 이것을 스스로 발견할 수 있을 것이라고 이야기할 수는 없다. 둘째, 그는 가정교사[23]로 인해 특별한 상황에 놓여 있는 것이지 그 스스로 그곳에 있는 것이 아니다. 비록 다른 사람의 뜻이 직접적으로 강요되지는 않았지만, 최소한 그가 어떤 '학습상황'[24]에 들어가도록 조종된 것이다. 셋째, 루소의 질문 스타일은 그가 요구하는 반응을 이끌어 내도록 고안되어 있다. 몽모랑시의 예시는 학습이 어떻게 자발적으로 이루어지는가 하는 점을 설명하기보다는, 발견학습의 결과를 성취해 내기 위해 상황을 어떻게 구성할 것이냐 하는 점을 설명하고 있을 뿐이다. 또 이것은 한 학생에게만 국한되어 있을 따름이다.

　루소의 관점에서 볼 때 비록 못마땅하기는 하지만, 에밀이 이미 어떤 도움이 될 만한 지식을 배웠다는 것이다. 이것은 그가 그러한 지식을 한 사람의 뜻에 따라 효과적으로 이루어진 상황의 조작으로 좋은 효과를 내도록 조건화된다는 것을 말한다. 루소는 한 사람의 뜻을 다른 사람에게 직접 강요하는 것은 해로우며, 결국 원망만 사게 될 것이라고 답할지 모른다. 하지만 원망이란 에밀이 가정교사가 무책임하여 전혀 다른 곳에 가 있다는 점을 알았을 때 그리고 부정적인 자극들, 즉 배고픔, 갈증, 공포 등과 같은 자극들에 반응하도록 조건화되었다는 점을 알았을 때 생겨나는 것이다. 루소의 예들은 아이에게 주어지는 규칙이나 권위가 없을 때 학습이 가장 효과적으로 이루어질 수 있음을 보여 주지 못한다. 첫 번째 예에서는 아이를 창문 없는 방으로 이동시키면서 한 사람의 뜻이 다른 사람에게 강요되었다. 두 번째 예에서는 가정교사가 상황을 설정하고 있

---

23) tutor
24) 'learning situation'

는데다가 결정적으로 에밀의 학습은 불쾌한 감정의 경험뿐만 아니라 일련의 지리적 사실에 대한 가르침에 의존하고 있다. 루소가 학습상황에서 권위를 빼내고 그 대신 은폐된 형태의 권력을 끼워 넣었다고 말할 수 있겠다. 개방적이고 정직하며 학습자를 조종하지 않으므로 존엄성을 존중하기 때문에 이것이 가정교사의 전통적인 권위 행사보다 도덕적으로 더 우월하다고 주장하기는 힘들다.

그러므로 학습이란 다른 사람에게 뜻을 부여하거나 지식을 배우는 데 필요한 규칙들을 안내하지 않고도 효과적으로 일어날 수 있다는 것을 보여 주려는 루소의 시도는 부적절하다. 왜냐하면 그는 계속해서 그가 바라는 학습결과를 얻어내기 위해 거부해야 한다고 주장한 교육학의 요소들을 숨기고 있기 때문이다. 설상가상으로, 때에 따라 조작적 조건화 기술을 사용하고 있다. 창문의 사례는 우리가 오늘날 혐오요법[25]이라고 부르는 것처럼 보인다. 소극적으로 강화된 '중요한 사건'은 창문을 깨트리는 것이다. 창문을 수리하지 않는다거나 더욱 심하게 감금하는 것은 소극적인 강화요인들이다. 몽모랑시의 예에서, 중요한 사건은 길을 잃은 경험으로 이것은 공포, 배고픔, 갈증의 감정에 의해 소극적으로 강화된 것이다.

윤리적으로나 교육학적으로나 이것은 한 사람을 그에게 일어난 것과 해야만 할 것을 이해하는 사람으로 다루는 데 목적을 둔 훈련기술을 개선했다고 하기 어렵다. 이것은 대체로 루소가 12세 나이 이전의 아이들은 이성을 충분히 소유하지 못하고 있다고 한 주장의 한 측면을 보여 주고 있다.[16]

본질적으로 루소가 묘사한 것은 가짜 가능성[26]이다. 만약 인간의 행동이 규칙에 지배를 받는 것이라면, 배운 사람의 행동은 배운 것이 무엇이든지 간에 규칙에 지배를 받게 될 것이다. 규칙 지배적인 행동에 참여한다는 것이 권위의 인식을 포함한다면, 이런 종류의 권위에 대한 인식은 인간 삶의 필요하고도 불가피한 특징이라고 할 수 있다.[17] 우리에게 남겨진 것은 최선의 학습방법은 무엇

---

25) aversion therapy

26) sham possibility

인가 하는 실용적 판단이다—발견인가 훈련인가? 학습이 최소한 규칙 따르기에 있어서 권위에의 복종을 포함한다면, 그때 규칙 따르기의 형식 안에서 권위에 대한 복종을 포함하고 있다는 것은 훈련에 의한 학습을 비판하는 것이 아니다. 자연히 논의는 가르치고 배우는 최선의 방법이 무엇인가에 대한 것으로 실천적인 논의가 되어 버린다. 그것은 인간이 만든 제도와 지혜의 성장을 포함하고 있는가? 혹은 무(無)로부터[27] 그것들을 재창조하기 위한 노력을 포함하고 있는가? 따라서 훈련이란 가르침의 형식으로서 장점을 가지고 있다고 받아들여질 수 있다.

4. 인간 훈련의 복잡함

동물 훈련은 복잡한 것으로 이것에 대한 반응은 다양하기도 하고 다채롭다. 이것은 이미 단일의 혹은 제한된 형태의 자극에 대한 융통성 없는 반응을 포함하는 조건화와 구별되고 있다. 하지만 조건화와 훈련을 구분하는 선이 분명하지는 않다. 왜냐하면 유아기에 이루어지는 훈련들 중 어떤 것은 조건화와 유사하기 때문이다(앱스가 사례로 든 배변 훈련). 조작적 조건화에 의한 실험조건이 갖추어지지 않는다고 할지라도, 엄격한 의미에서 그 사례가 조작적 조건화와 관련을 짓도록 하는 제한된 범위의 자극에 반응이 일어날 수 있다. 하지만 훈련과 조건화가 무엇인가에 대한 것은 몇몇 사례를 가지고 설명할 수 없을 것이다.

사실, 인간이 훈련을 받는 활동의 범위는 동물 훈련의 범위를 훨씬 넘어선다. 훈련이란 언어학습, 유아교육, 초등교육 그리고 직업교육에 이르기까지 폭넓게 걸쳐 있으며, 단계에 따라 서로 다른 형식을 띠고, 그것이 사용되는 맥락 역시 서로 다르다. 그렇다면 이렇게 넓은 범위에 걸쳐 있는 활동들 간에 그들 모두를 '훈련'이라고 부르게 힐 민한 공통점이 존재하는가? 훈련과 조건화의 경계에 위치한 경우들이 있다는 사실 그 자체가 공통점이 없음을 암시한다.

---

27) *ex nihilo*

개념의 경계가 불분명하긴 하지만, '훈련'이라는 단어는 예를 들어 '게임' 같이 다양한 가족 유사성을 지닌 개념 이상의 뜻으로 사용되는 듯싶다. 이러한 용법은 학습을 확고부동한 방식으로 무엇인가를 하는 것으로 여기는 아이디어와 관련되어 있다. 여기서 강조되는 것은 한편으로 지식이라기보다는 행동이며, 다른 한편으로는 망설이거나 머뭇거리기보다는 과감하고 확신에 찬 행동이다. 이렇게 말할 수 있는 것은, 성공적인 행동이란 어느 정도 지식을 요구한다는 점을 부인하는 것이 아니며, 확신에 찬 행동은 추측이나 검사와 같은 다른 형태의 학습으로부터 이루어진다는 점을 부인하는 것은 더더욱 아니다. 다만 훈련과 관련이 있는 학습의 형태는 지식이나 반성과 관련되어 있다기보다는 확신에 찬 행동의 발달과 밀접히 관련되어 있다는 것이다.

반성적인 행동이 여러 활동들에서 요구된다고 말하기 전에, 반성은 반성할 때 효과가 나타나는 행동이 있다고 할 때 가장 유용하다는 점을 지적해 두고자 한다. 훈련이란 전문적인 활동의 복잡한 형식에로 나아가는 도상(道上)에 있는 단계다. 사실 이것은 훈련이 어떤 일을 하기 전에 뒤로 물러나 반성하고 점검하는 능력을 포함한다는 것을 뜻한다. 왜냐하면 훈련의 개념은 이러한 것들을 조정하는 데 충분히 유연하기 때문이다. 우리는 제대로 훈련받은 비행기 조종사가 자신감 있게 행동하며 어떤 상황의 특수성들을 무시하지 않고 충분히 고려하리라 기대하는 법이다.

5. 훈련과 초등교육

발견학습의 방법[28]은 학교에서 매력적인 것으로 받아들여지고 있으며(최소한 영국에서는 그렇다) 초등학교에서 훈련이 중요한 역할을 한다는 생각은 최근의 진보주의 교육론자들에게 혐오스럽게 받아들여지고 있는 것 같다. 그럼에도

---

28) discovery methods of learning

중요한 것은 이러한 혐오스러운 가설을 지키고 그것이 우리를 어디로 이끌어 가는지를 이해하는 것이다. 첫째, 수사(修辭)29)와 현실의 구분이 필요하다. 우리는 여러 연구를 통해 초등학교 교사가 하는 일이 다양하며 따라서 늘 진보주의적인 이상(理想)30)과 일치하는 것은 아니라는 점을 알고 있다.18 둘째, '널리퍼져 있으니까'는 그것이 가장 효과적이라는 사실, 심지어는 효과적인 관행 중 하나라는 사실조차도 보장하지 못한다. 우리는 '훈련이 초등교육에 기여할 점이 있는가? 그리고 만약 그렇다면 그간 무시되어 왔는가?'라는 중요한 질문을 던져야 한다.

초등교육이 읽고 셈하는 것과 관련된 기본적 기술 전체를 아이들이 습득하도록 입문시킨다는 점은 의심할 바가 없다. 이러한 기술을 획득하기 위해 배우는 과정에서, 아이들은 다양한 종류의 규칙 지키기 활동에 참여해야 할 필요가 있다. 이제 다음과 같은 질문이 제기될 수 있다. '이러한 규칙을 따르는 학습은 발견을 통해 가장 잘 이루어지는가 아니면 훈련을 통해 가장 잘 이루어지는가?' 이것은 경험적 질문이기는 하지만 개념적 함축이 없지는 않다. 특히 앞에서 루소에 대한 논의를 살펴보았듯이, 우리는 발견의 본질에 대해 신중할 필요가 있다. 발견이 루소가 계속해서 내세운 조작적 조건화와 같은 종류의 것이라면, 이것은 거의 지지를 받기 어려울 것이다. 조건화가 훈련보다 자율성을 더 부정한다면, 발견과 같이 꾸민 조건화31)는 비판을 면하기 어려울 것이다. 즉, 그것이 어느 정도 타당하다면 조건화의 경우에 더 큰 힘을 가지고 적용될 수 있을 것이다.

훈련이 효과적이고 유연한 학습형식이라는 사실에 대한 반론(反論)은 입증된 바 없다. 뿐만 아니라 전통적인 기본적 가르침32)의 어떤 측면이 발견에 기반을 둔 학습형식보다 더 우수하다는 점을 제안하는 초등학교 연구들이 여러 편 있

---

29) rhetoric

30) progressive ideal

31) conditioning-masquerading-as-discovery

32) primary teaching

다.[19] 이에 덧붙여, 이에 대한 국제적인 비교 자료들은 훈련이 아직까지 중요한 역할을 하고 있는 전통적인 초등교육 형식이 어떤 교과들, 특히 수학교과에서 더 높은 성취를 보이고 있다는 점을 제시하고 있다.[20]

하지만 초등학교에서 이루어지는 여타의 학습형식에 비하여 훈련이 갖는 역할에 대한 논쟁이 경험적 수준에서 이루어진 경우는 매우 희박하며, 경험적 발견들은 줄곧 논쟁과 오해의 대상이었다. 훈련의 방법이 왜 나쁜 평판을 받게 되었는가를 알기 위해서는 교수와 학습의 형식으로서 훈련에 가해진 이데올로기적인 대립을 살펴볼 필요가 있다. 이러한 대립의 한 측면은 이미 확인된 바 있다. 즉, 훈련과 조건화 간에 혼란이 있었다는 점은 확인된 바 있다. 하지만 이러한 대립의 또 다른 측면은 훈련의 인간적 측면, 즉 훈련은 규칙-체계의 맥락 안에서 일어나며, 따라서 피훈련자의 편에서 볼 때 훈련자의 권위에 대한 인식을 포함한다는 측면과 관련이 있다.

앞에서 살펴본 바와 같이, 루소의 저작에서 비롯되는 진보주의적 교육형식은 교육과 아동양육의 맥락에서 권위 부정에 기반을 두고 있다. 루소의 도덕심리학[33]과 진보주의 운동은 권위가 한 사람이 다른 사람에게 자신의 뜻을 강요로 부과함으로써 뜻을 강요하는 사람에게나 혹은 강요받는 사람 모두에게 해를 끼친다는 생각에 기반하고 있다. 루소는 그러한 뜻의 강요가 정당한 경우와 그렇지 않은 경우를 구별하지 않았으며, 그 자신은 어떤 학습목표들을 성취하기 위해 뜻을 암암리에 강요하려고 했다. 하지만 인간 세상에서 피훈련자가 훈련을 받아들이는 것은 훈련자의 권위 때문이다. 만일 이 권위가 훈련자가 특별한 위치를 차지하기에 비롯된 직위상의 권위[34]라면 그것은 아무런 의미가 없다. 훈련자가 권위 있는 것은 그가 실질적인 권위[35]를 지녔기 때문이다. 곧 그는 피훈련자의 존경심을 끌어낼 수 있는 지식과 기술을 지니고 있고, 피훈련자는 그 지식

---

33) moral psychology

34) *in authority*

35) *an authority*

과 기술의 일부를 절실하게 갖고 싶어 하기 때문이다.[21]

심지어 어린아이는 의사소통 능력을 발달시키기 위해 모국어 학습에 의존하기도 하지만 어른의 언어지식에 의존하기도 한다.[22] 아이들이 획득하기를 원하는 지식과 기술을 갖춘 초등학교 교사는 훈련이 지식과 기술을 얻도록 하는 데 가장 효과적인 방법이라고 느낄 때, 또 그가 가르치는 교재에 대한 실질적 권위를 가지고 있기 때문에 직위상의 권위를 가지고 있다고 느낄 때, 훈련방법을 사용할 수 있는 도덕적 권위[36]를 가지고 있다. 의심할 바 없이 이것은 교사가 자신의 뜻을 학생들에게 강요한다는 점을 함의한다고 할 수 있다. 일정을 짜는 것이 학생들이 아니라 교사이기 때문이다. 이것을 그 자체로서 못마땅하다고 바라보는 것은 루소적인 도덕심리학의 혼란 속으로 빠져들어 가는 것이라고 할 수 있는데, 이미 루소의 도덕심리학은 이것을 그 자체로서 해롭다고 보기 때문이다. 하지만 앞에서 살펴본 바와 같이, 인간 삶에 규범적 속성이 주어져 있다고 할 때 이것을 피할 수 있다고 생각하는 것은 혼란스러운 것이다. 이것이 권위의 정당한 행사를 통해 적절한 방법으로 이루어진다는 것을 믿는 것이 중요하다.

당연히 얼마나 오랫동안 그리고 어떤 방법으로 훈련이 사용되어야 하는가에 대한 결정은 전문적으로 판단해야 할 일이다. 다만 이것은 인간의 삶이 규칙 지배적이라는 관찰 결과가 주는 시사점에 대해 주의를 환기시키는 데 충분할 것으로 여겨진다. 우선, 권위에 대한 인식과 순종은 그 자체로서 아이들에게 도덕적으로 해로운 것이 아니기 때문에 훈련을 사용할 것인가 아니면 학습을 증진시키기 위해 다른 기술들을 사용할 것인가 하는 결정은 이 기술들의 효용성에 관한 판단에 기초하여 이루어져야 할 것이다. 이러한 방식으로, 이데올로기 싸움에서 효율성에 대한 증거는 또 다른 애매한 무기가 되기보다는 의미심장한 것이 될 수 있다. 둘째, 훈련이 가지는 잠재적인 중요성은 읽고 쓰는 활동들로부

---

36) moral authority

터 수학, 도덕적으로 행동하는 것을 배우기, 예술작품 창작하기 등에 이르기까지 광범위하게 확대될 수 있다.[23] 이러한 것들이 규칙 지배적인 활동들인 한, 훈련은 학습 증진을 위한 기술로 여겨질 수 있을 것이다.

6. 훈련과 자율성

이제 교육의 중요한 목적들 중의 하나가 자율성[37]을 증진시키는 일이라고 한다면, 훈련의 사용이 독립적인 판단의 성장을 돕기보다 권위에의 복종을 고무시킨다는 이유에서 해로운 것이라고 주장하는 반론을 살펴보고자 한다. 만약 이러한 반론이 아이들이 훈련받아야 한다는 이유가 전적으로 권위에 복종시키기 위한 것이라고 한다면, 이러한 반론은 나름대로 무게가 있는 것이라고 할 수 있을 것이다. 훈련의 사용은 여러 목적들을 달성하기 위한 수단이라고 볼 수 있으며, 그 목적 중 하나는 자율성일 수 있다. 모국어를 구사하는 아이는 그렇지 못한 아이보다 더 독립적이다. 그렇지만 말하기 학습조차 어떤 훈련과 권위에 대한 인식을 수반한다. 읽고 쓸 줄 알고, 계산할 줄 알며, 지적인 능력이 있는 성인이 그렇지 못한 성인보다 더 독립적이다. 비록 그러한 것들에 대한 획득이 어떤 단계에서 훈련을 포함하고 있다고 할지라도 그렇다고 할 수 있다. 훈련이 사람들을 독립적으로 행동할 수 있도록 이끌고 또 사물의 이치를 발견할 수 있도록 지식과 기법을 부여한다면 그것은 사람을 자율성의 단계로 이끌 수 있을 것이다.

발견학습은 훈련의 대안이 될 수 없다. 왜냐하면 그것은 훈련을 통해 습득한 기술들[38]로부터 나오는 일련의 기법들[39]이기 때문이다. 중요한 것은 훈련을 사

---

37) *autonomy*

38) skills

39) a set of techniques

용할 것이냐 말 것이냐 또는 다른 기술들을 사용할 것이냐 말 것이냐 하는 것은 선택의 문제가 아니라 균형의 문제이며, 기술들의 균형은 교육의 과정[40]을 통해 바뀔 수 있다는 것이다.

마지막으로, 규칙 따르기를 배우는 동안 사람들은 계속해서 학습을 해 간다. 숫자를 덧붙여 가는 것을 통해 수가 어떻게 늘어나는가를 배운 아이는 더 많은 숫자를 만들어 간다. 마찬가지로 목공도구 사용법을 배운 어른은 물건을 만들고 고치기 위해 훈련받은 내용을 사용할 수 있다. 규칙을 따르는 훈련은 어느 정도의 독립심을 포함하고 있다. 여러 경우에 규칙 따르기 학습은 판단, 해석, 평가를 포함한다. 예컨대 규칙을 따르는 사람은 특정한 규칙을 적용할 수 있는 상황인지 아닌지를 판단할 필요가 있다. 또 규칙이 그 상황에 적합한지를 결정하기 위해 표식을 해석해야 할 필요가 있다. 또한 규칙 따르기를 성공적으로 해냈는지를 평가할 필요가 있다. 다양한 맥락에서 이루어지는 판단, 해석, 평가능력은 자율성의 본질적인 측면이다.

7. 학습곡선

행동주의는 훈련이론이라기보다는 조건화이론이다. 사실 이런 이유로 행동주의는 인간을 이해하는 일에 거의 가치를 두지 않으며 동물학습을 이해하는 일에 더 큰 가치를 둔다. 하지만 행동주의가 내세우는 '발견'(發見)[41]은 이미 일상어(日常語)가 되었고 학습에서의 참된 발견을 상징하는 것으로 받아들여지고 있다. 이것이 '학습곡선'[42]의 개념이다. 이제 '학습곡선'의 개념이 인간학습과 어떤 관련을 가지는지를 이제 간단하게 논의하고자 한다.

---

40) course of education

41) 'finding'

42) 'learning curve'

학습이론을 예측과학[43]이라고 제시하게 된 이유는 자극-반응의 연결이 이루어지는 일반적 패턴처럼 보이는 것들이 발견되었기 때문이었다. 레스콜라-와그너 모델(Rescorla-Wagner model)은 '학습곡선'으로 널리 알려져 있고, 학습(조건화)패턴이 어떻게 발달하는가를 보여 준다고 주장한다.[24] 직관상 이 모델은 학습이 성격상 점근선적인[44] 것이라는 생각에 기반을 두고 있다. 즉, 극대화된 학습이 이루어지기는 하지만 결코 목적지에 다다를 수 없게 됨에 따라 조건화가 점차 줄어들게 된다는 것이다. 레스콜라-와그너 모델이 직관적으로 그럴 듯해 보이고 성공한 듯 보이지만, 결과적으로 완벽한 성공은 아니다. 예컨대, 이 모델은 구성학습[45]과 잠재적 금지[46]의 경우 모두에서 예측할 수 없을 것이라는 점을 보여 준다.[25]

보다 놀라운 것은 그 모델에 주어진 근본적 원리[47]로, 이것은 놀라움이라는 맥락에서 설명되고 있다. 예컨대, 처음으로 피험자에게 무조건 자극이 제시되면 조건 자극과의 연합은 기대했던 바대로 일어나지 않으며, 이때 피험자는 깜짝 놀라게 된다. 계속되는 시도 속에서 자극에 대한 기대는 점점 커지고 놀라움의 요소는 결국 줄어든다.

모델의 이러한 측면에 대해 주어지는 두 가지의 중요한 입장이 있다. 첫째는 기대와 놀라움의 맥락에서 그 기본적인 원리를 설명할 때 모델은 성격상 의도적인 개념들을 마음대로 사용한다는 점이다. 이러한 개념들이 그 자체로서 목적론적인 것이 아니긴 하지만 어떤 목적론적인 설명의 기저가 된다. 유기체의 목적-추구적인 행동은 부분적으로 기대 패턴의 맥락에서 설명될 수 있으며, 그러한 기대에 대한 혼란은 놀라움의 맥락에서 서술될 수 있다. 확실히, 데이터-

---

43) predictive science

44) asymptotic

45) configural learning

46) latent inhibition

47) *rationale*

언어, 즉 순수한 운동을 서술하고 어떤 정신적 연합으로부터 자유로운 언어, 예컨대 '기대'와 '놀라움'이라는 용어들이 사용되어서는 안 된다. 레스콜라-와그너 모델의 근본적 원리를 다른 용어들로 설명할 수 있어야 한다. 예컨대 조건반응과 무조건 반응 간의 관계를 경험적으로 기술할 수 있어야 한다.

만약 그렇다면 많은 것을 잃게 된다. 왜냐하면 이것은 학습이 어떻게 일어나는가 하는 그 방법을 경험적으로 일반화하는 데 타당성이 있다고 할지라도, 또한 학습이 왜 그러한 형식으로 이루어져야 하는가 하는 그 이유를 설명하려고 하기 때문이다. 그러나 이것은 행동주의적인 맥락에서 보면 정당하지 않은 방식으로 이루어지기도 한다. 하지만 이러한 역할이 이루어지는 동안 설명 형식으로서 고무적인 것은 별로 없다. 처음에 동물은 자극이 동시에 일어날 때마다 매우 심하게 놀랄지도 모른다. 자극이 반복되면 놀라움은 줄어들게 되고 기대감은 커질 것이다. 이러한 설명은 그 자체로서 보편타당하다고 할 수 없는 민속-심리학적 원리[48]를 다시 설명하는 것 이상일 수 없다. 하지만 이러한 역할을 넘어서 이 모델이 가진 용도는 학습패턴에 대한 가설로서 어떤 경우들에 있어서 잠정적으로 확인되고, 결국 다른 경우들에 있어서는 반박을 받게 된다. 레스콜라-와그너 모델은 보다 복잡한 인간학습의 형식은 고사하고 동물 조건화의 다른 형식들조차 설명하지 못하는 듯싶다. 사실 앞서 살펴본 바와 같이, 이 모델의 예언적 가치는 심각한 난점을 안고 있다.[26] 또한 이 모델은 연결론자[49]가 추진 중인 신경망 연구프로그램을 위한 예언적 틀[50]로 사용될 수 있을 것이다. 여기서 이 예언적 틀은 반복되는 자극하에 신경망 조직의 발달을 예언하는 데 쓰일 수 있다. 이러한 역할을 해 가는 동안 이 모델은 예언이론으로서 기능을 잘 수행해 갈 수 있을 것이며, 따라서 어떤 조건하에서 이루어지는 신경망 행동 가설을 세우기 위한 틀을 제공할 수 있을 것이다.[27] 하지만 이 경우 이것은 의인화

---

48) folk-psychological maxim

49) connectionist

50) predictive framework

된 특성[51]을 벗고 현재 사용되는 가설이나 가설군(群)의 특성을 띠게 된다.

8. 결론

지금까지 훈련이란 조건화와 구별된다는 점을 살펴보았다. 훈련이란 교수의 한 형식으로, 효과가 있다면 다양한 상황에서 기법과 기술을 마음껏 펼칠 수 있도록 해 준다. 인간 훈련은 예외 없이 언어의 사용과 규칙 따르기를 포함하고 있으며 따라서 가장 복잡한 동물훈련 형식과 질적으로 구별된다. 그러므로 훈련은 독립심과 자율성을 증진시킬 수 있다. 루소의 저작에서 비롯되는 일종의 반권위주의에 기반을 두고 반대하는 경우, 그것은 혼란에 빠지게 된다는 점을 보여 주었다. 대부분의 경우에 조건화는 권력과 힘에 의존하며 제한된 상황 속에서 무사고적인 반응을 이끌어 낸다. 특히 이것은 실험심리학의 경우에 그렇다. 사람을 조건화에 복종시키는 것을 도덕적으로 정당화할 수 있는 상황은 지극히 제한적이다. 그 첫 번째는 조건화가 학습주체에게 유익하지만, 학습주체가 어림, 연령 혹은 질병으로 인해 동의를 해 줄 수 없는 경우다. 이런 경우에 합법적 권위가 학습주체를 위해 동의해 주어야 한다. 두 번째는 자신의 모든 기능을 제대로 사용할 수 있는 사람이 협박에 의하지 않고, 자신에게 이익이 된다고 생각하는 조건화 프로그램에 따르겠다고 동의하는 경우다(여러 가지 의학적 치료가 그렇다). 이러한 예외적인 사례들이 조건화의 교육적 혹은 유사-교육적 활용[52]을 모두 설명해 주는 것은 아니다. 동물훈련은 인간이 동물에게 가하는 힘에 좌우되지만 고등 포유동물의 경우 다양한 인지상황에서 다양한 반응을 이끌어 낼 수도 있다. 인간 훈련이란 제도상의 지위뿐만 아니라 지식과 기법에 기초한 권위에 대한 인식을 포함하고 있다. 이렇다 보니 인간 훈련은 언어와 규칙

---

51) anthropomorphic characteristics

52) quasi-educational uses

따르기 기술만이 줄 수 있는 복잡한 과정과 결과의 유연성을 지닐 수 있다.

그러므로 인간 훈련은 동물학습보다 훨씬 복잡할 뿐만 아니라 다른 질서를 가지고 있다. 따라서 그것이 그 자체로서 도덕적으로 정당화될 수 없다고 생각할 이유는 없다. 사실, 가장 효과적인 방법으로 가르치는 것이 교육자의 의무라면 훈련이 사용되어야 하는 경우들이 더 많을 것이라고 생각해 볼 수 있을 것이다.

1 L. Wittgenstein, *Zettel*, Oxford, Blackwell, 1967, 419절.

2 P. Abbs, 'Training Spells the Death of Education', *The Guardian*, 5, January, 1987. 디어든은 훈련을 아주 신중하게 다루기는 하지만 훈련이 교육을 파괴할 수 있다고 생각한다. R. F. Dearden, 'Education and Training', *Westminster Studies in Education*, 7, 1984, pp. 57-66, 특히 p. 64.

3 이러한 구분에 대해서는 A. Quinton(ed.), *Political Philosophy*, Oxford, Oxford University Press, 1967에 수록된 R. S. Peters, 'Authority'를 보라.

4 Terry Hyland, 'Competence, Knowledge and Education', *Journal of Philosophy of Education*, 27, 1, 1993, pp. 57-68.

5 도덕교육에 대해서는 T. Kazepides, 'On the Prerequisites of Moral Education: A Wittgenstein Perspective', *Journal of Philosophy of Education*, 25, 2, 1991, pp. 259-272를 보라.

6 Abbs, op. cit.

7 이 점에 대해 보다 신중하게 접근한 R. F. Dearden(op. cit., p. 64)은 훈련이 대체로 이해를 방해한다고 생각하는 것 같다.

8 D. Lieberman, *Learning*, California, Wadsworth, 1990, p. 34.

9 데이터 언어의 아이디어에 대한 비판에 대해서는 C. Taylor, *The Explanation of Behaviour*, London, Routledge, 1964를 보라.

10 N. Malcolm, 'Thoughtless Brutes', in *Thought and Knowledge*, Ithaca and London, Cornell University Press, 1977.

11 Dearden, op. cit., p. 64.

12 이것이 왜 그런가 하는지에 대해서는 다음 절에서 분명하게 밝혀질 것이다.

13 J. J. Rousseau, *Émile ou l'éducation*, Paris, Editions Flammarion, 1966, p. 122. C. A. and C. Winch가 번역함. 또한 Foxley의 번역본 p. 64를 참고하라.

14 Plato, *Meno*, in B. Jowett, *The Dialogues of Plato*, London, Sphere Books, 1970.

15 Rousseau, *Émile*, op. cit., pp. 232-235(Editions Flammarion); pp. 143-144(Foxley edition)

16 Ibid., p. 113(Flammarion edition); p. 106(Foxley edition)

17 P. Winch, 'Authority', in A. Quinton(ed.), *Political Philosophy*, Oxford, Oxford University Press, 1967.

18 예컨대, M. Galton, B. Simon and P. Croll, *Inside the Primary Classroom*, London, Routledge, 1980 및 P. Mortimore, P. Sammons, L. Stoll, D. Lewis and R. Ecob, *School Mattters*, Wells, Open Books, 1987, 그리고 R. Alexander, *Policy and Practice in the Primary School*, London, Routledge, 1992를 보라.

19 Mortimore et.al., op. cit.; Alexander, op. cit.; B. Tizard, P. Blatchford, J. Burke, C. Farquhar and I. Plewis, *Young Children at School in the Inner City*, Hove, Lawrence

Erlbaum, 1988; P. Bryant and L. Bradley, *Children's Reading Problems*, Oxford, Blackwell, 1985.

20 S. Paris, 'Mathematical Attainments: Comparisions of Japanese and English Schooling' in B. Moon, J. Issac and J. Powney (eds) *Judging Standards and Effectiveness in Education*, London, Hodder and Stoughton, 1990.

21 R. S. Peters, op. cit.에서 이러한 구분이 이루어진 바 있다.

22 M. A. K. Halliday, *Learning How to Mean*, London, Arnold, 1978.

23 T. Kazepides, 'On the Prerequisites of Moral Education: a Wittgensteinian Perspective', *Journal of Philosophy of Education*, 25, 2, 1991, pp. 259-272; D. Best, *The Rationality of Feeling. Understanding the Art in Education*, Brighton, Falmer, 1993.

24 R. A. Rescorla and A. R. Wagner, 'A Theory of Pavlovian Conditioning: Variations in the Effectiveness of Reforcement and Non-reinforcement' in A. H. Black and W. F. Prokasy (eds), *Classical Conditioning II: Current Research and Theory*, New York, Appleton Century-Crofts, 1972.

25 Lieberman, op. cit., p. 134.

26 Ibid.

27 Lieberman, op. cit., p. 445를 참고하라.

제6장

표상과 학습

1. 서론

  인간이 어떻게 학습하는가 하는 문제에 대한 영향력 있는 관점들은 인지주의[1]로 통칭되는 이론의 집합체로부터 유래했다. 인지주의가 막강한 영향력을 행사하게 된 이유는 이것이 루소와 연결된 학습에 대한 낭만적인 시각과 촘스키 및 다른 학자들의 한층 더 과학적인 학습이론을 통합하고 있기 때문이다.[1] 인지주의 이론들의 영향이 가져온 결과 중 하나는 자율적인 학습[2]을 강조하고 교수(教授)는 학습에 도움이 되지 않는다는 노골적인 주장이다. 하지만 만일 인지주의의 이론적 기반이 틀렸다면, 인지주의의 견해에 근거한 교수활동의 가치 부정은 더 이상 유지될 수 없으며 교사의 역할을 무시하면서까지 학습자의 역할을 강조해 온 현대의 교육 경향은 재검토되어야 한다. 이 장에서는 인지주의의 기반이 오류를 범하고 있으며 교사의 역할은 재평가받아야 할 필요가 있다는 점을 밝히고자 한다. 이런 맥락에서 '교수'란 학생들이 자율적으로 학습하도록 상황 설정하기('학습촉진자' 모형)가 아니라 권위 있는 사람이 적극적

---

1) cognitivism

2) autonomous learning

으로[3] 행하는 지식과 기술의 전달이라고 정의하려고 한다.[2]

인지주의는 학습에 대한 행동주의적 견해에 대한 대응이자 대안으로 볼 수 있다. 이것은 어떻게 배우는가에 대한 일련의 이론들이지만 동시에 어떻게 생각하는가에 대한 이론이기도 하다. 사실, 인지주의는 인간이 생각하는 능력이 있기에 배울 수 있음을 주장한다고 말할 수 있다. 의식적이든 무의식적이든 이성적으로 생각하는 능력은 사고(思考) 대상의 상징적 표상을 내면적으로 다루는 능력으로 이어진다고 본다.[3] 우리의 내면에서 이루어지는 표상 시스템을 개념적으로 설명하기 위해 어떤 인지주의 이론들은 컴퓨터를 강조하는 반면, 어떤 이론들은 신경회로망[4]을 거론한다. 하지만 '고전적' 인지주의나 결합주의적 인지주의나 모두 표상(表象)[5]을 가장 기본적 개념으로 사용한다. 따라서 학습에 대한 설명을 이해하려면 사고 작용에 대한 인지주의적 설명을 먼저 살펴야 한다. 만약 사고에 대한 설명이 불충분하다면 학습에 대한 견해는 그 근거가 없어지기 때문이다.

2. 표상주의[6]

표상주의의 배후에는 정신활동에 대한 물리주의(物理主義)적 설명[7]과 유심론(唯心論)적 설명[8]이 양립함을 증명할 수 있다는 생각이 숨어 있다. 때문에 사고, 학습, 행동, 의도에 대해 물리적 또는 심적 메커니즘의 차원에서 설명해도 얼마든지 가능하다고 본다. 또한 표상주의자들은 심적 메커니즘을 사용하여 표상들

---

3) *active*

4) neural networks

5) *representation*

6) representationalism

7) physicalist explanations

8) mentalist explanations

이 다른 표상들과 상호작용하여 새로운 표상을 만들어 내는 과정을 설명할 수 있다.[4] 이런 표상들은 어떤 의미에서 동형적[9])이기 때문에 실제로 공유되지 않는다 해도 공유하려면 공유할 수[10]) 있다. 서로 다른 개인들의 표상 시스템이 동형성을 갖는다는 점은 설명하기 어렵지 않다. 하나의 표상이 실재와 일치하려면 그 표상의 요소들이 표상된 실재의 요소들과 일대일 관계에 놓여야 한다. 표상의 요소들이 상호간 맺는 관계와 실재의 요소들이 상호 간 맺는 관계 역시 일대일이어야 한다.[5]

만일 각 개인의 표상 메커니즘이 각 개인의 본유적 선택작용이 가져온 결과고, 본유적 선택작용이 개인에 따라 별반 다르지 않다면(특히 각 사람이 다른 사람과 의사소통을 해야 한다면), 의사소통을 주고받는 개인들의 집단은 전반적으로 비슷한 동형적 표상 시스템을 이용한다고 볼 수 있고, 이 시스템은 상호 공유할 수 있을 것이다.

이러한 개별적 표상 시스템들은 데카르트의 본유관념[11])의 역할을 상당 부분 수행하며, 관념을 결합할 줄 아는 심적 능력과 함께 마음에 대한 데카르트적 설명을 구성한다. 이것들은 표상적, 개념적, 심리학적 역할을 모두 수행한다. 이것들은 언어와 같은 규범 시스템을 트리구조나 다이어그램과 같은 표상 매체를 통해 배치도를 제시하는 식으로 표상한다.[12]) 이것들은 어떤 표상 상태에서 다른 표상 상태로 이동할 때 작동하는 규칙을 보여 준다는 면에서 개념적으로[13]) 작동된다. 결국 이렇게 하여 마음이 어떤 표상 상태에서 다른 표상 상태로 그리고 어떤 표상 상태에서 어떤 행동으로 움직이도록 허용하는 심리학적 메커니즘을 제시하게 된다.

---

9) *isomorphic*

10) *shareable*

11) innate ideas

12) *represent*

13) *conceptually*

마음은 표상 시스템의 구성 요소들을 결합하여 가설들[14]을 생성하고, 수집되는 데이터에 기초하여 가설들을 검증할 수도 있다. 예를 들어, 자연언어[15]들의 추상적인 심적 표상이 어떤 언어에서 단어들이 만들 수 있는 가능한 조합을 생성한다고 하자(즉, 어떤 자연언어를 표상하는 또 다른 트리구조). 해당 어구가 그 언어에서 사용 가능한지 가능하지 않은지는 발언을 해 보거나 발화를 관찰해서 해당 어구가 등장하는지를 살피면 알 수 있다. 이때 검증 데이터는 해당 어구가 그 언어에서 허용되는 결합이라는 가설을 유지 또는 폐기할지 여부와 더불어 그 언어에 대한 표상을 수정할지 여부도 결정하게 된다. 이런 과정을 명제 또는 술어 계산(計算)과 관련된 규칙의 용어로 표현하자면 후건부정형식[16] 논증이라고 할 수 있다. 만일 가설이 폐기되면 새로운 트리구조가 만들어지고, 유지되면 트리구조는 변하지 않는다. 그렇다면 사고(思考)는 이 같은 상징적 조작으로, 학습[17]은 상징적 구조에 대한 가설 연역적 방법[18]의 작동으로 설명할 수 있게 된다.[6] 때문에 인지주의자들의 설명에 따르면 아동의 학습은 과학적 방법론의 역동적이고 효과적인 적용이며, 과학자들이 과학적 방법론을 명시적[19]으로 사용해 얻게 될 그 어떤 결과보다 더 빠르고 확실한 성과를 얻는다.[7]

모든 형태의 인지주의는 표상[20]의 개념을, 그러므로 이와 함께 규칙의 개념을 활용한다. 이 용어들은 여러 가지 전문적 의미를 갖지만, 일반적 맥락에서는 일차적 의미로만 사용된다. 표상은 실재 또는 가상의 어떤 대상을 대신하는 상징

---

14) *hypotheses*

15) [역주] natural languages: 사람들이 실제로 사용하는 언어를 말한다.

16) [역주] *modus tollendo tollens*: 논증고전 논리학에서 사용한 논증방식 중 하나로, 예컨대, "만일 P이면, Q이다. Q가 아니다. 따라서 P가 아니다."의 논증방식을 말한다.

17) *learning*

18) hypothetico-deductive method

19) *overt*

20) *representation*

적 장치다. 사실, '표상하다'라는 동사는 상관 동사[21]로, '누구에게 무엇인가를[22] 표상하다'라는 형식으로 사용된다. 그 예로 그림, 지도, 상형문자를 들 수 있으며, 확신컨대 문장도 포함된다. 이것들은 다양한 사회, 문화, 문맥 속에서 다양한 목적을 위해 인간 삶 전체에 걸쳐 확고하게 사용되고 있다. 이러한 표상 제도는 무엇보다 사회적이고 대중적이다. 인지주의자들은 표상 개념을 취하여 심적 영역에 적용했다. 인간의 마음은 내적으로 또 외적으로 생성된 표상을 사용하면서 작동된다고 그들은 주장한다. 내적 표상은 세계는 어떻게 생겼나에 대한 이론이고, 외적 표상은 세계로부터의 데이터 입력이다. 사고[23]는 어떤 표상에서 다른 표상으로 전환될 때 발생한다. 행동[24]은 어떤 표상이 신체적 행동을 불러일으킬 때 발생한다. 학습[25]은 표상 대상들에 대해 내적 표상들이 좀 더 정확해지면 일어난다.

그렇다면 일상적 차원에서 표상은 규범적[26]이거나 규칙에 의해 구성된다. 표상 대상의 복합성을 반영하려면 표상들은 복합적[27]이어야 한다. 하지만 표상들은 선택적[28]이어서 표상을 사용하는 개인들에게 흥미로운 부분들만을 표상한다. 표상의 규칙적 성격에는 세 가지 측면이 있다. 첫째, 표상 그 자체를 구성하는 요소들 사이의 관계를 관장하는 규칙이 있다. 표상이 어떤 대상의 표상이 되는 것은 그 구성 요소들이 일정한 방식으로 연결되어 있고 그 연결방식이 옳거나 옳은 방식 중 하나이기 때문이다. 예를 들어 지도는 축척에 따라 거리를 나

---

21) [역주] *relational*: 두 대상이 상호 간에 밀접함을 의미하는 동사로, 예를 들어 be, consist of, have 등이 여기에 속한다.

22) *something to someone*

23) *Thought*

24) *Action*

25) *Learning*

26) *normative*

27) *complex*

28) *selective*

타낸다. 만일 지도상 1cm가 실제 거리로 1km이고 풍차 기호와 교회 기호 사이가 1cm라면, 실제로 풍차와 교회가 1km 떨어져 있어야 옳다. 이 경우 표상의 정확성 여부를 판단하는 규칙은 지도의 축척에 의한다.

둘째, 표상의 구성 요소가 표상 대상을 나타내는 방식을 규정하는 규칙이 있다. 지도에서는 지도 범례에 이 기호는 등대, 저 기호는 기차역을 나타낸다는 등의 설명이 있다. 따라서 풍차를 표시하는 데 등대 기호를 쓰거나 버스 정류장을 기차역 기호로 표시하면 규칙이 잘못 적용된 것이다. 셋째, 어떤 표상에서 다른 표상으로 이동하는 규칙이 있다. 예를 들어 지금 사용하는 지도보다 축척이 더 큰 지도가 필요하면, 새 지도는 그전 지도보다 모든 거리가 두 배가 되어야 한다는 식의 규칙이 적용된다. 표상의 사용은 가르칠 수 있다. 또 이를 설명하거나 정당화하거나 해석하거나 평가할 수 있다. 요컨대 표상은 우리가 일반적으로 규칙을 준수할 때 수행하는 관습과 관련된 모든 특징을 갖는다.

표상은 **측면적**[29]이다. 곧 표상은 표상 대상의 특정한 면을 나타내며, 이 특정 면은 표상의 목적과 밀접하게 연관되어 있다. 예를 들어, 약도는 길의 연결 상황을 표현하지 지형적 상태를 보여 주지는 않는다. 원래 목적이 아니기 때문이다. 인간의 표상 능력이 다양한 방식으로 유용하다는 점을 증명하기는 어렵지 않다. 우리가 시공간적으로 먼 대상에 대해 말할 수 있는 것은 표상 능력에 기초하고 있다. 글을 통해 의사를 전달하는 능력, 실제 사건뿐 아니라 가능성에 대해서도 논할 수 있는 능력도 마찬가지다. 또 세계를 관찰할 때 우리의 목적에 부합하는 측면에만 집중하게 해 준다. 표상은 예술과 종교를 포함하여 우리의 삶 구석구석에 깊이 배어 있다. 인간의 활동 대부분이 표상에 의지하고 있는 점을 감안하면 인간 마음의 작동이 표상적이라고 보는 편이 자연스럽다. 특히 인간이 실제로는 마음에 불과하다고 생각하면 그렇다. 인지주의자들처럼 마음과 두뇌가 동일하다고 믿는다면 두뇌의 작동이 표상적이라고 설명하는 것은 불가

---

29) *aspectual*

피한 선택이다. 표상은 인간만의 특징적 활동으로, 일차적으로 우선 두뇌의 활동이고, 부차적으로 사람들 사이에서 벌어지는 활동이다.

하지만 이때 발생한 초점 이동을 눈여겨봐야 한다. 우리는 표상이라는 개념이 규칙이 지배하는 사회적 세계에서 탄생했다는 사실에서 출발했다. 그리고 별다른 생각 없이 이러한 사회적 세계를 우리의 근본적 존재 양식으로 받아들인다. 표상은 표상을 전달받는 사람[30]에게 이루어질 수도 있겠지만 그 순간에도 여전히 누군가[31], 곧 표상 사용자의 표상이다. 그러면 이제 표상은 이차적[32] 사용, 곧 정신이나 두뇌의 활동에 대한 묘사로 전이된다. 그러면 마음이나 두뇌가 사고의 중심지라 일컬어지므로 심적 또는 신경적[33] 표상이 좀 더 근본적인 종류의 표상이 된다. 왜냐하면 이것이 일차적 사용에서의 표상이 작동하는 사회적 세계 속에서 우리의 행동을 지배하기 때문이다. 마지막 단계는 심적/신경적 표상을 일차적인 것으로, 일상적 표상을 이차적인 것으로 만드는 일이다. 하지만 이것은 교묘한 눈속임이다. 사용 중이던 개념에 새로운 정의를 내렸다면 여전히 같은 개념이라 할 수 없다. 하나의 개념은 그 일차적[34] 사용을 유지해야 유효하기 때문이다. 하지만 인지주의자들의 논리 전개는 이런 묘책에 의존한다. 우리의 논의에서 '표상'은 일차적으로 여러 사용자들(사람들)에게 적용된다. 반면에 대부분의 표상주의에 있어 물리적 기관 곧 두뇌에 적용되는 것은 이차적이다. 두뇌가 일차적 의미의 표상을 사용하는 당사자라는 것은 어불성설이다. 이차적 사용을 마치 일차적 사용의 한 가지 예인 양 그럴싸하게 보이는 것은 두 개념 곧 두뇌와 사람[35]을 의도적으로 혼란시켰기 때문이다. 요점을 정리하면 다음과 같다.

---

30) representee

31) *someone*

32) *secondary*

33) neural

34) *primary*

35) *brain and person*

1. 어느 개념의 이차적 사용은 해당 개념의 일차적 의미에서부터 도출되며, 도출된 이차적 사용은 일차적 의미에 종속된다.

2. 따라서 일차적 사용과 이차적 사용은 동일하지 않다.

3. 이 둘이 동일하지 않기 때문에 이차적 사용은 일차적 사용을 대리할 수는 없고, 오직 대체할 수 있을 뿐이다.

4. 표상주의적 연구는 일차적 사용을 이차적 사용으로 대체하는 것에 의존한다. 일차적 사용에 대한 대체물을 제시하기 때문이다.

5. 그렇다면 위의 3.에 의해 이차적 사용은 일차적 사용에 대해 동일한 대리물이라기보다 (관련성이 있긴 하지만) 완전히 다른 개념을 표현한다.

6. 표상주의 연구의 타당성이 5.에서 발생한 변동의 인식 실패에서 비롯되었다면, 5.의 주장은 표상주의의 논거를 약화시키게 된다. 5.에 의하면 하나의 개념이 좀 더 자세히 설명된 것이 아니라 다른 개념으로 대체되었기 때문이다.

7. 따라서 일차적 사용을 이차적 사용으로 바꿀 필요가 있다면, 어떻게 이차적 사용이 일차적 사용보다 더 좋은지 밝히는, 이차적 사용이 일차적 사용을 설명하고 분명히 한다는 **독립적인**[36] 정당화가 필요하다. 어떤 인지주의도 이 단계를 제공하지 않고 있다.

이런 전략은 표상이 가진 규범적 성격이 실은 법칙론적[37]이라고 주장하게 했다. 그리고 표상의 이차적 사용이 법칙론적이기 때문에, 설명의 적절성을 높인다며 도입된 이차적 의미가 결과적으로 일차적 의미를 대체[38]하는 결과를 초래하였다. 하지만 여러 문헌에서 '규칙'이라는 용어를 혼란스럽게 사용하는 경향이 있어서 상황은 한층 더 복잡하게 얽히게 된다. 한편에서는 표상이 앞에서 설

---

36) *independent*

37) nomological

38) *replacement*

명한 의미로 규칙 지배적임을 인정하지 않지만, 다른 한편에서 몇몇은 표상이 행동을 낳는 방식이 규칙 지배적이라고 주장한다. 어떤 면에서 이렇게 말하는 것이 틀리지 않는다. 예를 들어 내가 풍차에서 출발해 등대로 걸어간다고 생각해 보자. 나는 지도(표상)를 살핀다. 그리고 목적지에 도착하려면 북쪽으로 가야 한다는 사실을 발견한다. 나는 몸을 돌려 북쪽으로 향한다. 내가 북쪽으로 가는 이유는 등대에 가고 싶고, 지도가 목적지에 가려면 그 길로 가야 한다고 일러주기 때문이다. 표상(지도)은 내게 내가 할 일에 대한 이유를 제공한다. 이 상황을 이렇게 표현할 수 있겠다. '만약 등대에 가고 싶으면 반드시 지도가 제시하는 길을 따라가야 한다' 이런 의미에서 내가 지도를 따르는 것은 규칙 지배적인 행동이다. 이것이 내가 그 행동을 하도록 한 것은 아니다. 또 등대에 가고 싶다는 욕구가 나를 그쪽으로 향하도록 이끈 것도[39] 아니다.

표상과 관련하여 규칙을 언급할 때 인지주의자들은 표상과 행동의 관계에 집중하여 말하는 경향이 있으며, 표상이 주어지면 규칙은 내가 무엇을 할지 결정한다고 한다. 위의 예에서 규칙이 나를 비-인과적인[40] 의미에서 인도한다고 보면 아무런 문제가 없다(만일 등대에 가고 싶다면 이렇게 하는 것이 옳은 방법이다). 여기서 '규칙'이라는 용어는 표상이 어떻게 작동하는가 하는 설명에서 쓰였으므로 규범적으로 사용되었다. 하지만 마음은 어쨌든 두뇌이다[41]라는 관점에 집착하는 인지주의자들은 이 관계를 인과적 관계로, 비록 '가벼운' 또는 무효에 가까운 것이긴 하지만 결국 인과적 관계로 여긴다. 하지만 두 개념들은 혼동되어 왔고 이제는 아마도 돌이킬 수 없을 것이다. 첫째는 나를 인도하는 규칙(규범적)이고, 둘째는 내가 무엇을 할지를 **결정하는**[42] 규칙(법칙론적)이다. 이 두 의미는 분명하게 구분되지 않으며 양립 불가능하다. 오직 법칙론적이지 않을 때 규범적

---

39) *cause*

40) non-causal

41) *is*

42) *determine*

일 수 있기 때문이다. 그 반대도 마찬가지다.[43] 규범적 행위는 그저 규칙에 부합된 행동이라기보다는 규칙을 따르는 행동이다. 하지만 우리가 어떤 사람이 그저 규칙에 맞게 행동하는 것이 아니라 규칙을 따르고 있다고 말하려면, 가르침, 수정, 판단, 평가, 해석 같은 규범적 행위라는 문맥 속에 있어야 한다. 그것이 규범적 행위[44]라고 말할 수 있는 분명하고 충분한 일련의 조건을 제공하기 때문이다. 이런 행위들의 문맥에서 규칙이 정확하게 지켜지고 있는지 여부를 말하는 것이 의미 있다. 이런 조건들은 두뇌(규범적 환경에서 작동하지 않는다)가 아니라 인간(규범적 환경에서 행위한다)에게 주어진다.[8] 인지주의 연구의 중심부에 이러한 규칙들에 대한 혼동이 있다.

따라서 인지주의 저술가들은 '규칙'과 '표상'같이 규범적 의미가 담긴 용어를 법칙론적 혹은 준-법칙론적 방식으로 사용하려 한다. 그러면서 이 용어들이 가진 일차적 의미 곧 규범적 의미를 함축하도록 허용한다. 결과적으로 규칙과 표상은 일관성이 없는 개념이 되어 명확하지 않게 된다. 그러나 이들 개념이 수용할 수 없는 것이 되면, 마음의 인지주의 이론은 더 이상 유지할 수 없게 된다. 이는 규칙[45]과 표상[46]의 개념에 기초하여 세워졌기 때문이다.

인지주의가 이런 논박에 대응하는 한 가지 방법은 표상이 행동을 야기하는 표상 시스템이 물리적으로 존재하며 그 적절한 예가 컴퓨터라고 주장하는 것이다. 컴퓨터는 언어를 사용하고, 언어는 표상을 생산하여 컴퓨터가 확고하고 명확한 규칙에 따라 다양한 작업을 수행하도록 한다. 그러므로 이 주장은 자연스럽게 느껴진다. 따라서 인지주의자들은 규칙과 표상을 설명할 때 어려움을 느끼지 않으며, 이미 이렇게 주장할 만반의 준비가 되어 있다. 그럼 이제 이 주장을 살펴보자.

---

43) [역주] 말하자면 무엇인가가 법칙론적이라면 그것은 규범적인 것이라고 할 수 없다.

44) *normative activities*

45) *rule*

46) *representation*

3. 사고언어 가설과 표상주의

인지주의자의 방식대로 이루어지는 학습, 곧 논리적 추론에 대해 말하려면 문장 형태의 표상이 이루어지고 추론이 수행되는 언어가 필요하다. 그것이 바로 포더(J. Fodor)[9]가 제시한 '사고언어' 가설[47]이다. 마음의 표상 이론들이 가능하려면 반드시 이 같은 것이 요구된다. 인지주의자들이 가질 수 있는 다른 대안으로는 비록 최종적 설명에서 물리주의와 연결되어 있기는 하지만, 일종의 연합주의[48]나 전통적 경험론을 들 수 있다. 신경계의 어떤 특질을 '미리 설정'하면 데카르트 이론 쪽으로 변형 가능하기는 하지만, 어떤 형태의 연결론[49]은 바로 그런 이론이라고 생각할 충분한 이유가 있다. 그렇게 되면 틀림없이 분산된 호문쿨루스[50] 논거, 곧 시스템 전반에[51] 여러 명의 호문쿨루스가 산재(散在)한다는 식의 설명이 된다. 따라서 좀 더 복잡[52]해졌을 뿐 '고전적' 표상주의와 별반 다를 게 없다고 하겠다. 이런 이유로 여기에는 호문쿨루스들과 처리 언어[53]를 상정하는 인지주의에 집중하여 비판을 제기하고자 한다.[10]

촘스키가 처음 제시한 논거에 따라, 언어학습의 경험론적 설명은 성립될 수 없다. 한 번도 들어본 적이 없는 문장을 이해하고 사용하는 현상을 설명할 수 없기 때문이다. 데카르트적 표상주의는 어떤 표상을 다른 표상과 연관시킬 수 있는 심적 장치[54]가 존재하고, 이 장치는 표상 장치 자체로 이해되며, 그 속에서 진행되는 자연적 연역추론[55]과정이 명료하게 드러나 보인다고 주장한다.

---

47) 'Language of Thought' hypothesis

48) associationism

49) connectionism

50) [역주] homunculus: 뇌 속에 존재한다는 난쟁이다.

51) *about* the system

52) *complexity*

53) processing language

54) mental device

55) natural deduction

포더에 따르면 '사고언어'는 표상하기, 가설 검증뿐 아니라 개념 형성을 위해서도 필요하다.[11] 사고언어 가설[56]은 내적 언어가 일상적 의미의 '언어'라는 것은 아니다. 만약 그렇다면 호문쿨루스 담론에 관련한 모든 난점(難點)이 다시 등장한다. 사고언어를 사용하는 호문쿨루스가 존재한다면, 그 역시 사고언어를 해석하기 위해 사고언어가 필요하지 않을까? 그리고 그 사고언어의 사용자는 또 다시 호문쿨루스가 있어서 사고언어를 해석해 줘야 한다. 이런 식으로 문제의 소지가 많은 소급적 추론이 발생한다. 이런 문제가 사고언어 이론가들에게 제기되지는 않는다. 사고언어는 실제로 사용되는 언어가 아니며, 심지어 호문쿨루스조차 사용하지 않기 때문이다. 이는 컴퓨터의 제어장치와 흡사한 개념으로 '언어'라는 용어를 쓰는 바람에 오해가 생기는 것뿐이다. 사고언어가 뇌를 구동하기 위한 '소프트웨어'라고 한다면, 이는 곧 생물학적 컴퓨터에 사용되는 제어장치다. 일상적 개념의 언어는 아니다. 하지만 사고언어 가설은 사고언어가 표상적이라고 주장해서, 일종의 양다리를 걸치는 전략을 사용한다. 이것이 표상적이라면 반드시 그 누군가에게 표상해야 한다. 두뇌에는 표상이 이루어지지 않는다. 두뇌는 물리적 기관에 불과하며 경험의 주체는 될 수 없기 때문이다. 설(J. Searle)을 원용하자면, 표상은 물리학의 본질적 탐구 영역이 아니라 탐구 대상으로 부과해 볼 수 있다. 따라서 한눈에 봐도 앞에 설명한 표상 개념을 고려해 보면 사고언어가 오류를 범하고 있음이 자명하다. 하지만 사고언어 가설에 대해 제기된 가장 중대한 반박을 살펴보기에 앞서 이것이 가진 매력을 살펴보는 일은 나름 가치가 있다.

포더의 사고언어론은 환원주의적 설명을 시달리게 했던 몇 가지 문제점들을 피해간다. 포더 및 다고스티노(F. D'Agostino)와 같은 이들은 사고언어가 존재론적 주장을 동반하지는 않는다고 주장한다. 하지만 이것이 개별자 물리론[57]과 양립 가능하다는 점은 분명히 밝힌다. 사고언어는 물리적 언어로 축소[58]되어야

---

56) The Language of Thought(LOTH)

57) token-token physicalism

이해할 수 있는 것은 아니다. 대신 사고언어의 활동은 그것의 조작을 돕는 일정한 물리적 요소들에 수반한다는 좀 더 약한 주장이 제시된다.[12] 이는 곧 사고언어를 사용하는 어떤 체제라도 제대로 작동되려면 필수적으로 적절한 물리적 조건들이 존재하고 기능해야 한다는 주장과 다름없다. 그렇다고 사고언어가 그것을 담고 있는 메커니즘의 작동을 물리적 수준 차원에 해당하는 적절한 용어로 묘사되어야 한다는 뜻은 아니다. 사고언어는 또한 우리가 지향체계[59] 곧 신념과 욕구에 의거하여 행동하는 체계임을 환기시키는 방편이다. 만약 이것이 욕구나 신념 등을 표상하기에 충분할 만큼 풍부하다면, 신념과 욕구가 짝을 이루어 행동을 유발한다고 보는 행동이론을 뒷받침할 수 있다.[13] 사고언어 가설이 순환적이지 않음에 주목해야 한다. 포더는 사고언어가 학습된다[60]고 주장하지 않는다. 사고언어는 본유적이며 모국어가 학습되기 전에 이미 존재한다. 포더는 여기서 더 나아가 개념학습은 사고언어가 없다면 불가능하다고 주장한다. 다소 수사적이지만 그는 가설 검증과 형성이 개념학습의 유일한 형태라고 본다.[14] 개념들의 의미에 대한 가설이 수립되어 검증이 진행되려면, 그 개념을 이미 지닌 언어가 선행하여 존재하고 그 속에서 가설이 표현되어야 한다. 이런 가정 덕분에 개념학습은 명확해진다. 이는 내적인 개념에 가장 잘 들어맞는 일상적 언어의 용어를 학습하는 것으로 구성된다. 포더가 인간이 훈련, 연습, 가르침, 암기와 같이 비(非)진보적 교육자들이 사용하는 교육 기술들을 통해 학습할 수도 있다는 가능성을 무시한다는 점이 의미심장하다. 마음에 대한 인지주의적 견해와 진보적 교육학이 상호 수렴한다는 증거는 그 외에도 많이 있다.

　하지만 천부적으로 사고언어를 지닌 마음과 컴퓨터의 유비(類比)는 제대로 성립되지 않는다. 컴퓨터가 언어를 사용한다는 것과 인간이 언어를 사용한다는 것은 서로 의미가 다르다. 컴퓨터 언어나 표상을 만들어 내는 컴퓨터를 언급하

---

58) *reduced*

59) intentional system

60) *learned*

는 것은 말이 된다. 표상들은 우리를 위해 만들어지지 컴퓨터를 위한 것은 아니기 때문이다. 컴퓨터에게 운영 언어는 어떤 경우에도 제어 장치에 불과하며, 그것의 작동은 컴퓨터 작동을 관장하는 물리적 법칙으로 설명할 수 있다. 운영 언어라는 물리적 체계는 다양한 입력과 출력 장치를 통해 인간들에게 의미 있는 표상을 형성할 수 있으며, 동시에 컴퓨터라는 기구의 물리적 기능을 통제한다. 따라서 컴퓨터의 표상적 성격은 인간이 제작한 것이다. 또 이것이 순전히 물리적 시스템과 다르게 표상 시스템으로 작동하는 것은 인간들[61]이 규칙을 미리 세워 두고 이에 근거하여 컴퓨터의 물리적 출력을 자신이 사용할 표상으로 해석하고 다른 인간들이 이해할 수 있는 형태의 언어로 컴퓨터에 입력하기 때문이다. 컴퓨터가 스스로에게 사물을 표상한다고 말하는 것은 사실 왜곡이다. 컴퓨터는 인간에게 사물을 표상할 수 있게 고안된 제어 장치를 통해 작동하기 때문이다.[15]

인간의 이해에 대한 컴퓨터 모형론을 반박하는 가장 유명한 비판은 설이 제시했다.[16] 설의 논의는 인간의 이해(理解)를 컴퓨터 용어로 개념화할 수 있다는 생각을 정면으로 반박한다. 입력과 출력은 순전히 (컴퓨터가 아니라) 우리들 인간을 위한 표상이지만 입력이 출력으로 이어지는 과정은 그렇지 않다. 이 과정을 언어의 작동으로 설명하면 오해가 발생한다. 이 메커니즘을 마치 나름의 규칙을 가진 언어로 여길 수 있다. 하지만 이때 규칙은 메커니즘이 작동되는 법칙이지 규범적 의미의 규칙은 아니다. 컴퓨터는 가르침을 통해 규칙을 학습할 수 없고 교정될 수 없다. 또 '규칙'을 해석하는 방법도 갖고 있지 않다. 따라서 컴퓨터는 자기가 무엇을 하고 있는지 이해함으로써[62] 작동하지 않는다. 이 사항은 컴퓨터뿐만 아니라 두뇌에게도 동일하게 적용된다.

설의 사고언어 가설에 대한 비판은 '중국어 방'[63]이라는 비유에 근거한다. 중

---

61) *humans*

62) *understanding*

63) 'Chinese Room'

국어를 전혀 모르는 어떤 사람이 중국어 질문을 받으면 그에 맞는 중국어 답변을 제공하는 장치를 운영한다고 가정해 보자. 그에게 중국어는 구불구불한 선에 불과하다. 목록 왼쪽에는 구불구불한 글자들이 나열되어 있고, 오른쪽에는 그에 맞는 꼬불꼬불한 글자들이 짝지어져 있다. 중국어 방에 있는 사람은 목록을 참조하여 요청된 구불구불한 글자에 맞는 꼬불꼬불한 글자 카드를 찾아 답변 카드 상자에 넣는다. 방 밖에 있는 중국인 화자(話者)에게는 유의미한 중국어 질문이 입력되고 유의미한 중국어 답변이 출력되었다. 하지만 중국어 방에 있는 사람이 중국어를 이해하기는커녕 사용하고 있다고도 말할 수 없을 것이다. 설에 따르면 이는 의미론이 통사에 내재적이지 않음을 보여 준다. 즉, 행위자에게는 규칙의 소유가 의미와 이해를 보장해 주기에 충분하지 않음을 보여 준다. 하지만 만일 그 사람을 기계 장치로 바꾼다면 컴퓨터가 언어를 사용하는 방식을 보여 주는 이 비유는 완성된다. 중국어 방이 가진 구문적 성격이 명확해지고, 시스템이 순전히 물리적인 것이 되기 때문이다. 컴퓨터가 규칙을 따르는 상태는 물리적 대상에 **부과된**[64] 것이며 본질적 측면은 아니다.[17]

컴퓨터 내부의 활동, 곧 입력과 출력을 연결하는 일은 중국어 화자에게는 표상을 전달할 수 있는 듯 보이겠지만 결국은 어떤 메커니즘의 작동에 불과하다. 결국 그것이 호문쿨루스가 아니라 메커니즘이라면 중국어 방 안의 사람은 입력을 하고 출력을 받는 사람들에게 나름의 표상기능을 수행하기 위해 사고언어를 성공적으로 사용하고 있다고 말할 수 없다. 중국어 방의 메커니즘 작동이 형식상 자연적 연역추리 시스템이라고 할 수 있다 해도 결과는 같다. 인간은 연산규칙, 말하자면 명제 논리의 연산규칙을 이해하고 따르지만, 컴퓨터는 인간이 명제 논리에 대한 연산규칙을 충실히 따를 때 도출하는 것과 동일한 결과를 내는 메커니즘의 통제를 받는다고 하겠다. 그러므로 컴퓨터는 자연적 연역추리 수행자의 활동을 흉내 내도록 통제되고 조종될 뿐이다.

---

64) *assigned*

설의 논리에 대한 유일한 응답은 중국어 방에 호문쿨루스 한 명이 존재하는 컴퓨터 시스템이라는 비유를 거부하는 것이다. 방 안에서 한 명 대신 여러 명의 호문쿨루스들이 일을 분담하고 있다고 주장한다. 한 명의 호문쿨루스가 중국어를 이해하고 있다는 것은 말이 안 되지만, 스터렐니(K. Sterelny)의 주장대로 방 전체가 그렇다고 하는 것은 일리가 있다.[18] 하지만 이 답변은 위의 예에서 가장 중요한 사항을 간과한다. 즉, 중국어 방에서 벌어지는 실행은 규칙에 따른 행동이 아니라 메커니즘의 작동[65]이라고 설명해야 정당하다. 시스템 전체로 볼 때 작동 상의 몇몇 부분을 통제하는 메커니즘이 작동의 중심부 하나를 통제하는 메커니즘보다 더 큰 이해를 불러일으키지는 않는다.

전체로서의[66] 중국어 방이 다른 중국어 화자들과 의미 있는 의사소통을 하는 만큼, 방 내부에서 벌어지는 일은 중요하지 않다고 주장할 수도 있다. 곧 중국어 화자의 사회적 세계에서 중국어 방은 한 명의 중국어 화자인[67] 셈이다. 하지만 그렇다면 문제의 유비는 지나친 것이 된다. 중국어 방(또는 기동성이 있고 인간처럼 생긴 등가물)이 중국어의 사회적·언어적 규칙을 따르고 중국어 화자로 취급되는 만큼, 이것은 정말로 중국어 화자이고 마치 다른 중국인들처럼 중국어를 이해한다고 주장하는 셈이기 때문이다. 이렇게 말했을 때 일리가 있게 된 이유는 중국어 방이 이해를 언급할 수 있는 규범적 틀 속에 놓이기 때문이다.[19] 중국어 방의 중국어 이해 능력이 무엇인지 설명하는 과정에서, 중국어 사회에 참여하기 위해 물리적으로 필요한 조건을 구성하는 물리적 메커니즘은 전체 구도에서 관련이 없는 것으로 드러난다. 즉, 중국어 방이 사회적·언어적으로 규범적인 중국어의 틀 속에서 묘사되고 있다.

사고언어 가설이 사용한 지성의 컴퓨터 모형을 비판한 설에게서 얻을 수 있는 함의는 무엇인가? 마음의 작용을 사고언어로 묘사하는 것은 오로지 비유적

---

65) *those of mechanism*

66) *as a whole*

67) *is*

인 의미에서만 가능하며 이는 다음 두 가지 측면을 갖는다. 첫째, 이것이 다른 사람들에게 표상을 할 수 있겠으나 이는 고차원의 컴퓨터가 하는 것과 동일하다. 둘째, 이것은 기계적 작동에 있어 규칙에 지배를 받는 언어나 연산을 흉내 내고 있다고 할 수 있다. 하지만 사고언어는 결코 인간의 자연 언어나, 더 나아가 형식논리학처럼 특정한 목적을 위해 구성되고 사용되는 인위적 연산을 가리킬 때 사용하는 일상적 의미의 언어는 아니다. 따라서 사고의 언어를 비유적 의미가 아닌 다른 뜻으로 언어라고 표현하면 진실을 호도하게 된다. 포더의 논리가 앞뒤가 맞으려면 자연 언어를 사용하기 위해 마음은 어느 수준에서 규범 지배적인 인간의 자연 언어의 작동을 흉내 내는 듯 보이는 기계적 시스템을 사용한다고 표현해야 한다. 이렇게 볼 때, 그의 논거는 검증 가능한 대상이 되어 사고언어 가설이 어느 정도 두뇌의 작용을 잘 묘사하고 있는지 여부를 알 수 있게 된다. 사고언어 가설은 말 그대로 가설로 취급되어 논박할 여지가 생긴다. 이것이 가장 완벽한 설명이라고 믿을 **선험적**[68] 근거가 전혀 없다.

한편, 만일 사고언어가 순전한 언어라는 주장을 수용한다 해도, 학습을 무의식적인 가설 설정과 검증의 과정이라고 설명하는 것은 옳을까? 달리 말해, 가설을 설정하고 검증하는 조사(調査)의 언어[69]가 이런 과정이 무의식적이고 자동적으로 수행되는 상황에까지 확장될까? 이 상황에서 어디까지를 동일한 현상이라 말할 수 있을까? 일상에서 가설의 설정과 검증은 의식적이고, 의도적이고, 이전의 경험에 의존해야 올바르게 이루어진다. 직관 및 창의력뿐만 아니라 경험을 통해 우리는 어떤 가설이 타당하고 어떤 것은 그렇지 않은지 알게 된다. 또한 경험을 통해 우리는 우리가 지금 관찰하고 있는 예측이 어떤 종류인지를 확실하게 알 수 있다. 하지만 본유성을 주장하는 견해에는 이런 설명이 적용되지 않는다.

인지주의적 견해의 핵심적 문제점은 인지주의자들이 마음의 활동이라고 이

---

68) *a priori*

69) language of investigation

해하는 심적 작용들을 우리는 대개, 예컨대 가설의 구성과 검증이라고 부르는 것의 대표적인 예로 본다는 점이다. 가설, 예측, 검증, 확증, 논박, 증거[70]와 같은 개념들은 우리가 학습하기, 발견하기, 조사하기를 거론할 때 흔히 쓰는 말들이다. 이 개념들을 내면적으로 적용하여 곧 원래 이것들이 주로 활용되는 사회적 환경에서 분리하여 사용할 수도 있을 것이다. 그러다 보면 몇몇 개념의 실타래는 끊어지겠지만 상당 부분은 예전 의미와 새로운 의미 사이의 어느 지점에 머물며 '사적인' 영역에까지 확장하여 사용해도 무리가 없을 것이다. 하지만 만일 이를 받아들이면, 개념의 내적인 혹은 사적인 의미로의 사용이 일차적이고, 여기서 이차적으로 대중적 의미로의 사용이 추론되었다고 생각할 수 없게 된다. 둘 중 하나는 반드시 다른 하나로부터 추론된 것이며 가설 검증의 의미[71]는 이것의 사회적 역할, 곧 검증, 거부, 수정[72] 등과 같이 기본적으로 사회적 환경 속에서 사용되는 규범적 활동으로부터 발생하는 것이므로, 비사회적 용법이 기본적이라고 할 수는 없다. 만약 그렇게 하고 싶다면 독립적인 정당화 과정이 반드시 필요하다. 앞에서 논의한 표상의 일차적 · 이차적 사용과 비슷한 성격의 문제다.

4. 결론

인지주의가 논리적 일관성이 없다면 그 이론들이 끼친 학습에 대한, 더 나아가 교육에 대한 영향은 의문시될 수밖에 없다. 인지주의는 타당해 보이는 이유들을 제시하며 학습이 설명, 연습, 암기, 훈련 없이도 가능하다고 생각하게 한다. 게다가 학습이론으로서의 인지주의가 누렸던 유명세가 교육계의 이런 활동들을 평가절하한다.[20] 따라서 인지주의에 대한 거부는 우리를 명시적이고 교사

---

70) *hypothesis, prediction, test, corroboration, refutation,* and *proof*

71) *sense*

72) *rejecting, modifying*

중심적인 교수법의 필요성을 재검토하도록 이끈다. 다양한 형태의 연결주의는 대부분 신경회로망의 '훈련'이 중요하다고 강조하기 때문에 명시적 교수법의 사용에 별로 적대적이지 않다. 하지만 내적 표상 개념에 의존하고 있는 만큼 조리 있는 이론으로 성립하느냐 여부에 있어 고전적 인지주의와 운명을 같이하게 마련이다.[21] 표상에 기초한 학습이론이 설득력을 가지려면 두뇌 밖으로 이동하여 인간학습의 축소 불가능한 규범적 성격과 그런 관점의 이동에 동반한 모든 것을 고려해야 한다.[22] 포더의 구상은 각 사람이 사적[23]이기보다 개별적 언어에 접촉한다는 논리로 이어지며, 그런 언어는 메커니즘에 불과하다고 주장할 수 있다(이 부분은 이 장의 논의를 넘어선다). 하지만 이것이 메커니즘이라면, 앞에서 증명한 대로 어떤 철학적 개념으로도 표상적일 수 없다.

이런 식으로 관점이 변하면 우리가 규칙을 따르는 것을 배우는 방식과 규칙을 따르는 능력 습득을 위한 훈련, 특히 교육 초기 단계의 훈련이 갖는 중요성을 살펴보게 된다. 이런 변화가 이루어지면 그 파장은 특히 초등학교 교육론에 있어 의미심장할 것이다. 훈련은 좀 더 강조되어야 할 것이고 발견에 기초한 학습 형태는 앞서 이루어진 훈련의 맥락에서 고려되어야 할 것이다.

인지주의의 주장과 달리 만약 개념이 본유적이지 않다면, 새로운 개념의 학습은 본유적 개념에 단어를 연결하는 일이 아니다. 즉, 아이들은 개념의 사용을 지배하는 규칙을 습득하는 식으로 개념을 숙달해야 하고 이는 점진적인 과정이 될 것이다.[24] 개념의 올바른 적용을 위해 온갖 형태의 실험 활동을 하기 전에 먼저 훈련과 설명을 가하는 것도 포함된다.[25] 이 과정에서 발견과 가설검증을 배제하는 것이 아니라 기술과 형식의 훈련과 가르침의 뒤편에 개념적으로 위치하게 하여, 이들이 기술과 형식을 올바르게 사용하는 데 필요한 기술과 지식을 제공한다는 점에 주목하라.

인간의 학습이 대체로 규범에 의존하는 활동이라면 교사와 학생 사이의 상호작용을 지식과 기술이 전수되고 강화되는 기본적 방식으로 봐야 한다. 또 교실수업이 상호작용적이어야 한다는 견해는, 이제껏 내가 개괄한 바 곧 지적인 권위를 인정하는 가운데 시도해 보기와 검증하기가 학습을 가능하게 한다는 주장과 잘 어울린다. 즉, 개념은 가르침, 수정, 해석, 평가를 통해 습득되고 능숙해진다. 진보주의와 인지주의의 융합은 교사의 일, 특히 가르치고 훈련시키고 수정하는 역할에 엄청난 이의를 제기하고 있다. 만일 인지주의가 오류에 기초하고 있음이 증명된다면 이런 이의 제기는 눈에 띄게 약화될 것이다.

1 J. J. Rouseau, *Émile ou l'éducation*, trans. B. Foxley, London, Dent, 1911; N. Chomsky, *Language and Problems of Konwledge*, Cambridge, Mass., MIT Press, 1988.

2 예컨대, Carl Rogers, *The Carl Rogers Reader*, edited by H. Kirschenbaum and V. Land Henderson, London, Constable, 1990, 특히 pp. 304-322를 참고하라.

3 Willam I. Matson and Adam Leite, 'Socrates' Critique of Cognitivism', *Philosophy*, 66, 256, 1991, pp. 145-168.

4 대부분의 인지주의이론에서는 이런 정신적 활동이 의식의 수준 너머에서 벌어지는 점에 주목해야 한다. 인지주의이론 안에서는 처리된 대상이 일종의 암묵적 지식을 구성하는지 여부에 대해 논란이 있다(F. D'Agostino, *Chomsky's System of Ideas*, Oxford, Clarendon, 1992, 제2장 참고).

5 이미지로 된 표상이 일차적이라고 여겨지기 때문에, 이것은 표상의 한 종류가 아니라 패러다임이다. 하지만 J. E. Fetzer, 'What Makes Connectionism Different?', *Pragmatics and Cognition*, 2, 2, 1994, pp. 327-347와 비교해 보라. 비트겐슈타인(Wittgenstein)은 *Tractatus Logico-Philosophicus*에서 이미지로 된 동형적 개념의 표상을 이미지적 현상에서 언어로 확장하고 있다. 이는 거의 틀림없이 연결론이 주장하는 분산된 형태의 표상으로까지 확장될 수 있다.

6 이 과정과 이런 규칙의 적용이 매우 느슨할 것으로 보이는 상황들 곧 모국어 학습과 같은 비의식적 수준, 일상적 추론의 수준을 구분하는 것이 중요하다. J. W. Garson, 'No Representations without Rules: The prospects for a compromise between Paradigms in Cognitive Science', *Mind and Language*, 9, 1, 1994, pp. 25-37. T. Horgan and J. Tienson, 'Representations Don't Need Rules: Reply to James Garson', *Mind and Language*, 9, 1, 1994, pp. 38-55, 56-87를 참고하라. 인지주의자들은 이러한 구분을 명확히 하지 않는 경우가 많은데, 때문에 혼란이 가중된다. 예를 들어 N. Chomsky의 앞의 책을 보라.

7 Frank Smith, *Reading*, Cambridge, Cambridge University Press, 1985, pp. 88-89를 참고하라.

8 규칙의 개념을 둘러싼 혼란을 다룬 비평은 G. P. Baker and P. M. S. Hacker, *Language, Sense and Nonsense*, Oxford, Blackwell, 1984, 제7장과 제8장 및 pp. 294-300, 259를 볼 것. 규범적 행위에 관한 설명과 참조는 Baker and Hacker, *Wittgenstein: Rules, Grammar and Necessity*, Oxford, Blackwell, 1985, pp. 45-47을 보라. 규범적 활동들이 존재한다고 강조한다고 해서 이 활동들이 반드시 홀로하는 활동이기보다 사회적 활동이라는 점을 암시하는 것은 아니다. 이 점은 좀 더 진전된 논의가 필요하다(제4장을 보라). 또한 T. S. Champlin, 'Solitary Rule-Following', *Philosophy*, 67, 1992, pp. 285-306. 특히 p. 298을 보라. N. Malcom, 'Wittgenstein on Language and Rules', *Philosophy*, 64, 1990, pp. 5-28.

9 J. Fodor, *The Language of Thought*, Cambridge, Mass., MIT Press, 1975

10 이런 문제에 대해 균형 잡힌 논의를 보려면 K. Sterelny, *The Representational Theory of Mind*, Oxford, Blackwell, 1990의 제8장을 참고하라. 인지주의자들은 연결주의가 비록 모든 심적 기능은 아니지만 상당 부분은 설명하기에 적합하다고 주장할 수 있겠다. 연결주의의 가

능성에 대한 대비적 관점은 Fetzer의 앞의 책을 참고하라. 몇몇 반(反)인지주의자들은 표상주의가 제거된 형태의 연결론에서 가능성을 찾기도 한다. 예를 들어, J. R. Searle, *The Rediscovery of the Mind*, Cambridge, Mass., MIT Press, 1992, pp. 246–247을 보라. 하지만 어떤 종류의 표상주의는 여전히 대부분의 연결론자들에 의해 고수되고 있다. 예컨대, C. Evers and G. Lakomski, 'Reflections on Barlosky: Methodological Reflections on Postmodernism', *Curriculum Inquiry*, 25, 4, 1995, pp. 457–465, pp. 463–464를 참고하라.

11 포더 및 다른 이들에 따르면, 사고언어는 인간의 개념형성 능력을 설명하는 데 필요하다. 사고언어 가설은 개념 형성에 관한 주요한 경험론적 이론들, 곧 추상주의(로크)와 연합주의(버클리와 흄) 그리고 이들이 제기한 문제들을 처리하기 위해서 고안되었다.

12 Sterelny, op. cit., pp. 43–44.

13 D. Papineau, *For Science in the Social Sciences*, London, Macmillan, 1988을 참고하라.

14 포더의 앞의 책, pp. 95–96. 포더는 개념 학습이 우리가 파악할 수 있는 유일한 학습 종류이고, 이것에 대해 아는 것이 없으므로 학습에 대한 설명이 발전되지 않은 상태로 남아 있다고 생각하는 듯 보인다.

15 연결론자들이 표상은 뇌에서 부호화된다고 하는 말도 부정확하다. 표상이 누구에게 이루어지는가 하는 질문은 '표상'의 첫 번째 의미에 근거하여 답이 이루어져야 하는데, 연결론자들은 이 질문에 답을 줄 수 없기 때문이다. '호문쿨루스 풀어주기'의 불가능성에 대해서 Searle의 앞의 책(1992) pp. 212–214 참조.

16 J. Searle, 'Minds, Brains, and Programs,' *Behavioural and Brain Science*, 3, 1980, pp. 417–457. Searle, *Minds, Brains, and Science*, Cambridge, Mass., Harvard University Press, 1984. Searle의 앞의 책(1992)

17 Searle의 앞의 책(1992), p. 210.

18 Sterelny의 앞의 책, pp. 222–223.

19 당연히 이는 지나친 단순화이다. 사람들은 표현뿐만 아니라 몸 동작을 통해 의사소통하며, 메커니즘은 그럴 수 없기 때문이다. 하지만 만일 중국어 방이 단순히 우리의 언어 사용의 기본을 이루는 구문-의미론적 메커니즘이라면, 비유는 제대로 작동한다.

20 이 연결은 예컨대 Chomsky의 앞의 책(1988) 제5장, 특히 p. 135, p. 143에 명확히 나와 있다.

21 이런 이유 때문에 연결주의와 비트겐슈타인의 후기 마음의 철학과의 양립성을 증명하기 위한 시도가 실패한다. 연결주의는 표상에 대해 일관된 설명을 줄 수 없다. 규칙 따르기에 대해 일관된 설명을 할 수 없기 때문이다. 비트겐슈타인의 후기 저작과 연결주의 양립성을 증명하려는 시도는 C. Hookway and D. Peterson (eds) *Philosophy and Cognitive Science*, Royal Institute of Philosophy Supplement 34, Cambridge, Cambridge University Press, 1993, pp. 137–158의 Stephen Mills, 'Wittgenstein and Connectionsim: A Significant Complementarity?'에 나와 있다.

22 비표상적이고 두뇌중심적인 학습론이 성립 불가능하다고 말하려는 것은 아니지만, 이 사항은 이 장의 논의 범위를 넘어선다.

23 Fodor의 앞의 책, p. 70.

24 이것이 어떻게 가능할지에 대한 설명을 시도한 예는 다음을 보라. R. Nolan, *Cognitive Practices: Human Language and Human Knowledge*, Oxford, Blackwell, 1994.

25 예를 들어 다음을 보라. B. Tizard and M. Hughes, *Young Children Learning*, London Fontana, 1984, 제5장.

발달

1. 서론

이 장에서는 어린이의 성장과 학습의 관계를 검토하고자 한다. 결론부터 말하면, 심리학적 발달[1])과 같은 것은 오로지 생물학적 의미에서만 가능하다. 다만 학습에 대한 다양한 제약은 존재하며, 그중 몇몇은 생물학적 미성숙과 관련되기 때문에 '발달적'[2])이라고 분류할 수 있다.[1] 하지만 이런 제약이 무엇인지를 규명한 적합한 이론도 없거니와, 발달의 심리학적[3]) 단계를 제시하는 이론을 제외한다면 나름대로 근거가 있는 다른 이론은 나올 수도 없을 것이다. 또 나는 화이트헤드(A. N. Whitehead)와 이건(K. Egan)의 이론 같은 발달이론에는 흥미가 없다. 이들 이론은 학습에 관한 이론이 아니라 교육이 어떠해야 하는가에 대한 규범적 설명처럼 보이기 때문이다.[2] 확고한 근거에 기초한 발달 관련 이론은 존재하지 않지만, 학습 제약을 낱낱이 밝히는 일은 매우 유용할 것이다. 하지만 불충분한 근거에 기초하고 있다면 아무리 대규모 발달이론이라도 학습 제약에

---

1) psychological development

2) 'developmental'

3) *psychological*

관련된 지식을 얻는 데 걸림돌로 작용할 것이다.

다음 몇 가지는 명백하다. 한 살배기는 말을 못하고, 여덟 살짜리는 성적(性的)으로 성숙한 이들의 애정 표현을 잘 이해하지 못한다. 하지만 그 후에 대해서는 확실하다고 할 수 있는 것이 별로 없다. 학습에 대한 **보편적 소양**[4]이 나이와 연계되어 연속적 단계에 따라 발달한다는 주장은 근거가 희박하다. 발달이론은 대부분 두 가지 문제점을 갖는다. 첫째, 아이들이 어떤 나이에 무엇을 배울 수 없는[5]지 설명하려 한다. 둘째, 신체기관의 성장이라는 비유에 집착한 결과, 동기[6]에 대해 설명하기 어렵게 되었다. 성장이라는 비유가 가진 설득력은 대체로 학습의 사회적 측면을 무시한 데서 비롯된다.[3]

첫 번째는 부정적 상황을 증명할 때 발생하게 되는 논리의 문제다. 만일 나이가 A살이면 L을 배울 수 없다고 주장했을 때, A살인 사람이 L을 배우는 경우가 단 하나라도 발생하면 이론은 무너지게 된다. 이 경우에 대해 두 가지 대답이 가능하다. 첫째는 모든 발달이론이 나이가 아니라 단계[7]에 대한 설명이라는 주장이다. 둘째는 어떤 특정 나이에 학습이 가능하냐의 여부는 문화나 학습의 맥락과 같은 또 다른 특성에 기대고 있다는 주장이다. 첫 번째 대답은 그렇게 설득력이 있지 않다. 만일 단계 구분이 나이와 무관하다면, 발달이론은 동어 반복[8]에 불과하기 때문이다. 아이들이 발달 도식상 3단계에 이르지 않으면 추론할 수 없다고 주장한다고 하자. 그렇다면 추론을 못하는 아이는 바로 그 사실에 비추어[9] 3단계에 해당한다고 할 수 없다. 하지만 이는 1단계와 2단계에서는 추론을 하지 못한다는 사실 외에 아무것도 말해 주지 못한다.

두 번째 대답은 좀 더 미묘하며 해당 이론을 특정 조건 아래에서 검증해야 할

---

4) *general capacity to learn*

5) *cannot* learn

6) motivation

7) *stages*

8) tautology

9) *ipso facto*

필요성을 제기한다. 설명에 의하면 어떤 능력의 획득은 발달 성숙도뿐만 아니라 맥락과 문화에 기대고 있다. 하지만 이렇게 되면 수많은 자질을 무시해 버리는 심각한 위험을 초래한다. 또 반대로 이해, 동기화, 흥미 등에 영향을 미치는 맥락과 문화는 매우 다양하므로, 맥락과 문화에 따라 각각 설명하는 순간 발달이론이 추구했던 일반화[10]는 위협받게 된다. 그럼에도 불구하고 학습이 이루어질 수 있는 순서상 최소한 몇 가지 심리적 · 논리적 제약은 존재한다. 이 장에서는 심리적[11] 특성과 관련된 제약을 어느 범위까지 논할 수 있는지 살펴보고자 한다.

대부분의 이론에서 발달은 사람에게 일어나는 어떤 일이라고 본다. 예를 들어 발달단계에 따라 언어를 습득했다면, 그 언어를 배우려고 적극적으로 노력한 것은 아니다. 달리 말해 발달 과정의 적절한 단계에서 번쩍 하고 '스위치가 켜졌다'고 할 수 있다.[4] 따라서 우리는 발달을 통한 학습[12]과 적절한 발달단계에서의 학습[13]을 주의해서 구분해야 한다. 후자의 경우, 특정 발달단계에 도달했다는 것은 학습이 가능한 조건이 이루어졌다는 뜻이다. 즉, 학습이 완성되려면 학습자가 적극적으로 배우는 활동에 참여해야 한다. 많은 문헌에서 발달적 학습[14]의 이 두 가지 의미에 대해 명확히 구분하지 않고 있다.[5] 동기[15]는 발달단계에 맞춰 부여되는 내적인 힘이므로 외적인 동기는 불필요하다는 주장 때문에 문제는 때때로 한층 복잡해진다.

이 분야에서 인간 발달을 식물 성장에 비유하는 것은 매우 강한 인상을 준다.[6] 이런 비유를 사용할 때는 그럴 만한 요인들이 있다. 첫째, 여러 단계로 구성된 생물학적 생활주기가 존재한다는 면에서 인간과 식물 세계 사이에 존재하

---

10) generality

11) *psychological*

12) learning *through* development

13) learning at an appropriate developmental stage

14) developmental learning

15) *motivation*

는 부인할 수 없는 유사성. 둘째, 어린이에 대한 식물/성장의 비유가 가진 시(詩)적 매력. 셋째, 비유가 과학적 연구 가능성을 가지고 있다는 사실, 즉 식물성장을 과학적으로 연구할 수 있듯 인간의 성장/학습 메커니즘 역시 그럴 수 있으리라는 점. 넷째, 적절하게 양분을 주면 식물이 잘 자라듯, 조건을 적절하게 주면 인간의 학습도 자동적으로 이루어질 것이라는 점. 곧, 학습과정에서 훈련, 지도, 권위가 거의 필요 없거나 아예 필요 없다는 설명이다.

2. 발달과 학습 제약

발달이론은 인간의 생활주기별로 학습의 종류에 대한 제약이 있다고 주장한다. 하지만 학습에 제약을 받는다는 의미는 매우 다양하다. 그리고 우리가 발달이론의 주장을 제대로 이해하고 평가하려면 여러 의미를 반드시 구별해 보아야한다. 다음과 같은 구별이 유용할 것이다.

1. 논리적으로 볼 때, 어떤 것들은 다른 것들보다 먼저 학습될 수 없다. 대개 동시에 배우긴 하지만, 포유류가 무엇인지를 배우기 전에는 고래가 포유류임을 배울 수 없을 것이다.[7]
2. 개념적으로 볼 때, 어떤 것들은 다른 것들보다 먼저 학습될 수 없다. 앞서 언급한 논리적 제약보다는 훨씬 느슨하고 논란의 여지가 있어 보이지만, 일단 제약이라고 전제해 보면, 당연히 학습 내용과 시기에 대한 한계가 설정된다. 우리는 포유류가 무엇인지 배우기 전에는 고래가 포유류임을 배울 수 없지만, 고래가 포유류임을 배우기 전이라도 고래에 대한 어렴풋한 개념은 습득할 수 있다.[8] 사실 우리의 개념 형성은 단번에 이루어지지 않는다. 언어를 익혀가면서 조금씩 발전하는 것이다(제9장 참조).
3. 인식론적 입장에 따라 학습에 대한 이론적 제약이 있을 수 있다. 예를 들어, 언어를 배우기 전에는 사실들을 기억하지 못한다는 것을 인정한다면

(경험론자들은 이 점에 대해 반박하겠지만), 실현 가능한 학습에 대한 한계가 설정된다.

4. 신체적으로 볼 때 적절한 신체적 상태에 도달하지 못했다면 어떤 것들은 불가능하다. 따라서 키가 3피트라면 6피트를 뛰어넘을 수는 없다. 올바른 생물역학의 법칙에 따르면 이런 일은 있을 수 없다.

5. 신경학적으로 볼 때, 신경 조직이 어느 시점에 도달하기 전까지는 어떤 일은 일어날 수 없다. 신경 조직은 가소성(可塑性)이 있고, 또 신경이 우리가 할 수 있는 일을 어떻게 제약하는지에 대한 지식이 불완전하기 때문에, 이런 주장은 한층 더 어려움이 있다. 하지만 동물 연구를 보면 각인(刻印)[16] 현상—어린 새끼가 진짜 어미나 어미 추정체를 어미로 인식하고 따라가는 현상—은 단기간 지속되는 신경 감수성 상태와 연결되어 있다.[9] 인간의 모국어 습득 능력 역시 이런 종류의 제약에 종속되어 있을 것이라는 생각에는 그럴 만한 이유가 있다.

6. 심리학적으로 볼 때, 인간은 특정 나이 또는 단계에서는 특정한 것들을 배우지 못한다. 심적구조[17]가 신경구조[18]와 동일하지 않다면, 이것은 1~5와는 다른 것을 의미한다. 하지만 심적구조와 신경구조를 동일시하는 것은 실제로 그래서가 아니라 프로그램화한 결과다. 따라서 발달의 심리적 단계가 있다는 주장은 사실상 신경학적 단계가 있다는 주장과 다르다. 마음이 구분되고 정해져 있으며 연속적인 단계를 통과하게 되며, 각 단계에서 이루어지는 학습의 종류와 성격이 다른 단계에서의 학습과 근본적으로 다르다는 것이 여러 가지 발달이론의 핵심적 주장이다. 이 이론들은 스스로를 학습의 성격과 한계에 대한 과학적 이론이라고 내세우지만 몇 가지 괴상한 특징을 지니고 있다. 이 점은 앞으로 살펴보겠다.

---

16) *imprinting*

17) mental structure

18) neural structure

첫째, 그 시기에는 불가능하다고 주장하는 학습이 이루어지는 반대 사례를 들면서 논박하면 쉽게 무너진다. 둘째, 가치 중립적 요소와 가치 판단적 요소가 뒤죽박죽 섞여 있다. 발달이론은 어떤 의미로 보면 인간의 육체적 성숙 속도가 느리기 때문에 학습에 있어 신체기관의 제약이 따른다는 설명이다. 하지만 루소시대 이후 발달주의자들은 자기들의 이론을 학습이 언제 가능한가[19]에 관한 주장 이상의 것이라고 이해해 왔다. 즉, 언제 학습이 바람직한가[20]에 관한 주장을 펼쳐 왔다는 것이다.

발달은 대개 신체기관이 성숙해져 주위 환경과 상호작용하여 능력이나 소양을 습득하는 지점까지 이르게 되는 하나의 과정[21]으로 여겨진다.[10] 이 모형에서 습득은 두 가지 조건을 필요로 한다. 우선 신체기관이 올바른 성숙 단계에 도달해야 한다(성숙 그 자체는 그때까지 이루어진 생물학적 구조와 환경이 상호작용하는 문제다). 그리고 신체기관이 특정 능력이나 소양을 습득할 수 있게 해 줄 수 있는 경험에 노출되어야 한다. 이것은 이론(異論)의 여지가 없어 보인다. 하지만 대부분의 경우 발달을 설명하는 데 동원된 용어 선택에 주목할 필요가 있다. '성숙'[22]은 발달상 특정 단계에 도달했음을 뜻하므로 순전히 묘사적 성격을 갖는다고 할 수 있다.

X가 성숙해져 A상태가 되었다.

이 말은 X가 A상태에 이르렀다는 것 외에 다른 뜻이 없다(여기서 A상태는 어떤 소양이나 능력을 습득할 수 있는 필수 조건일 것이다). 하지만 인간에게 적용해 볼 때, '성숙해진다'는 용어는 흔히 가치 평가적 의미를 갖는다. 예를 들어 내가

---

19) *possible*
20) *desirable*
21) process
22) 'maturity'

로지나는 대학에 갈 만큼 성숙하지 못했다고 한다면, 나는 그녀가 신체적으로 준비가 되지 않았다는 뜻으로 말한 것일 수 있다(내가 말하고자 했던 바의 정확한 해석은 아니지만). 하지만 지식 습득, 스스로 생활하기, 다른 사람과 어울리기 등에서 지켜야 하는 일련의 규범에 있어 그녀의 능력이 충분하지 않음을 강조하려는 것일 가능성이 더 높다. 따라서 로지나가 대학 가기에 충분히 성숙하지 않다고 말하는 것은 일단의 규범에 대한 그녀의 능력을 평가하는 일이고, 최소한 그녀를 사회의 한 구성원으로 판단하는 일이다. '성숙'이라는 용어를 발달의 맥락 속에서 인간에게 적용할 때는 그 의미를 세심하게 살펴야 한다.

'이런 종류의 경험은 그 유기체가 특정한 능력이나 소양을 습득할 수 있게 해 줄 것이다'라는 문장도 비슷한 점이 있다. 겉으로 보기에는 평가적 내용이 전혀 담기지 않은 듯 보인다. 하지만 에둘러서 말할 뿐이지 사실은 '특정한 능력이나 소양을 습득하는 데 적절한 종류의 경험'을 말하고 싶은 것일 수 있다. 여기서 '적절한'은 '성숙한'보다 더 편향적일 수 있다. 이는 앞의 문장을 뜻할 수도 있지만, '가치 있거나 입증된 종류의 경험들'을 뜻할 수도 있다. 그러면 이 과정에서 인간이 겪게 될지 모를 경험들은, 경험을 분류하고 그 질을 판단하기 위해 세운 규범에 따라 평가되는 셈이다.[11] 최소한 다음은 분명하다. 즉, 발달에 대한 언급이 생물학적 맥락에서 인간에 대한 맥락으로 전환되면 어떤 것들이 첨가되면서 논의에 사용된 용어들이 미묘하게 변경된다. 발달의 속도와 과정에 있어 문화적 다양성이 존재한다고 주장하면, 적절한 종류의 경험이라는 문제는 결정적으로 중요하게 된다. 하지만 발달은 우연히 벌어지는 사고가 아니다. 발달이론은 인간 발달에 대한 이론이다. 그리고 일반적으로 말하듯, 발달이 정신적으로 올바른 방향으로 이루어진다는 점을 보여야 한다. 예를 들어, 범죄로 이끄는 발달 과정은 교육적으로 매력이 있다고 할 수 없을 것이다. 발달이론이 교육 원리를 제시하여 교육적 관심사가 되려면 반드시 고유한 규범적 통제[23]를 지니고 있어

---

23) inbuilt normative constraints

야 한다. 이는 생물학적 틀을 도입하느라 감추어져 있다고 해도 마찬가지다.[12]

발달이론 구성에 핵심 개념인 '성장'을 둘러싼 모호성에 '성숙'과 '경험'이 갖는 모호성이 더해지면 상황은 더욱 불분명해진다. 성장이라는 비유는 효과적이지만 사실은 뒤죽박죽이다. 한편으로 우리는 발달을 정원의 식물이 거치는 생활주기와 비슷한 과정처럼 생각하도록 요구받는다. 그리고 다른 한편으로 성장과 효과적인 학습이 수분, 햇볕, 영양분의 수동적인[24] 흡수가 아니라 적극적인[25] 참여를 통해 이루어진다는 점도 확신하고 있다.[13]

성장 비유의 이런 두 측면이 다음에서 제시하는 촘스키의 인용문에 요약되어 있다.

> 가르침은 병에 물을 채우는 일이 아니라 꽃이 자기 방식대로 자라게 돕는 일이다. 이러한 전통적 통찰은 지금보다 더 많은 관심을 받을 만하다. 좋은 선생님이라면 누구나 알고 있듯이, 가르치는 방법과 다루는 내용보다 학생들이 지닌 자연적 호기심을 자극하고 스스로 탐구하는 데 흥미를 느끼게 하는 것이 더 중요하다. 수동적 자세로 배운 것은 금세 잊어버린다. 본연의 호기심과 창조적 충동이 자극되어 스스로 발견한 것은 기억에 남을 뿐 아니라 더 깊은 탐색과 연구, 그리고 아마도 의미 있는 지적 공헌을 이루는 데 기초가 될 것이다.[14]

위 글에서 성장 비유의 평가적인 측면을 집어내고자 할 때 어디에서부터 시작해야 할 지 정하는 일이 쉽지 않다. '좋은 선생님이라면 누구나 알고 있듯이'와 같은 구절은 발달을 가능하게 하는 '적절한' 경험을 제공하는 교수법이 올바르다고 주장하는 것으로 볼 수 있다. 정의상 좋은 선생님은 아마 이런 식으로 접근하는 사람이라 할 수 있다. 식물의 성장은 명백하고 분명한 의미에서 '자연적이다'. 즉, 자연의 법칙에 맞게 성장한다. 그에 반해 인간에게 '자연적 호기심'

---

24) *passive*
25) *active*

같은 것이 동일한 방식으로 법칙 지배적인지는 분명치 않다. 이 시점에서 자연적[26]이라는 루소적 개념의 모호성이 다시 수면으로 떠오른다. '자연적'의 법칙론적[27] 의미가 '자유로운' 또는 '제약이 없는'이라는 평가적 의미와 연결되어 있기 때문이다. 하지만 '자연적'을 이런 의미로 사용하면 이는 분명 용인(容認)[28]의 뜻으로 사용한 셈이다. 자연적인 것, 이것은 바로 촘스키가 용인하는 것이다. 다시 말해 이것은 전달하기[29]나 미리 준비한 내용 없이 이루어지는 가르침을 말한다. '자연적'이라는 용어를 이렇게 사용한다고 해서 논리적 차원에서는 비난할 수 없다. 다만 이런 용법은 반드시 독립된 정당화[30]를 거쳐야 한다. 하지만 루소와 마찬가지로 촘스키 역시 이를 제시하지 못하고 있다.

성장/식물 비유는 개개 인간의 성장은 자연적(즉, 법칙론적) 과정이라고 주장한다. 하지만 (준-규범적[31] 의미로) 자연적 과정은 일반적으로 우리가 용인하는 그 무엇이 된다. 그러므로 우리는 법칙론을 따르는 성장 과정을 용인할 수밖에 없다는 결론에 이른다. 하지만 만일 학습이 성장을 통해서, 어쩌면 오로지 성장을 통해서만 이루어진다면, 사회가 학습과정에 끼치는 영향은 미미할 것이다. 발달주의자에게는 이것이 바람직해 보인다. 성장은 가치 평가적 의미에서 '자연적'이기 때문이다. 배우고자 하는 동기 역시 성장 비유 속에 늘 포함되어 왔다는 사실 또한 의미심장하다. 호기심은 양쪽 의미 모두에서 '자연적'이다. 곧 자연에 따라 발생하고 또 용인할 만한 것이다. 사람이 뭔가 배우고 싶어지게 되는 이유를 어떻게 성장만으로 설명할 수 있는가 하는 문제 역시 해결된다. 즉, 모든 학습은 본능적인 추동력(推動力) 덕분에 이루어지며, 반응적 행동, 훈련, 책무, 사회적 용인, 특정 주제에 대한 관심 증대 따위는 성공적 학습에 필요하지

---

26) *natural*

27) nomology

28) approval

29) instructing

30) independent justification

31) quasi-normative

않다. 특히 발달주의자들은 낭만적 태도로 사회가 동기와 학습에 제공할 수 있는 추동력[32]보다 제약[33]을 더 강조하기도 한다.

3. 피아제의 발달이론: 사례 연구

피아제의 이론이 유일한 발달이론은 아니지만 가장 영향력 있고 유명하다.[15] 20세기 초반에 끼쳤던 영향 때문에 그의 이론은 지난 20년 동안 꾸준히 비판을 받아 왔다. 하지만 비판은 피아제가 개발한 개념적 구조나 조사 프로그램보다 그와 동료들이 제시한 경험적 주장에 대해 주로 이루어졌다.[16] 발달이론의 개념이 지닌 잠재적 문제점은 앞에서 충분히 언급했다. 발달이론의 주장이 지닌 성격, 서술[34]과 가치판단[35]의 뒤섞임, 동기를 다루는 방식 등이었다. 여기서는 경험적 증거를 포함하여 피아제 이론의 구조와 이면에 감추어진 전제에 초점을 맞추어 살피고자 한다.

피아제는 자신의 인식론적 입장을 구성주의적인 것으로 서술하고 있다. 이를 통해 그는 마음과 마음의 성장 그리고 인간학습의 성격을 충분히 개념화하기 위해서는 경험론과 관념론의 요소들이 모두 필요함을 전달하고자 했다. 피아제에 따르면, 학습은 경험이 이미 존재하는 심적구조[36] 속으로 통합되는 경우에만 이루어진다. 반면에 외부로부터 마음에 주어지는 그 무엇이 없다면 지식은 불가능하다. 마음의 구조적 특성들과 마음 밖의 요소들 간에는 역동적 관계[37]가 성립된다. 마음에 도달한 정보는 내부적인 숙성 과정과 더불어 마음의 구조

---

32) *impetus*

33) *constraints*

34) description

35) evaluation

36) mental structure

37) dynamic relationship

를 점진적으로 변경한다. 그리고 마음은 이 구조를 통해 세계를 인지하고 외부 세계로부터 전달받은 것을 조직하여 지식에 편입한다. 마음이 겪게 되는 다양한 구조적 형태들을 발달단계[38]라고 부를 수 있다. 유아의 마음은 이러한 단계를 거치면서 성인의 마음으로 성숙하게 된다.[17] 지식은 특정한 구조 속으로 조직되어 삽입된다. 유아기의 발달단계인 감각 동작기[39]이후, 마음은 각 단계마다 그에 걸맞은 일련의 추론을 행한다. 그리고 이런 일련의 작용은 집합이론에서 사용하는 용어들로 표현될 수 있다.

　피아제의 설명은 동기이론으로 완성된다. 그에 따르면, 내적 욕구는 각 발달단계를 완전히 익히고 나면 다음 단계로 이동하고 싶어 한다. 이는 루소가 말한 자기애(自己愛)[40]와 다르지 않다. 하지만 자기애는 행복의 증진에 대한 충동이라고 볼 수 있지만, 피아제의 동기는 발달과 학습의 증진에 대한 충동이다. 발달단계가 마음에 실재(實在)하는 구조라는 점은 특정 나이의 아동들은 특정 과업을 수행하지 못한다는 사실에서 추론되었다. 과업 수행의 실패는 아동들의 마음이 그 과업에 필요한 인지적 동작을 아직 사용하지 못하는 단계에 있다는 사실을 보여 준다고 해석된다. 이 견해에 대한 증거는 충분히 있다. 하지만 이를 부정하는 증거 역시 충분하다.[18] 앞에서 언급했듯이 보편적 부정 논지[41]를 완전히 증명하는 데는 논리적 어려움이 있기 마련이다. 즉, 항상 반대 사례가 있을 수 있으며, 이렇게 되면 보편성을 유지하기 힘들어지게 된다. 한층 더 큰 문제는 특정 나이의 어린이가 어떤 과업을 할 수 없다는 증명이 반드시 특정한 맥락에서만 이루어진다는 사실에 있다. 그러면 이제 특정 맥락에서 일반화 원리를 끌어내는 논리의 귀납법적 건전성이 문제가 된다. 그리고 데이터 수집을 위한 실험에서 주어진 과업이 피험자의 실제적 관심사와 관련이 없다면 이는 무시할

---

38) *developmental stages*

39) sensori-moter

40) *amour de soi*

41) universal negative thesis

수 없는 문제다. 피험자는 평소 관심사와 관계없는 과업을 수행해야 하며 또 실험 목적도 잘 이해하지 못하기 때문이다.

발달주의자는 맥락이 동기에 영향을 주어서는 안 된다고 본다. 학습의 기저를 이루는 동기화 과정을 구체적으로 방해하지 않는다면 맥락은 학습을 촉진하는 주요 요소다. 학습을 방해하는 맥락은 학습자의 능력을 충분히 요구하지 않는 학습이거나 너무나 많은 것을 요구하는 학습이다. 흔히 하는 주장에 따르면, 교육에서 학습 방해 요소가 작동하는 것은 주어진 과업이 아동의 발달단계보다 높거나 낮을 때(과업에 걸맞은 성숙도에 아직 미치지 못함), 또는 내적 동기의 발현이라 할 수 있는 아동의 창의력이나 호기심을 억누르는 방식으로 과업이 주어질 때다. 달리 말해, 주어진 환경 특성, 특히 문화적 배경은 호기심을 표현하지 못하게 억제한다고 본다.

하지만 위에서 언급한 방식을 제외하면, 맥락이 동기에 영향을 미칠 수 없다는 점은 오직 발달이론적 동기 개념을 수용하는 경우에만 타당하다. 그리고 이 개념은 당연한 것이 아니라 논쟁의 대상이다. 사실 본유주의적[42] 관점으로 볼 때 동기는 행동에 대한 '통속심리학'과 정반대로, 특히 인간 활동의 사회적 성격이 포함된 행동 개념과 정반대로 작동한다. 이 점은 발달이론의 문제점을 파악하는 데 결정적이다. 이미 살펴본 바와 같이 발달이론은 두 가지 견해, 곧 인류의 번영이 비사회적[43], 더 나아가 어떤 면에서 반사회적[44]이라고 보는 견해와, 다른 유기체와 마찬가지로 인간 행동은 오로지 본유적인 생물학적 욕구에 의해서만 지배된다고 보는 과학적 견해에서 유래했다. 하지만 이런 견해들은 지나치게 프로그램적[45]이며, 발달이론을 증명하는 증거라기보다 근거에 불과하다. 이것들은 인간의 사회적 성격과 그 사회적 성격이 인간 정신에 영향을 끼치는

---

42) innatist

43) asocial

44) *antisocial*

45) programmatic

방식을 무시하고 있다. 이는 결정적인 실수다. 사람들은 다양한 종류의 외적 동기에 따라 행동하며, 우리는 외적 동기를 고려해 가며 행동을 바라보고 언급하기 때문이다(제4장을 참조할 것).

지금까지 살펴본 대로 부정 논지는 증명하기 어렵다는 점만으로도 피아제의 이론을 상당 부분 재평가하게 되었다. 하지만 인간의 성숙과 학습에 대한 피아제식 설명이 틀릴 수밖에 없는 명백한 이유가 또 있다. 인간이 동기를 부여받게 되는 맥락은 사회적이다. 홀로 있는 인간에게도 마찬가지다. 이런 상황에서 신체적 맥락은 사회의 여러 제도들[46]이 이룬 복합체 속에서 개인화된 맥락이다. 예를 들어 고독한 작가가 연필을 깎고 있다면, 이는 독자를 위해 하는 것이다. 그리고 독자의 태도와 기대는 그가 어떻게 글을 쓸지, 심지어는 글을 쓸지 말지 결정하는 데 영향을 끼친다. 자기가 처한 상황에 대한 자각 그리고 예상 독자의 태도 및 기대는 모두 전업 작가와 독자가 존재하고 상호 관련을 맺는 제도들의 복합체 속에서만 온전히 이해 가능하다.

어떤 사람이 학습을 위해 어떤 행동을 하거나 신경을 쓰느냐 마느냐 역시 자신이 처한 상황을 어떻게 이해하느냐 또는 이해하고 있는가 여부에 달려 있다. 대개의 경우 사람들은 자신에게 주어지는 기대에 대한 판단에 영향을 받는다. 이런 판단이 명확하지 않거나 기대받는 행동을 할 마음이 없는 경우, 실제로 할 수 있는 정도만큼 행동하거나 학습에 임하지 않는다.[19] 이는 천부적인 호기심이나 창의력과 관련 없다. 오직 다른 사람들 및 살고 있는 사회와 연결된 자신에 대한 지각과 관련이 있을 뿐이다. 피아제의 발달이론이 인간의 학습능력에 대해 과소평가했다는 점에 대한 충분한 증거가 있다. 그의 이론에 따르면, 학습능력은 생물학적으로 부여되고 경험에 의해 활성화되는 만큼 모든 인간에게 공통적이다. 따라서 발달의 비율[47]과 종착점[48]에 이르기까지 문화에 따라 차이가

---

46) institutions

47) *rate*

48) *end point*

있다는 명백한 증거에 기초해 볼 때, 어떤 문화는 그 이론이 제시하는 방식으로 발달이 일어나도록 촉발하는 데 실패했다고 판단할 수 있다. 하지만 이런 비교 문화적 연구에 대해 다른 해석도 가능하다. 즉, 피아제의 검증은 사실상 특정 문화에 기반을 둔 것이다.[20] 이러한 해석 가능성을 처음으로 제기한 것은 비고츠키(L. S. Vygotsky)이며, 이는 발달이론이 특정 문화의 한계를 넘어 일반화될 수 있는 가능성에 심각한 위협으로 작용한다.

발달이론에 대해 논의하고자 하는 마지막 비판은 지금까지 제기된 것만큼이나 위력적이다. 이것은 피아제의 이론에만 적용되는 것이 아니라 어떤 발달단계에서 사고의 유형이 그 단계에 있는 피험자에게 잘못된 정보를 제공한다고 상정하는 이론 모두에 해당된다.[21] 만일 발달이론이 옳다면, 전조작기[49]에서 이루어지는 양(量), 형태, 분배에 대한 판단은 시스템상 오류처럼 보인다. 조금만 생각해 보면 그런 주장의 부조리함[50]과 의심스러움이 드러난다. 시스템상으로 볼 때 아동이 잘못된 정보를 생산하는 인식 전략을 가지고 있다는 주장은 의미가 없다. 발달이론이 그동안 누려 온 이른바 과학적 권위가 아니었다면 이런 주장은 관심을 끌지 못했을 것이다. 대부분의 과학적 이론, 특히 피아제의 이론과 같이 생물학적 기반을 가진 이론이 사용한 패러다임은 진화생물학의 패러다임일 것이다. 진화론적 이론은 우리의 특정한 인식장치[51]가 우리의 생존 가능성, 적어도 유전자의 전파 가능성을 최대화할 수 있게 해 준다는 생각에 근거한다.[22] 전조작기의 사고 작용에 따라 등장한다는 인식장치가 어떻게 이 조건을 충족하는가 하는 점은 이해하기 어렵다. 왜냐하면 그 인식장치는 미성숙한 인간의 생존 가능성을 최소화할 것이기 때문이다. 어째서 이런 전략이 종(種)에 이로운가에 대해 복잡한 진화론적 설명이 있을 것이라 기대하겠지만, 내기 아는 한 지금까지 아무것도 제시되지 않았다.[23] 이런 난점(難點)들을 해명하기 전

---

49) pre-operational stage

50) absurdity

51) epistemic apparatus

까지 발달이론의 주장은 가장 근본적 차원에서 타당성이 부족하다. 즉, 인간학습에 대한 추정적 설명이 지녀야 할 핵심 요소, 달리 말해 우리가 세상에 대한 잘못된 믿음이 아니고 지식[52]을 얻게 되는 방법에 대한 설명이 부족하다.

4. 결론: 일반화에 대한 열망에 저항해야 한다

발달이론들은 한 가지 분명한 진리에 기반을 두고 있다. 그것은 학습에는 어떤 생물학적 제약이 있다는 것이다. 이러한 제약을 다양한 맥락과 문화 속에서 면밀하게 검토하지 않고 그 대신 일반화된 방식으로 이루어지는 실험적 방법에 지나치게 의존하는 데 그 위험성이 있다. 실험적 상황은 그것 자체로도 특정 문화에 속한다. 이것이 맥락에서 자유롭고 높은 타당성을 지니고 있을 것이라고 생각한다면 착각이다. 어떤 실험에서 우리가 온전하게 내릴 수 있는 결론은, 만일 그 상황을 일반화시킬 수 있는 독립적인 근거가 없는 이상, 피험자의 행동은 오직 그 실험적 상황에서만 가능한 수행과 연관되어 있다는 사실이다. 피험자들이 실험 상황에서 무엇을 하라고 요구하는 이유를 잘 모를 리 없다(대부분 그들은 잘 알고 있다). 왜냐하면 우리는 대부분 우리 자신이 파악한 실제 근거에 따라 행동하기 때문이다. 조사나 테스트와 같은 맥락조차도 특수한 목적을 위한 실제적 수단으로 파악된다. 그리고 피조사자는 자기에게 기대되는 것이 무엇인지 알고 있으며 그에 맞춰 행동할 수 있다.

인간의 학습을 가능하게 해 주는 각양각색의 조건과 **생물학적**[53] 단계를 파악한다면 엄청난 가치가 있다는 점이 분명해진다. 하지만 그 정보가 가치가 있으려면 발달에 대한 일반화된 이론을 제시하고 싶어 하는 심리학자들의 충동을 단호히 거부할 수 있어야 한다. 그것은 수수하지만 유용한 방식의 조사에 거창

---

52) *knowledge*

53) *biological*

하고 근거 없는 조사를 섞어 뒤죽박죽으로 만들기 때문이다. 유혹은 두 가지 형태로 다가온다. 첫째, 결정적으로 중요한 가정들, 예를 들어 내적 동기 이론, 추상주의[54], 정신 작용을 강조하는 설명을 가져와 경험적 근거가 없는 설명 체계 속에 수용한다.[24] 둘째, 상호 연결된 일련의 구조, 어떤 의미에서 인간의 마음 안에서만 찾을 수 있는 일련의 구조들이 존재한다는 점을 희박한 증거에 기초하여 추론한다.

이 같은 논의의 결론은 학습에 대한 생물학적 제약이 존재하며, 이에 대한 우리의 지식이 불완전하다는 것이다. 이러한 지식의 불완전성은 생물학적 성숙과 맥락 및 문화가 상호작용하는 방식에 대한 무지(無知)와 관련 있다. 따라서 심리학적 발달이 학습에 어떻게 영향을 미치는가에 대한 일반적 이론 외에, 이런 제약들이 어떻게 작동하는지를 다룬 일반적 이론이 아직 없다. 참으로 지금까지의 논의대로 심리학자들은 매우 보편적인 성숙의 차원에서 심리학적 발달이 존재한다는 점을 설득력 있게 제시하는 데 실패해 왔다. 다만 인간 성장의 초기 단계에서 이루어지는 기능[55]과 능력의 변화에 대해 유용한 관찰을 해 왔을 뿐이다. 발달심리학자들은 다음과 같은 프란시스 베이컨(Francis Bacon)의 충고에 마땅히 주의를 기울여야 한다.

진리를 탐구하고 발견하는 데는 두 가지 길이 있을 뿐이다. 하나는 감각과 개별 사례로부터 가장 일반적인 공리들[56]로 날아가, 안정되고 고정된 진리로 생각되는 이러한 원칙에서부터 이동하여 중간 단계의 공리를 판단하고 발견하는 것이다. 지금은 이런 방식이 널리 사용된다. 다른 하나는 감각과 개별 사례로부터 쭉 이어지는 전진적 단계를 하나하나 밟아 공리들을 도출하는 것이다. 이렇게 하여 마침내 가장 일반적인 공리들에 도달할 수 있게 된다. 이것이 참된 길이

---

54) abstractionism

55) functioning

56) axioms

다. 하지만 지금껏 아무도 시도하지 않았다.[25]

건전한 귀납적 일반화[57]의 가장 기본적 원칙들을 찾아내지 못하기 때문에 발달심리학이 베이컨 이전의 방법론에 머물러야 한다면 매우 슬픈 일이다. 참으로 이 장의 논의가 옳다면 발달심리학자들은 이 분야에서 도달해야 할 '가장 일반적인 공리들'이 있지는 않을까 질문해 보아야 한다.

---

57) inductive generalisation

1 발달상 제약에 대한 좀 더 신중한 이론 전개는 M. Donaldson, *Human Minds*, London, Penguin, 1992를 보라.

2 K. Egan, *Individual Development and the Curriculum*, London, Hutschinson, 1986. A. N. Whitehead, *The Aims of Education*, New York, The Free Press, 1967을 보라.

3 비고츠키는 이 점에 있어 매우 중요한 예외다. 그는 발달과 학습이 상호 의존적이며 사회적 상호작용에 의존한다고 본다. 예를 들어 피아제와 같은 다른 발달이론가들이 마음의 전반적 능력에 대한 융통성 없는 발달적 단계론을 주장하는 데 비해, 그는 이를 찬성하지 않는다. 예컨대, *Mind in Society*, Cambridge, Mass., Harvard University Press, 1978을 보라.

4 언어에 관련하여 이런 입장을 강력하게 주장하는 예로 N. Chomsky, *Language and Problems of Knowledge*, Cambridge, Mass., MIT Press, 1988, pp.134-135를 보라.

5 비고츠키는 이 점에 있어 매우 중요한 예외임을 다시 한 번 지적한다.

6 고전적 진술로는 J. A. Green (ed.) *Pestalozzi's Educational Writings*, London, Edward Arnold, 1912, p. 195를 보라.

7 D. Hamlyn, *Experience and the Growth of Understanding*, London, Routledge, 1978, p. 41.

8 Ibid.

9 K. Sylva and I. Lunt, *Child Development*, Oxford, Blackwell, 1982, 제3장 참고.

10 케니(Kenny)를 따라, 능력과 소양을 구분하였다. 소양은 어떤 능력을 획득할 수 있게 해 주는 능력이라고 할 수 있다. 예컨대, 모국어에 대한 소양은 생물학적 성숙이 이루어지는 특정 기간 동안 작동할 것이다. A. Kenny, *The Legacy of Wittgenstein*, Oxford, Blackwell, 1989, p. 139 참고.

11 R. Dearden, *The Philosophy of Primary Education*, London, Routeledge & Kegan Paul, 1968, 제3장에 이 사항이 잘 언급되어 있다.

12 발달이론의 은폐된 규범성에 대해서 충분히 강조되지 않는 경향이 있다. 이 문제들에 대한 유용한 논의는 K. Beckett, 'Growth Theory Reconsidered', *Journal of Philosophy of Education*, 19, 1, 1985, pp. 49-54를 보라.

13 J. Darling, *Child-Centred Education and Its Critics*, London, Chapman, 1994, 제3장

14 Chomsky, 1988, op. cit., p. 136.

15 예를 들어, 이론적 입장에 대한 전반적 소개는 J. Piaget and B. Inhelder, *the Psychology of the Child*, London, Routledge, 1969(초판은 1966)을 보리. 좀 더 지세한 설명은 J. Piaget, *Logic and Psychology*, Manchester, The University Press, 1953을 보라. 발달이 이루어지면 어떻게 구조가 재구성되는지에 대한 설명은 J. Piaget, *Biology and Knowledge*, Edinburgh, Edinburgh University Press, 1971(초판은 1967년의 프랑스어 판)을 보라.

16 예를 들어, 다음을 참고하라. M. Donaldson, *Children's Minds*, London, Fontana, 1978, G. Brown and C. Desforges, *Piaget's Theory : A Psychological Critique*, London, Routledge, 1979, B. Tizard and M. Hughes, *Young Children Learning*, London, Fontana, 1984. 피아제

적 시도에 대해 전반적으로 호의적인 철학적 설명은 D. Hamlyn의 앞의 책을 보라.

17 J. Piaget, *The Principles of Genetic Epistemology*, London, Routledge, 1972, pp. 85–93. Brown and Desforges의 앞의 책 p. 46을 보라.

18 그 증거에 대한 유용한 평론은 다음을 참고하라. Brown and Desforges의 앞의 책. Donaldson의 앞의 책. David Wood, *How Children Think and Learn*, Oxford, Blackwell, 1990, 제3장. Sylva and Lunt의 앞의 책.

19 이는 능력에 대한 연구에 내재된 문제다. 이 문제는 바실 번스타인(Basil Bernstein)과 동료들이 수행한 언어적 결손현상에 대한 조사를 힘들게 했고, 또 지력에 대한 연구를 상당 부분 힘들게 했다. S. J. Gould, *The Mismeasure of Man*, London, Penguin, 1981, pp. 199–232를 보라.

20 하지만 서구 문화 내에서의 계층 간 비교 연구가 발달이론의 일관성에 대한 상대적 증거를 제공한다는 점에 대해서 H. Ginsberg, *The Myth of the Deprived Child*, New York, Doubleday, 1972를 보라. 문자 미사용 문화권의 구성원들은 형식적 조작 단계(formal operational stage)에 속하는 문제가 제시되면 질문의 성격을 지각하지 못해 그 문제를 이해하고 해결하는 데 어려움을 겪는다. 이에 대한 주목할 만한 설명은 D. Levi, "Why Do Illiterates Do So Badly in Logic?", *Philosophical Investigations*, 19, 1, 1996, pp. 34–54를 보라.

21 이 방향의 비판은 David Carr, cf. 'Knowledge and Curriculum: Four Dogmas of Child-Centred Education', *Journal of Philosophy of Education*, 22, 1, 1988에서 발전되어 왔다. 진리를 유용성(viability)으로 재정의해도 구성주의자에게 도움이 되지 않는다. 전조작기의 구조는 얼마 가지 않아 폐기되므로 유용하지 않기 때문이다. 유용성으로 진리를 대체하려는 시도에 대해서는 E. von Glasersfeld, 'Cognition, Construction of Knowledge and Teaching', *Synthese*, 80, 1989, pp. 121–140을 보라.

22 P. Carruthers, *Human Knowledge and Human Nature*, Oxford, Oxford University Press, 1992, 제10장 참고

23 때로는 이것을 문제로 인식하지 않았다. 예를 들어 W. van Haaften, 'The Justification of Conceptual Development Claims', *Journal of Philosophy of Education*, 24, 1 pp. 51–70을 참고하라.

24 피아제는 정당화되지 않은 이 모든 요소를 사용했다. 내적동기이론은 루소에게서 가져왔으며, 이 이론은 제3장에서 비판한 바 있다. 또 표상 작용을 강조하는 이론은 앞 장에서, 추상주의에 대한 비판은 제9장에 있다.

25 Sir Francis Bacon, *First Book of Aphorisms*, 1620, M. Hollis, *The Philosophy of Social Science*, Cambridge, Cambridge University Press, 1994에서 재인용.

언어학습

1. 서론

   흔히들 모국어는 학습되는 것이 아니라 습득되는 것이라고 말한다. 나는 모국어 학습[1]에 대해서는 '습득'[2]이라는 용어를 사용하여, 학식(學識)을 갖추기 위한 학습이나 제2언어 학습과 구분하고자 한다. 이것들은 훨씬 심화된 집중력, 암기, 수업[3]을 요구하기 때문이다. 어린 시절에는 의식적 노력이나 외적 동기부여가 없어도 언어를 배우게 된다. 아이들은 의사소통을 하려는 강력한 본능을 지니기 때문이다. 언어 습득에 대해 생물학적 근거를 댈 수 있지만, 그것은 생물학적 과정이 아니라 사회적 과정이다. 언어 습득이 어떠한 의식적 노력이나 외적 동기부여가 없어도 가능하다고 보는 견해는 상당히 과장되어 있다. 실제로는 아이들과 보육자 모두 강한 본능적 동기에 의해 학습에 전념한다.

---

[1] mother tongue learning

[2] 'acquisition'

[3] instruction

2. 인지주의의 설명

언어 습득에 대한 전통적인 설명은 피아제의 초기 저작에서 유래한다. 그는 언어학습을 심상에서 내적 언어로의 전환[4]으로 설명했다. 이 과정에서 심상들은 상징적 표상을 받아들이고, 언어를 자아 중심적으로 사용하다가 마침내 사회적으로 활용하게 된다.[1] 널리 알려진 대로 비고츠키는 피아제가 예컨대 유아원[5]과 같은 비일상적 상황으로부터 아이들이 말을 배우기 시작할 때 접하는 다양한 상황으로 이를 일반화해 가는 잘못된 방식을 사용한 점을 집중적으로 비판하였다.[2] 덧붙여 피아제식 언어발달 모델 역시 앞 장에서 살펴본 독단적인 단계적 발달 모형에서 유래했음을 지적할 수 있겠다. 하지만 이와는 별도로, 비트겐슈타인이 제기한 사적 감각언어[6]의 불가능성에 관한 논의에 비추어 볼 때 피아제의 설명은 매우 취약하다(제4장 참조).

현재 가장 영향력 있는 언어 습득 이론은 촘스키와 그의 지지자들이 제시한 것이다. 이들 이론 역시 홀로 있는 아이로부터 모국어 습득에 대한 설명이 시작된다. 인지주의적 설명은 피아제의 초기 이론이 직면한 것과 같은 어려움을 피할 수 있을까? 촘스키와 포더의 인지주의가 사적 감각언어[3]에 대한 논란은 피할 수 있겠지만, 제4장에서 언급한 처음부터[7]고립된 언어[8]에 대한 논란이나 제6장에서 언급한 표상이론의 문제에 대한 논란은 피할 수 없다. 하지만 이런 문제들은 접어 두고 인지적 설명을 그 자체로 살펴보자.

주장에 따르면, 인간의 자연 언어[9]는 개개인의 본유적인 능력[10]에 기반을 두

---

4) transition from imagery to inner speech

5) child nursery

6) private sensation language

7) *ab initio*

8) solitary languages

9) natural language

10) faculty

고 있다. 그리고 유아는 자신이 속한 집단이 어찌하다 보니 모국어로 갖게 된 특
정 자연 언어의 규칙에 맞게 이 능력을 조정하고 조율하게 된다. 각 신생아가 가
진 본유적이고 개인적인 능력은 대체로 인류 전체에 공통적인 일종의 규칙체
계[11]로, 인간의 신경계에 '배선된'[12]상태로 있다. 모국어에 노출되면 아이는 즉시
이 본유적 능력을 자신이 속한 특정 언어 공동체의 매개변수[13]에 맞게 조정한다.
이 조정 과정은 때때로 호문쿨루스를 상정하는 방식, 곧 신생아는 '아기 과학자'
로서 해당 언어 공동체가 사용하는 특정한 규칙에 대해 가설을 세우고 검증한다
고 묘사된다. 그 외에 전기망[14]같이 좀 더 기계적인 방식으로 설명되기도 한다.

　　언어 능력은 스위치 박스가 달리고 복잡하게 얽힌 네트워크라고 생각할 수도
있다. 스위치 박스에는 누름 버튼이나 변환 스위치가 줄지어 있다. 스위치들이
제대로 설정되어 있지 않으면 시스템은 기능하지 않는다. 스위치들이 작동 가
능하게 설정되면 시스템은 원래의 성격에 맞게 작동하지만, 스위치 설정 값이
어떻게 되어 있는지에 따라 다르게 작동하기도 한다. 여기서 고정되어 있는 네
트워크는 보편문법[15]의 원칙 체계라 할 수 있다. 그리고 스위치들은 경험에 의
해 고정되어 가는 매개변수라 하겠다. 언어를 배우는 아이에게 데이터만 주면
스위치들은 충분히 제대로 설정된다. 스위치들이 설정되면 아이는 특정 언어를
마음대로 구사할 수 있고 그 언어에 관련된 지식, 곧 '이 표현은 이런 뜻이 있다'
등등을 알게 된다.[4]

언어학습 과정에 대한 이 같은 묘사에 덧붙여, 신생아는 언어 일반에 대한 대
부분의 지식을 지니고 있다고 설명한다. 다만, 이때 지식은 특별한 종류의 지식

---

11) rule system
12) [역주] 'wired in': 전선이 잘 깔려 있어 전원만 공급되면 바로 작동할 수 있는 상태
13) parameter
14) electronic network
15) universal grammar

으로 취급된다.

스페인어나 다른 언어를 배우는 아이는 경험 이전에 이미 그 언어의 규칙들이 구조에 종속적[16]일 것이라는 점을 알고 있다. 아이는 언어를 탐구하기 위해 추리를 동원하는 과학자처럼 단순한 일차적 규칙 R을 생각해 보다가 좀 더 복잡한 규칙 R-Q가 나오면 R을 폐기하는 것이 아니다. 그보다 경험이나 수업[17]이 없어도 일차적 규칙 R은 생각해 보지도 않고 구조에 종속적인 R-Q 규칙이 유일하게 가능하리라는 사실을 알고 있다. 이런 지식은 아이가 생물학적으로 타고난 재능의 일부, 곧 언어능력을 구성하는 구조의 일부다. 그리고 아이가 경험의 세계를 대면할 때 사용하는 심적 기구[18]의 일부다.[5]

다고스티노는 아이가 규칙을 알아야 한다는 필요조건이 인지주의적 설명에 꼭 필수적인 것은 아니라고 주장해 왔다. 어떤 의미에서 보면 아이가 언어의 규칙들을 지니고 있다는 주장이라 할 수 있다.[6] 이처럼 어구(語句)를 달리하면 인지주의이론은 의식 차원의 검토가 불가능하면서 일상적인 의미로 명제도 실제도 아닌 종류의 지식을 생략하고 넘어갈 수 있게 된다. 하지만 그것 나름대로의 문제가 제기된다. 인지주의자들은 신생아가 이미 규칙체계를 갖고 있다[19]고 주장하고 싶어 한다. 이는 아이가 어떤 언어를 알고 있다[20]는 주장의 핵심처럼 보인다. 언어란 규칙체계이기 때문이다. 하지만 규칙체계를 갖고 있다는 것은 어떤 의미에서 그 규칙체계를 알고 있다는 것이다. 관찰자가 규칙들이라고 서술할 어떤 메커니즘[21]에 의해 신생아가 인도되고 있다는 주장은 받아들일 수 있

---

16) structure dependent

17) instruction

18) mental equipment

19) possess

20) *know*

21) mechanisms

을 것 같다. 하지만 이것이 인지주의자들이 정말로 말하고자 하는 것은 아니다. 제5장에서 보았듯 그들의 핵심 주장은 마음은 표상 시스템에 의해 작동된다는 점이다. 그리고 지적한 대로, 기계적인 안내 시스템[22]은 내연기관(內燃機關)[23]이 아니듯 표상 시스템도 아니다. 어떤 체계가 표상 시스템이 되려면 반드시 어떤 것을 어떤 사람[24]에게 표상해야 한다. 그리고 이 어떤 사람은 신생아의 마음/두뇌에 해당하고, 그래서 신생아는 규칙체계에 익숙한 상태가 된다. 결국 인지주의적 접근의 보다 넓은 측면을 계속 유지하려면, 신생아는 표상 시스템과 일종의 인식적[25] 관계를 맺고 있다는 생각을 포기하기 어려울 것처럼 보인다.[7]

이렇게 기본적 측면에서 의심스럽다면, 언어학습에 대한 인지주의적 설명이 지닌 장점은 무엇일까? 인지주의이론의 범주는 구문론과 의미론까지 확장된다. 그렇다고 화용론, 음성체계, 운율체계, 자세, 표정, 맥락까지 드러내 놓고 포괄하지는 않는다. 가장 주요한 장점은 구문론과 관련된다. 우리에게 믿으라고 요구하는 바는 이렇다. 즉, 아이가 모국어 구문에 대한 지식을 매우 빨리, 힘들이지 않고 체계화하여 전혀 들어보지 못했던 문장을 즉각적으로 이해하고 사용할 수 있게 되는 유일한 길은 **처음부터**[26] 언어습득 장치[27]를 갖고 있는 것이다.

언어학습은 실제로 아이가 해내는 것이 아니다. 적절한 환경에 놓인 아이에게 그냥 벌어지는 일이다. 적절한 영양분과 환경적 자극이 있으면 정해진 대로 아이의 육체가 자라고 성숙하는 것과 같다.[8]

---

22) mechanical guide system

23) internal combustion engine

24) *something* to *someone*

25) *epistemic*

26) *ab initio*

27) language acquisition device

이러한 능력은 주목할 만하다. 하지만 오직 본유적 언어능력으로만 설명해야 하는가? 이것이 이 현상을 설명하는 유일하게 타당한 가정이라는 주장은 지나친 감이 있으며, 한 가지의 과학적 연구 프로그램에 참여한 개인이 내린 결론에 불과하다. 인지주의적 접근이 제시하는 증거들의 미약함을 생각해 보면 이런 설명이 발휘하는 영향력은 한층 더 놀랍다. 이제 일종의 본유주의[28]가 언어학습을 설명하는 데 있어 유일하게[29] 쓸모 있고 타당한 가정이라는 생각에 의문을 제기하고자 한다. 그런 다음 본유주의가 지닌 다른 문제점을 하나씩 따져 보는 것이 적당할 것 같다.

　　촘스키는 한 언어의 음운 체계는 그 언어의 다른 사용자들을 흉내 내면서 익힌다는 사실을 인정한다.[9] 그는 어휘가 본유적이라고 주장하지 않는다. 오직 개념들만이 그렇다고 한다. 또한 아이들이 한 번도 들어보지 못한 문장구조[30]를 사용한다고 주장하는 것도 아니다. 언어의 진정으로 주목할 만하고 신비한 특성은 아이들이 한 번도 들어보지 못한 문장을 말하는 사실이라고 한다. 언어 습득을 설명하기 위한 본유주의적 이론은 이런 간단한 관찰에 기초하여 건물 전체를 지었다(그들의 설명을 좀 더 정확하게 표현한다면 언어발달이다). 하지만 주장된 내용은 이러하다. 즉, 아이들은 단어를 포함하여 문장구조를 이미 접해 본 경험은 있지만 전체를 사용해 보지는 않은 문장들을 사용할 능력이 있다. 그들은 그런 문장구조들을 들어본 바 있고, 앞으로 계속 쓰게 될 단어들도 이미 들어본 상태다.

　　여러 가지 상황에서 볼 때, 전에 한 번도 들어보지 못한 문장을 사용하는 것은 대개 그 전에 들어보거나 사용해 본 적이 있는[31] 문장(또는 문장의 일부)을 사용하는 것이다. 어떤 문장이든 각 부분을 문장 함수[32]로 나타낼 수 있다. 여기서

---

28) innatism

29) *only*

30) *sentence structure*

31) one *has* heard or used

단어 하나 또는 구(句)를 제거하면 함수적 표현[33]을 얻게 된다. 그리고 이 함수의 인수 부분에 동일하거나 연관된 구문론적 범주의 단어나 구를 입력하면 원 문장[34]과 동일한 논리적 범주에 속하는 새로운 문장이 만들어지게 된다. 따라서,

엄마, 우유 좀 갖다 주세요.

라는 문장에서 얻을 수 있는 문장 함수는 다음과 같다.

엄마, _____ 좀 갖다 주세요.

위 문장 함수에 예를 들어 빵, 사탕, 장난감[35]등과 같은 입력 가능한 범주의 인수를 채울 수 있다.

여기서 조금만 생각해 보면, 원 문장은 완전히 다른 범주의 문장 함수를 만들어 낼 수 있고 각 문장 함수는 그에 걸맞은 적절한 종류의 인수를 갖는다. 아이들이 사용하는 문장은 어떤 의미에서 완전히 새로운 문장이라는 주장에 비해, 아이들은 들어보았거나 사용해 본 문장요소 및 구문과 문장 함수를 사용하여 한 번도 들어본 적이 없는 문장을 말할 능력이 있다는 주장은 훨씬 덜 신비스럽게 느껴진다.[10]

새로운 문장을 만드는 능력을 습득하는 과정에서 아이들이 보여 주는 새로움에 대처하는 능력을 보고 우리는 깜짝 놀라야 할까? 우리의 능력이 융통성이 너무 없어서 낯선 상황에 놓이면 이에 대처하기는커녕 살펴보지도 못할 정도라

---

32) sentential function

33) functorial expression

34) original sentence

35) *bread, sweets, toys*

면, 이것이야말로 진정 놀라운 일일 것이다. 사람들이 접하는 상황 대부분은 그 전에 경험한 비슷한 상황과 어떤 면에서 다르기 마련이다. 만일 인간이 낯선 상황을 고려하기 위해 자신의 능력을 적응시키지 못했다면, 인류의 번영은 참으로 암울했을 것이다(이 점은 다른 모든 종(種)들도 마찬가지다). 생각해 보자. 운전자는 그전에 해 봤거나 접해 봤던 동작과 조금씩 다른 동작을 끊임없이 해야 하기 때문에, 자동차를 운전하려면 본유적인 운전 능력을 갖고 있어야 한다. 이 얼마나 받아들이기 어려운 말인가. 우리는 운전할 때 그전에 훈련받은 일련의 표준적인 기술을 사용한다는 점을 잘 알고 있다. 그리고 이 사실을 신비스럽게 여기지 않는다. 우리는 상황에 맞춰 이런 기술들을 발휘하거나 본 적도 써 본 적도 없는 방식으로 결합해 낸다. 만일 이렇게 하지 못한다면, 늘 같은 길에서 처음 훈련받았을 때와 정확하게 일치하는 방식으로만 운전해야 할 것이다.

언어학습도 전혀 다르지 않다. 어떤 나이가 되면 아이는 일정한 양의 단어를 일련의 문법구조 속에 집어넣어 사용하는 기술을 습득하게 된다. 그리고 한번 접해 보았던 상황과 약간 다른, 때로는 상당히 다른 상황 속에서 이 기술들을 사용하는 법을 배운다. 때로는 같은 단어, 같은 문장을 다른 상황 속에서 쓰기도 하고, 때로는 같은 문장이 다른 운율과 준언어적[36] 특징을 띠기도 한다. 또 때로는 단어와 문장 함수를 그전과 다른 방식으로 조합해 쓰기도 한다.

아이는 한 번도 들어 본 적 없는 문장을 어떻게 이해할까?[37] 새로운 문장을 만들어 내는 것과 같은 방식이 적용된다. 아이는 이미 알고 있는 문장구조와 단어들이지만 조합이 다른 경우를 접하게 된다. 한편, 한 번도 경험하지 못했던 단어와 문장구조를 접할 수도 있을 것이다. 그 경우, 곧바로 이해할 수 없다면 도움과 설명이 필요할 수도 있을 것이나. 하지만 대부분 도움이 되는 단서, 예를 들어 발화의 맥락, 몸짓, 운율, 기타 다른 발화자가 지닌 준언어적 특징을 가지게 된다. 이 과정에서는 아이에게 보여 주는 다른 사람들의 자연스러운 반응이

---

36) [역주] paralinguistic: 어조, 표정, 동작 등 의사소통과 관련된 요소

37) *understand*

필수적이다. 아이는 이미 비슷한 상황을 경험하면서 사람들의 행동과 그 결과를 눈여겨봤을 수도 있다. 예를 들어,

우유 가져왔어?

라는 질문을 받게 되면 이를 정보 요청으로 이해할 것이다. 그리고 그 전에 자기 누나가

곰 인형은 가져오지 않았지, 그렇지?

라는 질문을 받고 이를 정보 요청으로 이해하는 장면을 본 적이 있었을 것이다. 또 다른 경우에는 완전히 다른 맥락에서 다른 목소리 톤으로

우유 가져왔어?

라는 말을 듣자 누나가 멋쩍은 표정으로 냉장고로 가서 우유를 가져오는 모습을 본 적이 있었을 것이다. 그 후 아이는 부정의문문[38] 형식을 가진 문장들 중 일부는 질문 방식과 맥락에 따라 뭔가를 하라는 요청으로 이해할 수 있게 된다.

촘스키는 아이들이 언어를 배우는 방식에 대한 이런 설명을 유추적[39]이라고 일축하고, 능력[40]과 지식[41]을 혼동하는 데서 비롯되었다고 주장한다. 이 주장에 따르면 우리는 모국어를 말하고 이해하는 능력을 밝히기 위해 꼭 필요한 설명, 곧 아이가 자기 언어에 대해 가지고 있는 지식을 해명할 수 없게 된다. 하지만

---

38) negative questions

39) *analogical*

40) *ability*

41) *knowledge*

발화자[42]가 가진 모국어 지식은 정확히 말해 특정 종류의 지식, 바로 방법적 지식[43]이다. 이것이 혼동의 결과임은 다음 인용문에서 간접적으로 드러난다.

> 스페인어에 대해 정확히 동일한 지식을 공유하고 있는 두 사람이 있다고 생각해 보자. 발음, 단어 뜻에 대한 지식, 문장구조 파악 등 모든 면에서 동일하다. 하지만 스페인어 구사 능력은—그리고 기질에 있어서—차이가 있을 것이다. 한 사람은 위대한 시인인 반면, 다른 사람은 아주 평범한 상투적 표현만 사용하는 일반인일 수 있다. 기질로도 두 사람은 동일한 언어 지식을 갖고 있지만 같은 상황에서 다른 표현을 할 것이다. 이상을 근거로 생각해 보면 지식을 능력과 같다고 하기는 어렵다. 더구나 성향과 행동은 더더욱 그렇지 않다.[11]

이는 어떤 언어에 있어 일부 사람들이 다른 사람들보다 사용 기술이 더 뛰어나다는 지극히 평범한 관찰을 갖고 일종의 신비스러움[44]을 만들어 내는 일이다. 만일 우리가 촘스키의 본유적 언어지식[45]을 수용하면 그 즉시 지식과 관련된 문제가 제기된다. 그런데 이 본유적 언어지식이야말로 촘스키가 규명하고 싶어 하는 것이다. 따라서 그는 자신과 다른 설명을 비판하는 근거로 사용할 수 없다. 위의 인용에서 동일한 지식을 공유한다고 말해서 이 두 사람에 대한 우리의 이해가 더 깊어진 것은 무엇인가? 그 대신 이렇게 표현해야 한다. 두 사람 모두 스페인어를 말하고 이해하지만 한 사람이 다른 사람보다 더욱 기술이 좋다.[46] 이 말을 인정한다면 위대한 시인은 자신의 기술을 향상시키는 지식을 갖고 있음을 알게 될 것이다. 예를 들어, 해당 언어의 역사에 대해 많이 알고 있다거나, 형식적 문법에 정통하나 거나, 구사하는 어휘가 다양하다거나, 운문 구조

---

42) speaker

43) know-how

44) mystery

45) innate linguistic knowledge

46) *skilful*

에 대해 잘 알고 있다거나 하는 등등을 말한다. 하지만 이것 중 어느 것도 촘스키가 그토록 중요하다고 주장하는 **암묵적**(暗默的) 지식[47]이 아니다. 언어에 대한 명제적(命題的) 지식[48]에 불과하다.

그렇다면 어째서 그 많은 사람이 언어 습득이 신비스러운 성격을 지닌다고 생각해 왔을까? 아마도 몇몇 영향력 있는 연구자가 언어 습득 연구에 있어 한두 가지 측면에만 과도하게 집중한 결과 좀 더 큰 틀을 훼손시켰기 때문이라고 답할 수 있겠다. 특히 발화자가 새로운 문장을 만들고 이해할 수 있다는 사실, 그리고 이런 현상에 대해 전통적인 행동주의[49]가 전혀 설명하지 못했기 때문에 연구자들은 어떤 의미에서 신생아가 이미 '알고 있는' 본유적 지식이 있는 게 틀림없다고 결론 내리게 되었다. 하지만 우리가 살펴보았듯이 문장의 새로움은 생각보다 크지 않다. 단적으로 새로운 문장들은 이미 알고 있던 문장들과 상당한 관련성(음성체계, 구문, 어휘 면에서)을 지니고 있기 때문이다.

한편, 언어 습득 분야에서 연구되고 주목받는 언어의 중요한 다른 특징들이 존재한다. 이것들을 눈여겨보면 새로운 문장을 다루는 능력이 인지주의적 이론을 처음 접했을 때보다 덜 충격적이라고 느끼게 된다. 말[50]은 신체를 가진 둘 이상의 동물적 존재가 만나는 것이다. 이런 간단한 관찰로부터 많은 결론을 이끌어낼 수 있다. 우선 우리의 목소리 기관은 단어로 가득 찬 문법적 구조만을 전달하지 않는다. 억양, 강세, 소리의 높낮이, 잠시 멈추기를 통해 의미를 표현한다. 따라서 아이는 말하는 사람의 어휘, 음성체계, 구문을 파악하는 법을 배우면서 동시에 운율체계에서 어감을 느끼는 법을 배운다. 둘째, 아이는 말하는 사람의 표정, 몸짓, 입장, 자세를 메시지의 일부로 '읽는' 법을 배운다. 셋째, 직접 접하는 물리적 맥락과 다른 사람들과 공유하는 경험 및 문화라는 더 넓은 배

---

47) *tacit* knowledge
48) propositional knowledge
49) behaviourism
50) speech

경이 특정 발언을 이해하는 데 도움을 준다. 이러한 듣기와 말하기의 다양한 요소를 마음대로 다룰 수 있기까지는 경험과 많은 도움을 필요로 한다.

문화적 전제와 개인적 경험의 공유를 위해 다양한 발화 상황에 대한 문법 교과서가 필요하게 된다. 대개 의미는 주변의 물리적 맥락, 공유된 이전 경험, 문화적 전제, 지식을 암묵적으로 참고할 때 효과적으로 전달된다. 비록 이것이 유일한 것은 아니지만, 촘스키와 추종자들이 언어의 능력[51]에서 언어능력[52]과 언어수행[53]을 구분하는 한 가지 이유에 해당한다. 우리가 하는 말 전부가 완전하게 통사적으로 분절되는 것이 아니므로, 그는 우리의 언어능력(언어의 구조에 대한 본유적이고 학습된 지식)이 실제 생활의 상황 속에서 실제로 벌어지는 언어수행과 일치하지 않는다고 주장한다.[12] 촘스키에게 언어능력은 어떤 환경 속에서 어떤 방식으로 행동하는 성향이라기보다 일련의 지식에 대한 인식적 관계다.[13] 이는 심층 언어구조[54]의 표상적[55] 성격 때문에 필요하게 된다. 그리고 이런 점이 들어보지도 못한 문장을 사용하고 이해하는 우리의 능력을 설명해 준다. 이렇다보니, 능력[56]은 일반적으로 이해되는 의미와 관련이 없게 되었다. 그리고 우리가 지금 논의하고 있는 암시적 의미 현상은 설명할 필요가 없게 된다.

어떤 언어든지 교과서에 실리는 문법(형태통사론)은 거의 대부분 어떤 특정 목적을 위해 사람들의 실제 대화를 체계화하고 이상화한 결과물이다. 교과서가 직접적으로 용법을 처방하듯 전달하지는 않지만(특별히 형식적 상황, 예를 들어 글쓰기나 외국어 학습자를 위한 것은 예외다), 발화자들이 사용한 비공식적 규칙들은 모두 깔끔하게 정리되며 체계화된다. 이런 이유 때문에 이것이 발화자들 대부분이 사용하는 실제 규칙에 대한 서술이 될 수는 없다. 이런 의미에서 발화자들

---

51) language capabilities

52) *competence*

53) *performance*

54) deep language structures

55) *representational*

56) competence

의 능력은 다양한 발화 상황에서 효과적으로 말하고 듣는 규칙들을 잘 사용하는 실제 역량[57]을 뜻한다. 발화자에게 언어능력[58]이 있다고 해서 우리가 문법 교과서에 실릴 만한 형태통사론의 명제적 지식이 발화자에게 있다고 주장해야 하는 것은 아니다. 또한 몇몇 인지주의자들(촘스키를 포함하여)이 주장하듯 이 지식이 의식적 자각의 한계 너머에 있을 필요도 없다. 능력에 대해 도출되어야 할 결론은 능력이 늘 그 언어의 초급 문법책이 제시하는 완전히 분절된 문장을 만들어 낸다는 주장일 필요가 없다. 그 대신 능력은 맥락과 발화자와 청취자의 개인적인 특징에 따라 문법과 어휘를 조화시키는 것이어야 한다. 따라서 언어 능력[59]은 적절한 상황에서 적절한 방법으로 수행하는 역량[60]이다. 촘스키의 '언어능력'[61]이라는 차원에서 볼 때, 사람은 능력이 있을 수 있으나 적절한 상황에서 적절한 방법으로 수행하지는 못한다. 이때 '언어능력'이란 의식적 자각이 가능한 수준을 넘어선 문법적 지식을 가리키기 때문이다. 더욱이 우리가 말하는 법을 배우려면 그런 지식을 반드시 갖고 있어야 한다는 필요성이야말로 촘스키와 추종자들이 마땅히 증명해야 할 점이다.

　언어능력은 확장될 수 있으며, 좀 더 공식적이고 체계적인 문법에 친숙해질 것을 요구하는 측면들이 존재한다. 몇몇 공식적인 발화 상황이 그렇다. 대부분의 언어에서 글쓰기를 완전히 익히려면 작가는 공식적 문법에 정성을 기울여야 하며 그때 비로소 언어능력이 완성될 수 있다. 하지만 이것은 작가들이 그때야 의식적 자각의 한계를 넘어서 존재하는 특별한 종류의 지식에 의존하기에 이른다는 의미는 아니다. 그보다는 그들이 일정한 양의 '명제적 지식'[62]을 습득하게 되고, 이것 때문에 솜씨 좋은 작가가 될 수 있다.

---

57) ability
58) competence
59) competence
60) ability
61) competence
62) 'knowledge that'

과학적 방법론 차원에서 모국어 학습에 대한 인지주의적 설명은 일반적이지 않다. 그들이 언어 지식이 '마음/두뇌'에 있다고 주장하므로, 사람들은 실제로 그곳에 위치한다는 증거를 기대했었다. 하지만 그 대신 우리는 변형 가능한 요소가 포함된 구(句) 구조문법[63]이 자연 언어 규칙의 특징을 명확하게 드러내 주는 것이라는 말을 들었을 뿐이다.[14] 하지만 이는 과학적으로 수용할 수 있는 증거가 아니다. 보편문법이라는 본유적 정신 표상이론[64]은 그 문법이 무엇인가를 밝혀줄 만한 다양한 가능성과 일맥상통한다. 촘스키는 스페인어의 몇몇 특징을 제시하기도 했는데, 이는 예를 들어 역트리[65] 모양이 선형구조[66]보다 그 특징을 표현하는 데 더 좋다는 점을 알려주기는 했다. 하지만 다른 설명을 배제하는 일련의 전제가 없었다면, 이러한 관찰에서 그런 구조가 실제로 일종의 표상적 예시 상태로 개별 발화자의 머릿속에 들어 있다는 잠정적인 결론에 도달할 수 없었을 것이다. 그중 중요한 전제는 발화자가 자신의 모국어를 배우기 위해서는 이미 언어를 알고 있어야 한다는 것이다. 하지만 우리가 앞에서 밝혔듯이 이 전제는 심각한 난점을 지니고 있다.

그렇다면 아이들은 모국어를 아무런 노력 없이 매우 빠르게 배울 수 있으며 본유적 구조[67]만이 이런 일을 가능하게 해 준다는 주장을 어떻게 이해해야 할까? 언어학습에 대해 일종의 본능적 기초가 존재하며 이는 우리의 생물학적 본성과 연관되어 있고 어떤 시기에 특히 활발하게 작동한다는 점은 논란의 여지가 없다. 하지만 본유주의자들이 제시한 다음 두 가지 주장은 한층 더 논란의 여지가 있다. 첫째, 언어학습은 습득[68]이 아니라 발달[69]의 문제다. 촘스키의 언

---

63) [역주] phrase structure grammar: 기호를 바꿔 쓰면 바꿔 쓰기 규칙의 체계로 표현되는 생성 문법

64) the theory of the innate mental representation

65) inverted tree

66) linear structure

67) innate structures

68) *acquisition*

69) *development*

급을 예로 들어보자.

> 언어의 습득은 그냥 벌어지는 일이다. 즉, 무엇인가를 일부러 하는 것이 아니다. 언어학습은 마치 사춘기를 겪는 것과 같다. 다른 사람들이 사춘기를 겪는 것을 보고 이를 일부러 배우지는 않는다. 때가 되면 사춘기는 겪게 되어 있다.[15]

첫 번째와 밀접하게 관련되어 있는 두 번째 논점은 위의 인용에 암시되어 있다. 즉, 언어학습이 주로 4, 5세에 곧 '때가 되면' 그냥 벌어지는 일이라는 점이다.[16] 아주 단순하게 받아들이면 그렇지 않겠지만, 정밀하게 검토해 보면 두 주장 모두 성립될 수 없다. 언어학습 초기에 유아들은 일정한 방식으로 훈련을 받아야 한다. 예를 들어 어떤 단어들의 뜻은 실제로 물건을 보여 주어야 한다. 또 이들이 의사전달을 시도할 때 응답으로 주어지는 반응적 행동을 보면서 응답하는 법을 연마한다. 시간이 지나면 아이들은 좀 더 적극적으로 단어의 뜻을 질문하면서 학습에 임한다.[17] 하지만 조건화[70]와 훈련[71] 단계에서도 거의 언제나 언어학습은 듣고 말하기에 있어 학습자의 적극적인 참여가 필요하다. 그렇지 않다면 말하는 법을 배우지 못할 것이다. 아이가 노력을 전혀 하지 않는다는 주장은 언어학습 과정을 잘못 이해하는 것이다. 아이는 언어 자원[72]이 빈약하고 대화 상대자들의 집중을 이끌어 내야 하기 때문에 자기를 전달하는 일에 많이 노력하게 된다. 어린아이는 모국어의 음성체계를 모방하여 소리를 조율하는 듯 보이며, 성인들은 이것을 훨씬 수월하게 해낸다는 점은 명백한 사실이다. 하지만 모국어의 문법을 배우는 데 어떤 의식적 노력도 하지 않는 것은 마음속에 이미 대부분의 문법이 들어 있기 때문이 아니라 노력을 의식적으로 하지 않아도 되기 때문이다. 하지만 아이가 노력할 필요가 없다는 뜻은 아니다. 사실 새 단

---

70) conditioning

71) training

72) linguistic resource

어나 문법구조를 배울 때 드러나는 머뭇거림, 멈춤, 당혹, 스스로 교정하는 행동같이 아이가 노력한다는 증거는 많다.

물론 무엇인가를 학습하기는 하지만 실제로는 전혀 배우고 있지 않다면 노력할 필요가 없다. 그것은 재미없는 요구에 불과하다. 아이는 말하려고 노력 중인 언어를 지배하는 규칙을 참여[73]를 통해 배운다. 여기서 참여는 다양한 수준의 노력을 요구한다. 촘스키가 주장하듯 아이는 이미 존재하는 일련의 문법적 지식을 변형하지 않는다. 그런 지식을 갖고 있지 않기 때문이다. (a) 언어 습득 장치는 언어학습에 필수적 선제조건이다. (b) 언어 습득 장치가 존재한다는 주장은 좀 더 확실한 논증이나 증거가 필요하다. 언어학습이란 아무런 노력이 필요 없다는 주장은 음성체계와 구문론에 집중함으로써 어느 정도의 타당성을 가지게 된다. 하지만 이마저도 정밀하게 검토해 보면 성립하기 어렵다.

매우 짧고 결정적인 기간이 있기는 하지만, 언어 습득은 그 이후에도 계속되어 십 대까지 연장될 수 있다는 점이 이제는 전반적으로 인정되는 바다. 촘스키는 이에 대해 선험적[74]설명을 원하는 듯싶으나, 그 설명은 올바르지 않다. 그의 주장에 따르면 신경계의 발달은 사춘기까지 계속 진행되고 언어발달은 신경계 발달의 함수[75]이므로, 언어발달은 사춘기까지 일어난다.[18] 하지만 이 주장은 a는 b의 함수다[76]라는 명제, 곧 b에서 발생한 것은 무엇이든지 a에서 발생해야 한다는 명제로부터 도출되지 않았기 때문에 불합리한 추론[77]이다. 아마 본유주의자는 언어발달이 대략 5세경에 완성되는 신경계 발달의 어떤 측면에 대한 함수라고 주장할 것이다. 모국어의 구문론적 자원조차도 완벽하게 습득하기까지 오랜 시간이 걸린다는 사실은 본유주의적 가설을 의심하게 한다는 논박도 가능

---

73) *participation*

74) *a priori*

75) a function of development of nervous system

76) *a is a function of b*

77) *non sequitur*

하다. 본유주의자들은 언어의 문법은 이를테면 이미 형성되어 있다[78]고 가정한다. 그렇기 때문에 어린아이가 모국어에서 사용 가능한 구문구조 전체에 노출되면 모든 '스위치 설정'이 완료되는 것이 가능할 수 있어야 한다. 하지만 이것은 가능할 것 같지 않다. 언어 습득이 길고 늘어지는 과정이며 퇴행 시기와 도약 시기가 뒤섞여 있다는 증거가 많다. 유창성, 자신감, 기본적 이해가 오랜 세월에 걸쳐 자라난다.[19]

본유주의자는 어떤 문장구조들은 두뇌가 사춘기까지 자라야 '스위치를 켠' 상태가 될 수 있다고 주장할 수 있겠다. 이에 대한 증거는 없다. 그리고 비교 문화적 조사를 해 보면 이 주장은 매우 무력하기 짝이 없다. 문법적 발달의 속도가 서로 다르다는 점이 드러나기 때문이다. 특히 문맹(文盲) 사회와 비문맹(非文盲) 사회를 비교해 보면 그럴 것이다. 많은 입말 구조(예를 들어 수동태)는 그 구조가 글말에서 비교적 자주 나타나는 것과 밀접하게 관련되는 경향이 있다. 어떤 경우든 본유주의자의 가설은 퇴행이나 더딘 성장을 설득력 있게 설명하지 못한다. 본유주의자는 늘 능력/수행의 구분에만 호소한다. 하지만 그럴수록 그 구분은 점점 더 쓸데없어 보인다. 언어 습득에 있어 관심은 본유주의적 의미로서의 능력보다 수행에 더 깊이 관련되어 있기 때문이다. 수행 능력(일상적 의미로서 '수행')의 성장이 지닌 구체적인 양상을 설명할 수 없다면, 언어 습득에 대한 어떠한 설명이라도 매우 부적당하다. 그리고 문법구조 습득 과정에서 망설임과 유창성의 점진적 성장이 뚜렷이 보인다는 증거가 있다.

다섯 살이 지난 후 몇 년간 지속되는 다른 과정에서 유창성은 점진적으로 증가하고 헤매거나 망설이는 경우는 감소한다. 그와 함께 미숙함에서 비롯되는 오류는 천천히 소거된다. 여기서 오류는 주어 위치에서의 복합 명사구, 예를 들어 shall, may, ought와 같은 몇몇 법조동사[79], 장소, 방식, 양보, 가정적 조건을

78) pre-formed
79) modal auxiliaries

나타내는 부사절, 비정형[80] 부사절(목적을 나타내는 절은 제외), whom, whose
가 사용된 관계사절 또는 전치사가 붙은 관계 대명사, 절 대용,[81] 모든 종류의
생략, 가장 일반적인 것을 제외한 모든 문장 연결사를 말한다.[20]

본유주의적 주장은 언어 습득의 다른 측면에 어떤 도움을 줄 수 있을 것인가?
우리가 앞에서 살폈듯이 음성체계는 대개 모방에 의해 습득된다. 어휘에 대한
본유주의자들의 일반적 주장에 의하면, 인간의 마음이 작동하는 개념적 구조는
본유적으로 주어진다. 또 우리가 습득하는 단어들은 대부분 본유적으로 습득된
의미들에 부합한다.[21] 본유주의적 시각에서 설명하는 개념 형성[82]이 지닌 문제
점은 다음 장으로 넘기도록 하겠다.

　본유주의자, 발달주의자, 행동주의자는 한결같이 **화용적**[83] 능력 곧 의사소통
의 구체적 행위에 참여하는 능력의 발달을 언급하는 데는 별 흥미를 갖지 않는
다. 마치 아이들이 개별적으로 분리된 상자 속에서 언어의 여러 측면을 배우듯
이 구문론, 의미론, 화용론 등을 구분하는 데는 분명히 인위성이 존재한다. 그
럼에도 서로 다른 상황에서 말하고 듣는 법을 배우는 것은 우리의 말하는 능력
의 근본적 부분이다. 그리고 이것을 설명하지 못한다면 언어발달에 대한 그 어
떤 설명도 심각한 결점을 지니게 된다. 본유주의자들이 본유적으로 부여된 준
언어적이고 운율적인 특질을 특정 자연언어에 조화시키는 어떤 장치를 언급할
수도 있고, 발달주의자들이 특정 발달단계에서 사회적 관심이 성장하는 것을
두고 일종의 화용적 능력의 발달에 도움이 되는 전제조건이라 할 수도 있겠다.
하지만 양쪽 모두 현재의 논쟁에 도움이 되는 증거를 제시하지는 못하고 있는
것 같다. 행동주의자들은 화용과 운율에서 사용되는 모든 형태가 모방과 강화

---

80) [역주] non finite: 부정사와 분사와 같이 동사 형태를 갖지만 시제, 인칭, 수가 나타나지 않는
　　것을 뜻한다.

81) [역주] clausal substitution: so 혹은 not이 절을 대신하는 경우를 말한다.

82) concept formation

83) *pragmatic*

를 통해 습득될 수 있을 거라고 주장할 수 있겠다. 하지만 이 주장은 우리가 다른 사람에게 말하는 상황 대부분이 지닌 상대적 새로움[84]과 양립하기 어렵다. 발화 상황은 서로 비슷하기 때문에 발화자들은 상황이 지닌 새로움을 별 어려움 없이 처리할 수 있지만, 그전에 이미 벌어졌던 것과 똑같은 상황을 만난다고 말할 만큼 상황들 간에 유사성이 존재하는 것은 절대 아니다. 발화 상황은 인적 구성, 주변의 물리적 환경, 그 상황에 이르게 된 내력, 특정 상황에 적용되는 특정한 사회적 관례의 차원에서 온갖 종류의 미묘한 차이가 있다. 행동주의자는 설명을 위해 '똑같은 상황'이라는 매우 구체적인 개념이 필요하다. 하지만 이런 미묘한 차이 때문에 '똑같은 상황'이라는 개념은 행동주의자가 자주 사용하기에는 너무나 모호하다.

 일단 행동주의, 발달주의, 본유주의 이론이 지닌 신비감을 제거하고 나면, 언어 습득에 대해 할 이야기도 많고 또 쉬워진다. 들어보지 못한 문장의 이해와 생성에는 분명 새로움이 동반되며, 이를 반드시 신비로운 본유적 도구를 갖고 설명해야 할 필요는 없다. 제4장에서 다룬 대로 인간 삶이 사회적이고 규칙 지배적이라면, 그리고 모든 인간 공동체가 갖는 인간 삶의 생물학적 제한점 몇 가지―안락함, 거주지, 음식에 대한 필요―를 떠올려 보면, 우리가 장기간에 걸쳐 세심하게 관찰해 보면 알 수 있는 언어 습득 과정의 식별 가능한 특징들은 그리 신비롭게 보이지 않을 것이다. 아이들이 실제로 모국어를 습득하는 과정에 대한 많은 양의 관찰 데이터가 이미 존재한다. 들여다보면 이 관찰 데이터는 일련의 생물학적 본성을 지니고 규칙을 따르는 사회적 존재로서의 인간, 자신이 태어난 규칙 지배적인 사회적 세계에 참여하여 의사소통하는 법을 배우는 인간이라는 전체적인 묘사로 끊임없이 수렴되고 있음을 알 수 있게 될 것이다.[22] 이것이 우리에게 제공하는 것은 언어 습득의 이론이 아니라 모든 아이가 겪는 그 과정에 대한 일리 있고 믿을 만한 설명이다.

---

84) relative novelty

1 예를 들어 J. Piaget, *Le Language et la pensée chez l'enfant*, Neuchatel-Paris, Delachaux et Niestle, 1923.

2 L. S. Vygotsky, *Thought and Language*, Cambridge, Mass., MIT Press, 1962, Chapter 2.

3 J. Fodor, *The Language of Thought*, Cambridge, Mass., MIT Press, 1975, p. 70

4 Noam Chomsky, *Language and Problems of Knowledge*, Cambridge, Mass., MIT Press, 1988, pp. 62-63.

5 Ibid., p. 45.

6 F. D'Agostino, *Chomsky's System of Ideas*, Oxford, Clarendon, 1992, Chapter 2.

7 이 점에 대해 다고스티노가 조심스러운 태도를 보인 것은 대체로 설명을 간결하게 하고 싶다는 의도 때문이다. 하지만 신생아가 언어의 규칙들을 알지 못한다고 주장할 때 중요한 사항, 곧 이러한 규칙이 표상 시스템일 가능성을 배제해야 한다면 이를 포기하기는 쉽지 않을 것이다.

8 Chomsky, op. cit., p. 134.

9 Ibid., p. 27.

10 실제 증거에 따르면 아이들은 점점 더 복잡한 구문을 사용해 보면서 언어를 습득한다. 예를 들어 P. Menyuk, *Language Development: Knowledge and Use*, London, Scott Foresman, 1988, 제8장을 참고하라.

11 Chomsky, op. cit., pp. 9-10.

12 N. Chomsky, *Aspects of the Theory of Syntax*, Cambridge, Cambridge University Press, 1965, pp. 3-4를 보라. 아울러 Chomsky, 1988, op. cit., pp. 133-134를 보라.

13 언어능력을 보는 대조적 관점에 대해서는 G.P. Baker and P.M.S. Hacker, *Language, Sense and Nonsense*, Oxford, Blackwell, 1984와 P.H. Mattnews, *Generative Grammar and Linguistic Competence*, London, Allen & Unwin, 1979, 그리고 D. Cooper, *Knowledge of Language*, London, Prism Press, 1975를 참고하라.

14 Chomsky, 1988, op. cit., p. 179.

15 Ibid., p. 174

16 최근 들어 이 주장은 수정되었다. 최근들어 이 주장은 수정되어, 사춘기가 시작될 때까지 만이 아니라 그 이후에도 발달이 이루어진다고 본다. 이러한 주장변화는 수많은 증거때문에 불가피했다. K. Perera, *Children's Writing and Reading*, Oxford, Blackwell, 1984, 제3장(pp. 88-158)과 P. Menyuk, op. cit., pp. 33-34를 보라.

17 P.M.S. Hacker, *Wittgenstein's Place in Twentieth-Century Analytic Philosophy*, Oxford, Blackwell, 1996, pp. 190, 192를 참고하라.

18 또한 F. Smith and G. Miller (eds) *Genesis of Language*, Cambridge, Mass., MIT Press, 1966에 수록된 E. Lenneberg, 'Natural History of Language'를 보라.

19 Perera, op. cit., 제3장, 특히 pp. 156-158에는 이 분야에 대한 연구가 요약되어 있다.

20 Perera, op. cit., p. 156.

21 Fodor, op. cit., pp. 95–96와 Chomsky, 1988, op. cit., pp. 190–191을 참고하라.

22 예컨대, M.A.K, Halliday, *Learning How to Mean*, London, Arnold, 1978을 보라.

제9장

학습과 개념 형성

1. 서론: 질문의 중요성

2. 추상주의

3. 연합주의

4. 본유주의: 개념 형성에 대한 데카르트적 설명

5. 캐루터스의 수정된 경험론

6. 개념 형성에 대한 다른 관점

7. 결론

제9장

학습과 개념 형성

1. 서론: 질문의 중요성

우리는 세상을 살면서 개개의 물건을 어떤 종류[1]의 구체적 사례[2]로 인지하도록 배워 간다. 동물들 역시 이를 잘 해낸다. 먹이, 위험 등을 인지하는 능력은 안위와 생존에 필수적이다. 하지만 인간의 인지능력은 훨씬 복잡할 뿐만 아니라 대부분 언어의 사용과 연결되어 있다. 판단, 질문, 기원, 약속 등의 행위를 할 때, 우리는 진실과 거짓, 응낙과 거절, 완수와 미완, 성실과 불성실의 차이를 판단하면서 구분하는 능력을 드러낸다. 동물의 인지능력은 비논변적[3] 차원에서의 판단의 일치와 함께 논변적인 개념 사용 능력이라는 복합체를 형성하는 기반을 이룬다.[1] 따라서 학습은 이러한 논변적인 판단 행위뿐만 아니라 비언어적 판단 행위 등에서 이루어지는 인지적 능력을 습득하고 연습하는 것을 포괄하며, 이때 비언어적 판단 역시 언어에 종속되어 있다. 이런 능력은 우리 삶의 실제적·이론적 측면 모두에 있어 필수적이다.

---

1) *kinds*

2) instances

3) non-discursive

이런 인지적 능력은 개념[4]이라 불린다. 이 장에서는 이러한 개념의 습득을 다루고자 한다. 이 문제에 있어 데카르트주의와 경험론은 의견 차이가 있다. 하지만 양쪽 모두 개념 습득이 사회 속에 태어난 개인이 아니라 **처음부터**[5] 홀로 있는 인간의 마음속에서 이루어진다고 본다. 이에 대해 많은 사람이, 특히 비트겐슈타인 진영의 철학자들이 이의를 제기해 왔다. 하지만 이들 전통적 견해는 여전히 영향력을 행사하고 있다.[2] 보다 최근에는 양쪽 모두 데카르트적 전통을 회복하여 이를 토대로 경험론을 재정의하려고 노력해 왔다.[3]

2. 추상주의

로크에 따르면 관념은 감각에서 생성된다. 그리고 우리는 감각에서 얻은 관념에 따라 사물을 다루어 보고 다시 이를 기초로 사물을 분류하는 보다 전체적인 관념을 형성한다. 따라서 우리는 F에 속하는 일련의 구체적인 관념들을 접하게 되고, 이것들의 공통점을 깨닫고, 마침내 공통적으로 가진 그 무엇을 취하여 개별적으로 구분되는 관념으로 만든다. 그리고 난 후 F라는 개념[6]을 습득하게 된다. 예를 들어 내가 빨간색의 사물들을 접하게 되면 그것들이 지닌 공통점에 깨닫고 이를 개별적인 관념으로 구분하여 '빨강'이라는 꼬리표를 붙이게 된다. 이렇게 하여 나는 빨강[7]이라는 개념을 생성하게 된다.

추상주의는 자신이 증명하려는 바로 그 능력을 전제로 제시하고 있기에 애당초 성공하기 힘들다고 평가하는 것이 일반적 견해다.[4] 반론은 다음과 같다. 추상주의는 a, b, c 등 각각을 관찰하고 이것들이 모두 F라는 사실을 알아내어 개

---

4) *concepts*

5) *ab initio*

6) F-ness

7) *red*

념 F가 형성된다고 주장한다. 따라서 개념 F의 공통 특징은 각 개별 대상들에게서 추상화되어 구별되는 별개의 관념으로 형성된다. F에 속하는 구체적인 개체들을 접하지 않은 상태라면 개념 F가 형성될 수는 없다. 즉, 구체적인 개체들을 접하는 것이 개념 F의 형성에 필수적이다.[5] 그러나 만일 개체 a, b, c를 개념 F에 속한다고 분류할 수 없다면 어떻게 이것들이 F임을 알 수 있을까? 만일 이것들이 모두 F임을 알 수 있다면 그 사람은 이미 F라는 개념을 갖고 있다고 할 수 있다. 그리고 추상화가 개념을 형성한다는 주장은 부적절하게 된다. 이 주장이 유효하려면 개념을 본유적으로 지니고 있었다고 해야 하기 때문이다.

하지만 반박은 여기서 그치지 않는다. 추상주의는 누군가가 F에 속하는 개체들을 관찰[8]하고, 그것들이 어떤 특질을 공유하고 있음을 깨달아[9] 개념 F가 형성된다고 전제한다. 만약 추상주의자들이 개념 F가 형성되는 과정을 설명하기 위해 이런 방식을 고집한다면 아마도 결정적인 반박 거리가 될 것이다. 개체들을 관찰하여 그것들이 어떤 면에서 서로 비슷함을 깨닫는 과정에서 나는 (루소가 말한 수동적 판단이라는 의미에서) 일종의 판단 행위를 연습하고 있는 셈이다. 나는 'a는 F다' 'b는 F다' 등을 깨닫고 모두가 F라고 판단한다. 그런 판단 행위 속에서 나는 개념 F를 연습하는 것이고, 그렇다면 나는 이미 그 개념을 소유하고 있다고 할 수 있다. 하지만 경험론자들이 이런 추상주의적 설명을 고수하는지는 분명하지 않다. 경험론자는 개념에 속하는 개체들을 경험을 통해 접해야 한다는 것이 필수 조건이고 또 이 경험을 통해 개념이 형성된다는 의견을 고수한다. 그렇지만 이런 두 가지 견해 때문에 경험론자가 경험 형성 과정을 순환적으로 바라보게 되는 것은 아니다.

만약 개념을 갖고 있음이 가장 기본적 차원에서 비논변적인 인지능력을 갖고 있음을 뜻한다면, 우리는 본유적 능력[10]을 갖고 있기 때문에 개념을 습득할

---

8) *attending*

9) *noticing*

10) *capacity*

수 있는 것이다. 어떤 경험론자도 이 점을 부인하지 않는다. 로크 역시 감각 데이터가 제시하는 원료를 가공하기 위해서는 마음이 본유적 능력을 갖고 있어야 한다고 주장한다.[6] 그렇다면 이렇게 된다. 즉, 모두 F인 a, b, c가 마음에 제시되면, 마음은 아무런 판단 행위 없이, 따라서 의식적인 판단은 더더욱 하지 않은 채,[11] a, b, c에 공통적인 것을 추상화하여 개념 F를 형성한다. 본유적인 추상화 능력이 작동하게 된 것이고, 결과적으로 그전까지 존재하지 않았던 인지능력이 어느새 습득되어 있는 것이다.[7] 이 능력이 반드시 개념적이어야 하는 것은 아니다. 다만 표상주의적 설명을 따르자면 반드시 그래야 한다. 만일 이것이 개념적 과정이라고 본다면 추상주의는 본유적 개념을 상정해야 하는데, 이는 개념이 형성되는 과정에 대한 설명으로서의 의미가 훼손되는 결과를 초래한다. 만일 추상화가 기계적인 과정이라고 본다면 이것이 개념적 과정이어야 할 필요는 없다. 만약 그렇다면 추상주의가 순환적이지 않을 수는 있겠지만 개념 형성 능력을 전제하지 말아야 한다.[8] 오로지 이미 형성된 관념을 깨닫는 과정에서만 개념의 인식이 발생한다.[9]

그러나 이런 식의 설명은 값비싼 대가를 치러야 한다. 감각 경험으로부터 유래하지 않은 것이 분명한 개념의 형성을 설명하는 데 어려움이 있기 때문이다. 본유적 인지능력이라는 선결 조건 역시 이런 어려움을 피하기 어렵다. 이는 다고스티노가 경험론 비판에서 제기한 원칙과 관련이 있다. 즉, 본유주의자들의 설명보다 훨씬 더 비경제적이다. 만약 개념이 본유적 관념이라면, 경험론자들이 하듯 개념의 생성을 위한 인지적 능력[12]을 강조하는 가정을 제시할 필요가 없다. 신생아는 마음에 이미 지니고 있는 관념에 모국어 단어를 연결하기만 하면 된다. 이를 신비스럽게 여길 이유는 없다. 일상생활을 관찰하고 참여하는 과정에서 신생아는 생각보다 빠른 속도로 이러한 연결을 이루어 낼 수 있기 때문이다.

---

11) *without any act of judgement, let alone conscious judgement*

12) *capacity*

하지만 버클리와 흄이 지적했듯, 보다 더 큰 어려움은 하나의 개별적인 관념이 일반적 관념을 나타내는 과정을 설명하는 데 있다. 예를 들어 삼각형은 등변 삼각형, 이등변 삼각형, 부등변 삼각형 중 하나여야 하지 동시에 세 가지일 수는 없다. 삼각형이 세 가지 중 하나라면 그것이 삼각형 전체를 표상한다고 볼 수 없다. 추상주의는 일반적 관념은 서로 비슷해 보이는 성질을 통해[13] 그 종류가 지닌 일반적 특질을 나타낸 것이라고 주장한다. 하지만 추상주의는 어떤 것이 그것이 속한 종류의 모습[14]이면서 동시에 특정 개체의 모습은 되지 못한다는 점을 설명하지 못한다. 이런 난점을 피하려고 흄은 개념 형성의 **연합주의적 설명**[15]을 전개하였다.[10]

3. 연합주의

버클리와 흄은 개념과 개념 형성에 대한 추상주의적 견해를 거부했다. 추상적 관념이라는 개념을 이해할 수 없다고 보았기 때문이다.[11] 그들은 개별적인 관념들은 적절한 환경 속에서 일반적으로 적용될 수 있다고 주장했다. 만약 내가 삼각형이라는 관념을 형성했다면, 수많은 구체적인 삼각형들이라는 관념을 형성한 것이 된다. 이런 삼각형 중에서, 예를 들어 등변 삼각형은 관례적으로 '삼각형'이라는 단어와 연합되어 있고 일상적 의도에서는 삼각형을 의미하는 데 사용된다. 하지만 (흄이 사용한 심적 능력이라는 의미에서) '관습'에 의해 이 삼각형이라는 관념은 다른 삼각형 관념들과 연합되어 있기 때문에 필요한 대로 이것들을 불러올 수 있게 된다. 그래서 예를 들어 어느 삼각형의 세 변 길이가 모두 같다고 말하면 그 순간 등변 삼각형과 관습적으로 연합되어 있는 이등변 및 부등변

---

13) *through their resemblance properties*

14) image

15) *associationist* account

삼각형 같은 다른 삼각형들도 함께 떠오르고 이어서 우리는 맞지 않는 것을 거부하게 된다.[12]

연합주의는 추상주의가 지닌 난점 몇 가지와 일반적 관념이라는 개념이 지닌 명백한 모순을 피해 간다. 하지만 연합주의가 지닌 문제점은 비트겐슈타인이 지적한 대로 '동일한 관념'이라는 개념이 무의미하다는 점과 관련이 있다. 서로 다른 사람들의 마음에 같은 관념이 존재할 수 있음을 증명하기 어렵다는 것을 인정한다고 해도, 한 사람의 마음에는 같은 관념이 지속될 수 있음을 인정하지 않을 수 있을까? 따라서 문제는 개념의 논변적 사용에 있지 개인적 차원의 사용에 있다는 것은 아니다. 일단 개인적 사용이 확실하게 이루어진다면 용어 사용의 정의에 대해서 상호 간의 합의만 있으면 의사소통이 충분히 가능해질 것이다.

위 설명의 난점은 만일 한 사람의 마음에 있는 '동일한 관념'이 명확한 의미가 없다면 관념으로서의 개념을 형성하는 것이 불가능해진다는 데 있다.[13] 버클리는 우리가 정의(定義)[16]를 합의한다면 관념들을 직접적으로 의지하지 않고서도 의사소통이 가능할 수 있을 것이라고 제시한 바 있지만, 그는 또한 언어가 우리의 생각을 왜곡하기 쉬울 것이라 생각했다.[14] 하지만 무엇보다 우리가 개념조차 형성할 수 없다면 개념을 논변적으로 사용하는 데 이르는 이 길조차 사용할 수 없게 된다. '동일한 관념'임을 재확인하는 것이 어렵다. 바로 이 점이 비트겐슈타인이 지적한 난점이다. 때문에 동일하다는 증명이 옳은지 그른지를 판단할 기준이 없다면 '동일한 관념'이라는 말조차 사용하는 데 일관성을 갖기 어렵게 된다. 이렇기 때문에 관습이 어떤 관념과 어떤 단어를 연합할 수 없다면, 더 나아가 개인 차원에서도 그 관념에 대해 의미작용이 불가능하다면, 생각 안에 담긴 개념들을 다룰 수 있는 가능성이 희박해진다. 관념들에 대한 이름을 매개하지 않고 생각이 직접 생겨날 때조차도 이와 마찬가지다. 관념들의 정체가 무엇

---

16) definition

이냐 하는 의문은 관념들에 이름을 부여하는 언어에 대해 설명하는 것부터 어렵게 하기 때문이다. 결국 관념/개념의 정체에 대해 의미 있는 기준을 제공할 수 있는가 하는 가능성에 근본적인 어려움이 있다. 이는 추상주의가 제안한 일반적 관념에 대해서도 마찬가지다.

4. 본유주의: 개념 형성에 대한 데카르트적 설명

가장 엄격한 형태로 적용된다면 본유주의는 사람이 태어날 때 모든 개념이 마음에 들어 있다고 주장한다. 우리가 흔히 말하는 개념 형성은 이미 지니고 있는 개념에 언어적 이름표를 붙이는 것이다.

'탁자' '책' 아니면 어떤 것이라도, 어떤 단어의 정의를 내려 보려 하면 이것이 얼마나 어려운지 곧 알게 된다. 예를 들어, 어떤 언어학 학회지 최신호에는 '올라가다'[17]의 의미를 다룬 아주 길고 자세한 논문이 실리기도 했는데 매우 복잡한 과정이었다. 하지만 아이들은 이 말을 즉각 배운다. 지금 이 말은 오직 한 가지를 뜻한다. 즉, 인간의 본성은 '올라가다'라는 개념을 아무런 대가 없이 우리에게 제공한다. 즉, 그것을 경험하기 전이라도 우리가 겪을 수도 있는 경험을 해석할 수 있게 해 주는 양식의 일부에 해당한다. 단어로 표현할 수 있는 대부분의 경험도 마찬가지다. 우리는 이런 식으로 언어를 배운다. 이미 존재하는 개념[18]에 동반되는 이름표를 배우는 것뿐이다. 다른 단어들도 마찬가지다. 곧 어린아이는 경험을 하기도 전에 '올라가다'와 같은 개념들의 목록을 지니고 있다가 그 개념과 어떤 소리가 동반되는가를 알아내기 위해 세계를 살펴본다. 그 소리를 단 몇 번만 들어도 어린아이는 즉각 그것을 알아낸다는 것을 우리는 잘 알고 있다.[15]

---

17) 'climb'

18) preexisting concept

어린아이가 올라가다[19]라는 개념을 '즉각' 완벽하게 습득할 수 있을 가능성은 매우 희박해 보인다. 아마도 '올라간다'는 말의 올바른 용법 몇 가지는 비교적 짧은 시간 안에 배울 수 있을 것이다. 하지만 시간이 오래 지난다고 해서 그 개념의 용법 전체를 파악할 수 있을 것 같지는 않다. 특히 그 말이 사회적 상승과 같이 비유적으로 확장된 형태로 사용될 경우 더욱 그렇다. 이러한 어려움은 많은 개념이 가족 유사성[20]을 보인다는 사실과 관련되어 있다. 개념들은 이미 성립된 정의를 꼭 따르려고 하지 않고, 정의에 걸맞게 사용되지도 않는다. 대신 서로 경계 부분에서 겹치는 유사성의 집합체들로서 그 용법의 정체와 허용이 맥락에 따라 결정되기 일쑤다.[16] 그리고 언어와 문화에 따라 개념의 적용에 있어 다양한 차이를 보인다. 예를 들어 어떤 언어에서는 사지가 달린 동물만이 올라가는 동작을 할 수 있다. 때문에 뱀이 나무에 기어오르는 것을 묘사하려면 다른 단어가 필요하게 된다. 우리는 이를 비교 문화적 그리고 언어적 차원에서의 개념적 차이라고 말하고 싶어진다. 하지만 본유주의자들은 그렇게 말하지 않는다. 곧 같은 개념이 다른 말로 사용되어 다른 용법을 보인다거나 뱀이 나무에 오르는 것과 사지가 달린 동물이 오르는 것은 서로 다른 개념에 불과하다고 할 것이다.

첫 번째 답변은 개념 형성이 언어 용법의 숙달과 관련된다는 의견에 매우 중요한 양보를 하고 있음을 암시한다. 두 번째 답변은 서로 다른 개념들에서 관찰되는 이른바 비교 문화적 차이라고 볼 수 있기에 논쟁의 불씨를 남기게 된다. 만약 서로 다른 용법들이 서로 다른 개념들을 반영한 것이라면, 본유주의자의 이론은 서로 다른 언어 용법에 따라 본유적 개념들이 분열되어 있다는 설명을 감수해야 한다. 하지만 이러한 난점들에도 불구하고 몇 가지 이유 때문에 본유주의가 경험론적 이론에 비해 눈에 띄는 장점을 지니고 있다.

우선, 포더의 논거대로 지금껏 본격적으로 개발된 유일한 심리학적 학습이론은 가설 형성과 검증을 통해 학습이 이루어진다는 이론이다.[17] '고양이'라는 단

---

19) *climb*

20) *family resemblance*

어의 뜻을 배우려면 아이는 그 단어가 무엇에 적용되는지에 대한 가설을 만들어야 한다. 그리고 그 가설을 자신이 활용할 수 있는 데이터를 통해 검증하게 된다. 첫 번째 가설은 '고양이'가 어른들이 '동물들'이라고 부르는 그 무엇에 적용된다는 점일 것이다. 그리고 당연하겠지만 가설은 계속 변형되어 결국 어른들이 사용하는 단어의 용법과 일치하게 된다. 하지만 단어들의 의미를 밝히는 이러한 가설들을 형성하려면 우선 검증의 대상이 되는 바로 그 개념을 먼저 소유하고 있어야 한다. 따라서 개념들은 본유적어야 한다. 그렇지 않다면 우리는 개념어를 사용하는 법을 배울 수 없다. 이런 식의 논증은 고양이[21]라는 개념이 본유적임을 증명하는 것이 아니라 고양이 가설의 일부분을 이루는 어떤 개념이 본유적이라는 점을 드러내고 있음에 주목해야 한다. 이는 앞서 인용한 촘스키의 주장, 곧 개념은 본유적이라는 것을 약화시킨다.

이런 식의 논쟁에서 핵심 문제는 가설-검증을 통한 학습이 유일한 학습과정은 아니라는 점이다. 우리는 훈련과 연습, 주의하기와 기억을 통해 학습하기도 한다. 학습에 대해 철학적으로 고민해 보지 않는 대부분의 사람들은 아마도 방금 언급한 이런 방식들이 일반적인 학습방법이라고 말할 것이다. 만약 경험에 연습과 기억을 적용하여 개념이 형성된다고 설명할 수 있다면 본유적으로 개념을 소유하고 있을 필요가 없어 보인다.

결국 개념 형성에 대한 본유주의자들의 주장들 사이에는 일종의 갈등이 존재한다. 한편으로 볼 때 모든 개념이 본유적이라면, 우리가 의미 있게 생성하는 가정들은 이런 본유적 개념들을 표현하는 단어들에 대해서만 가능할 것이다. 그리고 이것은 앞에서 언급한 난점들에 봉착하게 된다. 또 다른 한편으로 가정들의 검증을 통해 개념을 형성[22]한다고 하면, 우리는 반드시 한 묶음의 개념적 원형들(사고언어[23]로 부호화되어 있을 것이다)을 소유하고 있어야 하며, 이것들이

---

21) *cat*

22) *form*

23) language of thought

다른 개념들을 생성하는 가설들로 사용될 수 있을 것이다. 다시 말하지만 학습 기초 단계가 가설의 형성과 검증을 통해 이루어진다는 주장은 전적으로 타당하지 않다.

5. 캐루터스의 수정된 경험론

전통적인 경험론이 지닌 난점들은 감각 데이터, 사고에 대한 이미지 중심적 설명, 본유적인 심적 능력이라는 핵심 주장과 관련 있다. 만약 이러한 요소들 때문에 극복할 수 없는 난점들에 맞닥뜨린다면, 개념 구조는 어떤 의미에서 경험에 기반한다는 생각을 포기하고 본유주의를 그 전체로 포용하는 것 외에 별 도리가 없지 않을까? 그렇지 않다고 생각한 최근 연구자가 있으니 바로 피터 캐루터스(Peter Carruthers)다. 그는 제안하는 일종의 수정된 경험론은 감각 경험과 사고에 대한 이미지적 설명을 제거해 버린다. 그리고 본유주의에 어느 정도 양보하는 입장이지만 표상이라는 이미지 이론은 전혀 받아들이지 않는다. 이를 통해 그는 우리가 경험을 통해 최소한의 몇몇 개념을 습득한다는 견해가 의미 있음을 제시하려고 한다. 그는 경험을 소유할 수 있다는 것을 세 가지 의미로 구분한다.

1. **구별 능력을 소유하고 있다는 의미**[24] 분명히 동물들은 자신을 둘러싼 환경이 지닌 여러 가지 특질들을 구별할 수 있다. 이런 의미에서 개념을 소유할 능력이 있고 또 실제로 소유하고 있다. 동물들은 본능과 학습을 통해 이런 능력을 갖게 된다. 또 인간들만이 구분할 수 있다는 종류의 물건들이 있지만, 동물들을 훈련시키면 일정 조건하에[25] 인간들처럼 구분할 수 있게

---

24) *as the possession of a discriminatory capacity*

25) *under certain conditions*

된다. 비둘기들을 훈련시키면 사람이 들어 있는 사진만 골라 부리로 콕콕 찍게 할 수 있고, 어떤 의미에서 비둘기들은 인간을 인지할 능력이 있고 인간[26]이라는 개념을 갖고 있다. 몇몇 논평가들은 동물과 사람에게 같은 종류의 인식적 능력이 있고 이를 개념의 소유[27]라고 부를 수 있다는 사실에 별 무리가 없다고 보는 듯싶다. 만약 동물들이 방식은 다르지만 인식하는 능력을 보여 주기만 한다면 동물에게는 언어가 없다는 사실이 문제시되지는 않는다.[18]

2. 구별능력과 결합된 믿음과 욕망을 소유하고 있다는 의미[28] 이런 의미에서는 어떤 동물이 인지능력을 가지고 있는 것만으로는 충분하지 않다고 생각된다. 하지만 동물은 그 능력에 결부된 믿음과 욕구를 가지고 있다는 점을 보여 주기도 한다. 예를 들어 만일 개가 함께 산책할 때와 함께 산책하지 않을 때의 특징들을 구분할 수 있다면, 그 개는 주인이 산책에 데려감[29]이라는 개념을 갖고 있다고 말할 수 있겠다. 또한 주변 분위기에 드러나는 표시들을 보고, 예를 들어 코트를 입는 것을 보고 주인이 자신을 산책에 데려가려고 한다는 점을 미리 예상할 수도 있을 것이다. 그 개 역시 산책을 바라고 그 욕구를 예측 행동을 통해 표현하기도 할 것이다. 아울러 이를 통해 산책에 함께 갈 것이라는 믿음[30]을 표현한 셈이다. 또 그 믿음을 드러낼 수도 있는데, 예를 들어 개 줄을 물어 주인에게 가져다주기도 한다. 우리는 개의 행동을 이렇게 설명할 수 있을 것이다. 곧 산책을 가고 싶은 욕구와 산책을 곧 나갈 것이라는 믿음이 있기에 개는 개 줄을 물어 주인에게

---

26) *human*

27) *concept possession*

28) *as the possession of beliefs and desires associated with a discriminatory capacity*

29) *being taken for a walk by owner*

30) *belief*

가져다주었다. 개가 의식적으로 분절된 사고를 한다거나 자기의 행동을 설명할 능력이 있다고 말할 필요까지는 없다. 하지만 개의 행동은 욕구+믿음=의도/행동 모델[19]로 설명할 수 있다는 점을 말해야 한다.

3. 개념이 발생하는 의식적 사고가 가능하다는 의미[31] 이런 의미에서 자연 언어상 상응하는 용어를 올바르게 사용할 줄 아는 능력을 소유하고 있다는 점은 개념의 소유에 대한 충분조건이 될 것이다.[20] 혹자는 의식적으로 사고한다는 조건이 너무 엄격하다고 주장할 것이다. 사람은 개념을 활용하여 판단을 내릴 때 반드시 의식적 사고를 하지 않을 수도 있다. 아마도 보다 근본적으로는 의식적 사고를 한다[32]는 말이 세심하게 다루어질 필요가 있다. 어떤 것에 대해 의식을 하고 생각을 하고 말로 표현한다는 것이 사고 작용에 동반된다는 의미로 의식적 사고를 함을 암시하지는 않는다. 혹자는 사람이 개념을 소유하고 있을 것이라 말할 수 있다는 뜻으로 개념의 소유는 언어를 사용할 줄 알고 개념을 활용하여 추론적 판단을 할 줄 아는 능력에 달려 있다고 말할지 모르겠다. 이렇게 하는 동안 반드시 개념을 불러일으키는 의식적 사고를 하는 것이 아니다. 캐루터스는 사람이 어떤 개념을 가질 수 있다고 말할 수 있는 단계를 놓쳤던 것 같다. 그 결과 이와 같은 언어적 의미로의 개념 소유는 의식적으로 사고를 할 수 있는 능력, 곧 기치(P. T. Geach)의 말대로 언어적으로 판단할 수 있는 인간 능력의 유사한 확장이라고 특징지을 수 있는 능력을 지니고 있다는 의미로서 개념 소유에 대한 필요조건이 된다.[21]

캐루터스는 학습이 가설-검증을 통해 이루어져야 한다는 주장과 생각이 사고언어를 통해 이루어진다는 주장 모두에 대해 회의를 갖는다. 둘 다 본유적 개

---

31) *being able to entertain conscious thoughts in whinch the concept occurs*

32) *entertaining conscious thoughts*

념을 수반하기 때문이다. 그는 몇몇 개념들은 원형[33])에서부터 형성된다는 생각에 기울어져 있다. 우선 사람은 양식[34])을 배운다. 예를 들어 내가 고양이를 보고 그것이 어떻게 생겼는지 기억한다. 그리고 나서 다른 것들이 동일하게 분류될 만큼 충분히 양식에 걸맞은지 판단한다. 이 과정에서 나는 수정과 더 많은 예시의 도움을 받아 해당 개념의 범위를 너무 넓거나 좁지 않게 설정한다. 그 결과 꼬리, 수염[35]) 등과 같은 다른 양식들을 습득하게 된다. 원형은 양식들이 응축된 배열로 여기서부터 다양하고 풍부한 양식들의 결합이 구성될 수 있으며 이들이 각각 개별 개념이라고 말할 수 있다.[22] 예를 들어 개[36])라는 개념은 짖는다, 포유류, 꼬리를 흔든다[37]) 등으로 구성되어 있다. 캐루터스는 복잡한 개념도 예를 들어 논리적 곱셈[38])을 이용하면 원형들로부터 구성될 수 있다고 주장한다. 때문에 갈색 소[39])는 갈색이라는 개념과 소라는 개념을 결합하면 도출될 수 있다고 본다. 하지만 그는 복합적 개념을 형성하는 능력은 그리고[23]와 같은 본유적인 논리적 개념에 의존하며, 비추론적 논증을 살펴보는 능력도 본유적이라고 생각한다.

원형이론은 흄과 버클리의 연합주의를 수정한 것이다. 양식들은 관념들(여기서는 감각 데이터가 아니라 기억에 남겨진 지각[40]))이다. 그리고 이들은 사슬같이 연결되어 있으며(짖는다, 꼬리를 흔든다, 털이 있다 등), 흄이 말한 관념들과 같은 방식으로 추리한다. 예를 들어 모든 개는 키가 1피트가 채 안 된다는 주장이 있다고 하자. 나는 셰퍼드 개의 양식을 떠올려 본 다음 이 주장을 거부할 것이다.

---

33) *prototypes*

34) *paradigms*

35) *tail, whiskers*

36) *dog*

37) *barks, mammal, wags tail*

38) logical multiplication

39) *brown cow*

40) perceptions

흄의 설명은 사적 언어 논쟁에서 어려움에 봉착했지만, 현대적 수정판 역시 그래야 할까? 개념 형성이 처음부터[41] 양식의 습득을 통해 이루어진다고 하면, 대답은 '그렇다'다. 이 이론이 본질적으로 버클리나 흄의 주장과 같기 때문이다. 반면에 만약 그렇지 않다고 한다면 개념 형성 과정이 어떻게 시작되는가를 설명하기 위해 양식 형성에 대한 좀 더 자세한 해명이 필요하다. 캐루터스가 상정한 연역적 추론 및 비연역적 추론이 그 자체로는 충분한 설명이 되지 못한다. 왜냐하면 이러한 추론이 가능하려면 경험상의 원재료가 있어야 하는데, 문제가 되는 것은 과연 경험상의 원재료를 입수할 수 있느냐 하는 점이기 때문이다.

때문에 캐루터스의 경험 형성에 관한 수정된 경험론에 대해 많은 반론이 존재한다. 우선 그는 개념 형성 능력이 습득되었다고 말할 수 있는 두 가지, 곧 판단에 있어서의 비추론적 동의와 언어능력에 대한 명확한 설명을 소홀히 다루고 있다. 둘째, 원형이론[42]은 본유적 추론능력을 다룬 그 어떤 주장보다 더욱 본유적 추론능력의 존재에 많이 기대고 있다. 셋째, 원형이론은 개념 형성에 있어 비트겐슈타인이 제기한 문제점을 해결할 수 있는 경험론의 대안적 설명이 될 만큼 연합주의와 구별되는 특징을 보여 주지 못한다.

6. 개념 형성에 대한 다른 관점

본유주의와 경험론 모두 개념을 습득하고 사용할 수 있는 인간의 능력을 설명할 수 없다. 그렇다면 대안은 무엇인가? 아마도 캐루터스가 설명한 '개념'의 다양한 의미를 염두에 두고 혹시 그가 구별해 내지 못한 차이섬들이 있지 않은지 살펴보는 데서부터 출발해 보면 좋을 것 같다. 그중 무엇보다 먼저 판단의 일치,[43] 곧 우리가 무엇을 확신하는지를 설명이 아닌 방식으로 보여 주는 행동과

---

41) *ab initio*

42) prototype theory

반응의 패턴을 들 수 있다.[24] 이런 패턴의 판단은 우리가 내리는 **특정한**[44] 판단의 기초를 이룬다. 두 번째로 행동과 연관된 인식능력으로 개념을 활용하는 것은 그 의미상 개념을 언어적으로 사용함을 전제로 하지 언어에 필적하는 사고라는 정신적 매개체를 활용한다는 것을 전제하는 것은 아니다.

나는 기치를 따라 개념을 판단 행위에서 활용되는 능력으로 설명하고자 한다.[25] 좀 더 구체적으로 표현한다면 개념은 단어나 그 외의 비문장적 표현을 사용하는 규칙을 지키는 능력이다.[26] 누군가가 개념 하나를 습득했다면 무엇보다 먼저 주장 또는 다른 발화 행위에서 그 개념을 나타내는 단어나 구(句)를 습득했음을 의미한다. 이는 그 단어를 엄청나게 다양한 여러 맥락에서 그리고 아직 발설하지 않은 여러 문장에서 사용하여 (대체로) 올바른 판단을 내릴 수 있다는 의미일 것이다. 개념 사용의 규칙이 반드시 미리 결정되어 있거나 전범적 형태로 서술되어 있어야 한다는 뜻은 아니다. 화자(話者)가 속한 언어 공동체의 일상적 용법에 충실하기만 하면 충분하다. 어떤 개념 하나의 소유가 어떤 능력 하나의 소유에 해당한다고 말하는 것은 개념들을 개인화[45]하는 듯 보일지 모르겠다. 이때 예를 들어 '빨강'이라는 단어를 사용하는 사람들의 수만큼 다양한 빨강의 개념이 있을 수 있다는 점이 위험스럽게 느껴질 것이다. 하지만 기치가 지적한 대로 이것은 그렇지 않다. 수영할 줄 아는 것이 각 개인의 능력이라고 말하는 것과 여러 사람이 모인 집단 전체가 같은 능력, 곧 수영할 줄 아는 능력을 지니고 있다고 말하는 것 사이에 아무런 모순이 없듯이 개념의 소유가 한 개인의 역량이라는 것과 여러 개인들이 같은 개념을 소유하고 있다는 것은 서로 모순되지 않는다.[27] 흄이 상정했던 공통 개념을 대신하는 심상(心象)과 달리, 개념은 공통적 사용이라는 그물망[46]을 통해 개체화되며 각 사람의 마음속에 개체화될

43) *agreement in judgement*

44) *specific*

45) *individualise*

46) network

것이다. 이런 설명은 무엇보다 우리가 지닌 개념 구조 대부분이 지닌 가족 유사성을 설명할 수 있다는 장점이 있다. 예를 들어 '게임'과 같은 단어가 사용되는 다양한 용례에 숙달하는 것이 곧 그 개념을 익히는 과정이고, 이를 통해 다른 맥락에서 이 용어가 사용될 때의 차이점과 유사점을 익히게 된다.

개념들은 주장, 명령, 약속 등에서 활용되는 능력들이다. 이런 의미에서 그것들은 언어적 능력들이다. 하지만 명확하게 말로 표현할 필요가 없는 판단[47]행위에도 활용되기도 한다. 그러나 이 능력들은 언어의 사용에 기대고 있다. 기치는 이를 언어적 행동에서 이루어지는 개념적 능력의 유추적 확장[48]이라고 표현한다.[28] 때문에 개념들은 마음의 행동에서 활용될 수 있지만 결코 다른 사람들과의 의사소통에서 이루어지는 논변적 활용 그리고 결과적으로 사적 언어 사용에 대해 시간적으로나 개념적으로 앞서지 않는다. 지금까지 논의한 대로 만일 혼잣말에서 개념을 활용하는 것이 언어에서 그 개념들을 사용하기 전에[49] 먼저 활용해 보는 것이라고 보면, 혼잣말은 이해할 수 없는 것이 된다. 말하기에서 개념을 활용한 추론은 그저 한 사람은 소리를 내고 다른 사람은 침묵하는 것이 아니다. 주장, 약속 등은 날짜뿐 아니라 시각도 언제인지 알 수 있다. 비록 자주는 아니겠지만 약속을 하는 데 수 초(秒)가 걸렸다고 말할 수 있다. 우리는 누군가가 말은 하지 않았지만 언제[50] 판단을 했는지 어느 정도 정확하게 말할 수는 있다. 하지만 그 판단 행위가 시간이 얼마나 오래[51] 걸렸는지 밝히는 것은 무의미하다.

1) 경험의 역할

우리는 결코 사소하지 않은 의미에서 개념은 경험과 연관되어 있고 대부분

---

47) *judgement*

48) *analogical extensions*

49) *prior*

50) *when*

51) *how long*

경험적 학습을 통해 형성된다고 말하고자 한다. 지금까지의 논의를 통해 개념 형성에 대한 세 가지 설명, 즉 추상주의, 연합주의, 원형이론을 받아들이지 않았다. 이 문제를 바라보는 보다 명확한 길은 동기와 행동에 밀접하게 연결되어 있는 구별능력[52]의 발달에 주목하는 것이다. 아기들은 태어나자마자 이 능력을 발달시키며, 이 과정은 동물에게서도 마찬가지로 관찰 가능하다. 하지만 인간의 학습에서 이런 능력은 배경을 이루며 이에 기초하여 언어 사용이 발달한다. 무엇보다 개념 습득은 언어 사용이라는 사회적이고 참여적인 경험을 통해서 그리고 판단, 질문 등 인간의 일상적 상호작용에 필요한 규칙을 따르면서 이루어진다.

　개념은 촘스키가 설명하는 대로 단숨에 습득되는 것이 아니다. 대신에 그것은 시간이 흐르면서 발전하게 되고 한동안 불완전한 형태로 사용되기도 한다. 아이들이 개념을 부분적으로만 이해하는 시기를 지날 뿐 아니라 자신들의 개념적 능력을 확장하고 분명하게 하기 위해 많은 노력을 기울인다는 근거가 있다. 어린아이들의 제한된 지식은 부분적으로나마 넓은 범위의 개념들을 불완전하게 소유하고 있음을 뜻한다고 하는 것이 타당하다.[29] 한편, 이는 또 개념들을 불완전하게 소유하고 있다면 실수도 할 수 있다는 것을 의미한다. 티저드(B. Tizard)와 휴스(M. Hughes)[30]의 예를 들어보자. 어떤 아이가 돈의 개념에 대해 불완전하게 파악하고 있다면, 돈이 상품과 제공된 서비스에 대한 지불수단이라고 할 수 있겠지만 돈을 거슬러 주는 관습을 자연스럽게 인지하지는 않으며 거스름돈은 구매자에게 주는 일종의 선물이라고 이해할 수도 있다.

　하지만 그렇다고 그 아이가 돈에 대해 평범한 성인과 다른 개념을 가지고 있다는 뜻은 아니다. 단지 돈의 개념을 부분적으로만 파악하고 있으면 화폐 교환에 관련된 행동의 의미를 불완전하게 이해하게 된다는 의미다. 촘스키의 본유주의는 이 점에 있어 어려움이 있다. 개념의 소유가 전부 아니면 전무(全無)의 문제로 여겨지기 때문이다. 인지주의의 영향을 받은 학자들은 아이들이 실제로

---

52) discriminatory abilities

성인들과 다른 개념을 갖고 있다고 생각해 왔다. 만일 학습이 가설-검증을 통해 일어난다는 포더의 주장을 받아들인다면 이것이 그렇게 미심쩍지는 않을 것이다. 아이들 각각은 세계란 어떤가에 대해 나름의 개념 구조를 지닌 자기 충족적 이론을 갖고 있으며, 이는 경험을 통해 점차 변경되어 결국 성인 대부분이 지닌 이론을 닮게 된다. 하지만 이것은 다음과 같은 결과를 초래한다. 곧 탄생을 오로지 사람의 출산으로만 이해하는 아이는 탄생이 예를 들어 부화를 통해서도 가능하다고 이해하는 어른과는 다른 개념을 갖고 있다. 실제로 이들은 '탄생'이라는 말로 서로 다른 것을 의미한다.[31] 하지만 이는 사실을 오도하는 것이다. 우리는 동물들이 태어나는 다양한 방식에 대한 아이의 지식이 제한되어 있으며 지식이 늘어가면서 아이가 탄생 개념을 더욱 완전하게 갖게 된다고 말해야 한다. 만일 실제로 아이들이 어른들과 다른 개념을 갖는 경우가 많다면 어른과 아이 간에 의사소통이 가능한 이유를 이해할 수 없게 된다.

개념이 본유적인가 하는 질문과 학습이 가설-검증을 통해 이루어지는가 하는 논쟁에 대해 인지주의 내부에 엄청난 긴장이 존재한다. 만일 개념이 본유적이라면 모국어 단어의 의미에 대한 학습만 가능하다고 해야 합리적이다. 하지만 이는 아이가 탄생[53]이라는 개념을 습득할 때 무슨 일이 일어나는가에 대한 설명으로는 타당치 않다. 만약 개념이 본유적이라면 어째서 아이가 개념을 전체로 소유하지 못하는가 하는 이유를 이해할 수 없게 된다. 왜 아이는 사람의 출산이 보다 포괄적인 사안의 구체적 사례임을 인지할 수 없어야 하는가? 아이가 제대로 '탄생'의 의미를 습득하지 못했다고 해서 탄생의 개념에 잘못된 이름표를 붙였다고 말하는 것은 아니다. 왜냐하면 다른 여러 가지 현상 중에서 사람의 출산에 '탄생'이라는 말을 사용하기 때문이다. 이것이 다른 개념이라고 주장하면 상황을 더욱 혼탁하게 만든다. 아이들은 정말로 적절하지 않은[54] 본유적 개념을 지니고 태어나는가? 그래서 점차 가설-검증을 통해 적절한 개념을 형성

---

53) *birth*

54) *inappropriate*

해 가는가? 이런 식의 논리가 타당하지 않다는 점은 제7장에서 이미 밝혔다.

보다 쉽고 타당한 설명은 다음과 같다. 아이들은 인간 삶의 참여와 언어 사용의 성숙을 통해 개념을 습득한다. 그리고 초기 단계에서 개념은 부분적이고 불완전하며 경우에 따라 몇 가지 점에서 잘못 이해되기도 한다. 개념 형성은 일상적 의미에서 경험[55]을 통해 점진적으로 이루어지는 과정이다. 본유적[56]이라 해도 타당한 것은 상호작용에 참여하는 능력, 규칙을 따르는 능력, 말을 배우는 능력, 자신의 개념적 범위를 확장하는 능력이다.

이것이 개념 형성의 이론은 아니다. 하지만 어린아이들이 개념을 습득하는 방법에 대한 일련의 시사[57]이기는 하다. 그렇지만 만약 중요한 현상들을 설명하지 못한다면 시사로서 불충분하다고 할 것이다. 이제 가장 핵심적인 현상을 살펴보도록 하자.

2) 가족 유사성을 보이는 개념들

많은 개념이 정의를 통해서 습득되지 않는다. 또 사용할 때 정의에 의존하지 않는다. 그 의미는 상당 부분 문맥에 종속적이고 경계가 서로 겹치는 공통적인 특징들의 묶음으로 구성된다는 것이다. 때문에 그 어떤 것도 해당 개념의 용법 전체를 포괄한다고 할 수 없다. 이렇게 느슨하게 서로 연결되고 가지가 달린 개념들을 묘사하기 위해 비트겐슈타인은 '가족 유사성'[58]이라는 용어를 사용한다. 예로 게임, 언어, 생각하기[59]가 있고 그 밖에 인간 삶의 중심을 이루는 다른 많은 개념이 있다.[32] 이 개념들 중 상당수 또는 전부에 대해 정교한 정의를 내릴 수 있다는 가능성을 들어 이 주장을 거부할 수도 있겠다. 하지만 핵심 주장을 놓친

셈이다. 곧 개념은 정의에 의존해 사용되지 않으며 또 정의를 통해 개념이 학습되는 것도 아니다. 어떤 정의이든지 그전까지 알지 못하고 있었지만 수용 가능한 용법이 밝혀지면 취약해지기 마련이다. 하지만 사람은 새로운 정의를 마련하거나 모든 용법에 익숙하지 않아도 맥락에 따라 다양하게 사용되는 가족 유사성이 있는 개념의 의미를 상당 부분 파악할 수 있다.

모든 개념에 어떤 핵심이 존재하고 이를 습득해야 우리가 비로소 그 개념을 이해한다고 할 수 있다고 가정하는 이론들은 가족 유사성 개념들을 설명하는 데 어려움이 있다. 연합주의는 공통의 유사성을 지닌 관념들이 묶여 고정된 집합체를, 추상주의는 공통의 일반적 형태를, 원형이론은 고정된 양식의 집합체를, 본유주의는 특질[60]의 집합체를 상정한다. 가족 유사성이 있는 개념은 이것들 중 어떤 것도 필요하지 않다. 개념들은 '게임' '생각하기' 등의 단어를 다양한 문맥에서 사용하는 법을 학습하면서 습득된다.

이 설명에 대해 제시된 규칙들을 명확하게 정의할 수 없다는 점, 문맥 종속적 규범들이 뒤죽박죽 얽혀 있어 적용하는 원칙을 정확하게 도출할 수 없다는 점을 들어 반대할지 모르겠다. 그리고 그렇기 때문에 규칙을 가르치는 방법도 명확해 보이지 않는다. 하지만 이는 그리 중대한 반론은 아니다. 때때로 단어를 사용하는 규칙은 매우 복잡하고 맥락 종속적이며 완전히 분절적이지 않다. 하지만 또 다른 경우에는 명확하고 한정되어 있기도 하다. 우리가 사용하는 단어들 상당수에 적용되는 규칙이 이렇게 모호하지만 그렇다고 가르칠 수 없다는 사실로 연결되는 것은 아니다. 어떤 단어들은 예를 들어 설명이나 정의와 같은 방법으로 가르치기 어려울 것이다. 하지만 (해당 개념을 완벽하게 활용할 줄 아는 사람들이 그 개념을 사용하고 있는 활동에 참여시키는 것과 같은) 다른 접근법들은 효과적일 것이다. 이때 개념 학습은 모국어 학습의 일환으로 이루어진다. 그리고 학습된 개념은 판단 등과 같이 말이 필요 없는 행동에서 유사한 방식으로 적

---

60) features

용될 수 있다. 반면에 어떤 개념들은 정의를 암기하고 단어 사용법을 연습하여 학습하는 방식에 잘 맞을 수도 있다.

3) 동물이 개념을 완벽하게 소유하지 못하는 이유

동물이 개념을 형성하고 사용할 수 없다는 주장은 구별능력의 여러 차원을 혼동한 결과다. 동물도 반응과 구별능력을 소유하고 있으며 때문에 생존할 수 있을 뿐 아니라 믿음[61]을 형성할 수 있다. 여기서 믿음은 우리가 표현할 때처럼 개념의 사용과 깊은 관련이 있을 것이다. 하지만 동물의 믿음은 비논변적[62]이며 매우 제한된 의미 외에는 개념을 활용하지 않는다.

4) 자연종 개념들

아리스토텔레스에 따르면 어떤 사물은 자연의 본질적 특성을 지니고 있다. 동물과 식물은 바로 이런 자연종[63]에 속한다. 이들의 개념 역시 다른 개념과 동일한 방식으로 형성된다. 곧 광범위한 다양한 맥락에서 개념에 해당하는 단어를 사용해 보면서 이루어진다. 해당 개념의 사용을 통해 인지되는 자연의 본질적 특성이 존재하는지의 여부에 대한 질문을 제외하면, 자연종 개념에 대한 일상적 이해는 별다른 문제가 없다.[33]

5) 추론에 활용되는 개념들

가설 검증을 통해 개념이 형성된다고 주장하는 사람들은 그 과정을 가능하게

---

61) *beliefs*

62) non-discursive

63) *natural kinds*

하는 지적 장치[64]가 존재한다는 점을 가정할 수밖에 없다. 우리가 살펴보았듯이 캐루터스는 연역적 추론 및 비연역적 추론은 틀림없이 본유적이라고 주장한다. 그에 따르면 비연역적 추론은 최선의 설명으로의 추론[65]이라는 개념의 소유를 포함한다. 이때 이러한 개념의 소유는 본유적이라고 주장한 셈이다. 왜냐하면 원형 구조는 경험으로부터 도출될 수 없으며, 아이들이 이것을 사용하기 위해 훈련을 받을 필요가 없기 때문이다.

최선의 설명으로의 추론 개념이 지닌 표식 몇 가지는 간단하다, 일관성이 있다, 주변의 믿음과 잘 어울린다, 범위가 넓다, 새로운 예측을 생성하는 데 효과적이다[66] 이다. 또한 캐루터스는 최선의 설명으로의 추론이 규범적[67]이라고 주장한다. 그의 주장은 다음과 같은 장점이 있는 것 같다.

1. 서로 다른 곳에 거주하는 인종들끼리 추론능력상 지역적 다양성을 보인다고 설명할 수 있다.
2. 실제적인 그리고 이론적인 사고능력을 설명할 수 있다.
3. 인류가 지닌 혁명적인 적응력을 설명할 수 있는 타당한 체계다.

하지만 여기에 몇 가지 난점이 있다. 우선, 최선의 설명으로의 추론이라는 개념을 갖고 있지 않아도 최선의 설명을 추론하는 본유적 능력을 소유한 상태일 수 있다. 그 가능성이 매우 높을 수밖에 없는 이유는 최근에야 이 용어가 철학에서 어떤 종류의 추론을 지칭하는 기술적 용어로 도입되었기 때문이다. 결국 걷는 능력이 이동[68]이라는 개념을 소유하고 있지 않아도 가능하듯 문제의 능력

---

64) intellectual apparatus

65) *inference to the best explanation*

66) *simple, consistent, coheres well with surrounding beliefs, is broad in scope, and fruitful in generating new predictions*

67) *normative*

68) *locomotion*

이 그 개념의 소유를 반드시 필요로 한다는 점은 매우 불명확하다.

둘째, 캐루터스가 인정했듯이 개념은 **규범적**이다. 이는 그 개념 자체가 하나의 기준으로 그것에 따라 실제 설명이 평가된다는 사실을 암시한다. 이 점은 그 개념의 본유성과 어울리지 않는다. 어떤 설명이 최선이라고 하는 것은 사회적 관습에 비추어 볼 때 다른 설명보다 주어진 맥락에서 더 효력이 있다고 말하는 것이다. 캐루터스는 무엇이 최선의 설명이냐 하는 것은 맥락과 설명을 둘러싼 일련의 사안에 따라 다르다는 사실은 인정하고 있다. 그렇다면 그 개념은 서로 다른 문화의 서로 다른 활동에 따라 존재하는 설명의 기준들에 의해 상대적이게 된다. 이를 받아들이면 이런 다채로운 개념이 본유적일 수 있다는 사실을 이해할 수 없게 된다. 여러 문화의 여러 활동에 걸맞는 규칙에 따라 좋거나 나쁘거나, 설득력이 있거나 없거나, 적당하거나 그렇지 않거나 하는 판단이 이루어지기 때문이다. 이들 규칙은 그 자체가 사회적으로 구성된다. 자연적 규칙 같은 것은 없기 때문이다. 그렇다면 **최선의 설명으로의 추론**이 본유적 개념이라는 생각은 비현실적이다.

최선의 설명으로서의 추론이 말하고자 하는 바가 비트겐슈타인이 말한 요리의 규칙과 비슷하다고 할지 모르겠다. 즉, 사람이 아니라 자연이 제시한 규칙이다. 따라서 케이크를 만드는 규칙은 재료가 지닌 자연적 성격과 관련이 있지 사회가 제시하는 규칙, 예를 들어 케이크를 먹을 때와 먹지 말아야 할 때를 규정하는 것과 같은 임의적인 규칙과 무관하다. 하지만 이런 반론의 문제점은 규칙의 **자연성**[69]에 있다. 요리의 규칙이 자연스럽다는 의미처럼 우리가 하는 모든 설명은 자연이 정해 주는 바를 따라야 한다는 주장은 근거가 약해 보인다.[34] 최선의 설명을 추론하는 규칙이 요리 규칙처럼 **목적론적**[70]인 것처럼 보이지만, 그렇다고 해서 그런 의미로 자연스럽다는 사실을 함축하지는 않는다. 추론을 할 때 우리는 관심 대상이 되는 현상을 설명할 수 있는 최선의 설명을 제공하리라 기대

---

69) *naturalness*

70) *teleological*

되는 규칙을 사용한다. 하지만 만약 최선의 설명이라고 여겨지는 그것이 설명을 요구하는 맥락과 문화에 따라 달라진다면, 이것이 자연의 규범을 따를 수밖에 없게 되는 방식을 이해하기 어렵게 된다. 예를 들어 누군가 부당한 짓을 했다면 그 이유에 대한 설명은 그가 속한 특정한 사회의 맥락에서만 제대로 이해할 수 있는 규범과 유혹을 언급해야 할 것이다. 이를 육체적인 기능 장애라는 용어로 설명하는 길을 모색할 수도 있겠다. 하지만 이것도 오직 그런 설명을 인간 행동을 설명하는 용인된 방식으로 간주하는, 그것도 오로지 어떤 상황에서만 용인하는 문화적 전통 안에서만 가능할 것이다. 결론적으로 최선의 설명으로의 추론이 가진 **규범성**(規範性)[71]은 그러한 추론이 본유적 개념이라는 점을 배제시킨다.

셋째, 최선의 설명으로의 추론이라는 개념은 그 자체가 구성적으로 복합적이다. 그리고 만일 이것이 본유적이라면 다른 개념들이 본유적임을 전제한다. 캐루터스는 이를 문제라고 보지 않았다. "이것을 구성하고 있는 개념들[72]을 정의 내리기는 쉽지 않다. 또한 그것들이 어떻게 경험에서 도출되었는가를 이해하기도 쉽지 않다"[35] 이 말은 이상하게 들린다. 일관성, 단순성[73] 같은 개념들은 학습을 통해 배우는 것 같다. 우리는 이것들을 다양한 맥락에서 사용하는 법을 배운다. 게다가 최소한 몇몇은 개념으로서[74] 사용되며 따라서 활용할 때 매우 맥락 의존적이다. 예를 들어 어떤 수학 문제는 대학교 수학으로서 단순하지만 초등학교 수학으로서 너무 복잡할 것이다. 우리는 단순함이라는 개념을 어린아이일 때 참여하는 다양한 활동과 관련하여 단순성 개념이 지닌 으로서의 성질을 배우게 된다. 그리고 성인의 삶 속에서 이를 확장하는 법을 학습하게 된다. '그는 일상생활 차원에서 단순성이 무엇인지 잘 이해하고 있다. 하지만 물리학의 맥락에

---

71) *normativity*

72) notions

73) *consistency* and *simplicity*

74) *qua*

서 이것이 어떤 의미인지에 대해서는 잘 모른다'고 말해도 전혀 모순적이지 않다.

캐루터스가 주장하듯 어떻게 이런 개념들이 경험을 통해 습득될 수 있는가를 이해하기 어렵다기보다 그 외에 다른 어떤 방식으로 습득될 수 있는가를 이해하는 것이 어렵다. 전통적 경험론자는 이런 개념들을 다룰 때 어려움을 느낄 것이다. 정말 그렇다. 하지만 이는 개념의 형성을 인상[75]이나 감각 데이터의 형태로 이루어지는 감각 경험하고만 연결하려고 하기 때문이다. 곧 그런 시도는 적어도 일관성[76] 같은 개념에 대해서는 성공하기 어렵다. 하지만 이는 본유주의적 가설의 승리라기보다 전통적 경험론이 지닌 문제점에 불과하다. 일관성 개념의 형성에 대한 대안적 설명은 논쟁, 의견의 유지, 우정에 충실하기, 기술의 수준 등과 같이 일관성이 중요한 활동에 참여하는 가운데 이를 습득하게 된다는 것이다. 이 개념이 다양한 맥락에 따라 다양한 변화를 보이겠지만, 각각의 사례들 간에 가족 유사성이 충분히 존재하기 때문에 우리는 다변화되었으나 단 하나인 개념에 대해 말할 수 있게 된다. 가족 유사성을 지닌 개념들이 조립되는 방식은 다양한 방식으로 서로 연결된 많은 다양한 문맥 속에서 해당 단어를 사용하는 법을 배우는 것이다. 이런 설명을 통해 우리는 개념이 지닌 '으로서'의 성질과, 우리는 어느 정도까지는 맥락에 연관시켜 개념을 파악한다는 사실을 알 수 있다. 최선의 설명으로의 추론이라는 개념이 지닌 표지가 본유적이라는 주장은 설득력이 없으며 경험으로부터 개념이 형성된다는 경험주의적 설명에 암묵적으로 의존하는 듯 보인다. 하지만 보다 훌륭한 설명, 곧 개념이나 이와 연결된 능력을 본유적이라고 이해하도록 우리를 유혹하지 않아도 되는 설명도 가능하다.

---

75) impression

76) *consistency*

7. 결론

지금까지 개념 형성에 대한 경험론과 본유주의의 다양한 설명을 검토한 결과 모두 부적절함이 밝혀졌다. 대안은 새로운 이론을 제시하는 것이 아니라 개념 형성을 진정한 의미로서의 언어학습과 묶여 있다고 이해하는 것이다. 또한 이는 자기 자신에게 말하기, 생각 품기, 밖으로 표현하지 않은 채 '마음속으로' 판단하기 같은 언어 관련 능력과도 묶여 있다. 추론하는 법을 배우는 것은 결론이나 행동을 지지하거나 반대하는 이유를 대는 일이 매우 중요한 다양한 언어 기반 활동에 참여하는 법을 배우는 것이다. 그런 활동의 범위는 이른바 자연의 일반적 사실들에 의해 제한된다. 하지만 그러한 제한이 우리의 사고를 본유적이게 하는 것은 아니다.

그렇다고 우리가 가질 수 있는 개념들에 대해 '무엇이든지 상관없다'는 뜻은 아니다. 우리의 몸집과 타고난 힘, 자연 세계와 관계, 자연과 우리의 최초 반응이 지닌 일반적 특징이 추론적 개념을 포함하여 우리가 이해할 수 있는 개념이 무엇인가에 대한 한계를 설정한다. 하지만 그렇다고 이러한 제한 때문에 우리가 어떤 식으로든 (아마도 자연 선택을 통해) 본유적으로 개념을 소유하게 된다고 말하는 것은 잘못이다.

1 이것들이 반드시 언어 사용에 우선하는 것은 아니다. 그러나 언어 사용의 토대를 이룬다. R. Rhees 'Language as Emerging from Instinctive Behaviour', *Philosophical Investigations*, 20, 1, 1997, pp. 1–14를 참조하라.

2 초기의 예로 *Mental Acts*, London, Routledge, 1957에 있는 기치의 추상주의에 대한 비판을 들 수 있다.

3 전자의 예로는 J. Fodor, *The Language of Thought*, Cambridge, Mass., MIT Press, 1975와 N. Chomsky, *Language and Problems of Knowledge*, Cambridge, Mass., MIT Press, 1988을 참고하라. 후자의 예로는 P. Carruthers, *Human Knowledge and Human Nature*, Oxford, Oxford University Press, 1992를 보라.

4 Carruthers, op. cit., p. 55를 참고하라. 그러나 기치가 이 견해를 취하지 않는다는 데 주목하라.

5 여기서 나는 '구체적인'(particular)이라는 단어를 P. F. Strawson, *Individuals*, London, Hutchinson, 1961에 소개된 의미로 사용하는 것은 아니고 시공간상 영속하는 대상과 전통적 경험론에서 말하는 감각 데이터를 가리키는 포괄적 용어로 사용했다. 추상주의자가 경험론의 학설을 고수하지 않는 경우도 있다. 실제로 추상주의는 경험론보다 훨씬 오래된 학설이다. 로크가 추상주의를 수용한 것이다.

6 제2장을 참고하라.

7 캐루터스가 지적하듯 무의식적으로 이루어지는 개념적 인식은 의식적인 인식 못지않게 반론에 직면할 수밖에 없다. 즉, 앞으로 설명할 개념 능력의 소유를 암시한다. 예를 들어 로크는 추상화 과정에서 이루어지는 마음의 작동에 대해 수차례 언급했지만, 그렇다고 해서 그것이 개념적 과정이라고 주장하지는 않았다(J. Locke, *An Essay Concerning Human Understanding*, London, Dent, 1961, Book II, Chapter XI, p. 126 참조). 하지만 그는 어린아이들은 추상화를 어려워한다고 주장했는데, 이는 그가 그 과정이 다소 의식적이라고 이해하고 있음을 드러낸다.

8 다른 견해는 Carruthers, op. cit., pp. 55–56 참조.

9 이 점에 대해 로크의 의견은 매우 모호한 듯싶다. 관념이 숙고에 의해 형성되는지 아니면 숙고를 통해 이미 형성한 개념을 알게 되는지가 불명확하기 때문이다. 제3장에서 인용했던 Locke, op. cit., Book II, Chapter 1, p. 78를 보라.

10 추상주의를 공격하고 특정한 관념, 예를 들어 삼각형 하나가 삼각형의 추상화된 관념이 아니면서도 모든 삼각형을 나타내는 것이 될 수 있는지를 증명했기 때문에 버클리는 흄을 예상하였다[*Berkeley: Selections*, edited by Mary W. Calkins, New York, Scribner, 1929에 수록된 *Principles of Human Knowledge*, Introduction(초판은 1710) 특히 pp. 114–115 참조]. D. Hume, *A Treatise of Human Nature*, Oxford, Oxford University Press, 1978, pp. 18ff를 보라.

11 Berkeley, op. cit., 12–17절. Hume, op. cit., pp. 18ff.

12 이러한 관습적 연결은 사회적인 것이 아니라 정신적인 것이다.

13 연합주의자의 설명은 사적 언어 논의의 주요한 공격 대상 중 하나다. 사적 언어 논의는 L. Wittgenstein, *Philosophical Investigations*, Oxford, Blackwell, 1953, 258–265절을 참고하라.

14 Berkeley, op. cit., paras 18-19.

15 Chomsky, 1988, op. cit., pp. 190-191

16 L.Wittgenstein, op. cit., 65-67절. 비트겐슈타인의 주장에 대한 의견은 R. W. Beardsmore, 'The Theory of Family Resemblances', *Philosophical Investigations*, 15, 2, 1992, pp. 111-130.

17 Fodor, op.cit., pp. 95-96.

18 D. Lieberman, *Learning*, California, Wadsworth, 1990, pp. 429-430.

19 인간 행동을 욕구+믿음=행동 모델로 설명하려는 시도에 대해서는 D. Papineau, *For Science in the Social Sciences, London*, Macmillan, 제4장을 참조하라.

20 Carruthers, op. cit., pp. 95-97.

21 비고츠키는 언어 능력이 정신 능력을 전제하며 그에 앞선다고 주장했다. L. S. Vigotsky, *Thought and Language*, Cambridge, Mass., MIT Press, 1962, 제2장.

22 Carruthers, op. cit., pp. 104-107. 이 설명에서 양식 자체가 개념인지 불명확하다. 여기서 그것들이 개념이 아니라고 생각하는 편이 더 좋은 것 같다. 그렇지 않다면 양식이 개념 형성에 기여할 수 없기 때문이다. 하지만 최선의 설명으로의 추론이라는 개념의 표지들은 원형적 자질들이 개념들이라는 점을 분명히 한다.

23 Carruthers, op. cit., p. 106.

24 이것이 비논변적 판단이라고 해서, 언어 사용자가 그러한 판단을 겉으로 표현해야 하는 상황이 전혀 없다는 뜻은 아니다.

25 Geach, op. cit., pp. 7-8. 개념의 본질에 대한 최근의 중대한 연구는 기치의 설명을 언급하지는 않았지만 개념의 소유는 판단을 내릴 수 있는 능력을 필요로 한다고 말한다. 여기서 개념과 능력을 같은 것으로 보지는 않았다. C. Peacocks, *A Study of Concepts*, Cambridge, Mass., MIT Press, 1992, p. 44를 참고하라.

26 논의를 단순하게 하기 위해 프레게(Frege)가 사람 이름으로부터 도출한 바 있는 2차적 개념의 사용은 배제하였다. 프레게의 이론을 활용하지만 '개념'이라는 용어를 고유명사를 포함하여 모든 종류의 표현을 나타내는 양식을 지칭하는 의미로 사용하는 경우도 있다(Peacocke, op. cit.).

27 Geach, op. cit., p. 14.

28 Ibid., pp. 75-78.

29 최근 논의에 대해서는 R. Nolan, *Cognitive Practices: Human Language and Human Knowledge*, Oxford, Blackwell, 1994를 보라.

30 B. Tizard and M. Hughes, *Young Children Learning*, London, Fontana, 1984, 제5장.

31 M. Sainsbury, *Meaning, Communication and Understanding in the Classroom*, Aldershot, Avebury, 1992, pp. 112-113.

32 가족 유사성 개념에 대한 비트겐슈타인의 논의는 *Philosophical Investigations*, op. cit., 65-76절에서 찾을 수 있다. 비트겐슈타인이 핵심이 없고 경계가 모호한 개념을 말하는 것이 아니라 의미의 핵심을 반드시 갖는 것은 아닌 개념을 언급하고 있음에 주의해야 한다.

33 자연종의 자연적 본질(연장)이 있다는 생각에 대한 비판은 P. M. S. Hacker, *Wittgenstein's Place in Twentieth-Century Analytic Philosophy*, Oxford, Blackwell, 1996, pp. 250-253을 보라.

34 Guy Robinson, 'Language and the Society of Others', *Philosophy*, 67, 1992, pp. 329-341.

35 Carruthers, op. cit., p. 107.

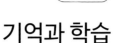
기억과 학습

어떤 것이 학습되었다는 것은 어떤 의미에서 미래에 사용할 목적으로 보관되었음을 의미한다. 이를 가능하게 하는 능력이 바로 기억(記憶)[1]이며, 이는 학습에서 근본을 이루고 있다. 이 장의 중심 주제는 기억과 현대 사회에서 기억이 학습과 맺는 관계를 명확히 하는 것이다.

1. 기억의 여러 측면

기억이라는 현상은 매우 다양하며 인간 삶의 모든 면에 영향을 미친다. 우리가 하는 거의 모든 일에 의미와 영속성을 부여하기 때문이다. 기억에 의존하는 능력들의 목록은 한없이 이어지겠지만, 나의 핵심 관심 분야에 해당하는 몇 가지는 아래와 같다.

1. 비행기를 운전하고, 증인을 신문하고, 체스 시합을 하는 능력
2. 사실 떠올리기

---

1) *memory*

3. 개인적 경험의 회상

그간 철학자들이 줄곧 다루어 왔던 기억 분야는 3번이다(부차적으로는 2번도 포함한다). 개인적 회상은 특히 철학적으로 중요하다. 정체성은 과거 경험을 특정 개인의 경험으로 회상할 줄 아는 능력과 밀접하게 연결되어 있다고 보기 때문이다. 우리에게 이런 종류의 기억은 일상적 의미에서도 중요하다. 삶의 여러 측면에 대해 느끼는 즐거움, 갈망, 슬픔, 후회, 만족감 같은 정서적 반응은 회상 행위와 매우 밀접하게 연결되어 있으며, 이들과 분리되어서는 충분히 이해될 수 없기 때문이다.[1] 이론적 차원에서 개인의 회상이 철학자들에게 (그리고 개인적 차원에서 우리 모두에게) 중요하지만, 이에 대해 과도하게 집중한 결과 기억의 개념이 왜곡되고 학습에서 기억이 차지하는 중요성을 충분히 음미하지 못하는 경향이 있었다.

2. 기억이론

1) 표상

아리스토텔레스나 아우구스티누스의 이론 같은 초기 기억 이론 몇 가지는 기억 심상(心象)의 **표상적**[2] 성격을 강조하였다. 아우구스티누스의 경우 기억을 표상들이 보관된 일종의 저장소라고 개념화했다.[2] 그에 따르면 기억 행위를 통해 표상들이 검색되고 개인의 직접적 경험으로 재현(再現)된다. 로크에 의하면 최초의 경험에서 형성된 관념들은 저장되었다가 기억 행위 속에서 재사용할 수 있게 된다.[3] 흄은 관념이 인상(印象)[3]의 색 바랜 판본(版本)이라는 사실에서 어

---

2) *representational*

3) impressions

떻게 관념의 과거성(過去性)[4]이 드러나는지 설명하려 한다. 색이 바랜 (기억) 심상은 기억된 것의 복사판이고 상상의 결과물은 다른 관념들의 조합이라는 사실에서, 이 둘은 구분되어야 한다.[4]

이 글에서 표상이론을 하나하나 모두 비판하려는 것은 아니다. 그러나 마음의 작동이 경험론자의 관점에서 개인적이라거나 현대 인지주의자의 의미대로 처음부터[5] 고독하다고 가정하는 표상이론들은 하나같이 제4장과 제6장에서 제기한 비판을 피할 수 없다는 사실이 앞으로 명확해질 것이다. 이 장에서는 매우 영향력 있는 표상이론 중 하나인 흔적이론[6]을 자세하게 분석하고 비판하려고 한다.

2) 사실주의

표상적 기억이론에 대한 전통적인 경쟁자는 사실주의이론[7]이다. 간략하게 말해 회상을 하면서 우리는 과거의 표상적 심상이 아니라 과거를 직접적으로 경험한다는 주장이다. 따라서 표상이론에 관련하여 앞서 살펴본 함정을 피할 수 있다. 사실주의적 이론에 따르면 기억 내용은 과거에 대한 지식 내용과 별반 다를 게 없다. p가 과거시제로 된 명제라면, p를 기억한다는 주장은 p가 이미 벌어진 사건임을 기억한다는 주장이거나 p를 알고 있다는 주장이다. 따라서 기억은 지식의 특수한 사례다. 사실주의이론은 특정한 심상의 현상학[8]에 기대지 않으려 한다. 대신 기억 내용의 독특한 특징, 곧 과거와의 연관성에 집중하려 한다. 또한 표상이론이 겪는 문제점, 곧 기억 내용이 전체적으로, 한편으로는 정확한 기억 내용으로 다른 편으로는 부정확한 기억 내용으로 구분되는 방식을 설

---

4) pastness

5) *ab initio*

6) trace theory

7) *realist* theory

8) phenomenology

250

명해야 하는 문제를 교묘히 피해간다. 사실주의에 의하면 기억의 검증은 다른 주장과 마찬가지로 다양한 형태의 지식을 교차 검토하면서 이루어진다.

하지만 사실주의는 표상주의와 마찬가지로 기억은 기억을 하는 사람이 관여하는 구체적 행위라고 주장한다. 무엇을 기억했다면 구체적인 행위 하나가 이루어진 셈이다. 하지만 어떤 행위가 이루어졌는가? 기억은 다양한 현상과 연결되어 있다. 따라서 지난주 강의가 형편없었다고 기억한다면 나는 더듬거리고 있는 내 모습들을 떠올릴 것이다. 그리고 동료들에게 '지난주 강의는 형편없었어'라고 말하거나 얼굴이 빨개질 것이다. 이것들이 내가 기억을 떠올렸다는 표식이다. 하지만 말콤(N. Malcolm)이 지적했듯이 이런 표지들은 진실에 부합하는 기억 행위와 진실과 부합하지 않는 기억 행위 모두를 가리킬 수 있다. 나는 지난주의 끔찍한 강의를 생각하며 낯을 붉혔지만, 실제로는 내 초창기 시절 강의나 좋지 않았던 꿈, 심지어 내가 들었던 다른 강연자의 경험을 떠올리고 있을 수 있다. 오로지 일정한 맥락 속에서만 어떤 구체적 사건이 회상의 표식으로 간주될 수 있다. 조금 전 예는 맥락에 대한 좀 더 자세한 설명이 필요하다. 행위 하나가 진정한 기억 회상을 구성하는 것은 아니다. 하지만 사실주의는 그런 행위가 존재한다는 입장을 고수한다.[5]

로크와 흄은 맥락과 상관없는 기억을 설명하고자 했다. 하지만 기억 심상(心象)을 다른 종류의 심상과 구분시켜 주는 특질을 구별해 낼 수 없었다. 심상의 경우도 또 기억의 외적 표식의 경우도 어떤 표지들이 기억을 나타내는 표식들이라 할 수 있는 것은 그것들이 나타나는 맥락에 의존한다. 말 한마디, 몸짓, 모습과 기억된 것 사이에 반드시 연결이 있어야 하고 이는 좀 더 넓은 맥락 속에서만 가능할 수 있다. 따라서 얼굴을 붉히는 것은 지금 벌어진 당황스러운 사건의 표식이라기보다 이미 지나간 부끄러운 사건을 회상했다는 표식일 수 있다. 왜냐하면 구체적인 맥락이 그렇기 때문이다. 예를 들어 어떤 주제에 대해 동료들과 대화를 나누던 중 나는 그 주제에 대해 황당할 정도로 형편없이 강의했던 일을 떠올릴 수 있다. 이 경우 그 황당한 강의를 기억하는 데 필수 불가결하다고 말할 만한 한 가지 사건은 존재하지 않는다. 물론 낯 붉히기, 미소 짓기, 기억 말하기, 심상의 나타남과 같이 기억과 연결된 전형적인 현상들이 나타난다. 하지만 이들 중 어떤 것도 내가 떠올린 것이 기억의 내용이기 위해 충분하거나 필수적이지 않다. 기억의 내용임을 판단하기 위해서는 특정한 마음의 행위가 발생했다는 것보다 맥락이 더 중요하다는 주장은 가장 유력한 표상이론 중 하나에게도 매우 중요하다. 이 점을 앞으로 살펴보도록 하자.

3. 기억과 학습: 현대적 패러다임

1) 흔적이론

인간이 지닌 기억 역량을 창고로 형상화하는 모형이 그동안 가장 설득력 있는 것으로 언급되어 왔다. 오래되었을 뿐 아니라 기억을 방이나 공간으로 개념화하는 것은 체험적 차원에서도 옳은 듯 보인다. 역사적으로 볼 때 기억을 방, 건물, 심지어 극장으로 표현하는 것은 개인의 기억능력의 발달에 대해, 특히 명제적 기억과 관련하여 큰 역할을 해 왔다.[6] 창고 개념은 대개 기억이 작동하는 방식에 대한 인과적 설명과 연관되어 있으며, 흔적이론[9]으로 알려져 있다.

이 설명은 컴퓨터 기술의 발달과 컴퓨터 기술이 마음에 대한 인지주의적 설명을 제공한 방식으로 말미암아 엄청난 후원을 얻게 되었다. 창고에 비유하는 설명을 현대적으로 적용해 보자면, 기억은 물리적 장소[10]에 부호화되어[11] 흔적으로 남는다. 가장 대표적인 예가 컴퓨터의 '메모리 칩'이다. 이제는 인간의 기억 능력이 뇌의 어떤 곳에 물리적 흔적을 부호화하는 데 달려 있다고 생각하는 것이 자연스럽게 되었다. 말콤이 보여 주었듯 이 기억이론은 많은 결점이 있다.

---

9) *trace theory*

10) *places*

11) encoded

그중 몇 가지는 표상이론과 공통점이 있지만, 몇 가지는 어떤 의미에서 이 이론 자체의 문제다.[7] 흔적이론에 따르면 기억은 과거 사건의 흔적이나 표상을 저장 하고 있다가 필요하면 검색하여 살펴볼 수 있는 식으로 작동된다. 이 이론은 기 억이 작동하기 위해 **물리적으로 필요한 조건**[12]에 대한 설명이 아니다. 만약 그 렇다면 개념적 어려움이 없었을 것이다. 가장 큰 문제는 과거의 **표상**[13]을 부호 화한다는 주장에 있다.

지각한 사항들이 물리적으로 뇌에 저장된다. 성공적으로 저장되면 기억이 유 지된다. 하지만 그렇지 않으면 유지되지 않는다. 간단해 보이는 설명이지만 창 고의 비유는 점점 받아들이기 힘들어진다. 지각한 사항들은 글자 그대로 뇌에 저장되지 않는다. 그렇다면 **귀류법**[14] 논증이 된다. 기억으로 유지되는 것은 어 떤 의미에서 원본의 표상이며, 바로 이것이 저장된다.[8] 이 설명을 보고 우리가 기억의 물리적 저장 측면을 더욱 잘 이해하게 되는 것은 아니다. 그러나 흔적이 론가들은 이것이 중요하다고 한다. 예를 들어 우리는 어떤 사람이 어제 배운 노 래 가사를 지금 암송한다면 그가 가사를 잘 기억하고 있다고 말한다. 하지만 신 경적 저장[15]에 대해 그 이상의 주장은 하지 않는다.[9] 기억 저장 이론가들이 우 리가 신경외과술을 통해 뇌 조직에서 실제로 표상을 볼 수 있다고 주장하고 있 지는 않다.

그렇다 해도 이 이론은 일상적 관례를 이미 벗어났다. 우리는 질문을 던지거 나 역량 검사를 통해 기억 내용을 검사한다. 그러나 신경외과술을 기억 검사의 한 형태로 보지는 않을 것이다. 표상의 흔적이 신경계 안에 위치해 있다는 주장 은 전환 과정, 말하자면 지각한 영상을 흔적으로 바꾸는 과정이 존재하고 이것 이 뇌의 어딘가에 홈[16]과 같은 형태로 존재하거나 뇌의 구조적 자질이라는 주

---

12) *physically necessary conditions*

13) *representations*

14) *reductio ad absurdum*

15) neuro-storage

장일 수밖에 없다. 기억 항목 하나가 유지된다는 것은 그 흔적을 찾아 회상하는 사람이 인지할 수 있는 표상으로 만들어 주는 과정 하나가 이루어진 셈이다.

　최소한 흔적은 표상으로 전환될 수 있다는 점이 이 이론의 핵심이다. 기억을 회상하는 사람은 있는 그대로의 흔적, 곧 과거에 이루어진 지각의 표상을 인지해야 한다. 예를 들어 이 주장의 설명에 의하면 시각 패턴[17] 각각은 처리장치에 의해 가공되어 패턴들에 대한 추상적 묘사의 일부가 된다. 그리고 설명 또는 추상화 규칙이 창고에 놓여 나중에 사용되게끔 보관된다.[10] 하지만 서덜랜드(N. S. Sutherland)도 인정했듯 이 설명에 걸맞은 생리학적 증거는 없다. 말콤도 지적하듯 그것이 이루어지는 과정을 직접 눈으로 보는 것은 어렵다. 왜냐하면 만약 '상징' 등과 같은 용어들이 물리적 과정의 설명으로 사용된 것이 아니라면, 보유, 저장, 검색 과정에서 뇌가 상징, 규칙, 묘사를 사용한다는 것은 터무니없는 주장이 되기 때문이다. 하지만 만일 이것들이 물리적 과정에 대한 설명이라고 이해하면 우리에게 남는 것은 두뇌의 작동에 대한 설명이지 흔적이론이 원래 목적했던 표상이 유지되고, 저장되고, 검색되는 방식에 대한 설명은 아니다.

　우리가 마치 호문쿨루스의 '두뇌의 대화'와 이것이 지닌 난점들로 되돌아온 느낌이다. 두뇌는 규칙을 사용하지 못한다. 규칙이란 대화자들의 집단 속에만 존재한다고 할 수 있으며 두뇌는 분명히 그렇지 못하기 때문이다. 만일 어떤 아이가 기억을 잘 못 한다면 그 모습이 어떨지 우리는 잘 알고 있다. 내가 시를 외워 보라고 했고 아이는 단어 하나를 잘못 알고 있다. 아이의 두뇌는 어떻게 된 걸까? 두뇌 역시 실수를 한 것일까? 결과적으로 그 단어를 암송한 사건이 두뇌 속에서 벌어진 올바르지 않은 사건에 해당한다고 할 수 있을까? 여기에 이르면 흔적이론가들이 글자 그대로 허무맹랑한 이야기를 하고 있음이 분명해질 수밖에 없다.[11] 흔적이론은 기억을 위해 물리적으로 필요한 조건과 유지와 저장[18]을

---

16) *groove*

17) visual pattern

18) *retention* with *storage*

융합한 기억에 대한 인과적 설명을 혼동하고 있다. 기억 유지에 물리적으로 필요한 조건에 대한 설명이 꼭 저장에 대한 설명일 필요는 없다. 그리고 사실상 이는 잘못된 것이다.

이에 대한 자연스러운 반응은 아마 우리가 컴퓨터와 관련하여 제대로 작동하고 있고 실제적인 기억의 흔적이론을 이미 가지고 있다는 점일 것이다. 사실 컴퓨터는 표상된 정보를 물리적 형태의 흔적으로 보유하고 있다. 컴퓨터의 사례는 기억이 실리콘 같은 물체 속에 전자적 흔적으로 보존될 수 있음을 증명한다. 그렇다면 어째서 뇌의 섬유조직이 똑같은 기능을 해서는 안 되는가? 해답은 바로 컴퓨터가 우리가 컴퓨터의 전기적 활동을 해석하는 규칙[19]에 따라 정보를 우리에게 나타낸다는 데 있다(제6장을 볼 것). 인간은 컴퓨터 메모리에 존재하는 흔적에 대해 잘 알고 있다. 컴퓨터 메모리는 인간에게 표상적인 물리적 흔적에 기초해 작동하도록 의도적으로 설계되었기 때문이다. 그렇다고 여기서 우리의 기억이 동일한 방식으로 작동하거나 작동할 수 있다는 논리가 도출되는 것은 아니다.

흔적이론의 결론에 따르면, 누군가가 어떤 것을 기억한다고 말할 때 우리가 '정말로' 의미하는 바는 다음과 같다. (a) 어떤 사건의 흔적이 물리적 표식이나 뇌의 구조적 형식으로 두뇌에 보관되었다. (b) 이 표식 또는 특징은 그 흔적이 흔적으로 남은 사건과 표상적으로 동형(同型)[20]이다. (c) 그 흔적이 발견되어 우리 의식 속에 재현되었다. 첫 번째 주장에 대해 말하자면, 발생한 사건들이 우리 신경 시스템에 어떤 영향을 주게 되면 우리가 그것을 기억한다는 것은 그럴듯하나 확실히 알려지지 않았다. 두 번째 주장에 대해서는, 우리가 규범적이고 사회적인 맥락 밖에서 표상[21]이라는 관념에 의미를 부여하지 못한다고 논의한 바 있다. 따라서 뇌 안에서의 표상을 말하는 것은 무의미하다. 세 번째 주장에 관해서는, 누군가 무엇을 기억하고 있다고 말할 때 우리가 적용하는 기준과 기

---

19) *rules by which we interpret their electrical activity*

20) isomorphous

21) *representation*

억한다는 것은 이것이라는 설명이 잘 어울리지 않는다는 점을 지적할 수 있다. 말콤이 제시한 다음 예를 보면 이를 잘 알 수 있다.[12]

존스가 정원에 층층나무를 심고 나서 옆에 있던 나무에 삽을 기대어 놓았다고 상상해 보자. 잠시 후 그의 아내가 다른 나무를 옮겨 심고 싶어서 거기 서 있던 아들 셋에게 물어본다. "아빠가 삽을 어디 두었지?" 아들 셋(톰, 딕, 제리)은 아버지가 삽을 나무에 기대어 두는 것을 보았고 이를 기억하고 있었다. 따라서 이 상황은 정보를 받아들이고 유지하는 전형적인 예다. 어머니의 질문에 톰은 "아빠가 층층나무 옆에 있는 나무에 기대어 놓았어요" 라고 답한다. 한편, 딕은 손으로 나무를 가리킨다. 제리는 나무로 뛰어가 삽을 어머니에게 가져다주었다.[13]

말콤의 지적에 따르면, 위의 예에서 비록 아들 셋이 모두 같은 사실, 곧 아버지가 층층나무 옆 나무에 삽을 기대어 둔 사실을 기억하고 있지만 신경 흔적[22]이 미치는 공통적인 영향을 발견하기란 불가능하다. 어떤 의미에서 기억된 사건을 표상함[23]으로써 신경 흔적은 기억에서 인과론적으로 핵심적인 역할을 수행한다고 가정한다. 하지만 위의 예에서 신경 흔적이 무슨 역할을 수행하는지 알기 어렵다.

지금까지는 실제적 기억[24], 곧 습득된 능력의 유지와 관련이 있는 기억은 다루지 않았다. 흔적이론에 따르면, 예를 들어 말을 탈 줄 아는 능력은 말타기와 관련된 다양한 활동의 표상적 흔적을 통해 유지될 것이다. 하지만 분명히 말 타는 능력은 그 능력의 다양한 하위 부분들의 표상 조각들을 떠올리는 능력에 기대고 있지 않다. 그럼에도 불구하고 인과적으로 볼 때 그 능력은 비표상적인 신경

---

22) neural trace

23) *representing*

24) practical memory

흔적에 의존한다고 답할지 모르겠다. 하지만 이는 달리 말해 신경 흔적은 어떤 의미에서 능력의 보유와 연습에 필수 조건이며, 이는 한 번도 논란된 적이 없었다는 주장에 불과하다. 그렇다면 표상이론은 인간의 실제적 기억능력에 대해 의미 있는 설명은 전혀 하지 않은 셈이다. 사람이 말 타는 요령을 기억하고 있다는 사실은 어떤 표상을 회상하고 인지하는 정신적 행동이 아니라 그 능력을 직접 시범으로 보이는 것을 통해 충분히 증명할 수 있다.

2) 흔적이론과 학습

오늘날 흔적이론은 인간학습을 바라보는 관점과 더 나아가 교육실제에까지 큰 영향력을 행사하고 있다. 이를 살펴보면 다음과 같다.

학습은 전반적으로 물리적 과정으로 상정된다. 즉, 노력이나 문화적 요소들과 무관하게 실행 가능한 과정이다.[14] 논리적으로 볼 때, 인과적이고 물리적인 과정을 강조한다고 해서 기억에서 인과적으로 필요한 다른 요인들을 배제하는 것은 아니다. 하지만 실제로는 다른 요인들을 가볍게 여기는 경향을 보이기 때문에 그 요인들을 올바르게 인식하기 어렵게 된다. 때문에 기억하는 능력을 기본[25]으로 여기는 경향이 있다. 마치 컴퓨터의 기억 용량은 기본이며 제대로 작동하기만 하면 별도의 훈련이나 격려가 없어도 성능을 최대한 발휘하는 것과 같다고 본다. 흔적이론과 기억과 관련된 또 다른 필수 조건들을 다루는 이론들을 얼마든지 결합할 수 있다. 하지만 물리적 또는 컴퓨터 기억 모델은 이런 결합을 꺼린다. 그 이유는 바로 이런 패러다임, 즉 컴퓨터 패러다임에서는 또 다른 요인들은 불필요하기 때문이다. 이 점에 있어 흔적이론은 실제적 기억[26] 때문에 난점에 부딪힌다. 아주 많은 경우 사람들은 많은 훈련, 연습, 집중을 통해 어떤 일을 할 수 있는 능력을 습득하기 때문이다. 또 격려와 부정적 압박이 훈련과정

---

25) a given

26) *practical memory*

에서 중요한 요소다(다음 설명을 보라).

기계적 기억 모델은 기억능력은 불변한다고 강변한다. 때문에 기억능력의 차이는 개인들이 지닌 기억 용량의 크기[27]에서 비롯된다고 할 수 있다. 기억능력을 기억 용량으로 개념화하길 선호하며 용량은 물리적으로 정해진 조건으로 여기기 때문에, 이 모델은 교육자들에게 기억 용량을 개선[28]시키라고 권하지 않는다.[15] 하지만 다양한 맥락에서 기억을 개선하는 일은 가장 중요한 교육 목표 중 하나일 것이다.

이렇듯 감정, 동기부여, 문화가 기억에 영향을 미친다는 사실을 무시하다 보니 기억 연구 분야의 분위기는 전반적으로 기억능력이 일정 부분 비물리적 요인들과 관련 있을 수 있는 경우들을 고려하지 않거나 또는 적대시하는 분위기를 갖게 되었다. 이러한 비물리적 요인 중 주요한 것들은 다음과 같다.

❖ 주의집중[29]: 사람들이 배우고 있는 것에 집중할 때 기술을 기억하거나 습득할 가능성이 높다. 집중 여부는 주변 소음, 온도, 쾌적함뿐 아니라 사회적·문화적 압력과 학습자의 의지력 같이 학습자가 통제할 수 있거나 통제할 수 없는 수많은 요소에 달려 있다. 물론 집중에 영향을 끼치는 신경학적 제약들이 틀림없이 있을 것이다. 하지만 이것들을 컴퓨터 용어로 묘사하면 사실을 오도하게 된다.[16]

❖ 격려[30]: 사회적 보상, 친구들의 칭찬, 부모의 승인처럼 다양한 요인들이 격려가 될 수 있다. 격려는 학습자가 성공은 하고 싶지만 앞에 놓인 어려움 때문에 겁을 먹고 있을 때 가장 잘 작용한다.

---

27) *size*

28) *improve*

29) *attention*

30) *encouragement*

❖ **부정적 압박[31]**: 물론 지나친 압박은 집중력을 떨어뜨려 기억을 저해한다. 하지만 제재에 대한 두려움 같은 부정적 압박이 때때로 집중력을 자극해 결과적으로 기억능력을 높인다는 점은 결코 틀리지 않다. 특히 공부 내용이 학습자의 내적 흥미에 맞지 않을 때 그러하다.

❖ **리터러시와 같은 문화적/기술적 요인들[32]**: 위의 세 항목을 통해 사회적 요인들이 중요하리라는 점을 알 수 있었다. 이들 요인은 학습자와 가까운 사람들의 관계에서뿐만 아니라 보다 넓은 사회적 관계에서도 중요하다. 게다가 기술적·문화적 요소들은 그 사회에서 기억이 갖는 성격과 중요성에 영향을 미치기도 한다. 가장 주목할 것은 리터러시[33]이고 보다 최근에는 전자 및 컴퓨터 기술이 그러하다. 인쇄물 및 전자 미디어는 정보를 쉽게 찾아볼 수 있게 하기 때문에 기억을 대체할 수 있다. 그리고 사람들이 정보를 기억에 의존해야 할 필요성을 덜 느끼게 해 준다. 많은 자료에 의하면 고대(古代) 및 유럽에서 르네상스 시대까지 세심한 기억력 훈련은 완성된 기술이자 수사학 훈련의 일부였다.[17] 우리가 사는 시대에서도 시(詩), 철자규칙, '곱셈표' 암송 같은 종류의 암기를 높이 평가하던 문화가 많이 쇠락했음을 알 수 있다. 더 이상 가치 있게 여기거나 육성하지 않게 되자 그런 암기 학습은 점차 사용하지 않는 경향을 보이고 있다. 맞춤법이나 산수의 경우 맞춤법 검사기나 휴대용 계산기 같은 기술의 발전과 함께 그 하락세가 더욱 심화되고 있다.

---

31) *negative pressure*

32) *cultural/technological factors, such as literacy*

33) literacy

4. 현대사회에서 기억의 역할에 대한 현대성이 갖는 함의

현대성[34]의 주목할 특징 중 한 가지는 인간 경험의 세분화[35]다. 직업적, 사회적 역할이 더욱 전문화되어 가면서 한 사람이 자신이 맡은 작은 부분 이상의 역할을 수행할 가능성은 엄청나게 줄어들어 버렸다. 그렇기 때문에 전체 틀 속에서 자신만의 전문화된 자리를 잘 이해하려면, 사람들은 자기 전문 분야와 인접해 있기에 접하게 될 부분들에 대해 어느 정도 이해하고 있는 것도 중요해졌다.

현대사회에서 사람들이 기억해야 하는 많은 양의 정보는 정서적 울림을 빼앗기고 말았다. 이는 두 가지 측면에서 그렇다. 첫째, 정보는 자기의 개인적 역사이거나 가족 또는 이웃 같은 특정한 지역사회 집단의 역사에 관한 것이 아니다. 둘째, 사회적으로 가치가 있기에 사람들이 배우게 되는 정보 대부분은 사람들의 삶에 개인적인 영향을 거의 또는 전혀 미치지 않는다. 이러한 불가피한 상황에 대한 인식과 배울 필요가 있어 보이는 자료의 방대함 때문에 학습은 기억해야 할 대상과 기억하는 자 사이를 정서적으로 연결하는 도전[36]이 되었다. 대체적으로 현대 학교 체제에서는 이러한 과제가 제대로 충족되지 않고 있다. 그리고 '기계적 암기'라고 무시하듯 불리는 것은 의심의 눈길을 받아 왔고, 그 결과 쇠락하게 되었다. 제12장에서 다루겠지만 어느 교과나 기술을 제대로 습득하는 일은 일정한 양의 기본 지식이 있어야 하며 가르침, 훈련, 암기를 통하지 않고는 선뜻 이루어지지 않는다. 일정량의 친숙함에 도달하지 않으면 해당 과목에 대한 사랑은 자랄 수 없으므로 선생님과 학생 사이의 정서적 유대가 결정적이다. 이는 학생과 교과 내용 사이에 정서적 유대의 선제 조건이기 때문이다. 하지만 선생님이 자기 역할을 훈련자요, 가르치는 자로 인식하지 않으면 이 유대는 무용지물이 되고 교과의 기본 사항들의 기억 또는 친숙함을 발전시키는 목적에

---

34) modernity

35) compartmentalisation

36) challenge

기여하지 못하게 된다.

지금까지 진보주의(제3장에서 논의한 루소적 견해로부터 기인한 교육 사조)의 대답은 교육적 경험을 개인화해야 하기 때문에 교육이 아이들 스스로의 흥미와 견해를 중심으로 조직될 필요가 있다는 것이었다. 이렇게 되면 아이들은 학교에서 겪은 경험을 '자신의 소유로' 만들고 잘 기억하며 훨씬 잘 배울 것이다. 진보주의에 대한 비판은 이미 많은 사람이 언급한 만큼 여기서는 자세하게 다루지 않겠다. 하지만 진보주의적 학급에서 이루어지는 기억 성과는 우연의 결과이고 효과가 없다는 점은 충분한 근거를 댈 수 있다.[18] 앞서 언급한 요점 몇 가지가 이런 실패와 매우 밀접하게 관련되어 있다. 개인과 학습 내용 사이의 정서적 유대는 학습 내용을 개인의 경험으로 받아들이도록 하면 어느 정도 유지할 수 있다. 하지만 좀 더 넓은 사회적 맥락에서 사회적 가치로 인식되지 않는다면 학생이 이를 배워야 하는 중요한 것으로 느끼게 할 수 없다. 말하자면 정서적 유대는 사회적 접착제를 필요로 한다. 여기서 다른 곳에서 언급한 바 있는 또 하나를 덧붙여야 한다. 즉, 아이가 재미있어 하는 것이 반드시 그 아이의 이해관계와 일치하지는 않는다는 점이다. 아이는 자신이 배울 내용이 자신과 사회 모두에게 중요하다는 점을 잘 인식하지 못할 수 있다.[19] 때문에 아이와 학습 내용 사이의 유대를 위해 사회가 중간에 자리를 잡아야 할 필요성이 더욱 강조된다. 당연히 선생님, 부모, 친척을 통해 이 유대가 연결되어야 한다.

지금까지 현대성이라는 조건과 인지주의의 영향 때문에 기억, 감정, 느낌 사이의 연결이 약화되어 왔다는 사실을 살펴보았다. 어떤 의미에서 진보주의는 기억에 있어 감정과 느낌이 하는 역할을 잘 인지하고 있다. 하지만 이 문제에 대한 처방에 있어서는 제대로 자리를 잡지 못하고 있다. 학습의 부담 전체를 어린 아이에게 전가하는 식의 해결책은 부적절하며 어떤 면에서 문제를 더욱 악화시키기 때문이다. 비인간적인 기억능력은 느낌이나 감정과 무관하게 충분히 발전될 수 있다는 생각은 어떤 경우에도 논박되어야 한다. 기억과 관련된 감정 중 하나는 사랑이다. 배워야 하고 또 배우고 싶은 대상에 대한 사랑은 학습을 도울 뿐만 아니라 탁월함과 완벽함에 대한 열망에 눈뜨게 한다. 이는 실용적 지식,

문학이나 역사적 지식의 흡수뿐 아니라 가치 있거나 문화적으로 인정된 다른 종류의 사실적 지식에도 적용된다. 느낌과 감정이 개입하지 않아도 지식과 기술의 광범위한 숙달이 이루어질 수 있다는 생각에 오류가 있음이 분명하다. 고대와 르네상스 시대에 기억술의 대가들은 이 점을 아주 잘 이해하고 있었다. 그 예로 인간 지식 전체를 백과사전식으로 망라하고자 했던 길리오 카밀로(Giulio Camillo)의 기억극장[37]을 들 수 있다. 기억극장은 행성과 그와 연관된 감정을 극장에서 얻을 수 있는 지식을 배열하는 원리로 삼았다.

　　기억극장에 등장하는 기본 형상은 행성을 나타내는 신들의 형상에 해당한다. 규칙에 따르면, 우선 적절한 기억의 형상은 형상 속에 정서적 또는 감정적 호소를 담고 있다. 목성[38]은 고요함을, 화성[39]은 분노를, 토성[40]은 우울함을, 금성[41]은 사랑을 표현한다. 다양한 정서의 원인인 행성으로부터 다시 극장의 배열이 시작된다. 행성에서 출발한 서로 다른 여러 가지 감정의 물결은 극장의 일곱 개 구역을 관통하며 흐르며 감정에 맞게 기억을 노 저어 간다. 이는 고전 기예가 강조한 역할이다. 하지만 이 모든 것이 각 정서의 원천에 밀접하게 연관되어 수행된다.[20]

학습에는 온갖 종류의 모든 기억이 중요하다. 가르쳐진 반응, 정보, 능력이 유지되지 않는다면 이것들이 가져올 수 있는 이익은 거의 잃는 셈이기 때문이다. 기억의 사용과 좋은 기억력에 따르는 명성이 쇠락하고 있다. 기계적이고 표상적인 기억 모델이 너무나 강력한 결과, 기억의 정서적 측면이 무시되기에 이르렀다. 그렇다면 어떻게 하면 좋은 기억력 개발을 교육의 주된 목표로 복귀시

---

37) memory theatre

38) Jupiter

39) Mars

40) Saturn

41) Venus

킬 수 있을까?

우선 기억력의 가치를 새롭게 인식해야 한다. 무엇을 실제로 알고 있는 것이 그것을 찾는 기술을 갖는 것보다 더 나은 경우가 많다(기술 역시 학습되어야 하고 또 쓸모가 있어야만 제대로 학습된 셈이다). '학습의 학습'[42]은 매력적인 문구다. 하지만 '학습 기술'을 별 고민 없이 확신하는 사람들은 인류 집단이 이미 경험하여 익혀 온 것을 재학습[43]하는 과정에서 겪는 실제적인 어려움을 지나치게 과소평가하고 있다.

둘째, 교수와 학습에서 기억력이 차지하는 위상이 분명히 인정되어야 한다. 기계적 암기가 나쁜 것이라는 생각은 그것을 수동성과 자율성 부족과 동일시했기 때문이다. 지식은 좋은 것이고 기계적 학습, 훈련, 연습 또는 다른 형태의 암기가 지식을 습득하는 가장 효율적인 방법이라면, 마땅히 다른 학습방법보다 이것을 활용해야 한다. 어떤 경우라도 기억은 수동적이지 않다. 기억의 효과적인[44] 사용은 경험론적 모델에 기초하여 감각 데이터를 수동적으로 흡수하는 것보다 그 기술의 숙달과 집중하는 훈련을 필요로 한다.

셋째, 앞의 두 사항을 고려할 때 효과적으로 기억하려면 반드시 감정과 느낌에 연세되어야 한다는 사실을 인정해야 한다. 이는 곧 기억력이 과거의 위상을 되찾고 격려받아야 한다는 뜻이다(만약 그 가치를 인정받지 못하면 비난만 받게 된다). 이런 일련의 조치는 어디에선가 시작되어야 하며 가장 좋은 곳은 교육 체계 내부다.

넷째, 학습기술을 지지하는 자들의 주장이 틀렸다면(제12장을 참고할 것) 학습은 세심한 분석과 논증이 이루어지기 전에 먼저 교과의 사실적 정보를 숙달하는 것이 중요하게 된다. 따라서 비판적 기술들을 제대로 계발하려면 기억의 효과적인 배치는 사치가 아니라 필수다.

---

42) 'learning to learn'

43) re-learning

44) *effective*

1 Richard Wollheim, *The Thread of Life*, Cambridge, Cambridge University Press, 1984, 제5장을 참고하라. 덧붙여 M. Warnock, *Memory*, London, Faber & Faber, 1987을 참고하라.

2 Aristotle, *On Memory and Reminiscence*, in R. Mckeon (ed.) *The Basic Works of Aristotle*, New York, Random House, 1941. 및 Augustine, *Confessions*, Book X, London, Dent, 1907. D. Locke, *Memory*, London, Macmillan, 1971의 설명은 훌륭하다.

3 John Locke, *An Essay on Human Understanding*, Volume I, London, Dent, 1961, Chapter X, p. 118.

4 David Hume, *A Treatise of Human Nature*, Book I, Section 3, Oxford, Oxford University Press, 1978.

5 D. Locke, op. cit., p. 24를 보라.

6 Frances Yates, *The Art of Memory*, London, Ark, 1984를 참고하라. 역설적이게도 기억을 창고로 개념화하는 것이 기억을 이해하는 문제에 대해 온갖 종류의 철학적 문제를 야기해 왔지만, 체험적으로는 기억력 훈련에 크게 도움이 되는 듯싶다.

7 N. Malcolm, *Memory and Mind*, Ithaca, NY, Cornell, 1977, Chpater 8.

8 Descartes, *Rules for the Direction of the Mind,* Rule XII, in *Philosophical Writings,* selected, translated and edited by E. Anscombe and P. T. Geach, London, Nelson, 1966을 보라.

9 Malcolm, op. cit. p. 203.

10 N. S. Sutherland, 'Outlines of a Theory of Visual Pattern Recognition in Animals and Man', Proceedings of the Royal Society, B. 171 (1968), 301. Malcolm, op. cit., p. 206에서 재인용.

11 Malcolm, op. cit., p. 209.

12 Ibid., pp. 224–229.

13 Ibid., pp. 224–225.

14 연합주의는 '훈련'이라고 불릴 수 있는 학습을 가정한다. 하지만 이는 일반적으로 이해되는 의미에서의 훈련과 다르다(제5장 참조). Stephen Mills, 'Wittgenstein and Connectionism: A Significant Complementary?', in C. Hookway and D. Peterson (eds.) *Philosophy and Cognitive Science*, Royal Institute of Philosophy Supplement 34, Cambridge, Cambridge University Press, 1993을 참고하라.

15 Rhona Stainthorp, *Practical Psychology for Teachers,* London, Falmer, 1989, 제6장을 참고하라.

16 Ibid., 제6장의 컴퓨터에 빗대어 기억을 다룬 예 참조하라. 제11장에서는 이를 더욱 자세히 논의하고 비판하고 있다. 한편, 스테인호프(R. Stainthorp)는 기억에 있어 훈련의 역할을 매우 제한적으로 본다.

17 Yates, op. cit.에 나오는 고대 시대와 르네상스 시대의 기억술에 대한 자세한 설명을 참고하라.

18 영국 초등학교에서 일할 때 저자 개인의 경험이다.

19 예컨대 Robin Barrow and Ronald Woods, *An Introduction to Philosophy of Education*,

London, Methuen, 1975, 제7장을 보라.

20 Yates, op. cit., p. 144. 체험적으로 볼 때 기억을 창고로 이해하는 것이 유용할 수 있겠다. 하지만 창고를 기억의 핵심으로 삼아 철학적으로 설명하는 것은 이와는 다른 차원의 문제다.

제11장

주의집중,
사고하기 그리고 학습하기

주의집중,
사고하기 그리고 학습하기

1. 서론

이 장의 목표는 주의집중과 사고하기[1]가 우리가 학습하는 방식에 어떻게 영향을 미치는지 그리고 왜 이것이 중요한지를 밝히는 데 있다. 사고하기와 주의집중은 학습을 촉진하는 경향이 있다. 이는 경험적 진실을 넘어서서 개념에 근거한 주장이다. 만약 사고하기와 주의집중이 결코[2] 학습을 촉진하지 않는다면, 일상생활과 대화에서 그간 학습 개념이 항상 누려왔던 연결 고리들과 분리되어 버리면서 우리가 지녔던 학습의 개념이 급작스럽게 바뀌기 때문이다. 그래서 사고하기와 주의집중이 학습을 촉진한다는 말은 명백한 진리 이상의 의미를 지닌다. 이는 '학습'의 문법에 대한 언급인 것이다. 그럼에도 학습에 대한 학술 문헌에서 주의집중, 사고하기, 학습 사이의 연결성은 상대적으로 등한시되고 있다.

이는 결코 우연이 아니다. 지금까지 논의되었던 학습이론 중, 그 어떤 것도 사고하기와 주의집중의 개념을 만족할 만한 방식으로 다루지 못했다. 데카르트

---

1) *attending* and *thinking*

2) *never*

주의와 인지주의는 이 두 가지를 마음이나 두뇌에서 발생하는 내면적 사건으로 다루고 싶어 했다. 하지만 그런 식으로는 제대로 설명할 수 없게 되자 이 문제를 무시하는 경향을 보인다. 행동주의는 이들이 겉으로 드러난 구체적 행동일 때만 취급할 수 있다. 물론 이는 매우 어려운 일이다. 피아제류의 발달주의는 인지주의의 문제점과 함께, 루소의 낭만적 전통과 그의 추종자들은 생각하기와 주목하기가 삶에서 가지는 사회적 문화적 맥락을 이해하지 못한다. 그러므로 지금이 이들 개념에 새롭게 주목하여 이것들이 학습에서 차지하는 결정적 중요성을 보여줄 적절한 때다. 결론에서는 이것들이 학교와 같은 보다 공식적인 학습기관에 던지는 의미에 대해 논의하겠다.

2. 사고하기와 주의집중

주의집중과 사고하기는 서로 밀접하게 연관되어 있다. 이들 모두 생각 품기[3]를 포함한 여러 활동의 측면이지만 그 과정(過程)[4]은 아니다. 사고를 한다는 것은 지금 하고 있는 일에 대해 진지하게 주의를 집중하는 것이라고 말하면 충분한 듯 보이기 마련이다.[1] 대부분의 사고하기가 자신이 하고 있는 일을 진지하게 대하는 것을 포함한다는 점은 맞다. 따라서 진지함과 사고(思考) 사이가 개념적으로 긴밀하게 연결되어 있다는 사실은 논란의 여지가 없다. 하지만 사고하기를 자신이 하고 있는 일의 진지한 측면[5]이라 여기는 것 역시 잘못이다. 사람은 진지하게 무엇을 행하지만 그것에 대해 생각하지 않을 수도 있고(예를 들어 차렷 자세) 또 무엇에 대해 진지하지 않게 생각할 수도 있기 때문이다.[2] 주의집중이 꼭 생각 품기를 수반할 필요는 없다. 하지만 자신이 하고 있는 일에 대해 최소

---

3) *entertaining of thoughts*

4) process

5) serious aspect

한의 진지함을 가지고 대해야 한다.[3] 만약 지금 학습하는 대상의 중요성을 어느 정도 깨닫지 못할 경우 학습이 이루어지지 않을 수도 있다고 하면, 학습내용의 중요성을 이해하고 이를 진지하게 대할 때 효과적인 학습이 이루어진다는 주장은 타당해 보인다.

3. 주의집중의 중요성

　주의집중이 행동[6]에 대한 숙고의 중요한 측면이라면 학습 전반에 있어서도 중요한 측면이다. 어떤 것들은 주의를 집중하지 않고서도 배울 수 있다. 하지만 나는 학습에 집중하는 것과 학습자의 성공 사이에는 그저 통계적 또는 귀납적인 연결만이 아니라 그 이상의 무엇인가가 있다고 믿는다. 우리가 학습(행동의 의미로)이라고 말하는 것의 일부분은 배울 내용에 대해 주의를 집중하는 것이다. 만약 실제에 있어 주의집중과 학습이 분리되어야 맞다면, 이들은 마땅히 개념적으로도 분리될 것이며, 우리가 일상적으로 연결 짓는 주의집중, 노력, 동기 그리고 학습 사이의 무수한 연결 고리도 모두 끊어질 것이다. 학습이 무엇인지를 이해하고자 할 때 주의집중[7]은 중심 개념이다. 따라서 주의집중에 대한 설명이 틀리거나 이를 진지하게 고려하지 않는다면, 어떤 학습이론이라도 황당한 문제에 직면하게 될 것이다.

　넓은 관점에서 보면 주의집중의 문제에 접근하는 일반적인 방식이 몇 가지 있다.

　❖ 첫째는 주의집중을 내적인 과정으로 보는 것이다. 이를 데카르트적[8] 접근

---

6) action

7) *attention*

8) *Cartesian*

이라고 부를 수 있다. 여기서는 주의집중을 지금 다루고 있는 사안에 대해 내면적으로 초점을 맞추는 것이라고 설명한다.

❖ 둘째는 인지주의적[9] 접근이다. 주의집중을 뇌가 정보를 처리하는 능력의 반영으로 이해한다.

❖ 셋째는 행동주의적[10] 접근이다. 이는 주의집중을 일종의 행동에 불과하다고 본다.

이들 중 이 개념의 복잡성을 올바르게 다루는 것은 없다. 그리고 각각은 서로 다른 방식으로 심각한 오해를 불러일으킨다. 앞으로 이것들에 대해 각각 설명하고 논의하도록 하겠다. 그 다음 주의집중에 대한 적절한 설명을 제시하고 학습과 관련된 중요성을 살펴보겠다.

4. 주의집중에 대한 데카르트의 설명

데카르트의 설명을 이해하려면 의식의 성격에 대한 데카르트의 언급을 검토해 봐야 한다. 의식 또는 사고는 마음의 본질적 성질이다. 데카르트가 사람이 오직 한 가지 관념에만 집중할 수 있다는 설명에 집착하는 것은 아니다. 예를 들어 사고를 할 때 우리가 관념들을 비교할 수 있다고 말하려면 마음이 여러 개의 관념들을 품을 수 있어야 한다. 하지만 이는 한 가지 이상의 관념이 담긴 사고 하나를 하는 것이다. 그런데 그는 사고하기, 주의집중, 집중하기를 순수한 정신활동으로 보려고 했다. 예를 들어 제2성찰[11]에서 그는 아주 악한 사기꾼이 속일 수 있는 모든 일에 대해 자신을 속이고 있는 상황을 생각해 보았다. 데카

---

9) *cognitivist*

10) *behaviourial*

11) the Second Meditation

르트는 이때 자신이 육체의 본질에 속한 최소한의 특질을 여전히 가지고 있는 지 자문(自問)해 본다. "나는 집중한다, 나는 생각한다, 나는 곰곰이 따져 본다, 그러나 아무것도 마음에 떠오르지 않는다."[4]

따라서 주의집중은 일정한 강도(强度)로 사람의 마음에 나타나는 그 무엇에 대해 생각하는 것인 듯 보인다. 지금 숙고하고 있는 가장 중요한 대상과 관련이 없는 모든 정신 내용은 의식에서 빠져나간다. 그러므로 주의집중은 사람 마음에 들어 있는 내용물에 초점을 두는 순수하고 집중된 형태의 사고[12]다. 이 설명은 일면 타당해 보인다. 분명 우리는 사고를 집중하는 것과 주의집중을 연결한다. 또 사람은 여러 개의 대상에 대해 동시에 완벽하게 집중할 수는 없다는 점을 받아들인다(물론 예를 들어 두 가지 사안을 번갈아 가며 주의집중할 때처럼 절반씩 주의를 집중하는 상황도 가능하다). 하지만 이런 설명에는 몇 가지 난점이 있다.

첫째, 데카르트와 그의 추종자들은 다음과 같은 주장에 매달리는 듯싶다.

주의집중은 하나의 관념에, 또는 관념들을 비교하는 데 생각을 집중시키는 것이다.[5]

우리는 이것을 어떻게 알 수 있을까? 『성찰』에서 논한 것을 보면 데카르트는 자신의 핵심 개념인 비육체성[13]에 아직 이르지 못했기 때문에 이를 논하고 있지는 않다. 대신 주의집중의 성격에 대한 주장을 전개하고 있다. 하지만 주의집중의 성격에 대한 논의가 사람의 본질은 비육체적이라는 논거를 발전시키는 데 필수적인 것은 아니기 때문에, 데카르트는 자신의 존재적 본질은 사고하는 데 있다는 추론에서부터 거슬러 올라가 주의집중의 본질이 무엇인가를 추론하게 된 것 같다.[6] 주의집중은 정신적 현상이다. 때문에 육체적 특성들을 바라본다고

---

12) thought

13) non-corporeality

해서 검증될 수 있는 성질의 것이 아니다.

일반적으로 말해 사람의 사고는 X나 Y에 관한 것이며, 이것들은 생각하는 사람의 다른 사고가 아니라 그 사람 밖에 존재하는 사안들이다. 따라서 '태양은 뜨겁다'고 사고한다면, 나는 천문학적 특정 물체가 어떤 물리적 특성을 가지고 있다고 생각하는 중인 것이다. 그것에 대해 진지하게 사고하고 있다는 의미에서 태양에 주의를 집중하고 있다면 그 초점은 내 안의 어떤 것이 아니라 세계 속에 존재하는 어떤 것에 있는 것이다.

하지만 바로 여기서 문제가 발생한다. 만약 주의집중이 사람의 사고에 초점을 두는 것도 포함한다면, 태양이 뜨겁다는 생각에 주의를 집중하는 것은 태양 자체가 아니라 태양이라는 관념, 개념, 또는 사고에 집중하는 것을 의미하기 때문이다. 예를 들어 내가 지닌 태양의 관념이 지름이 수백 미터에 달하는 녹아내린 청동 원판이라고 한다면, 내가 지닌 태양 관념은 실제 태양과 완전히 다르다. 하나는 심적인 것이고 다른 하나는 물리적인 것이라는 차원이 아니라, 내가 생각하고 말하려는 태양과 나보다 태양에 대해 더 잘 알고 있는 다른 사람들이 생각하고 말하려는 태양이 다르다는 차원에서 다르다.

따라서 주의집중이 사고에 초점을 맞추는 것이라는 설명은 사고가 아닌 그 어떤 것에 초점을 맞추는 것이라는 점을 설명하는 데 적당하지 않은 것 같다. 하지만 우리가 일상생활에서의 주의집중을 다룰 때는 그 어떤 것에 초점을 맞춘다고 한다. 우리는 마음속에서 일어나지 않는 과정, 사건, 특정물에 주의를 집중할 뿐만 아니라 차 운전하기나 그릇 빚기와 같은 활동을 할 때도 주의를 집중한다.

이들을 곰곰이 따져 보면 내가 무엇에 주의를 집중하고 있다고 생각할 때 왜 잘못 알고 있을 수 있는지 파악하는 데 도움이 된다. 만일 내가 태양이라는 특정 관념에 주의를 기울이고 있으면서 태양에 주의를 집중하고 있다고 생각하고 있다면 바로 그런 실수를 한 셈이다. 그래서 X에 대한 나의 사고에 초점을 두고 있으면서도 X에 대해 주의를 집중하고 있다고 판단할 수도 있다.[7]

우리가 우리 활동과 경험의 다양한 특징에 주의를 기울인다는 사실은 사람의 사고에 대한 반성적(反省的) 집중만을 다루는 주의집중이론이 불충분하다는 점을 시사한다. 그리고 이는 다시 주의집중의 순전한 유심론적 설명에 대한 대안을 찾아야 할 필요가 있음을 시사한다. 주의집중에 대한 데카르트적 설명이 지닌 이러한 문제점들은 다른 심적 개념들처럼 주의집중을 육체를 지닌 피조물(사람)의 특징으로 여겼고, 내면의 정신적 삶의 측면에서 제대로 설명할 수 없다는 사실과 관련되어 있다.

5. 인지주의와 주의집중

아마도 주의집중에 대한 인지주의적 설명이 현시점에서 가장 강력한 영향을 미치고 있을 것이다. 아주 많은 경우 컴퓨터에의 비유가 설득력을 지니듯, 여기서도 처리[14]라는 개념, 곧 컴퓨터 내에서 이루어지는 전자적 파동의 조작이 인간의 주의집중을 설명하는 핵심이라고 여긴다. 주의집중을 처리로 보는 설명은 나무랄 데 없는 관찰, 곧 우리가 주의를 집중할 수 있는 능력은 제한적이라는 관찰에서부터 출발한다.[8] 하지만 이 의견을 재해석해 보면 우리가 지닌 정보를 처리하는 능력[15]이 제한되어 있다는 뜻이다. 여기서 정보 처리능력이 제한적인지 아니면 의식적인[16] 정보 처리능력이 제한적인지는 분명하지 않다. 이 구분은 매우 중요하다. 왜냐하면 일상에서 관찰해 보면 사람들이 동시에 할 수 있는 행동은 몇 가지에 불과하기 때문이다. 또 앞에서 살펴보았듯이, 마음에 초점을 두고 있다는 의미에서 우리는 한 번에 한 가지 일에만 집중할 수 있을 뿐이다. 우리는 한 번에 한 가지 일에만 온전히 주의를 집중할 수 있다고 하면, 주의집중은 엄청난 양의 처리능력을 요구하므로 우리 두뇌는 한 번에 한 가지 일에만 집중

---

14) *processing*

15) *capacity for processing information*

16) *conscious*

할 수 있을 뿐이라는 결론이 나올 것이다.

이렇게 말하면 마치 우리가 한 번에 오직 한 가지 일에만 온전히 집중한다는 것은 신경회로[17]와 처리능력의 한계 때문에 불확실한 일인 듯 느껴진다. 만일 우리가 좀 더 크고 좋은 뇌를 갖고 있다면 우리는 한 번에 많은 일에 집중할 수 있을 것이다. 주의집중의 성격을 이렇게 설명하면 이는 사실을 매우 심각하게 오도하는 것이다. 사람이 한 번에 한 가지 일에 온전히 주의를 집중할 수 있다는 것은 불가능한 일이 아니기 때문이다. 온전히 주의집중을 하면 사람은 대상에 전적으로 자기 자신을 헌신하게 된다. 바로 우리가 '무엇에 전념한다'고 표현하는 그것이다. 이는 주의집중을 추가 처리능력[18]의 사용이라고 정의하는 것은 잘못임을 시사한다. 그렇게 정의하면 지력[19]을 갖추기만 하면 사람은 (동시에 한 가지 이상의 일을 행하는 것이 아니라) 동시에 한 가지 이상의 일에 온전하게 주의를 집중할 수 있다고 주장하는 셈이다. 이는 터무니없는 소리다. 추가 처리능력을 필요조건으로 보고 이를 통해 우리는 한 가지 것에 더욱 주의집중을 할 수 있다거나 또는 한 가지 이상의 것에 주의집중을 분산할 수 있다고 설명한다면 이는 억측이다. 반대로 추가 처리능력이 이런 것을 가능하게 하는 충분조건이라고 한다면 이는 오류다. 왜냐하면 주의를 집중한다는 것은 때로 어느 정도 충실하게 경험하는 것이라는 사실을 설명할 수 없기 때문이다.

그보다 주의집중은 사고하기와 마찬가지로 개별 사건이나 성향이 아니라 양상적[20] 성질을 지니고 있다. 즉, 이것은 사람이 무엇을 할 때 그것을 전적으로 세심하게 보살피는 대상으로 삼는 양상이다. 만일 주의집중이 상당한 양의 신경회로를 활동하게 하는 것이라면 어쩔 수 없다고 하겠지만, 어떤 활동을 구태여 오로지 그것에만 관심을 갖는 대상으로 삼을 이유가 없다. 컴퓨터는 성능이 충

---

17) neural circuitry

18) extra processing power

19) brainpower

20) *aspectual*

분하다면 한 번에 한 가지 이상의 작업을 수행할 수 있다. 하지만 이것을 인간의 주의집중에 비유할 수 없다. 인간의 주의집중은 일을 행하는 방식[21]과 관련되어 있는 것이지 행하는 일의 가짓수와 관련이 있는 것은 아니다. 우리가 어떤 일에 전념하고 있다고 말할 때는 그것을 매우 진지하게 다루고 있다거나 모든 것을 배제하고 그것에만 신경 쓰고 있다고 말하는 것이다.

전자적 처리라는 관점에서 사고하기를 설명하는 것은 매혹적으로 보인다. 심리학자들이 헛갈려 하는 개념들 중 하나에 대해 '과학적' 전망을 제시하는 듯 보이기 때문이다. 맨 처음에는 모든 행동에 처리가 포함되어 있다고 시작한다. 하지만 컴퓨터 모델을 찬찬히 살펴보면 같은 행동이 다른 수준의 처리를 요구해야 하는 까닭을 이해하기가 어렵다. 그 설명에 따르면 주의를 집중하면서 하는 행동은 주의집중이 필요 없는 행동보다 더 많은 처리가 수반된다. 모든 행위는 행동, 행동에 대한 주의집중, 행동 그 자체이거나 행동으로 이어지는 처리를 포함한다. 때문에 행동과 행동에 대한 주의집중은 서로 다른 활동들이거나 독특한 형태를 지닌 동일한 행동이라는 말이 된다. 하지만 우리가 앞에서 언급했듯이 처리에 기초한 설명은 주의집중의 양상적 성격을 설명하지 못한다. 이는 사람이 어떤 것에 관심을 갖거나 진지하게 다루는 방식을 통해 설명될 수 있다. 그리고 맥락이나 행위와 무관하게 이렇게 보인다고 일반화하여 설명할 길도 없다. 컴퓨터에서 이것은 더 많은 자원이 사용되었으니 실행이 더 잘 되었다는 것을 의미할 따름이다.

다른 한편으로 만일 주의집중이 그것이 동반한 행위와 구별되는 개별적 행동이라면, 주의집중을 개별사건으로 취급하게 되어 주의집중의 양상적 성격을 설명하지 못하게 된다. 그리고 만일 개별사건이라면 더 이상 주의를 집중할 대상이 없을 때도 주의집중이라는 행동이 지속되는 경우를 예상해 볼 수도 있다. 어떤 사람이 운전에 주의를 집중하고 있다가 급기야 자동차를 주차한 후에도 특

---

21) *way*

별한 대상 없이 계속 주의집중한다고 말할 수도 있다. 이는 터무니없는 소리다. 주의집중은 항상 이것 또는 저것에 대해 이루어진다는 사실은 이것이 개별적 행위가 아니라 어떤 행위의 양상이라는 점을 시사한다. 이에 대해 다른 행위들이 있어야만 그것에 의존해 이루어지는 행위들이 있다고 답변할 수도 있겠다. 예를 들어 채권 매장에서 거래가 성사되지 않으면 사무실에서 계약 서류를 작성하는 일은 일어날 수 없다. 하지만 이는 주의집중을 설명하는 데 유용한 모형이 될 수 없다. 이는 어떤 것에 대한 주의집중을 그것을 행한 결말(結末)로 보기 때문이다. 주의집중은 그것의 전조(前兆)이거나 동반(同伴)[22]이다.

인지주의적 이론의 또 다른 해로움은 이것이 데카르트와 경험론자들이 주의집중의 핵심적 특징이라고 여긴 것, 곧 의식의 초점[23]을 설명하지 못하는 데 있다. 주의를 집중하는 사람은 자신이 주의집중하고 있는 그것을 의식하고 있는 경우들이 있다. 자신의 사고에 초점을 두는 경우도 그중 하나다. 하지만 어떤 누구도 메모리[24]의 크기나 중앙처리장치[25]의 속도를 감안할 때 컴퓨터가 의식이 있다고 말하지는 않을 것이다. 데카르트나 다른 이들이 주의집중의 핵심이라고 여기는 그러한 특징들조차 설명하지 못하기에 인지주의적 설명은 더욱 불충분하다.

6. 행동주의와 주의집중

그렇다면 순전히 행동에 관련된 용어를 사용하여 주의집중을 만족할 만큼 설명할 수 있을까? 결국 앞에서 검토한 두 가지 설명 모두가 지니고 있는 문제 중

---

22) precursor or its accompaniment

23) the focusing of awareness

24) RAM

25) CPU

하나는 주의를 집중하고 신경을 쓰면서 작업을 하는 등, 실행하는 주체는 육체를 지닌 사람이라는 사실을 무시했다는 점이다. 우리는 우리의 사고에 주의를 집중한다. 하지만 이는 주의집중의 일부일 뿐이다. 대부분의 경우 우리는 마음 밖에 있는 것에 주의집중한다. 데카르트의 설명은 이 점을 설명하는 데 불충분하다. 인지주의 처리이론은 한층 더 불충분하다. 의식과 주의집중의 외부적 방향성 중 그 어느 것도 설명할 수 없기 때문이다.

어떤 것에 주의를 기울인다는 것이 무엇인지를 보여 주는 예들을 검토해 보면 단일한 설명은 의심스러워 보인다. 색깔 하나에 주의를 집중할 때 생기는 현상만 봐도 매우 다채롭다. 비트겐슈타인이 제시한 몇 가지 예를 보자.

"이 파란색은 저기 저 파란색과 같은 것인가? 차이가 보여?"
당신은 물감을 섞으며 말한다. "하늘색 내기가 힘드네."
"날씨가 개고 있어. 벌써 파란 하늘이 다시 보이잖아"
"이 두 가지 파란색의 배색 효과가 얼마나 다른지 봐"
"저쪽의 파란색 책 보여? 그것 좀 갖다 줘"
"이 파란 신호등은 …… 을 의미한다"
"이런 파란색을 뭐라고 하더라? — '인디고'인가?"
당신은 색깔에 주의를 집중할 때 손을 올려 윤곽선을 보거나 혹은 윤곽선을 보지 않으려 한다. 때로는 그 물체를 응시하면서 전에 어디서 보았는지 기억해 내려고 한다.
당신은 형태에 주의를 집중할 때 때로는 그 윤곽을 따라 그리면서 때로는 실눈을 뜨고 색깔은 명확하게 보지 않으려 한다. 그 이외에 여러 방법을 쓴다. 나는 사람이 '이것이나 저것에 주의를 기울이는' 동안[26] 이런 종류의 일이 일어난다고 말하고 싶다. 하지만 이런 것들 자체가 사람이 형태, 색깔 등에 주의집중하고 있다고 말할 수 있게 하는 것은 아니다. 사람이 체스에서 한 수를 놓을 때 그

---

26) *while*

한 수의 본질은 사고(思考)와 느낌에 있는 것이 아니라 '체스 게임을 하는 것' '체스 문제를 푸는 것' 등으로 우리가 표현하는 그 환경에 있다.[9]

비트겐슈타인의 설명대로 주의집중의 현상이 매우 다채롭기 때문에 우리는 '정말로' 주의집중이라고 할 수 있는 현상들에 어떤 정신의 동반[27]이 있다고 말한다. 이는 몇몇 특유한 경험들이 다양한 형태의 주의집중에 동반됨을 부인하려는 것이 아니라 이런 현상들이 주의집중은 아니라는 점을 말하려는 것이다. 많은 경우 주의집중은 사람들이 지금 하고 있는 일에 쏟는 관심의 진지함을 표현하는 방식일 뿐이다. 그리고 이는 말, 몸짓, 재료를 다루는 방식, 행위의 맥락 등에 잘 드러나 있다.

개인의 차원에서 흥미와 동기[28]는 행위에 주의집중하는 데 큰 역할을 한다. 우리는 때로 화제가 되고 있는 행위에 주의를 집중하고 있음을 밝히는 데 이 단어들을 쓸 수 있다. 아무개가 어느 때인가 낚시에 몰두하는 것을 보고 우리는 그가 낚시에 흥미를 보인다고 말한다. 흥미와 동기는 일시적이기도 하지만 성향적이기도 하며, 이들의 문법을 지나치게 가까이 연결하는 것은 현명하지 못하다. 하지만 주의집중을 한쪽에 그리고 이들 개념을 다른 쪽에 놓고 이들을 연결하는 것은 가능하다. 이런 구도에서 흥미와 동기는 때로 어떤 사람이 주의를 집중하고 있다고 말할 때 우리가 사용하는 준거에 속한다. 우리는 사람의 과거, 성격, 남다른 사랑의 양상에 근거하여 현재 벌어지는 행동이 지닌 양상을 판단한다. 이 경우 우리가 그의 행위가 지닌 성격에 대해 판단할 때는 오직 지금 관찰할 수 있는 것만 근거로 삼지 않고 그 사람에 대해 이미 알고 있는 것도 참고한다. 사실 어떤 사람이 이 행위에 집중하고 있다고 판단할 때 우리는 때로 그들의 행동 방식에 대한 지식에 의존한다. 내가 제임스를 알고 있기에, 나는 창밖을 물끄러미 응시하는 그의 버릇이 지금 하고 있는 일에 몰두하고 있다는 표

---

27) accompaniment

28) *interest and motivation*

시라고 생각하려고 한다. 그가 일을 효율적으로 하려고 준비하고 있다고 생각하기 때문이다. 만일 다른 사람이 그렇게 하면, 나는 멍하게 딴생각을 하고 있다고 말하고 싶어질 것이다. 사람이 전념하고 있는 행위에 대해 취하는 태도는 우리가 주의집중의 '자연스러운' 표현이라고 생각할 수 있는 범위에 속한 것 중 하나일지 모른다.

물리적 환경은 중요하다. 즉, 어떤 특정 활동에 흥미를 느껴 몰두하려 해도 소음, 더위, 추위, 불편한 가구는 모두 우리를 산만하게 할 수 있다. 현재 관심사 밖에 있는 사건들도 우리의 흥미를 끌 수 있다. 심지어 우리의 의지를 넘어선다. 불편함이 발생하면 지금 하는 일보다 그 불편함의 원인에 대해 관심을 갖거나 주의를 집중하게 만든다. 이런 일이 발생하면 때로 우리는 어쩔 수 없이 주의를 전환할 수밖에 없다고 느끼며 하고 있던 일의 '갈피를 잡지 못한다' 이는 앞에서 언급한 요점, 곧 사람들이 한 번에 한 가지 이상의 대상에 전폭적으로 주의를 집중하는 것은 불가능하지는 않더라도 매우 어렵다는 사실을 반영하고 있다. 어떤 것에 대한 주의집중이 필연적으로 지금 하는 행위에 대해 사고하고 있음[29]을 의미하지는 않는다. 주의집중에는 명백히 행동적 차원을 지닌 다른 행위들은 빼더라도 점검하기, 측정하기, 다시 해 보기, 비교하기가 포함된다. 다른 말로 하자면, 주의가 산만해졌다고 해서 수행 중인 행위에 대한 생각 품기가 중단되었다는 뜻으로 지금 하고 있는 일에 대해 의식적인 인식을 잃었다[30]고 할 수는 없다.

그러므로 주의가 산만해졌을 때 의식의 유일한 초점이 다른 행위로 옮겨졌다고 말하는 것은 오해다. 어떤 경우든 주의집중은 그런 식으로 사고의 초점을 두는 것이다라고 한다면 오해이기 때문이다. 대안적인 설명도 있다. 즉, 우리는 외부로부터 들어오는 엄청나게 많은 '입력'을 '처리'할 수 있을 뿐이다. 그리고 입력이 일정 강도에 달하면 우리는 침범해 들어 오는 새로운 입력 쪽으로 처리능

---

29) *having thoughts about the activity in hand*

30) *losing conscious awareness*

력을 옮겨야 한다.[10] 하지만 이는 설명이기보다 인간 자연사[31]의 널리 알려진 주장을 '과학적' 용어로 재기술(再記述)하는 방편에 불과하다. 우리는 주의집중을 설명하는 처리[32] 모델의 혼돈에 대해 앞에서 이미 살펴보았다. 그리고 이 모델은 주의산만의 개념에 대해 그 이상 밝혀내지 못하고 있다. 그렇다고 주의산만이 중요하지 않다는 뜻은 아니다. 최근 몇 년간 주의산만의 근원과 이것이 주의집중과 학습에 영향을 미치는 방식에 대한 관심이 너무나 적었다는 사실은 논란의 여지가 없어 보인다.

7. 주의집중과 학습하기

학습이 가장 효과적일 때는 학습자가 지금 배우고 있는 것에 주의를 집중할 때다. 이는 사실이건 기술이건 현재 진행되는 과업에 온전히 주의를 집중할 때 학습이 효과적인 경향이 있다는 사실을 말하려는 것이다. 인간 자연사의 중요한 측면에 우리의 시선을 향하게 하는 이 말이 비록 완벽한 동어반복(同語反覆)은 아니지만 사실상 거의 그렇다. 하지만 이를 진지하게 받아들였을 때 기관의 여러 교육 관행에 많은 변화를 가져올 것이다. 특히 초등학교에서 그러하다.

사람은 주의집중에 능숙해지는 법을 배워야 한다. 아이들이 자라면서 집중하는 능력 역시 커 가는 듯 보이지만, 이는 자연스럽게 발전하는 능력이 아니다. 몰두와 주의집중의 학습은 주의집중을 요구하는 행위들을 차근차근 해 나갈 때 함양될 수 있다. 다른 말로 하자면 사람은 주의집중 그 자체[33]를 배우지는 못하지만, 배우고 있는 것을 진지하게 집해 봄으로써 가능하다. 아이들은 이릴 때 주의집중하는 능력이 제한적이어서 어른들이 할 수 있는 만큼 긴 시간 몰두하

---

31) human natural history

32) processing

33) *as such*

지 못한다. 그러나 그렇다고 집중력이 함양될 수 없다는 뜻은 아니다. 다만 '주의집중 개발' 활동을 통해서가 아니라 사실적 학습, 실제적 학습, 정의(情意)적[34] 학습과 같은 다양한 종류의 학습을 통해 가능하다.[11] 그람시(A. Gramsci)는 다음과 같이 말했다.

> 교육에서 아이들을 다룰 때 우리는 그들의 근면, 정확, 자세(육체적 자세까지)의 습관, 특정 주제에 몰두하는 능력을 끊임없이 심어 주어야 한다. 이것들은 훈련되고 조직적인 기계적 반복이 없다면 습득될 수 없다.[12]

많은 초등학교가 그동안 루소적 학습모델에 더 적합한 교육적 관행을 취해 왔다. 이 모델에 대해서는 제3장에서 검토하여 비판한 바 있다. 루소의 기획에서 아이들의 자율성과 자기결정성은 최고의 가치다. 루소의 에밀은 가정교사의 접근법이 아무리 이론상 결점 투성이라고 할지라도 몰두할 수 있는 시간, 공간, 기회를 가질 수 있었다. 하지만 이런 환경은 에밀류의 자율적 학습 프로그램을 따르는 30명 이상의 5살짜리 어린아이들에게는 어림도 없다. 이런 상황에서 주의집중과 몰두하는 힘을 계발시켜 주는 일은 그 실현 가능성을 방해하는 환경과의 싸움이 되어 가고 있다. 끊임없이 이어지는 대화가 지금 하는 과제에 주의집중하지 못하고 산만해지도록 만든다. 끊임없는 움직임은 아이에게 주의가 산만하게 되는 기회를 제공하며, 다른 아이들이 많이 움직이면 그 자체가 아이에게 주의산만이 된다. 마지막으로 다양한 교과 활동이 동일한 교수 공간에서 벌어지기 때문에 주의가 산만해지고, 이 때문에 초점을 잃고 한 가지 일에 몰두하지 못하게 된다. 동시에 많은 활동을 하는 것이 가치 있다고 생각된다는 사실은 함께 이루어지는 활동들 중 다른 활동보다 더 가치 있다고 여겨지는 활동이 없음을 암시한다. 이는 그 아이가 지금 하고 있는 것의 중요성을 잘못 판단하게 하

---

34) affective

고, 선생님 스스로가 한 번에 여러 활동에 주의집중하고 있다는 사실 때문에 이 판단은 더욱 잘못되어 간다. 그렇지만 실제로는 한 번에 한 가지씩 잠깐잠깐 몰두하고 있는 셈이다. 이런 학습이 상대적으로 조용하고, 차분하며 한 가지 일만 집중하는 학급에 비해 학습 효율이 떨어진다는 점을 밝힌 문헌이 상당히 많다.[13]

학습과 하고 있는 일에 대한 올바른 주의집중이 지닌 중요성은 결코 무시할 수 없다. 주의가 산만하지 않거나 최소화되었을 때 기억력의 훈련과 계발이 가장 잘 이루어질 수 있다. 한 번에 한 가지 활동의 학습에 초점을 둔다는 것은 선생님이 그 활동을 진지하게 대하면서 학생에게도 역시 진지하게 대하라고 요구하는 것을 뜻한다. 하는 일을 진지하게 대하는 것은 상당 부분 누군가가 무엇에 대해 생각하고 있다, 반성하고 있다, 주의집중하고 있다고 말할 때의 바로 그것에 해당한다. 이런 관찰은 갑자기 번쩍하고 떠오른 통찰이 아니다. 이것은 인간학습에 대해 '통속심리학'[35]이 언명하는 말들이다. 다만 그동안 낭만적이고 의사과학(擬似科學)적인 이론의 혼합물 속에서 흐릿하게 되어 잘 보이지 않았을 뿐이다.

주의집중은 다른 측면에서도 중요하다. 만일 지금 배우는 것을 좋아한다면 사람들은 그 일에 주의집중하게 될 것이다. 즉, 그것을 진지하게 받아들일 테고 다른 것을 제쳐 두고 그것에 헌신하고(최소한 얼마간), 탁월해지기 위해 애쓰고, 때로 어려움이 와도 계속 지키려 한다.[14] 주의집중은 사랑의 조건이다. 누구를 또는 무엇을 사랑하는 것은 무엇보다 특별한 관심을 기울이는 것이다. 제대로 주의집중할 수 없는 사람은 어떤 주제나 활동을 진지하게 받아들일 수 없고, 헌신할 수 없고, 탁월해지려고 애쓰지 않으며, 역경이 오면 방관한다. 교육이 어떤 주제나 활동에 대한 사랑을 개발하는 것이라면 마땅히 학습의 중심에 주의집중이 있어야 한다.[15] 이를 학습의 중심으로 만들려면 학습 대상을 진지하게 헌신할 가치가 있다고 여겨야 한다.

---

35) folk psychology

1 보다 폭넓은 비판적 논의에 대해서는 O. Hanfling, '"Thinking", a widely ramified concept', *Philosophical Investigations*, 16, 2, 1993, pp. 101–115를 참고하라.

2 누구의 생각을 진지하게 받아들인다고 할 때 우리는 사고하기가 일종의 분명한 행동일 것이라고 여기는 듯싶다.

3 이런 의미에서 사고하기와 주의집중은 서로 밀접하게 연결되어 있다. R. K. Scheer, 'Thinking and Working', *Philosophical Investigations*, 14, 4, 1991, pp. 293–310을 참고하라.

4 René Descartes, *Meditations*, p. 68. 흄(Hume)의 다음 말과 비교해 보라. "내가 내 자신이라고 부르는 것에 가장 스스럼없이 들어가다 보면, 항상 빛이나 그늘, 사랑이나 미움, 고통이나 즐거움에 대한 어떤 특정한 지각(perception)이나 다른 것에 걸려 비틀거리곤 한다"(*A Treatise of Human Nature*, Oxford, Oxford University Press, 1978, p. 253) 이어서 그는 마음을 극장과 비교한다. "극장에서는 몇 가지 지각들이 연속적으로 등장한다. 그리고 지나간다, 다시 지나간다, 멀리 미끄러져 가고 끝없이 다양한 자세와 상황 속에 섞인다."(ibid, p. 253).

5 제2장에서 살펴보았듯이 데카르트가 관념들의 양태적(modal) 존재와 실질적(substantial) 존재를 대립시키지는 않는다.

6 이 단계에서는 핵심적이지 않다. 왜냐하면 데카르트에게 필요한 일은 사고에 주의를 집중하는 일이 무엇인가를 묘사(description)하는 것이기 때문이다.

7 여기 설명된 난점들은 제2장에서 논의된 표상으로서의 관념이 지닌 난점들과 연관되어 있다. 태양에 대해 내가 생각하는 것은 잘못된 태양 개념으로 판단을 내리는 행위라고 할 수 있겠지만, 중요한 것은 나의 태양에 관한 사고는 실제 태양과 다르다는 점이다. 다른 말로 하자면, 여기 설명된 난점들은 개념에 대한 표상적 설명에만 국한되는 것이 아니다.

8 예를 들어, R. Stainthorp, *Practical Psychology for Teachers,* London, Falmer, 1989, 제5장을 보라.

9 L. Wittgenstein, *Philosophical Investigations*, Oxford, Blackwell, 1953, para. 33.

10 Stainthorp. op. cit., Chapter 5.

11 감각의 균형을 유지하기 위해 어린아이들의 삶에서 몰두와 집중이 하는 역할을 인지하는 것 역시 중요하다. 특히 B. Tizara and M. Hugues, *Young Children Learning*, London, Fontana, 1984, 제5장을 보라.

12 A. Gramsci, *Selections from the Prison Notebooks* (edited by Quinin Hoare and Geoffrey Nowell Smith), London, Lawrence & Wishart, 1971, p. 37.

13 예를 들어, P. Mortimore *et al, School Matters: The Junior Years*, Wells, Open Books, 1988 및 R. Alexander, *Policy and Practice in the Primary School*, London, Routledge, 1992를 보라.

14 L. Wittgenstein, *Zettel*, Oxford, Blackwell, 1967. '사랑은 감정이 아니다. 사랑은 시험을 받는다. 하지만 고통은 그렇지 않다.'(504절) 참고하라.

15 주의집중이 사랑의 측면을 갖고 있다는 생각의 발전과정은 I. Murdoch, *The Sovereignty of the Good*, London, Routledge, 1970; I. Murdoch, *Metaphysics as a Guide to Morals*, London, Penguin, 1992를 참고하라.

후기학습

1. 서론

지금까지는 유아기 학습을 다루었다. 이제 유아기 이후를 살펴볼 시간이다. 내 특별한 관심사 중 하나는, 사람이 성숙해 가면서 좀 더 독립적인 학습자가 되었다고 말해도 무방한 범위를 탐색하는 일이다. 사람이 '학습의 학습'을 할 수 있다거나 다양한 맥락에 모두 적용 가능한 일반적인 '사고(思考)의 기술'[1]을 가르칠 수 있다는 의견들이 많이 있어 왔다. 이러한 생각은 아마도 두 가지 근원에서 유래하는 듯싶다. 첫째는 루소가 보여 준 권위에 대한 혐오이고, 둘째는 인지주의나 여러 형태의 발달주의에서 볼 수 있는 마음의 표상적 모형이다.

이 책이 다룬 주제 중 하나는 훈련[2]이 중요하다는 것이었다. 훈련은 인간이 접하는 감정적, 반응적, 사회적 행동의 맥락에서 이루어지며 어느 정도 권위의 개념과 필연적으로 연결된다. 훈련은 유아기 학습에서 중요하다. 하지만 더 나아가 아동기 전체에 걸쳐 그리고 성인기에 이르기까지도 그 중요성은 변하지 않는다. 다만 사람은 성장해 가면서 이해, 기술, 지식이 성숙해지고 좀 더 독립

---

1) thinking skills

2) *training*

적인 존재가 된다. 그 결과 아이들은 자신이 알게 된 것을 잘 활용할 수 있게 되고, 그에 따라 독립적 학습이 일어날 가능성은 더욱 커진다. 이런 의미에서 학습에 있어 아이들의 독립성이 성장한다는 생각은 특별히 논란의 여지가 없다.

그렇게 볼 때 학습 내용 대부분은 사전 지식을 기초로 삼는다. 다른 것들이 먼저 학습된 이후에나 비로소 학습될 수 있는 것들이 많다. 예를 들어, 수학에서는 우선 연산을 개별적으로 하나씩 배워야 여러 가지 연산이 포함된 계산을 수행할 수 있다. 이전에 습득된 지식은 때로 발견 학습적[3] 기능을 갖는다. 예를 들어 은유나 비유를 사용하여 수업이 이루어졌다면 은유나 비유의 목적 자체를 이해하고 있어야 한다. 논리적으로 볼 때 태양계의 구조를 알아야 원자 구조를 알 수 있는 것은 아니지만 태양계에 비유를 하면 원자 구조를 쉽게 설명할 수 있다. 그렇지만 이 비유를 통해 원자 구조를 설명하려 한다면 학생들이 태양계의 구조를 이해하고 있어야 한다는 것이 논리상 필연적이다.

이 예는 학습의 또 다른 중요한 특징, 곧 학습은 교수의 결과로 일어난다는 점을 잘 보여 준다. 교사들은 다양한 방식으로 가르친다—교사와 학습자 간에 정서적 유대가 중요하다는 사실은 이미 살펴보았다—하지만 교사의 지식과 그것을 학생들이 알기 쉬운 방식으로 전개하는 능력 역시 결정적으로 중요하다. 비유, 은유, 예시는 바로 그런 기술에 속한다. 그리고 이를 사용할 수 있는 것은 자기 지식에 대한 명쾌한 견해와 함께 어떤 예시, 비유, 은유가 학생들에게 도움이 될 만한가에 대한 지식을 갖추고 있기 때문이다. 그러므로 교사들의 능력은 효과적인 학습이 이루어지는 데 결정적으로 중요하다.[1] 하지만 이것은 그저 학습이 이루어질 수 있게 하는 능력에 불과한 것이 아니다. 훈련하고 가르치고 상세한 설명을 하는 능력이기도 하다. 예를 들어, 학습이 알기 쉬운 비유를 전개하여 이루어져야 한다면 교사는 적절한 방식으로 이를 행해야 한다.

지식과 능력은 의도(意圖)와 연관된 개념이다. 사람은 무엇(p)을 알거나 무엇

---

3) *heuristic*

(p)을 할 수 있다. 때문에 지식과 능력은 그 본질상 어느 정도 특수하다.[4] 사람들은 매우 유능할 수 있지만 한 개의 또는 몇몇의 특정한 활동에 대해서만 그렇다. 따라서 그냥[5] 유능하다 또는 뭐든지 유능하다[6]고 말할 수 없다. 또 다양한 특정 주제의 지식과 별도로 존재하는 일반적 지식 같은 것도 존재하지 않는다. 지식의 다양한 양상들 사이에는 온갖 종류의 연관성이 존재한다. 어떤 것들은 발견 학습적 성격을, 또 다른 것들은 논리적 성격을 지닌다. 하지만 이렇게 연관성이 있다고 해서 지식과 능력이 특정하다는 사실이 바뀌는 것은 아니다.

이러한 연관성들이 인지되는 것은 지식을 과목별로 또 능력별로 범주화하는 방식을 통해서 이루어진다. 한동안 과목 간 경계가 인위적이라는 논란이 유행했었다. 사실인즉 경계는 수시로 변한다. 하지만 과목들의 구조 그리고 그들 사이의 관계는 사회적 중요성, 습득의 양식, 중심 개념, 진리성을 결정짓는 기준, 탐구 방법에서 서로 다른 과목들 사이에 존재하는 실제 차이[7]를 반영하고 있다. 몇몇 연구자들은 서로 다른 과목 영역의 핵심적 논리구조에 차이가 존재한다고 주장했었다.[2] 하지만 이 일반적 이론을 어디까지 적용하든 상관없이, 한 과목에서 익힌 기술과 지식을 다른 과목에서 사용할 수 있다고 해도 어떤 과목들과 다른 과목들 사이에는 분명히 중대한 차이가 존재한다. 예를 들어 역사와 수학의 차이를 생각해 보면 잘 알 수 있다.

일반적으로 말해 과목 내용들 간의 차이가 클수록, 또 한 과목 영역 내에서 지식의 구조화가 분화되는 정도가 클수록, 여러 교과를 학습하는 데 효율적으로 적용되는 한 가지 기술 또는 제한된 수의 기술들이 존재할 가능성이 적어진다. 이 점은 과목 내용뿐 아니라 지식에도 적용된다. 만일 모든 금속 공학이 선반(旋盤)을 다루는 기술을 요구한다면, 그 기술은 다양한 금속 공학적 활동에 전제

---

4) specific

5) *tout court*

6) able at being able

7) real differences

된 것이겠지만 요리와 같은 다른 활동에는 그렇지 않다. 단 하나의 능력만 습득하면 여러 가지 실제적 활동을 배울 수 있다는 주장은 타당하지 않다. 물론 명제적 지식을 습득할 수 있게 해 주는 단 하나의 능력을 습득할 수 있다는 주장역시 타당하지 않다.

실제적 지식[8]에 관심을 갖게 만든 라일(G. Ryle) 같은 학자들은 실제적 활동에서 명제적 지식이 갖는 중요성을 간과했다는 비판을 받아 왔다.[3] 요점은 기술 하나를 배우려면 때로 다루는 것의 구조와 성격에 대해 어느 정도 알고 있어야한다는 데 있다. 이 지식은 자동차 정비사의 체계적인 기술 지식부터 시골 일꾼의 체계 없는 통속적 지식에 이르기까지 다양한 형태를 띨 수 있다.[4] 특히 후자는 관련된 활동에 일정 기간 지속적으로 참여하지 않고는 집어낼 수 없는 종류의 것이다. 게다가 관련된 활동에 지속적으로 참여한다고 해도 여전히 체계가 없는 상태이고 어느 특정한 개인의 자산은 되지 않는다.

지식과 능력의 차별화되고 위계적인 구조는 인류가 수 세기 동안 축적한 결과물이다. 그리고 그 과정에서 앞서 학습된 것은 뒤에 학습된 것의 기초를 이룬다. 어느 과목의 논리적 구조(예를 들어 물리학처럼)는 반드시 그 과목의 연대기적 발전에 일치하지는 않는다. 하지만 논리적 구조는 중심 개념이 변화함에 따라 오랜 시간에 걸쳐 발전할 것이다. 학습에 있어 중요한 점은 지식이 구조화되어 있다는 것, 그 구조는 그 과목 내용을 조직하고 어느 정도는 해당 과목을 학습하는 가장 효율적인 방법을 알려 준다는 것이다. 이 방법은 학술적이고 기술적인 과목들에 가장 잘 적용되고, 농사일 같은 통속적 지식은 부분적으로 효과가 있으나, 우리 자신과 다른 사람들에 대한 통속심리학 같은 어떤 영역은 전혀효과가 없다.[5] 하지만 이런 종류의 지식이라도 순전히 개인적 차원의 발견 이상의 무엇을 필요로 한다. 곧 지혜와 권위에 대한 존경 그리고 자기 나름의 말로 이해해가면서 활동에 참여하고자 하는 성의(誠意)가 필요하다.

---

8) practical knowledge

이상의 설명은 우리의 지식 중 상당 부분이 우리 자신 및 다른 사람들이 쌓은 이전 지식에 의존하고 있음을 시사한다. 그렇다면 학습에 있어 어떤 순서는 다른 순서보다 더 효과적일 것이다. 특히 구조화된 지식과 능력은 그렇다. 해당 과목의 구조를 가장 잘 반영한 것이 가장 효과적인 순서일 것이고, 이는 일반적 원칙을 먼저 가르치고 좀 더 구체적인 요소는 그 뒤에 나오게 해 준다. 이러한 원칙들이 실제학습[9]에도 적용될 것이다. 아이들이 가장 효과적인 길이 무엇인지 알게 될 것이라고 생각할 근거가 없다. 만일 그렇다면 아이들이 이미 해당 과목의 논리적 구조를 어느 정도 알고 있는 것이다. 하지만 가설에 따르면[10] 아이들은 그렇지 않다. 때문에 그 과목의 논리적 구조가 어떻게 하면 가장 잘 전개되는지 어느 정도 알고 있는 사람들의 인도에 따라 학습 순서를 밟아야만 학습이 효과적으로 이루어진다. 어떤 의미에서 권위를 인정해야 이런 식으로 진행할 수 있는 조건이 충족된다. 무엇인가를 배우는 올바른 순서에 대해 설명을 들었을 때 효과적으로 학습할 수 있게 되는 것으로 보이기 때문이다. '학습의 학습'이 루소적 교육자들에게 매력적으로 들린다는 점은 놀랍지 않다. 이런 요구사항을 피할 수 있는 듯 보이기 때문이다.

이 논의는 학습에서 교수의 중요성을 시사한다. 덧붙여 교수에는 어느 정도의 훈련, 가르침, 자세한 설명이 포함된다. 이해의 양식, 검증의 종류라는 측면에서 서로 다른 다양한 과목들 간에 어떤 근본적 차이가 존재한다는 점 역시 의심의 여지가 없다. 주류 철학자들과 교육철학자들은 수학과 논리학 그리고 물리학과 생물학 같은 경험과학[11] 사이의 차이에 대해 많은 관심을 가져왔다. 마찬가지로 도덕성과 종교 그리고 앞서 언급한 과목들 사이의 차이도 많이 논의되어 왔다. 게다가 사회적 연구의 인식론[12]이 다양한 자연과학의 인식론과 근

---

9) practical learning

10) *ex hypothesi*

11) empirical science

12) epistemology of social inquiry

본적으로 다른지 아닌지에 대한 논쟁도 벌어지고 있다.

　이상과 같은 논의는 논리적 측면과 인식론적인 측면 양면에서 다른 과목과 과목군들 사이에 근본적인 차이가 있을 수 있음을 함축하는 듯하다. 폴 허스트(Paul Hirst)는 인간의 지식이 원칙과 실제에 있어 다른 형식들[13]로 구분되며, 각각 나름의 검증 양식, 핵심 개념, 추론의 구조를 지니고 있다는 이론을 제시한 바 있다.[6] 특히 추론의 구조는 사람이 학습하는 능력을 배울 수 있다는 주장과 관련하여 이것이 직접 주장하는 내용 및 암시하는 내용 양쪽에서 논란의 여지가 가장 클 것이다. 만일 그런 능력이 있다면 알게 된 것에서부터 아직 알지 못하는 것을 추론[14]할 수 있게 해 줄 것이다. 중심 개념과 검증과 이해의 양식은 과목이 달라지면 어쩔 수 없이 달라지겠지만, 추론의 양식은 진정 같을 수 있는가?

　추론 양식이 여러 과목에 걸쳐 동일하다면 일단 이것들을 습득한 뒤 이를 다양한 과목에 적용하면 학습이 곧바로 이루어질 수 있다. 다음 절에서는 추론이 과목 특수적[15]임을 증명하는 것은 불가능하지만, 마찬가지로 '학습의 학습'을 가능하게 해 주는 추론 기술도 어느 정도의 명제적 지식을 요구하는 대부분의 과목 영역에서 제대로 사용된다는 사실을 증명하기도 어렵다는 점을 밝히고자 한다.

2. 추론의 다양성에 대한 툴민의 설명

　툴민(S. Toulmin)은 자신의 바람이 추론과 논증을 인간 자연사의 일환으로 연구하는 것이라고 설명한다. 그는 그런 접근이 논리학 교과서에 으레 들어 있는

---

13) *forms*

14) *infer*

15) subject-specific

것과는 다른 논리적 관점에 이르게 할 수 있으리라 생각한다. 그렇지만 그것은 정규 논리학자들의 설명보다 훨씬 더 우리의 추론 과정을 다루는 시각에 어울리는 것이다. 툴민은 일상적 논증 구조를 다음과 같이 설명한다. 의견을 표명할 때 우리는 여지없이 그 의견에 대한 이유를 제시하도록 요구받게 되고 그 의견을 낼 수 있게 된 근거로 약간의 정보에 호소하기 마련이다. 자료[D(데이타)로 표시]가 우리의 결론(C로 표시)을 지지한다. 이를 도식적으로 나타내면 다음과 같다.

[도식 1]

그럼 이제 어째서 D가 C를 지지하게 되었는지 그 이유를 묻는 것이 자연스럽다. 툴민은 이 질문에 대한 한 가지 일반적 답변은 있을 수 없고 대신 논증이 제시되는 영역[16](혹은 주제)에 따라 많은 답변이 존재한다고 설명한다. D에서 C로 이동하게 해 주는 영역 의존적[17] 원칙을 그는 정당한 이유[18]라고 부른다. 정당한 이유는 전제에서 결론으로 이동하게 해 주는 일종의 면허[19]로서, 사실명제라기보다 규칙 같은[20] 명제다. 예를 들어 어떤 논증의 결론 C가 '페테르손은 로마가톨릭 교도가 아니다'이고 전제 D는 '페테르손은 스웨덴인이다'라고 하자. 스웨덴인과 로마가톨릭 사이의 관계를 잘 모르는 사람이라면 페테르손이 스웨덴 사람이라는 것이 로마가톨릭 교도가 아닌 것과 어떻게 연관되어 있는가를 묻는

16) *field*

17) field-dependent

18) *warrants*

19) licence

20) rule-like

게 당연하다. 스웨덴 사람들의 종교 생활을 잘 모르는 사람에게 이 논증은 불합리한 추론[21]처럼 보일 것이다. 하지만 잘 아는 사람은 이 논증을 수락하는 데 어려움이 없을 것이다. D에서 C로의 전환이 건전성[22]을 갖느냐고 질문을 받으면, 추론에 대한 정당한 이유[23]로 다음과 같은 (이번에는 가설적인) 추가적 진술을 제시한다.

스웨덴 사람이면 누구나 로마가톨릭 교도가 아니다.[24]

이제 이 논증의 구조는 다음과 같게 된다.

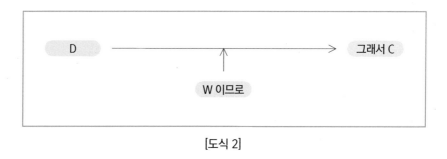

[도식 2]

진술은 논쟁의 정당한 이유 W를 구성하며, 논증이 제시된 영역에 정통한 사람들에게는 구태여 언급될 필요가 없다. 추론의 정당한 이유는 단지 가설적 진술에 그치는 것이 아니다. 왜냐하면 전제에서 결론으로 나아가게 하는 일종의 실제적으로 적용되는 규칙의 성격을 지니기 때문이다. 하지만 정당한 이유라고 자격[25]을 부여하는 것에 의문이 제기될 수도 있다. 아마 위와 같은 논증의 경우에도 대답이 필요하게 될 것이다. 이런 경우 발화자(發話者)는 정당한 이유에 대

---

21) *non sequitur*

22) soundness

23) *warrants*

24) *Anyone who is a Swede is not a Catholic.*

25) entitlement

한 뒷받침[26]을 제시하라고 요구받게 되며, 이는 다음 예와 같이 일종의 경험적 진술의 형태를 띨 것이다.

이제껏 관찰한 스웨덴인 중 어느 누구도 로마가톨릭 교도인 경우는 없었다.[27]

이제 이 논증의 구조는 다음과 같게 된다.

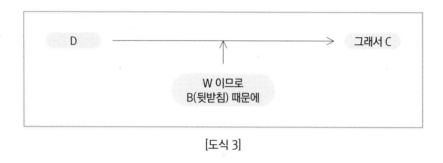

[도식 3]

하지만 정당한 이유 대신에 뒷받침을 이끌어 낼 수도 있다.

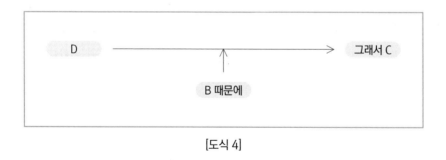

[도식 4]

결과적으로 가능한 추론 형태는 두 가지가 된다. 뒷받침은 반드시 정당한 이

---

26) *backing*

27) *No observed Swede has ever been found to be a Catholic.*

유와 동일한 진술일 필요가 없으며, 가언적(假言的)[28]이지 않고 정언적(定言的)[29]일 수도 있다. 반면에 면허[30]라기보다 진술의 역할을 하기 때문에 논증에서 또 다른 전제가 된다. 툴민은 정당한 이유들에 대한 뒷받침들이 영역 의존적이므로 당연히 정당한 이유들 자체도 영역 의존적이라고 생각한다. 정당한 이유들의 영역 의존적 뒷받침들이 참이고 정당한 이유들을 정당화하는 데 사용될 수 있음을 근거로 정당한 이유들을 사용할 수 있기 때문이다. 또한 도식 2에 나타난 형태의 논증을 논리학자들은 분석적이라고 분류하겠지만, 툴민은 이것들이 분석적이라는 견해를 거부한다. 때문에 논리학자들이 분석적[31]이고 영역 독립적[32]이라고 간주할 대부분의 논증 역시 툴민의 논증 설명에서는 그렇지 않게 된다. 더 나아가 영역 독립적인 분석적 논리에 기초한 일반적 학습기술은 존재하지 않고 또 존재할 수도 없게 된다.

여기서 툴민의 제안을 자세하게 비판할 여유는 없다. 게다가 이미 다른 데서 다룬 바 있다.[7] 다만 그의 제안에는 네 가지 중대한 문제점이 있다. 이들 문제점 때문에 그의 제안은 영역 의존적인 추론과 그것이 함의하는 영역 의존적인 학습을 튼실하게 옹호하는 논리로 사용할 수 없게 된다.

❖ 첫째, 분석성[33]에 대한 설명이 지나치게 제한적이며, 추론의 뒷받침 진술들이 명시적 또는 암시적으로 결론에 담긴 정보를 담고 있는 추론들에게만 적용 가능하다. 툴민은 결론이 전제에 이미 언급된 진술을 동어반복이라고 보았다.[8]

---

28) hypothetical
29) *categorical*
30) licence
31) *analytic*
32) *field-independent*
33) analyticity

❖ 둘째, 동어반복성에 대한 검증적 설명은 그가 '준삼단논법'[34]이라고 부르는 것에 대해서는 효과가 없다.[9]

❖ 셋째, 논증의 건전성은 뒷받침 진술들의 참[35]에 근거한다. 그런데 툴민은 경험적 증거와 건전성을 혼합하는 듯이 보이고, 입증(立證)[36]을 건전성의 기준으로 믿는 것 같은데, 이는 잘못이다. 입증은 경험적 증거의 요건이어야 한다.

❖ 넷째, 툴민이 고려하지 않고 있는 영역 독립적인 추론의 예는 많으며, 이것들은 그의 설명에 따라 볼 때 분석적이지도, 동어 반복적이지도 않다.[10]

마지막으로, 그의 영역 의존적인 추론에 대한 설명은 전건 긍정식[37]이라는 추론 형식으로 표현되는 기초적인 영역 독립적인 논리에 의지하고 있다. 만약 진술 D가 참이고 정당한 이유 W가 유지된다면, C는 참이다. 뒷받침 진술이 포함된 논증에 대해서도 같은 지적이 가능하다. 따라서 툴민은 논리학자들이 매우 추상적인 수준에서 행하는 추론을 교체하지 못했으며, 논증을 바라보는 우리의 시각을 복잡하고 혼란스럽게 만들어 버렸을 뿐이다. 이것은 영역 의존적인 추론의 옹호를 위해 별 도움이 되지 않는다. 앞으로 내가 보여 주겠지만, 영역 독립적인 추론을 따르는 전통적인 설명과 양립 가능한 용어를 써도 그런 추론은 설명할 수 있다. 다음 절에서 우리의 일상적 추론 중 상당수가 지니고 있는 영역 의존적 성격에 대한 툴민의 통찰력이 보존될 수 있으며, 따라서 일반적 사고 기술에 대한 비판이 여전히 강력하다는 점을 증명해 보겠다.

---

34) quasi-syllogisms

35) truth

36) verification

37) *modus ponendo ponens*

3. 영역 의존적 추론에 대한 설명

우리가 정규 논리학자들의 영역 독립적인 논리학을 고수한다고 해도, 상당수 과목 특정적 추론이 영역 의존적인 이유는 무엇인가? 다음 논증은 단 한 가지 전제에 기대고 있는 듯 보인다.

당신은 지옥에 갈 거야.[38]

그러니까 좋든 나쁘든 당신은 어쩔 수 없이 지옥에 갈 거야.[39]

여기서 결론은 전제에서 사용할 수 있는 것보다 더 많은 정보를 담고 있는 듯 보이지만, 전제 안에 있는 논리적 단어들의 의미에 의존하고 있는 동어 반복적 논증으로 분류될 수 있다. 적어도 논리학적 차원에서 보자면 이 논증은 일상적 맥락에서 추론할 때 아무도 굳이 거치려 하지 않는 단계들에 의존하고 있다고 볼 수 있다.[11]

가장 단순한 영역 독립적인 추론의 예조차도 우리가 **삼단논법적으로**[40] 추론 한다는 사실을 잘 보여 준다. 즉, 우리는 논증을 완성하기 위해 꼭 필요한 전제와 논리적 단계를 모두 또렷이 밝히지는 않는다. 만일 그렇게 해 달라고 요청을 받으면, 우리는 당연히 이를 밝혀서 기대고 있는 논증은 무엇인지, 또 생략된 전제지만 우리가 기대고 있는 사실적 진술이 무엇인지를 보여 주어야 한다. 하지만 대화 참여자 모두가 이러한 평범한 전제들을 잘 이해하고 있다면 이런 과정은 불필요하다.

위의 설명은 논리학적 관점을 근본적으로 수정하는 쪽에 가담하지 않아도 영역 안에서의 추론을 올바르게 설명할 수 있는 이유를 여실히 보여 주는 데 참고

---

38) *You are going to hell.*

39) *So, good or bad, you are going to hell anyway.*

40) *enthymemically*

가 될 것이다. 대부분의 일상적 추론은 삼단논법적이다. 그렇지 않다면 논증은 지나치게 성가신 일이 되어 버리고, 또 이미 서로 잘 아는 내용의 반복에 불과하므로 논증 과정에서 거친 논리적 단계들은 쓸데없는 것이 되기 때문이다. 서로 얼굴을 마주 보고 하는 의사소통의 경우 대화 과정에서 모호한 점을 명확히 할 수 있다. 전제에서 결론에 이르는 추론이 특정 과목의 맥락에서 과목 나름의 수락된 핵심 명제들을 동반하여 이루어질 때마다, 귀납적이든 연역적이든 추론의 배후에는 이런 핵심 명제들이 서술되지 않는 전제로 배경을 이루게 된다. 이는 해당 영역에 식견이 있는 사람에게는 공통의 지식과 가정을 구태여 밝힐 필요가 없고, 만일 그런다면 매우 번거롭다고 느낄 것이다. 당연하겠지만 때때로 서술되지 않은 이런 전제들이 재검토될 수도 있다. 그럴 경우 뒷받침하는 진술들은 그 결론이 정당한 이유로 사용되는 논증의 전제라는 자격으로 불리게 된다.

이는 정당한 이유들에 대한 툴민의 설명이 반드시 수정되어야 하는 까닭을 알려준다. 그가 언급하는 모든 종류의 논증은 분명히 밝힐 필요가 없기에 서술되지 않은 가정들에 의존하고 있다고 할 수 있다. 만일 이를 논리학의 체계적 수정을 위한 근거라 여기지 않는다면, 가정들을 밝히지 않는 맥락에서 그러한 가정들은 법칙 같은[41] 것이라고 불러도 무방하다. 이들이 근거로 언급될 필요가 있을 때, 그들의 근원적인 추론 형식이 맥락 무관한[42] 논리의 추론 형식에 가까운 용어를 사용하여 밝혀져야 하는 경우, 그들의 주장으로서의 자격은 매우 분명해질 수 있을는지 모른다. 다른 맥락에서 해당 주제에 문외한인 사람들에게는 마치 법칙에 불과한 듯 보일 수도 있겠다. 이 말은 처음부터 그것들을 사실로 수용한 사람들은 이미 이들을 법칙 같은 방식으로 사용하도록 훈련되었을[43] 것이라는 뜻이다.

---

41) law-like

42) context-free

43) *trained*

결국 이는 툴민이 제안한 방식에 따라 논리학을 수정하게 되는 것은 아닌가? 만약 경험적 진술과 규칙 같은 진술 간의 차이를 모든 맥락에서 변하지 않는 엄격한 어떤 것으로 여기지 않는다면, 그 답은 아래의 예와 같다.

하지만 만일 누군가 '결국 논리학 역시 하나의 경험과학이다'라고 말한다면, 그는 틀렸다. 대신 이 말은 맞다. 즉, 동일한 명제가 이번에는 경험에 의해 검증되어야 하는 것처럼 취급될 수도 있고, 다음에는 검증의 규칙으로 취급될 수도 있다.[12]

같은 식으로 동일한 명제가 맥락에 따라 어떤 때는 전제로, 다른 때는 추론 규칙으로 취급될 수 있다.[13] 툴민의 뒷받침 진술에 대한 설명은 이 간단한 요점을 모호하게 해 버렸다. 뒷받침 진술은 무엇보다 추론의 부분적 규칙[44]이 아니라 주요 전제[45]로 취급될 때 논증에서 정당한 이유에 대한 증거[46]가 된다. 본래 이것은 논증의 추가적 증거가 아니기 때문이다. 특수한 경우 이것이 정당한 이유를 대신할 수는 있을지 모른다. 그러면 원래의 논증을 다른 방식으로 지지하는 것이 아니라 완전히 다른 논증으로 만들어 버린다.[14] 그렇다고 뒷받침 진술이 중요하지 않다는 뜻이 아니고, 툴민이 그것들을 도입한 방식이 그들의 진정한 역할을 모호하게 만들어 버렸다는 말이다. 그는 뒷받침 진술들을 비부분적[47] 추론 규칙에 의거해 논증이 이루어질 때의 주요 전제들에 대한 사실적 증거라기보다 논증의 영역-의존적인 형식들의 다양한 논증 역할[48]을 하는 토대로 만들어 버렸다는 것이다.

어느 특정 영역이나 과목에서 이루어지는 논증에 본격적으로 참여하고자 하

---

44) *local rule of inference*

45) *major premise*

46) support

47) non-local

48) verificatory role

는 사람이라면 반드시 삼단논법의 전제나 부분적인 정당한 이유들[49]로 사용되는 진술들의 중요성을 알고 이해해야 한다. 어떤 과목이나 실습이라도 본격적으로 참여시키려면 학생이 해당 과목의 핵심 명제들을 습득하게 해야 한다. 그래서 어떤 과목에서 효과적인 사고하기[50]를 위해 가장 중요한 필수 조건은 그 과목의 핵심 주장, 곧 과목 내의 좀 더 세부적인 논증에서 전제로 사용되거나 또 어떤 맥락에서는 부분적 추론 규칙으로 사용되는 주장들을 기꺼이 접하고자 할 정도로 진지하게 임하는 것이다. 게다가 영역 내에서 이루어지는 토론에 참여하고자 하는 사람은 암묵적인 전제나 정당한 이유로 사용되는 진술들이 서로에 대해서 또는 논쟁에서 실제로 표현될지 모르는 다소 덜 명확한 진술과 어떻게 관련되는지 알 필요가 있다. 그러므로 필수적인 배경지식이 없다면 영역 내의 논증은 실제적으로 불가능하며, 그 배경지식에 대해 먼저 익숙하지 않고서는 수행될 수 없다. 이 설명은 툴민의 논증들과 일맥상통한다. 하지만 이 주장들을 유지하려고 그가 제안하는 논리학의 근본적 수정이 필요한 것은 아니다. 그렇다고 나는 논리학자들이 설명하는 식의 논리가 그 자체로 진지한 학문이나 행위의 실행에 필요한 가치평가나 정당화 추론에 적당하다고 주장하고 싶은 것은 아니다. 다만 논리학은 어떤 맥락에서 명제들이 정당한 이유들로 사용되는 부분적 용법을 충분히 설명하지 못한다. 또 형식 논리학은 본질적으로 맥락—무관하며 우리의 추론에 대한 제한적 묘사다. 때문에 근본적으로 잘못된 설명은 아니다.

또한 논리학은, 가이타(R. Gaita)가 지적했듯이, 상식, 감상적임,[51] 얕음, 깊음과 같이 '그저' 정의적(情義的)[52]이라고 생각될지도 모르겠지만 어떤 학문이나 행위에서 중요하거나 주목할 가치가 있는 것을 이해하는 데 핵심적인 부분을

---

49) local warrants

50) effective thinking

51) *sentimentality*

52) affective

구성하는 개념들을 포함하는 가치평가적 어휘[53]를 가진 활동들 내에서 이루어지는 추론에 대해 언급된 모든 것에 대해 충분할 정도로 그 특징을 설명할 수 없다.[15] 하지만 이는 지금 학습하는 것에 대한 깊숙한 참여와 존경이 필요하며, 이들이 곧 학문 내에서 탁월함[54]을 향해 나아가기 위한 필수 조건이라는 점을 시사한다. 가이타의 요점은 다음과 같이 정리할 수 있다. 학문의 '부분적 논리'를 학습하는 것만으로는 그 학문에 숙달할 수 없으며, 그것에 대한 부응[55]을 필요로 하며, 이는 적극적 참여와 그에 따른 존경심의 발전에서만 가능해진다. 그렇지만 부분적 추론 구조와 학문이나 활동에 대한 존경 양쪽 모두를 배우는 것은 참여를 통해서다. 따라서 그것 나름의 용어 내에서 실습에 참여하는 것은 내적 논리를 학습하고 아울러 존경심에 이르게 되는 전제조건이다.

4. 결론

후기 학습은 때로 맥락 구속적인[56] 사고하기에서 맥락 무관한 사고하기로의 이동이라고 특징지을 수 있다. 이 말이 옳은 때가 있다. 아이가 언어를 습득하는 과정에서 어느 순간 수량사와 시제 표현을 사용하게 되면 공간과 시간상 당면한 현재가 아닌 일들에 대해 말할 수 있게 된다. 그러나 이 순간은 삶의 초기 단계에서 나타난다. 그리고 시·공간적 척도가 역사, 지리, 측량 체계에 대한 많은 양의 추가적 지식을 요구하기 때문에, 그 함의 전체가 한동안 이해되지 않겠지만 맥락 무관적인 사고는 지적 발달의 최고점이 아니라 어떤 의미에서 그 시작이다.

---

53) evaluative vocabulary

54) excellence

55) response

56) context-bound

후기학습의 중심 특징 중 한 가지는 학문과 활동의 특수성에 대한 밀접한 참여다. 과목들 중 몇몇은 당면한 맥락과 멀리 떨어진 사안들과 연관이 있을 수도 있다. 하지만 이에 숙달하려면 세밀한 지식과 매우 구체적인 기법[57]에 친숙해져야 한다. 어느 정도까지 초기 학습은 그 전체가 후기학습에 비해 포괄적[58]이다. 하지만 이를 서술하는 방식에 있어 주의해야 한다. 리터러시,[59] 산술능력,[60] 그리고 관련된 포괄적인 실제 기술을 습득하는 것이 앞으로 더 나아가고자 할 때 중요하다. 스스로를 훈육하고, 주의 집중하고, 기억을 상기하는 훈련을 할 줄 아는 능력 역시 그러하다.[16] 이런 포괄적 형태의 지식과 능력 중 어떤 것도 '학습의 학습'을 가능하게 해 주는 '일반적 사고 기술'을 구성하지 않는다. 그 학문의 특정한 가치와 삶의 형태가 그것이 마땅히 받아야 할 존경을 받는다면[61] 오히려 이것들은 다양한 학문에서 사용 가능할 유용한 형태의 지식과 기술이다. 그리고 여기서 존경이란 점차 자라나 사랑이 될 수 있는 존경을 말한다.

여러 가지 방식으로 후기학습은 상당히 맥락적이다. 곧, 매우 특정하고 자세하며 사실적인 지식을 배운다, 자신이 직접 다루는 물질의 특정한 성질을 배운다, 자신이 관여하고 있는 활동과 연관된 사회적 관례를 습득한다 등이다. 그러나 예컨대 훌륭한 수학자가 되기 위해 습득하는 습관이 필연적으로 즉각 훌륭한 철학자가 되기 위해 필요한 습관으로 옮겨지지는 않는다. 공학자의 기술 역시 필연적으로 정원사나 제본업자의 기술로 옮겨지지는 않는다. 때로는 어느 특정한 학문에서 작업하는 방식과 그것이 요구하는 종류의 존경심이 다른 종류의 활동을 하도록 준비하는 데 나쁜 영향을 주기도 한다. 가끔은 어떤 과목에서의 탁월함이 다른 과목의 능력을 갖추는 데 장애물이 된다는 사실을 깨닫는 많

---

57) specific technique

58) generic

59) literacy

60) numeracy

61) *provided that the particular values and form of life of that discipline receive the respect that is their due*

은 겸양[62]을, 심지어 이것이 어느 정도 개인적인 문제일 뿐 두 과목 간의 부조화 때문은 아니라는 점을 깨닫는 더욱 큰 겸양을 요구하기도 한다.

이것이 '지식의 형식들' 안에 놓인 문제점일 수 있다는 점은 물리학자 알바레즈(L. Alvarez)의 의견에 대한 스테판 제이 굴드(Stephan Jay Gould)의 언급이 잘 보여줄 수 있을 것이다. "나는 고생물학자들[63]을 나쁘게 말하고 싶지는 않지만, 그들은 매우 훌륭한 과학자들은 아니다. 그보다는 우표 수집가들에 더 가깝다"[17] 굴드가 말을 이어간다.

역사적 설명과 우표 수집을 연결하여 같다고 표현하는 언사는 역사가들이 완전히 다른 세세한 사항들 간의 비교에 힘을 쏟는다는 것을 제대로 이해하지 못하는 분야가 보여 주는 고전적인 오만함을 나타낸다. 이러한 분류활동[64]은 이음매를 핥고 물들인 종이 조각을 책의 정해진 자리에 놓는 것과 동등하지 않다. 역사적 과학자는 상세한 사항들—흥미로운 점 하나 다음에 다른 하나—에 초점을 둔다. 그들의 조화와 비교는 귀납의 통섭을 통해[65] 우리가 루이 알바레즈(Luie Alvarez)가 화학적 측량을 통해 소행성을 소집할 수 있을 만큼의 확신을 갖고(증거가 충분하다면) 과거를 설명할 수 있게 해 주기 때문이다.[18]

허스트의 초기 논문은 몇 가지 점에서 오류가 있다. 나머지 것들은 모두 제외하고 전통적 자유교육이 선호하는 지식의 종류에만 초점을 두었고, 지식의 기준으로서 입증[66]을 실증주의적 차원에서 강조했으며, 서로 다른 과목들이 근본적으로 서로 다른 형태의 논리를 갖는다는 생각에 곁눈질만 했다. 이제는 허스트도 인정하듯 지식과 실제는 명쾌하게 분리될 수 없다. 모든 실제는 지식을 통

---

62) humility

63) paleontologists

64) taxonomic activity

65) by consilience of induction

66) verification

해 알려진다. 반면에 대부분의 학습 분야(만일 여전히 이들을 추구한다면 모든[67]분야)는 나름의 가치, 습관, 탐색 유형을 가진 실제들이다. 중대한 의미에서 다양한 형식의 지식들은 다양한 형식의 실제들이다. 게다가 실제, 곧 그 안에 속한 지식의 인식[68]은 지혜의 시작일 것이다.

지혜는 수동적으로 습득할 수 있는 것이 아니다. 이는 어떤 방식으로 감수성, 겸양을 지니고 자신이 관여하는 일에 대해 끊임없이 애정을 유지할 줄 아는 능력을 갖고 삶을 살아야 이룰 수 있을 것이다. 이런 자질들은 학습하는 것을 학습할 수 있고 다소간 이미 습득한 기술들을 기초 삼아 어떤 과목이라도 숙달할 수 있다는 가정이 아니라 개별 사항들에 주의 집중할 것을 요구한다. 또한 이것은 학습에 필요한 도덕적 자질들에 대한 관찰 결과이기도 하다.

---

67) *all*

68) appreciation

1 여기서 '교사'는 전문적 교육자만 가리키는 것은 아니고, 지식을 전달하는 데 관여하는 모든 사람을 뜻한다.

2 이 견해에 대해 가장 유명한 대표자는 폴 허스트(Paul Hirst)다. Paul Hirst, *Knowledge and the Curriculum*, London, Routledge, 1975. 하지만 비슷한 견해는 다음에서도 찾을 수 있다. J. McPeck, *Critical Thinking and Education*, Oxford, Martin Robertson, 1981. Stephen Toulmin, *The Uses of Argument*, Cambridge, Cambridge University Press, 1957은 논리와 논증이 다수의 과목에서 작동할 때 취하는 모습을 파악하려고 하는 중요한 텍스트들 중 하나다.

3 '만일 모든 것에 대한 요령이 존재한다면 문제는 존재할 수 없을 것이다. 그리고 문제들이 존재하는 한 (사소하고 지엽적인 측면들은 빼고) 그런 요령은 있을 수 없다.' R. F. Holland, *Against Empiricism*, Oxford, Blackwell, 1980, p. 23.

4 이 점은 특히 C.A. MacMillan, *Women, Reason, and Nature*, Oxford, Blackwell, 1982.에 잘 논의되었다. 특히 제3장을 참고하라.

5 통속심리학에 대한 옹호는 다음을 보라. M. E. Malone, 'On Assuming Other Folks Have Mental States', *Philosophical Investigations*, 17, 1, 1994, pp. 37–52.

6 다음을 보라. C. Hamm, *Philosophical Issues in Education: An Introduction*, Lewes, Falmer, 1989. 제5장 설명이 훌륭하다.

7 C. Winch, 'The Curriculum and the Study of Reason', *Westminster Studies in Education*, 1987.

8 Toulmin, op.cit., p. 120. 이는 잘못이다. 왜냐하면 결론이 전제에 진술되지 않았지만 동어반복(同語反覆)에 해당하는 진술들도 많기 때문이다(다음 절을 볼 것).맥락 독립적인 추론을 옹호하는 입장은 아니지만 분석성을 진리 함수의 용어로 정의 내리고 이를 동어반복과 동일시하는 P.F. Strawson과 대조해 보라. 그의 *Introduction to Logical Theory*, London, Methuen, 1952, p. 74를 참고하라.

9 Toulmin, op. cit., p. 132.

10 D. Cooper, 'Labov, Larry and Charles', *Oxford Review of Education*, 1984; C. Winch, 'Cooper, Lobov, Larry and Charles', *Oxford Review of Education*, 1985.

11 Winch, 1985, op. cit.

12 L. Wittgenstein, *On Certainty*, Oxford, Blackwell, 1969, 98절. 참조. 또한 94–99절을 보라.

13 다른 형태의 지식은 다른 형태의 추론을 구현한다는 허스트의 주장은 형식에 따라 정당한 이유들이 달라진다는 점에 입각해 보면 부분적으로 수용될 수 있다. 다음 장에서는 서로 다른 과목의 서로 다른 종류의 추론에서 서로 다른 강조점이 어떻게 귀납적이고 연역적인 추론에 대한 전통적 설명과 부합하는가를 살펴보겠다.

14 뒷받침 진술의 성격에 따라, 귀납적인 또는 연역적인 논증이 될 수 있다.

15 R. Gaita, *Good and Evil*, London, Macmillan, 1991. 예를 들어 p. 236을 보라.

16 실제적 과목에는 이것이 필요하지 않다고 생각될지 모른다. 하지만 이것이 필요하다고 생각

하게 되는 적절한 이유가 있다. S. Prais, 'Vocational Qualifications in Britain and Europe: Theory and Practice', *National Institute Economic Review*, 136, May, 1991, pp. 86–89를 보라.

17 S. J. Gould, *Wondeful Life: The Burgess Shale and the Nature of History*, New York, Norton, 1989, p. 281에서 인용.

18 Ibid., p. 281.

제13장

종교에 관한 학습

1. 서론

이 장은 앞 장들에서 전개한 학습에 대한 접근법을 특수한 경우들, 특히 세속적인 사회 안에서 이루어지고 있는 종교교육에 적용해 보려고 한다. 앞에서 학습이란 특정한 삶의 형식[1]에 참여하고 헌신할 때 일어난다는 점을 살펴본 바 있다. 따라서 종교에 관한 학습도 종교적인 삶의 형식에 아이들이 참여할 때 가장 잘 일어난다고 할 수 있다. 하지만 많은 이가 자기의 아이가 신앙인[2]이 되기를 원치 않으며, 최소한 종교적 신념으로 교화(敎化)되는[3] 것을 원치 않는다는 이의를 제기하기도 한다. 아이들이 특정한 종교에 헌신하지 않고도 종교가 무엇인지를 배울 수 있다는 주장이 널리 퍼져 있다. 나는 그러한 주장이 실제로 그렇지 않다는 점을 밝히려 한다. 성직자가 아닌 종교 교육자는 딜레마에 빠져 있다. 아이들을 신앙인으로 만들어 그 자신의 원칙 그리고 어쩌면 부모들의 원칙까지도 위반해야 하는가? 아니면 아이들에게 종교에 대해 가르쳐 종교가 많

---

1) forms of life

2) religious believers

3) *indoctrinated*

은 사람에게 중요한 이유를 알지 못하게 내버려 두거나, 심지어 종교의 불합리성[4]을 경멸하는 태도를 갖도록 해야 하는가?

이것은 교육자들에게 추상적인 문제가 아니라, 여러 가지 방식으로 공교육체제[5]의 활동에 영향을 끼칠 수 있는 문제다. 영국 사회에서 이 문제가 첨예한 이유는 사회 분위기가 전체적으로 기독교적이었을 때 공교육의 상당 부분이 교회에 의해 시작되었기 때문이다. 20세기 후반의 사회 분위기는 급격히 변하고 있다. 정책입안자들에게 중요한 문제는 현재 상충하고 있는 종교적 경험의 성격, 종교적 신념에 관한 논쟁 가능성과 확실성 그리고 상대적으로 극소수의 어른들만이 혼신의 힘을 다해 종교의 기반을 다져온 세속적인 세상에서 살고 있는 아이들에게 어떻게 종교적 경험을 하도록 할 것이냐 하는 것의 어려움 등에 관한 것이다. 이러한 일반화에 대한 예외가 존재하는데, 그것은 자신들의 종교적 믿음에 강한 애착을 가진 민족 집단이 존재한다는 것이다. 이들의 존재는 내가 이 장 마지막에서 서술하고 제안하려는 상황을 더욱 복잡하게 만들고 있다.

교사들은 종교적 믿음을 진리인 양 가르치면 교화자[6]라는 낙인이 찍히고, 다른 사람들의 믿음인 양 다루면 피상적인 가치를 안내하는 여행 가이드라는 낙인이 찍히는 위험을 안고 있다. 게다가 교사들은 아이들의 종교교육과 관련해 기대가 서로 다른 부모들을 만날 수밖에 없다. 영국에서 1944년의 교육법은 초교파적인 기독교 신앙고백형식을 각 주의 학교에서 가르치도록 의무화했다. 이러한 법 안에 담겨 있는 이러한 요구사항으로부터 추론할 수 있는 것은, 종교적인 수업[7]이 모든 주의 학교에서 이루어져야 한다는 것이며 매일 같이 수업이 예배와 더불어 시작되어야 한다는 것이다.[1] 한편, 1988년에 제정된 교육개혁법은 영국의 기독교적 관점을 반영해야 하지만 신앙을 고백하는 방식이 아니어야[8] 한

---

4) irrationality

5) public education system

6) indoctrinators

7) religious *instruction*

다는 요구사항을 담고 있다. 이것은 종교수업에서 종교교육으로의 용어상 변화 속에서 발견되는 현상이며, 법령상의 교육과정에 의해 제기되는 대표적인 강의 요목에서 발견되는 것으로, 이 강의 요목은 주요 종교의 다양성 속에서 모든 연령층에 속한 사람들에게 교육을 제공하기 위한 것이다.[2] 교육과정에서 이것은 학생들이 '기독교와 영국에서 출현한 주요 신앙에 대한 지식을 획득하고 이해를 증진시키도록' 도와야 할 종교교육의 목적으로 기술되고 있다.[3] 1944년 법령이 가진 애매함은 종교교육이란 신앙고백적인 것으로 생각될 수 있다는 근거에 입각해 해소될 수 있으나, 보다 더 세속적인 시대에 만들어진 1988년 법령은 교사들이 어렵다고 생각하는 문제에 대한 입장 표명을 피하려다 보니 애매해진 것으로 보인다. 실제로 교회 소속이 아닌 학교에서 신앙고백이 아닌 방식으로 종교를 가르치는 데 있어 교사들에게 주어진 것은 이런 상황이 초래하는 어려움에 대한 안내가 아니라 '고갯짓과 눈짓'[9]뿐이었다.[4]

처음에 종교교육을 비신앙고백적인 방식으로 실행하는 계획에는 근본적인 어려움이 따른다. 이러한 어려움들은 종교적 실천의 본질과 아이들이 그러한 것들을 이해하도록 하는 데 필요한 교육적 노력을 숙고할 때 밝혀질 수 있다. 이러한 어려움들은 종교를 확언적 실천[10](진리-주장과 관련하여)으로 해석할 것이냐 아니면 진리와 관련 없는 표현적 실천으로 해석할 것이냐 하는 문제를 낳는다. 이제 종교적 경험에 대한 이 두 가지 해석 간의 관계를 개괄하고 이들이 각각 교육실제에 대해 갖는 함의를 살펴보고자 한다.

---

8) *non-confessional*

9) [역주] nod and a wink: 약간의 힌트

10) assertorial practice

2. 종교와 진리

보편적이라고는 할 수 없어도 일반적으로 종교가 신의 영역인 초월적인 실재 혹은 세속적인 세계 안에 존재하는 신의 영원한 실재에 대한 통찰 그리고 그것에 대한 지식과 이해를 제공한다고 본다.[5] 초월적이거나 내재적인 신적(神的) 존재를 직접 만나지 못하는 영역의 지식을 설명하는 것을 보게 되면, 철학자들은 종교적인 지식을 어떻게 설명할 수 있을까 하는 점에 대해 때로 골치가 아파지곤 한다. 관습적으로 수용되고 있는 종교적 지식에 대한 설명 한 가지는 그것이 정당화된 참된 믿음으로 이루어져 있다는 점이다. 수 세기에 걸쳐 이 설명을 놓고 논쟁이 이루어져 왔지만, 나는 이 같은 설명 형식이 해당 논쟁을 지시하는 다양한 사례들에 대해서도 사용되고 있다고 생각한다.[6] A가 p를 안다[11]는 말은 다음을 말하고자 한다.

1. A는 p라고 믿는다.
2. p는 진리다.
3. A가 p를 진리라고 믿는 것은 정당하다.

대부분의 경우에 A는 명제 p를 믿을 때 정당화될 수 있다고 말할 수 있는 필요조건은 바로 p가 **정당화될 수 있다**는 것이다. 즉, 이것은 누군가가 p를 주장했건 하지 않았건 그것과는 **독립적으로** p의 진리 여부에 대한 결정을 허용하는 조사와 평가체계에 속하는 것이다.

이러한 설명은 ㄱ 자체로서, A는 p를 안다는 주장은 p가 언제나 진리라는 견해를 전적으로 나타내지는 않는다. 이러한 표현은 'p는 진리다'라는 명제가 p가 영원하거나 초월적인 실재와 관계를 맺고 있다는 것을 뜻할 때 받아들여진다.

---

11) *A knows that P*

『논리철학논고(*Tractatus Logico-Philosophicus*)』는 명제들[12]과 사건들의 영원한(무한한) 상태를 동일 선상에 놓고 있다. 약한 형태의 대응설은 아마도 아리스토텔레스의 주장, 곧 어떤 명제가 진리라면 반드시 어떤 것에 대해 진리이어야[13] 한다[7]는 주장에서부터 나올 것이다. 여기서 '어떤 것'이란 여러 종교의 관점에서 볼 때 영원하고 초월적인 실재이기 때문에, 최소한 이슬람 및 유대-기독교적 전통에서 종교적 신념을 담은 여러 가지 주요 명제들은 그 핵심적 속성이 변치 않는 영원하고 초월적인 실체들과 관련된 것이다. 종교에 관한 명제들이 진리를 주장하는 것이라면, 이러한 명제들은 최소한 부분적으로 초월적인 존재들, 그 속성들, 그것 간의 상호관계, 세상의 나머지와 관련된 주장들이다. 각각의 명제들은 다른 실제 안에서 채택된 수단으로 검증될 수 없는 것이기 때문에, 비종교적인 맥락에서 채택된 절차들에 기초한 진리의 설명은 종교적 맥락에서의 진리 주장을 다루는 데 적합하지 않을 것이다. 이에 대한 한 가지 반응은 밖으로 드러난 현상에도 불구하고, 종교적 명제들이 진리와 전적으로 관련되어 있다는 점을 부정하는 것이다. 이 장에서 채택하여 다룰 또 다른 반응은 진리의 개념을 그것이 전혀 다른 삶의 실제나 형식으로 나타나는 것처럼 특징지을 수 있는 방법이 없다는 것이다. 그것은 사용되는 맥락 안에서 연구되어야 하며, 반드시 획일적이고 탈맥락적인 설명[14]으로 이어질 필요가 없기 때문이다. 그리고 그렇다면 많은 종교가 전제하는 일종의 종교적 실체의 존재에 대한 주장이 진리인 듯 제시될 수 있다는 점도 명확해 보인다. 이러한 설명은 과학적 맥락에서의 진리에 대한 설명과는 전혀 다른 것이다. 예컨대, 대부분의 사람들은 과학적 명제의 진리 혹은 허위 판단이 이미 확립된 절차를 통해 독립적으로 검토되어야 한다고 믿는다. 이러한 맥락에서 어떤 과학자 한 사람이 진리로 받아들여질 명제 주장을 정당화할 수 있을 것이라고 주장할 수는 없다. 대신 과학

---

12) propositions

13) for a proposition to be true, it must be true of something

14) extra-contextual account

공동체[15]가 그러한 정당화[16]를 통해 그 명제를 진리로 설명하는 것이 충분한가 아니면 충분하지 않은가를 검토할 수 있을 것이다.

어떤 믿음 체계라도 어느 정도의 헌신[17]을 포함하고 있다. 위에서 든 설명에서 만약 내가 p를 안다고 주장한다면, 나는 p를 믿는다고 할 때 정당화될 수 있으며, 왜 p를 믿느냐 하는 이유를 설명해 보라는 요청이 있을 때 나는 적절한 증거와 논의를 인용할 수 있다. 내가 그렇게 할 수 있는 준비가 어느 정도 되어 있을 때, 나는 p가 진리임에 헌신하게 된다. 즉, 이 경우 나는 그것의 반대 증거[18]가 될 만한 것이 있다는 점을 인식하지 못하게 된다. 하지만 나는 또한 p와 관련된 진리주장이 평가되고 있는 사정(査定)[19]과 조사의 체계에 헌신할 수 있다. 이러한 헌신은 어떤 p형태의 명제라도 이를 안다고 하기 위한 필요조건이다. 왜냐하면 이것은 오직 내가 믿고, 알고, 의심하고 혹은 p와 다른 명제들을 믿도록 이끌며, 내가 이 같은 종류의 주장들을 만들거나 부정하도록 이끄는 평가적 절차의 사용을 통해서만 가능하기 때문이다. 그러므로 나는 이러한 실제들이 일어나도록 하는 삶의 형식에 헌신하게 된다. 과학의 경우 이것은 권위주의적인 개인이 그것들을 진리로 주장하든 말든 상관없이 명제들에 대한 평가를 인정하는 절차들에 위임된 형식을 띠게 된다. 일상적인 삶 속에서 권위는 신념을 결정하는 데 중요한 역할을 하지만, 증거와 논의에 대한 사정을 통해 신념에 도달하기 위한 다양한 영역 또한 존재한다. 이러한 현상은 지식이 많아질수록, 기술이 정교해질수록, 보다 독립적일수록 더욱더 그러하다.

어떤 관점에서 보면 종교도 다를 바가 없다. 종교적 신념에 대한 학습[20]은 종

---

15) scientific community

16) justification

17) [역주] commitment: 이것을 때로는 '열정'으로 번역할 수 있다.

18) counter-evidence

19) assessment

20) [역주] 본문에 사용된 induction을 문맥상 '어느 학문에 대한 초보적 배움'으로 이해하고 학습 이라는 용어로 옮겼다.

교적 확신, 정당성, 부정이 자리하고 있는 삶의 형식에 대한 깨우침을 통해서
일어난다. 이 형식들은 과학의 형식들과는 다른 중요한 특징을 지니고 있다. 즉,
이것들은 진리를 주장하고, 무엇인가를 평가하고, 다른 명제들을 거부하는 데
있어서 공인된 권위를 상당히 많이 사용한다는 것이다. 이러한 권위들은 코란
이나 성경 같은 경전들, 성직자 같은 공식적 인물들, 예언자 같은 카리스마적
인물들이다. 종교를 삶의 다른 형식과 구별하는 종교적 권위에는 중요한 두 가
지 특징이 있다. 첫째, 종교적 권위는 전통적인 것이건 아니면 카리스마적인 것
이건 대체로 그것이 이루어지는 주변 환경에 의존한다. 예컨대, 예배, 의식, 숭
배형식에의 참여와 같은 개인적 경험, 기도 혹은 고백 등은 경외심, 놀라움, 즐
거움, 겸손함을 불러일으키며, 이것들은 종교적 경험을 특징지으며 심리학적으
로 종교적 권위형식의 인식과 수용의 적극적 토대를 이룬다. 어떤 의미에서 종
교적 경험에 대한 일차적인 반응은 종교 활동들에 참여하도록 하고 그것들에
적절한 방식으로 반응하도록 하는 훈련의 결과다. 둘째, 종교상의 진리는 권위
에 의존하기 때문에(궁극적으로는 하나 혹은 두 개의 권위는 의심의 여지가 없는 것
으로 보인다), 창시자[21]가 가진 권위적 지위를 부정하지 않고서야 어떤 명제든
지 거부한다는 것이 불가능하지는 않겠지만 매우 어렵다. 창시자의 권위적 지
위를 거부하게 되면 곧바로 그가 세운 다른 명제들을 의심하기에 이른다. 이럴
경우 종교적 명제들의 독립적 정당화는 그 역할이 적거나 사라지게 된다. 왜냐
하면 이러한 명제들은 세계를 바라보는 독특한 방식과 일치하는 경향이 있기
때문이다. 이 점이 바로 종교적 추론의 구조가 단일한 권위적 주장의 진리 여부
에 의존한다는 이유이기도 하다. 이러한 권위가 그 근거에 놓여 있기 때문에 그
것에 의존하는 명제들이 있기 마련이다. 이것은 종교의 형식과 삶의 다른 형식
들 간의 차이를 설명하는 데 도움을 준다. 종교적 헌신[22]은 명제들의 총체성에
가까워지는 경향이 있으며, 삶의 다른 형식들 간의 관계에서 늘 동일한 것으로

---

21) author

22) religious commitment

존재하지 않는 강력한 정서적 요인에 의해 보다 견고해진다. 이러한 정서적인 요인은 심리학적으로 종교적 권위 인식의 필요조건이 되는 경향이 있다.

종교적 명제들의 양태를 진리주장으로 생각하는 견해에 대해 못마땅하게 여기는 사람들은 다음과 같은 종교적 경험에 대한 설명으로 위안을 받을 수도 있을 것이다. 즉, 의식, 의례 그리고 기도를 통해 드러난 외현적 성격을 설명하지만 이러한 맥락에서 생겨난 주장을 받아들이는, 즉 표면상의 문법이 제시하는 주장이나 유사-주장이 아니라 희망, 예배에 대한 열망, 선한 행위의 실천과 같은 표현을 나타내는 비단언적 수행문[23]의 성격을 띠는 종교적 경험이 있다는 것이다. 이러한 설명에 의하면, 종교란 단언적이기보다는 표현적인 삶의 형식이지만, 도덕성, 인간의 사멸성, 인간 삶에 대한 무한한 측면들(이것은 그 자체로서 카(D. Carr)가 영적인 것이라고 부른 측면이다)에 대해 관심을 기울인다는 점에서 음악과 무용이 보여 주는 표현적 행동양식[24]과는 다르며(비록 이것이 이러한 점을 더 확장시켜 줄 수도 있겠지만) 또 더 깊이가 있다.[8] 따라서 필립스(D. Z. Phillips)가 든 예를 살펴보자면, '예수께서 승천하셨다'라는 진술은 그것이 종교적 맥락에서 이루어진 언명이라고 할 때, 한 개인이 한 장소에서 다른 (초월적인) 장소로 이동했다는 점에 대한 주장으로 받아들여지는 것이 아니라 어떤 특정한 종교적 인물을 찬양하기 위한 권유로서 받아들여진다.[9] 사람들이 이러한 종교적 경험에 대한 해석의 정확성과 부정확성을 어떻게 생각하든지 간에 종교 경험에서 드러난 표현의 중요성을 강조한 필립스의 통찰은 대단히 중요하다. 종교에 대한 설명이 이러한 점을 주의 깊게 다루지 않는다면 인간 삶에 있어서 종교의 중요성을 정당화하는 데 실패하게 된다. 하지만 종교적 경험을 이해하려고 할 때에 표현의 중요성을 수용하는 일이, 논리적으로 볼 때 필립스가 말하는 신앙주의자[25]의 설명을 반드시 받아들여야 한다는 것을 뜻하지는 않는다.[10]

---

23) non-assertorial performatives

24) forms of expressive behaviour

25) [역주] 신앙주의자는 종교적 진리는 이성이 아니라 믿음에 의해서만 파악된다고 주장한다.

3. 종교와 교육

　특정 교과와 관련해 교육활동이 추구하는 목적은 지식, 기술, 이해능력을 길러 그러한 교과의 주요 개념, 진리 검증, 탐구방법론을 파악하도록 하는 것이다.[11] 이와 더불어 필요한 곳에서 중요한 능력들이 숙달되어야 하며, 정서적인 반응이 발달해야 하고, 인간 삶에 있어서 교과의 중요성이 이해되어야 한다. 이 것들이 야심 찬 목적이기는 하다. 하지만 장기간에 걸친 교육 기간 동안 이 정도도 요구하지 않으면 피상적이 될 수밖에 없다. 대부분의 교육자들에게, 이러한 목적들을 성취하도록 하는 좋은 방법은 교과에 실제로 참여함으로써 학습능력을 신장시켜 나가는 것이다. 따라서 과학에 대해 배우는 학생은 교과에 대한 중요한 사실들을 배울 수 있을 것이다. 하지만 그는 또한 어느 단계에서는 어떤 필요한 수준에서 과학적 탐구에 참여함으로써 실천적인 방법으로 개념, 실험, 방법론 등을 숙달할 것으로 보인다. 심지어 상대적으로 피상적인 수준에서의 과학 연구도 예언을 위해서는 독립적인 검증이 필요하다는 아이디어로 학생들을 실천적인 방법으로 안내해야 한다. 일상생활 세계 속에서 이런 일이 이루어질 가능성은 얼마든지 있다. 즉, 이러한 가능성은 주변에서 접할 수 있는 물질, 액체, 동물, 식물, 공기를 활용하여 초등학교에서조차 진행될 수 있다. 매우 상이한 주제, 즉 도덕성의 경우 가정과 학교 생활의 여러 요건들 속에서 실천적 참여가 요구되는 불가피한 상황이 있기 마련이다. 문헌을 통한 논의와 대리 경험[26]이 도덕교육의 중요한 측면이지만, 이것들이 실천적 참여와 동떨어진 것이라 해서 아무런 가치를 가지지 않는다고 논박할 수는 없다. 이러한 경험들에 대한 논의 및 반성과 더불어 도덕적 상황에의 실천적 참여를 통해 사람들은 도덕성과 도덕적 진리를 마음 깊이 이해하게 된다.

　그렇다면 이것은 어느 지점에서 종교교육과 분리되는가? 두 가지의 가능성

---

26) vicarious experience

을 이야기할 수 있다. 앞 절에서 논의한 바 있듯이, 그 첫째는 종교란 아주 강한 표현적 측면을 지닌 확언적 실천이라는 점이다. 둘째는 그것이 의미심장한 단언적 요소가 없는 일종의 표현적 실천이라는 것이다. 첫 번째 경우에, 주요한 개념들, 방법론, 진리 검증 이해의 인지적 목적은 분명히 중요한 것이다. 지금까지 전개한 일반적 교육논의의 측면에서 생각해 볼 때, 실제 참여를 통해 종교적 실제에 실천적으로 뛰어드는 것이 어떤 단계에서 요구되는 듯싶다. 하지만 이것은 종교교육의 기본 형식이 신앙 고백적인 것이라는 점을 받아들이는 것이다. 왜냐하면, 앞 절의 논의에 비추어 볼 때, 실천에 참여한다는 것은 정서적으로 무게가 실린 경험, 즉 종교적 권위를 권위로 인정하고 그것을 종교적 진리의 원천으로서 받아들이는 경험에 참여한다는 것을 의미하기 때문이다. 과학교육과 종교교육의 중요한 차이점 중의 하나는, 과학 분야에서 교육받은 학생들이 다양한 과학적 명제가 독립적으로 정당화될 수 있다고 평가하는 반면에, 종교 분야에서 교육받은 학생들은 종교적 명제들이 대부분 그렇지 못하다고 평가한다는 점이다. 하지만 이러한 차이에 대한 평가는 과학적으로 혹은 종교적으로 교육받았다는 것의 일부분일 따름이다. 종교적 실천에의 참여를 통해 학생들은 주요한 종교적 개념, 명확한 진리 검증, 탐구방법 등을 이해하게 된다. 이와 더불어 어떤 특수한 능력들, 정서적 반응, 종교의 중요성에 대한 이해, 다른 주제들과의 관계 모두가 새롭게 인식될 수 있다.[12]

자기 자녀가 종교적 신념을 갖기를 바라는 부모는 이러한 종교교육을 환영할지도 모르나 세속적인 마음을 가진 부모와 교육자는 그렇지 않을 것이다. 왜냐하면 이들 부모와 교육자는 종교교과를 본래 논쟁의 소지가 큰 것으로 보고 있으며 종교적 신념의 실천을 교화로 바라보기 때문이다. 이러한 견해를 취하는 사람들은 딜레마에 직면하게 된다. 어떻게 교화를 피하면서 종교에 대해 피상적이지 않은 의미를 가르칠 수 있는가? 우리는 한때 허스트에게 지지를 받아 온 이러한 견해, 즉 종교란 비록 특정한 종류의 신념에 대한 설명으로 비신앙 고백적인 방법으로 가르쳐질 수 있다고 하더라도 그것은 지식의 형식[27])이 아니므로 그런 방식으로 가르쳐질 수 없다는 견해를 받아들였다.[13] 허스트의 후기 견해,

즉 교육이란 비판적 합리성을 기르는 데 도움을 주는 실제들로 입문(入門)시키는 것이라는 견해에 비추어 보자면, 종교적 실천에 대한 학습[28]은 종교적 실천에 대한 비판적 반성을 증진시키는 것과 같은 방식으로 종교에의 실천적 참여를 포함하고 있다.[14] 이러한 견해가 가지고 있는 문제점이 여기서 좀 더 분명해져야 한다. 즉, 종교의 실천은 종교적 권위에 대한 복종, 즉 절대적인 복종[29]을 포함한다. 따라서 이것은 실천 그 자체에 대한 비판적 반성을 이끌어 내기보다는 그것에 대한 헌신 그리고 그것의 진리주장에 대한 헌신을 포함한다.

필립스는 종교교육이란 종교적 신념들이 종교를 믿는 사람들에게 어떻게 작용하는가를 보여 줌으로써 그것의 본질을 밝힐 수 있다고 주장함으로써 허스트가 처음에 제시한 부정적인 논평에 답하려고 하였다.[15] 이것은 이야기와 성서를 설명하고, 의식이 신념과 어떻게 관련되어 있는지, 핵심 교의(敎義)[30]가 무엇인지 그리고 이러한 것들이 신앙을 가진 사람의 도덕성과 문화와 어떻게 관련이 되어 있는지를 보여 준다는 점을 포함한다. 하지만 필립스의 설명은 제기된 문제를 제대로 해명하지 못하고 있다. 뿐만 아니라 그는 종교적 경험의 본질에 대해 자기가 좋아하는 설명만을 하고 있는 것 같다. 하지만 우리가 종교적 신념을 가지지 않고 어떻게 종교적 경험의 본질을 설명할 수 있다는 것인가? 허스트에 반대하여[31] 글을 쓸 당시, 필립스는 이 장에서 옹호해 온 종교의 몇몇 실천이 지닌 확언적 본질을 인정하려 들지 않았다. 하지만 그의 설명에 따르자면 종교적 경험은 스토리텔링, 의식과 의례(儀禮)를 통해 발달한다.[16]

앞 절에서 소개한 바 있는 확언적 설명에 비추어 볼 때, 이러한 종교활동에의 실천적 참여는, 위에서 언급한 이유들에 근거해서 생각해 보면, 학생들이 종교

---

27) form of Knowledge

28) induction

29) *obedience*

30) tenets

31) *contra*

적 진리를 받아들이도록 할 가능성을 높일 수 있는 방향으로 이끌어 갈 수 있을 것이다. 이에 대한 한 가지 응답은, 해명(解明)[32]이란 참여를 포함하지 않으며 따라서 교화의 가능성이 일어나지 않는다는 것이다(종교교육이 애초부터 아닌[33] 경우는 지금 논의와 상관없다. 여기서 논의 대상이 되는 것은 애초부터 종교교육인 경우다). 하지만 이것을 의도적으로 해당 교과에 참여하지 못하게 한다는 측면에서 종교교육을 다른 교과와 다르게 만들어 버린다. 이러한 참여를 교육적 깊이를 깊게 하려는 필요조건으로 여기는 한, 이것은 최소한 다른 교과에서 중요한 것으로 여기는 기술들을 금지시키는 결과를 가져온다. 이것은 종교 안에서 교육적 깊이를 어떻게 성취될 수 있을 것이냐 하는 문제를 이해하는 데 혼란을 가져온다. 정서적이고 풍부한 표현의 측면을 가지는 종교가 운동, 무용 그리고 음악처럼 실천적 참여를 통해 유익한 것을 얻을 수 있는 학습 분야로 보일 수 있다는 생각을 해 보면 이러한 혼란은 더욱 커지게 된다.

어떤 의미에서 해명이 참여를 포함하지 않는다면 해명은 어떤 사람에게 종교의 본질과 의미를 소개하는 데 충분하지 않을 것이며 충분할 수도 없을 것이다. 왜냐하면 참여 없는 해명은 종교적 권위의 본질에 대한 이해와 수용을 통해 종교적 명제들을 진리로 믿도록 해야 할 이유를 숙고하도록 하는 데 충분치 않기 때문이다. 해명은 이미 기본적인 종교적 경험의 형식을 가지고 있는 사람들에게 잘 이루어질 수 있지만, 그 자체가 종교에 대한 소개라고 하기에는 부족함이 있다. 종교지식을 가르치는 것뿐만 아니라 예배, 의식, 의례 그리고 기도에 참여하는 것은 훨씬 만족스러운 방법, 즉 종교적 권위가 사람들에게 왜 필요한가 하는 이유에 대한 숙고를 제외하고는 해명이 이룰 수 없는 것을 성취할 것처럼 보인다. 아이에게 친숙한 권위의 또 다른 형식들은 다른 방식으로 작용한다. 즉, 종교적 권위를 숙고하는 가운데, 아이는 그에게 친숙한 권위의 다른 형식들과의 관계를 숙고할 수도 있다. 하지만 그는 종교적 실천과 어느 정도 친숙해지지

---

32) *elucidation*

33) *Non ab initio*

않는다면 종교적 권위에 대한 참조체제를 갖추지 못할 수 있다. 참여는 그러한 권위의 수용으로 이끌 수도 있고 그렇지 않을 수도 있지만 아이들을 종교적 경험을 하도록 이끌어야 하는 주요 목적들 중의 하나가 엄격한 종교적 신념을 갖도록 하는 것이라고 할 때, 그 가능성이 늘 나타나게 된다. **영성교육(靈性教育)**[34]은 종교적 교화 없이, 참여를 통해 일어난다고 주장할 수도 있을 것이다. 카는 영성[35]이란 의미를 정신적 내용에 부여하는 정신적 덕들[36]을 통해 발달한다고 주장한 바 있다.[17] 참여적인 교육형식이 여기서 잘 발휘될 수도 있을 것이다. 그러나 영성과 종교적 신념 간에는 깊은 관련이 있겠지만, 그것들은 동일한 것이 아니며, 따라서 영성교육이 종교교육으로 대체될 수는 없다.

필립스가 한때 믿었던 바대로, 종교적 실천이 확언적인 것이 아니라 표현적이라면, 해명적 접근[37]이 참여적 접근[38]보다 더 잘 이루어질 것이라고 할 수 있는가? 표면적으로는, 종교가 비확언적인 것이라고 한다면 교화시킬 명제들이 존재하지 않기 때문에 교화의 위험이 없다고 말할 수 있을 것이다. 하지만 어떤 부모들은 종교가 비확언적인 것이라고 믿는다 할지라도 자기 아이들이 종교적 실천에 참여한다는 것을 심미적이거나 영적인 이유에서 혐오스럽다고 생각할 것이며, 따라서 해명적 접근을 마음에 들어 할 수 있을 것이다.

해명적 접근을 좀 더 검토해 보기 위해서는 음악 및 무용과 같은 표현 교과들을 살펴볼 필요가 있으며, 해명적 접근이 이러한 교과들에 가장 적합한 것인지 질문해 봐야 한다. 무용과 음악의 유추는 해명적 접근에 어울리지 않는다. 왜냐하면 음악교육이 음악에 대한 어렵고 중요한 것의 이해, 그것의 만족과 좌절, 뭔가 어려운 것과의 싸움에서 얻게 되는 사랑과 존경의 감정에 이르도록 하는

---

34) *spiritual education*

35) spirituality

36) spiritual virtues

37) elucidatory approach

38) participative approach

것이라면, 가능한 한 실제로 참여하게 하는 것은 괜찮은 음악교육이라면 꼭 갖추어야 할 특징이라는 점은 당연하기 때문이다. 사람들은 누군가에게 감상하며 듣기를 통해 그리고 서로 다른 음악의 형식, 서로 다른 작곡기법들, 악기를 다루는 능력 등에 관한 학습을 통해 음악을 가르치는 일이 가능하다고 주장할지도 모른다. 하지만 이것이 노래 부르기, 연주하기, 작곡하기가 포함된 것보다 더[39] 만족스러운 형태의 음악교육이라고 주장하기는 어려울 것이다. 하지만 성직자가 아닌 종교교육자는 이러한 맥락에서 이루어지는 종교 관련 음악, 시, 의례활동에 참여하지 않을 수 있다. 그 결과 종교적 형식의 음악적, 시적, 무용적 측면들은 보다 덜 만족스러운 방식으로 학습될 수도 있다. 그것들은 선택적으로 음악이나 무용의 형식으로 가르쳐질 수 있지만, 이렇게 할 경우 이것들은 무용이나 음악이 아니라 종교적인 무용이나 음악이라는 사실을 망각하게 된다. 기껏해야 그것들은 '세속적인 참여'의 형식을 통해 이루어지는 정신적 중요성을 가지는 것으로 보일 수 있다. 하지만 대부분의 종교교육자들은 해명적 접근은 참여적 접근보다 최후의 수단[40]이라기보다는 보다 바람직한 것[41]이라고 주장한다. 만약 위에서 든 유추가 설득력이 있다면, 이것이 바로 이 경우에 해당한다고 할 수 없다. 비참여적인 방법으로 종교를 가르쳐야 한다는 주장에 대한 정당화는 대부분의 사람들에게 거부당할 수 있다. 그 이유는 그들이 종교적 교의(教義)를 잘못된 것 혹은 논박의 여지가 있는 것으로 믿거나, 그것을 심미적으로 혹은 정신적으로 혐오스러운 것으로 느끼기 때문이다.

우리가 내리고자 하는 결론은 해명적이고 비신앙 고백적인 종교교육이 그다지 훌륭하지는 못한 교육형식이지만, 그럼에도 실제로는 세속적인 분위기 속에서 성취할 수 있는 최고의 방법이며, 어쨌든 그것이 아무것도 하지 않는 것보다는 더 낫다는 점이다. 하지만 어떤 아이가 여러 사람들의 삶 가운데서 종교의

---

39) *more*

40) *pis aller*

41) *more desirable*

중요성을 인식하지 못한다면, 우리는 그가 종교를 통해 배운 경험을 기초로 어떤 일을 행하였는지를[42] 정확히 물어야 한다. 왜냐하면 누군가 종교를 중요한 것이라고 생각함에도 불구하고 그것이 그리 중요한 것이 아닌 것처럼 보인다면, 아이는 그릇된 신념을 가진 사람들이 있을 뿐만 아니라 특별한 근거도 없이 그릇된 믿음을 갖도록 심각한 상황에 빠뜨린다고 생각할 위험성이 있다. 요컨대, 그 위험성이란 세속적인 분위기가 지배적인 사회 안에서 아이들에게 주어지는 해명적인 종교교육이, 아이들에게 종교를 심원한 의미를 가지는 인간적인 현상이 아니라 불합리하고 기만적인 행동양식으로 이해하도록 이끌 수도 있다는 것이다.[18]

4. 결론

이상의 논의가 올바르다면, 세속적인 위치에서 종교에 관한 학습을 증진시키려는 시도는 대단히 혼란스럽다. 현재 영국에서 진행되는 비신앙 고백적 종교교육의 형식은 쓸모가 없다기보다 나쁘다고 할 수 있다. 이것은 비신앙자들에게 종교에 관하여 중요한 것이 무엇이며 다른 것과 구별되는 바가 무엇인지를 말해 줄 수 없다. 또한 이것은 비신앙 고백적 종교교육이 실천하려는 바가 확언적이라면 그것은 기만적인 것이며, 만약 확언적인 것이 아니라면 심미적이거나 정신적인 것에 지나지 않는다고 말할 위험에 처해 있다. 어느 쪽이든 가르치는 교과의 본질에 대해 학생들을 잘못 이끌 심각한 위험에 처해 있다. 이것이 만족스러운 교육실천의 결과라고 할 수는 없다. 여기서 두 가지의 대안이 제시될 수 있을 것처럼 보인다. 하나는 교회 소속이 아닌 학교들[43]에서 부모들이 종교교육을 시키는 것을 원치 않는 아이들에게는 종교교육을 포기하는 것이다. 다른

---

42) *does*

43) non-church schools

하나는 부모가 원하는 아이들에게 적절한 방법으로 신앙 고백적인 종교교육을 제공하는 것이다. 이렇게 하면, 자녀들이 종교에 관해 배우기를 원하는 사람들의 바람이 충족될 수 있을 것이다. 반면에 아이들이 종교에 관해 아무것도 배우기를 원치 않는 사람들의 바람 또한 충족될 수 있을 것이다. 자기 자녀들이 신앙 고백적인 종교교육을 통해 종교에 관한 중요한 어떤 것을 배울 수 있다고 생각하는 비종교적인 부모들은 후자의 대안을 지지하면서 자녀들이 결국은 여러 사람들에게 중요한 것이 무엇이고 왜 중요한지에 대한 감각을 계속 유지하면서 성장44)해 갈 것이라고 기대한다.

---

44) grow out

1 D. Bastide (ed.), *Good Practice in Primary Religious Education 4-11*, London, Falmer, 1992, p. 11.

2 Schools Curriculum and Assessment Authority, *Model Syllabuses for Religious Education, Consultation Document Model 1*, London, HMSO, January, 1994.

3 Ibid., p. 3.

4 이 문제에 대한 교사들 자신의 확실치 못한 태도에 대해서는 Bastide, op. cit., pp. 5-6을 보라.

5 최근 네오 실재론자들은 종교적 신념에 대해 논의하는 과정에서 최소한의 상응이론(minimal correspondence theory)을 논의한 바 있다. 이 점에 대해서는 David Carr, 'Knowledge and Truth in Religious Education', *Journal of Philosophy of Education*, 28, 2, 1994, pp. 221-238. 특히 p. 225를 보라.

6 두 가지 사례를 들 수 있는데, 하나는 고전적인 것이고 다른 하나는 현대적인 것이다. 이 점에 대해서는 F. M. Cornford, *Plato's Theory of Knowledge*, London, Routledge, 1935에 수록된 Plato, *Theaetetus*, Part 3, 그리고 A. Phillips Griffiths (ed.), *Knowledge and Belief*, Oxford, Oxford University Presrs, 1967에 수록된 Ernest Gettier, 'Is Justified True Belief Knowledge?' 를 참고하라.

7 Carr, op. cit.를 참고하라. 『논리철학논고』가 설명하는 진리는 대응설이 아니라. 'p가 진리다' 가 명제 'p'와 등가(等價)라고 주장하기 때문이다. 『논리철학논고』의 설명에 따르면 'p가 진리 다'를 대응으로 설명하려는 어떠한 시도도 무의미하다.

8 D. Carr, 'Towards a Distinctive Concept of Spiritual Education', *Oxford Review of Education*, 21, 1, 1995, pp. 83-98.

9 이 점에 대해 필립스가 논의한 바를 알아보려면, 'Wittgenstein, Religion and Anglo-American Philosophical Culture', in *Wittgenstein and Culture*, Wittgenstein Vienna Society, 1997을 참고하라. 특히 2절을 보라.

10 '신앙주의자(fideist)'의 서술이 정확히 필립스의 현재 견해를 서술하고 있는지는 의문스럽다. 이에 대한 미묘한 차이를 좀 더 알아보기 위해서는 D. Z. Phillips, *Wittgenstein on Religion*, London, Macmillan, 1993을 참고하라.

11 C. Hamm, op. cit., pp. 68-69를 참고하라.

12 D. Carr, 1995, op. cit. 여기서 영적 교육과 관련하여 비슷한 입장을 제시하고 있다.

13 P. H. Hirst, 'Morals, Religion and the Maintained School', *British Journal of Educational Studies*, November, 1965.

14 Paul Hirst, 'Education, Knowledge and Practices', in R. Barrow and P. White (eds.), *Beyond Liberal Education*, London, Routledge, 1993, pp. 184-199.

15 D. Z. Phillips, 'Philosophy and Religious Education', *British Journal of Educational Studies*, XVIII, 1, February, 1970, pp. 5-17.

16 Phillips, *Witttgenstein on Religion*, London, Macmillan, 1993, pp. 22-32에 수록된 'Searle on

Language Games and Religion'을 보라. 특히 pp. 23-25. Phillips, 1993, op. cit.에 수록된 'Primitive Reactions and the Reactions of Primitives' 및 'From Coffee to Carmelites'를 참고하라. 각각 pp. 103-122, 131-152다.

17 Carr, 1995, op. cit.

18 인간 삶에 있어서 종교의 원인과 중요성을 밝히려 했던 흄(David Hume)의 설명과 같이, 자연스러운 역사적 설명은 이와 같은 입장에 가깝다. 이 점에 대해서는 흄이 쓴 *Natural History of Religion*(현재 형태의 초판은 1777년), Oxford, Oxford University Press, 1993을 보라.

제14장

도덕적 학습

1. 서론

도덕교육을 이해하기 위해서는 학습에서 중요시하는 요소 몇 가지를 개관할 필요가 있다.

1. 인간은 사회적 동물이다. 사회 안에서 살아간다는 것은 인간의 복지를 위해 반드시 필요한 요건이다. 하지만 이것만 가지고는 충분하지 않다. 왜냐하면 사람들은 번영을 꾀하는 방식으로 함께 살아가야 하고, 논쟁의 여지는 있지만 인간 삶을 위한 선(善)의 개념을 추구해야 하기 때문이다. 계몽 후기 사회에서 자율성[1]의 성취가 개인의 복지와 자기 존중에 필요하다고 말하는 것은 상식이 되었다. 자율성을 지지하는 사람들은 그것이 공동선(共同善)[2]의 어떤 특정한 개념에 묶여 있는 것이 아니라고 생각한다. 이렇게 생각하는 사람들은 강한 자율주의자들[3]이다. 약한 자율주의

---

1) autonomy

2) common good

3) strong autonomists

자들[4]은 공동선의 개념이 사회가 인간 번영의 실행 가능한 개념을 증진시 킨다고 보는 명확히 구별되는 한 묶음의 이접적[5] 목적과 가치라 한다면, 적어도 최소한의 공동선 개념과 자율성이 양립할 수 있다고 생각한다.[1] 이 장에서는 약한 의미에서 개인적 자율성의 성취가 도덕교육의 주요 목적들 중의 하나라는 점을 전제하고자 한다.[2]

2. 인간의 삶이란 규칙 지배적[6]이며 따라서 인간의 행동을 규율하는 일반적인 원리들, 법칙들, 행위 규범들, 권고사항들이 존재한다.

3. 세상에 대한 인간의 참여는 사회체계 안에서 이루어지는 목적들과 관련을 맺고 있다는 점에서 대체로 실천적인[7]성향을 띠고 있다. 사회세계에 대한 우리의 지각, 다른 사람을 대하는 우리의 태도는 도덕적 판단형성의 조건으로, 이것은 어떤 상황 속에서 도덕적으로 관련된 속성을 확인하는 일 그리고 그러한 상황에 적용할 도덕 관련 원리들을 확인하는 일을 포함하고 있다.

4. 사람들은 사회체계 안에서 자기 나름의 선(善)을 추구하고 또 추구하리라 고 예상되기 때문에 도덕교육이란 자율성[3]의 발달과 관련될 수밖에 없으며 뿐만 아니라 규칙들에 대한 지각과 이해에 관련될 수밖에 없다. 도덕교육 이 자율성 발달 및 행동과 관련을 가진다는 점에서 이것은 또한 선한 인 격[8]발달과도 관련이 되어 있다. 여기서 선한 인격이란 자기 자신의 복지 와 사회의 복지에 도움이 된다고 인식되는 방식으로 독립적이면서도 책임 감 있게 행동하는 특성을 말한다. 이것은 원리, 규칙, 규범에 대한 헌신을 포함하며 또한 태도와 성향의 발달, 지각과 의지 모두의 훈련을 포함한다. 헌신, 태도, 성향, 지각, 의지력[9] 모두는 일반적으로 용기, 인내, 성실성,

---

4) weak autonomists

5) disjunctive

6) *rule-governed*

7) *practical*

8) [역주] *character*: '인성' '성격'으로 번역하기도 하지만 여기서는 '인격'으로 번역하였다.

9) [역주] volition: 우리말의 '의지'(will)와 구별되는 개념으로, 여기서는 '의지력'으로 번역하였다.

동정심 등과 같은 덕으로 불리는 것의 본질적 특징들이다.

5. 각각의 도덕 관련 상황은 그 자체의 **독특한** 특성들을 가진다. 이는 모두는 아닐지언정 많은 경우에 그 상황의 주된 특징들을 대충 봐서는 옳은 행동을 '읽어 낼 수' 없다는 사실을 시사한다.

6. 도덕성이란 다른 사람의 행동 그리고 최소한 자기 자신의 행동에 대한 반성[10]과 판단[11]을 포함하고 있다.

도덕교육이란 복잡하지만 다소 성공적으로 이루어지기도 한다. 우리가 알고 있는 대부분의 사회에서 도덕교육은 그것에 인지적·정서적 틀을 제공하는 종교적 관점의 후원 아래 이루어진다. 사람들이 흔히 믿는 바와는 달리, 종교는 사회적 삶의 복잡한 특수성은 무시하되 사회적으로 허용되는 방식으로 행동하게 해 주는 일련의 명령과 허용만을 제공하는 것은 아니다. 종교적인 도덕교육은 명령, 제재, 보상심리에 대해서 반응하는 사람을 길러 낼 수도 있겠지만, 그것은 성공적인 도덕교육의 형식이라고 할 수 없다. 각종 덕들을 실천하기보다는 규칙들을 따르는 사람을 길러 내는 종교적 도덕교육은 최소한 유대-기독교의 전통 안에서는 실패한 교육으로 여겨질 것이다. 하지만 이 장에서의 논의는 도덕성에 대한 종교적 배경의 필연성을 가정하지도 않거니와 종교적 배경을 배제하는 도덕교육의 우월성을 가정하지도 않는다.

2. 조건화, 훈련 그리고 수업

인간은 본래 옳고 그름에 대한 감각을 가지고 태어나지도 않으며 자신이 태어난 사회의 도덕적 신념에 관한 지식을 가지고 태어나지도 않는다. 이런 점에

---

10) *reflection*

11) *judgement*

서 도덕적 훈련[12]이란 도덕적 학습에서 매우 중요한 것이며 이러한 훈련의 중요성에 대한 무지가 도덕적 학습의 본질에 대한 오해를 가져올 것이라는 주장을 할 수 있다. 이미 언급한 대로 어린 시절 학습은 인간의 동물적 반응과 신생아 및 걸음마를 배우는 아기들이 이런 반응에 기초하여 인지하고 행동하는 능력에 기반을 두고 있다. 아이들은 인생 아주 초기에 자신들의 행동 중 어떤 것은 즐거움을 불러일으키고 또 다른 어떤 것은 혐오감을 불러일으킨다는 점을 배우게 된다. 아이들은 반응을 유발하고 이를 인지하면서, 그러한 반응들을 겪으며, 자신이 행한 것이 사회와 자연 세계에 영향을 준다는 점을 배운다. 다른 사람들의 도움에 의지하는 상태이기 때문에 그런 반응들은 아이에게 관심거리가 된다. 자기가 일으킨 반응들의 본질을 이해하고 또 그러한 반응들의 본질을 예측하려 애쓰는 동안 아이들은 자기 행동에 대한 책임감을 배운다. 아이들은 의지를 발휘해 보면서 대안적인 행동이 가능하다는 것을 인식하게 된다. 이러한 과정은 점진적으로 이루어지며, 우리는 아이들이 상당한 기간 동안 자기 행동에 대해 완벽한 책임감을 갖지 못한다는 사실을 깨닫게 된다. 그 기간 동안 아이들은 다른 사람의 반응적 행동과 자신들의 행동에 대해, 또 그것을 통제하는 방법을 배우는데, 이때 이들은 행동에 대해 책임을 지는 상태와 지지 않는 상태의 경계선상에 머물러 있다고 말할 수 있을 것이다. 따라서 스토로우슨(P. E. Strawson)은 어린아이들의 양육에 관련된 부모와 그 밖의 사람이 '다루고 있는 피조물들은, 잠재적으로 또 점진적으로, 인간적이고 도덕적인 다양한 태도를 가져 보기도 하고 또 그 대상이 되기도 하지만, 아직 이 둘 중 하나도 제대로 하지 못한다'[4]고 쓰고 있다. 아이들이 자기들의 행동에 대해 책임감이 있고 선과 악의 차이를 인식할 수 있다고 여겨지기 전에, 아이들이 어떤 특정한 방식으로 행동하도록 하는 조건화의 과정은 점차 아이들이 자신들과 다른 사람들의 반응적 태도에 따라 인식하고 행동하도록 하는 훈련과정으로 바뀐다. 아리스토텔

---

12) moral training

레스와 그를 추종했던 사람들에 따르면, 이른 나이의 습관 형성은 도덕적 학습의 본질적 특징이다.

하지만 덕은 우리가 먼저 실행함으로써 얻게 된다. 기술을 배울 때와 마찬가지다. 우리가 배워야만 하는 것들은 그것들을 행함으로써 배우게 된다. 예컨대, 사람들은 건물을 지어 봄으로써 건축가가 되고, 악기를 연주해 봄으로써 연주자가 된다. 이와 마찬가지로 우리도 정의로운 행동을 해 봄으로써 정의로워지며, 절제 있는 행동을 해 봄으로써 절제하는 사람이 되며, 용기 있는 행동을 해 봄으로써 용기 있는 사람이 된다⋯. 우리가 어린 시절부터 이런저런 습관을 형성하느냐 여부는 결코 작지 않은 차이를 만들어 낸다. 즉, 이것은 상당한 차이 내지 최대한의 차이를 만들어 낸다. [5]

다른 사람에 대한 반응과 다른 사람에 대한 자기 자신의 반응에 대한 아이들의 지각은 다른 사람과 자신에게 해로운 것이 무엇이고 이익이 되는 것이 무엇이냐에 대한 개념 발달을 가능하게 한다. 이러한 것들 및 이러한 것들과 관련된 개념들의 성장을 통해 아이들은 선악의 개념이 인간 삶 속에서 어떻게 작용하는가를 이해하기 시작한다. 따라서 그들은 선함을 인간 번영의 증진과 관련시키고 해로움을 그 반대와 관련시키게 된다.

초기의 도덕적 학습에 대한 이러한 설명에 대해 여러 가지 관점들이 제시될 수 있을 것이다. 첫째, 이것은 불완전하다는 것이다. 하지만 우리가 앞 장에서 살펴본 바와 같이, 이른 시기에 이루어지는 종교적 경험의 성장은 반응에 대한 훈련을 통해서 이루어지며, 어떤 의미에서는 도덕적 학습의 종교적 형식과 비종교적 형식 간에는 상당한 유사성이 있다.

둘째, 도덕적 성장이 훈련에 의해 이루어지는 조건화의 맥락에서 서술된다고 할지라도, 이 둘의 차이를 밝히는 일은 매우 중요한 일이다. 조건화가 어떤 반응을 이끌어 내려는 데 비해, 훈련은 어린아이의 편에서 이루어지는 판단의 발달을 포함한다. 도덕적 훈련은 아이가 다른 사람의 반응적 태도를 인식하고 그것에 영향을 주려는 학습을 포함하며 동시에 자신의 태도를 인식하고 통제하려는 학습을 포함하고 있다. 이렇게 하는 동안 아이는 우리가 인격의 발달에 도덕적 중요성을 부여하기 때문에 도덕적 평가의 대상이 되는 태도와 성향을 발달시키게 된다. 이러한 성향과 태도들은 순전히 도덕적인 차원뿐만 아니라 문화적이고 사회적인 차원을 가지고 있다. 따라서 이러한 것들의 발달은 그러한 특성들의 계발이 해당 문화 안에서 가지는 위신 및 중요성에 따라 달라진다.

셋째, 바로 앞 문단에서 기술된 과정은 어느 정도 인간 초기의 도덕발달을 이상화[13]한 것처럼 보인다는 점을 알아둘 필요가 있다. 매우 어린 아이들이 다른 사람들에 대한 반응 태도를 외면하지 않는다고 할지라도, 그들에게 반응하도록 훈련시키는 방법과, 심지어 그들에게 반응하도록 하는 훈련내용은 쉽게 결정되는 것이 아니다. 사회마다 도덕적 훈련은 다양하다고 할 수 있다. 하지만 사회 안에서 제공되는 훈련은 인간의 번영을 증진시키는 데 필요하다고 말하는, 소위 인간의 안녕과 피해에 대한 충분한 인식을 증진시키지 못할 수도 있다. 사실, 훈련이란 일어나지 않을 수도 있고, 불완전하게 일어날 수 있다. 그리고 아이는 자신이 획득한 가치, 인격적 특성, 행동유형, 태도들 때문에 사회의 나머지 사람들이 지지하는 가치와 갈등을 겪을 수도 있다. 이 점에 대해 오든(W. H. Auden)은 다음과 같이 쓰고 있다.

> 누더기 차림의 소년, 목적도 없이 혼자서,
> 공터 주변을 어슬렁거리며 배회하네, 새 한 마리
> 정성껏 겨냥한 돌을 벗어나 날아오르네.
> 소녀들은 겁탈당하고 소년 둘이 소년 하나를 찌른다,
> 누더기 소년에겐 자명한 세상의 이치. 그는 한 번이라도
> 약속이 지켜지거나 딴 사람이 운다고 따라 우는
> 세상에 대해 들어 본 적이 없었다.[6]

---

13) idealisation

도덕적 훈련의 중요한 측면은 덕들을 인식하고, 그것들의 실천을 중시한다는 점에서 인격발달[14]을 포함하고 있다. 하지만 덕들이란 사회마다 다양하다. 이를 염두에 둘 때 덕의 개념은 다음과 같은 요구에 대해 부응해야 한다. 즉, 도덕적 학습에 대한 설명은 (a) 젊은이가 의존적 존재에서 책임감 있는 존재로 변해 간다는 점을 밝혀야 하며, (b) 도덕적 이해의 다양한 본질에 대해 설명해 주어야 하며, (c) 개인의 도덕적 성장이 어떻게 도덕적 가치와 질서를 가진 사회적 맥락 안에서 이루어지는지를 보여 주어야 한다.

아이들이 말을 이해할 수 있을 때가 되면 남을 해치거나 남에게 무례한 것은 나쁜 것이라는 것과 같이, 행위 규범의 형식으로 반응적 태도를 언어적으로 구체화할 수 있는 능력이 생기기 시작한다. 이러한 규범들은 승인 내지 비승인을 통해 제재를 가하는 행동 지침을 제공한다. 또한 아이들은 모세의 율법[15]이나 그에 상응하는 것들에 익숙해지면서 그가 살고 있는 사회의 보다 근본적인 도덕성 원리들을 배우게 된다. 결국, 아이들은 정언명령, 황금률, 아리스토텔레스의 중용 등과 같은 규범적 행동원리들에 익숙해지게 되는데, 이것들은 규범이나 도덕적 원리들 그 어느 것도 그들에게 줄 수 없는 안내지침을 제공한다. 전통적으로는 이러한 원리들이 이성을 사용하여 발견할 수 있는 자연법칙이라고 말하지만, 이런 견해를 취하는 홉스(T. Hobbes) 같은 사람들조차 이런 원리들의 인식을 당연하다고 여기지 않았고, 이런 원리들과 거기서 유래된 법칙을 가르쳐줘야 한다고 권했다.

그리고 언약을 갱신할 때 이스라엘 백성에게 전달한 율법에서, 모세는 집에 앉아 있을 때에든지 길을 갈 때에든지, 누워 있을 때에든지, 일어날 때에든지 계속 강론하여 아이들에게 율법을 가르치도록 명령했다. 그리고 집의 문설주와 바깥문에 기록하고, 타국인, 남자, 여자, 아이를 모아서 듣게 했다.[7]

---

14) development of character

15) Mosaic Law

훈련과 수업은 상황의 도덕적 특질들, 즉 해당 사회가 복지라고 여기는 것에 기여하는 것과 그렇지 않은 특질들을 구별해 내는 능력을 발달하게 해 준다.[8] 또한 이것들은 (a) 상황과 사람에 대한 태도의 발달, 행동 습관 및 성향의 발달에 기여하며, (b) 제멋대로의 열정을 통제하는 능력이 아니라 혐오와 반감뿐만 아니라 욕구와 정서를 사회 및 개인의 복지에 기여하는 행동양식으로 연결하는 능력의 발달에 기여한다.

이제 우리는 양육에 대한 루소의 설명이 가진 약점을 생각해 볼 때가 되었다. 앞에서 설명한 바 있듯이, 복잡하면서도 미묘한 특성을 가진 도덕교육은 성공할 수도 있고 실패할 수도 있다. 도덕교육이 성공을 거두기 위해서는 조건화, 훈련, 수업, 연습, 행동, 반성이 균형을 이루어야 한다. 많은 사람이 관여해야 한다. 따라서 '아이 하나를 기르려면 마을 전체가 필요하다'라는 말이 구현되어야 한다. 아동기로부터 규범적인 것을 배제하고 그것을 합리적인 성인의 조직 구성과 운영에 국한시키려 했으므로, 루소에게 남은 유일한 어린이 양육 수단은 전반적으로 반사회적(反社會的)인 세계[16]안에서 이루어지는 조건화뿐이다. 그는 훈련과 수업을 제외시키고 있다. 행동은 대개 가정교사에 의해 통제되며, 반성은 에밀에게 주어지는 제한적인 도덕적 경험의 범위 안에서만 일어난다. 위에서 이루어진 설명이 정확한 것이라면, 대부분의 경우 루소적인 도덕교육은 크게 실패할 것 같다.

3. 도덕적 훈련을 넘어서

도덕적 훈련은 아이들이 다른 사람의 반응적 행동을 예측하고 적절히 반응할 수 있도록 해 주며, 자신의 행동으로 말미암아 일어난 해로움이 무엇인지를 인

---

16) asocial world

식하고 반응하도록 하기 위해 매우 중요하다. 하지만 훈련은 아이들을 그곳까지만 인도한다. 그 다음부터는 아이들이 반성을 해야 도덕적 이해가 발전한다. 원칙상 그들은 도덕적 행동을 반성하고 논의해야 할 필요가 있으며, 도덕적 이해가 심도 있게 이루어지려면 도덕적 가치들에 대한 적절한 해석이 필요하다.

　가치를 실현해 가려는 학습이 부분적으로나마 한편으로는 행동규범들을, 다른 한편으로는 도덕적으로 관련된 상황에 대한 해석에 적용된 규정적 원리들을 포함하고 있다는 의미에서 도덕성은 규칙 지배적이다. 아이들이 점차 도덕적 행동과 반성을 하게 됨에 따라, 그들은 정확한 행동방식의 학습으로부터 자신들이 사용하는 규칙에 대한 정당화, 평가, 해석으로 옮겨가게 된다. 이러한 종류의 반성은 순전히 인지적인 것이 아니다. 왜냐하면 초기의 도덕적 행동은 반응적 측면에서는 정서적인 경향이, 행동적 측면에서는 훈련된 반응으로 이루어지는 경향이 있기 때문이다.[9] 하지만 다양성, 뉘앙스, 복잡성을 다루기 위해서는 도덕적 행동이 매우 이른 단계에 반성으로 옮겨가야 한다.

　'나는 왜 그것을 했는가?'라는 질문은 '나는 그러한 상황에서 그렇게 하도록 훈련받기 때문에'라든가 '이것이 바로 이 상황에서 당신이 해야 하는 것이기 때문에'와 같이, 훈련받은 반응과 관련된 답을 요구할지도 모른다. 하지만 훈련된 반응은 늘 여러 가지 도덕적으로 관련된 상황의 복잡성과 애매함을 다루는 데 적합한 것은 아니다. 그러나 보다 깊이 탐구하고 해석해야 하는 상황이 많다. 예컨대 누군가는 다음과 같이 물을 수 있다. 즉, '이것은 이런 종류의 상황인가 아니면 다른 종류의 상황인가?' 이것은 도덕적 지각의 중요성을 부인하는 것이 아니라, 즉시적인 지각[17]이 늘 어떤 한 경우에 관련된 모든 것을 밝혀낼 수 없으며, 때로는 더 많은 생각을 요구하는 범주화에 관련된 문제가 있을 수 있다는 점을 지적하는 것이다. 더 많은 정보를 찾거나 다른 관점을 찾아야 할지 모른다. 아니면 이에 더해 눈앞의 현상을 과거의 경험과 관련시켜야 할지 모른다.

---

17) *immediate* perception

또 (반응은 평가를 필요로 하기 때문에) 자신의 반응이 그 상황에 옳은 것인지 혹은 가장 적합한 것인지를 물으려고 할지도 모른다. 모든 규칙에는 약간의 융통성이 있으며(심지어 이정표조차 해석이 필요하기도 한다), 도덕 규칙도 마찬가지다. 특히 서로 상이한 도덕적 요구가 충돌을 일으키는 듯 보이는 경우에 그렇다. 마지막으로 행동이나 판단을 정당화해 줄 것을 요구받을 수도 있다. 즉, 사람들이 '당신이 그렇게 행동한 이유가 무엇인가?'라든가 '그렇게 강하게 반응하는 이유가 무엇인가?'라고 물을 수 있을 것이다. 이러한 질문들은 이 문단 처음에 소개한 방식대로 늘 만족스러운 답을 하기 어려운 것이다.

그러므로 훈련이란 다양한 도덕적 경험의 양식에 대한 적절한 반응을 요구하는 교육의 형식들[18]에 의해 보완되어야 한다. 반응적 판단과 행동은 반성과 토론으로 보완되어야 한다. 또한 지역사회의 문화와 가치의 측면에서 도덕적 행위의 지위에 대한 고려사항들과 관련지을 필요가 있다. 이렇게 도덕교육이 계속되는 동안 더욱 중시되는 것은 도덕적 상황 안에 존재하는 특수성에 대한 음미[19]라고 봐야 할 것이다. 이것은 원리들이 중요하지 않다거나 그것들이 반드시 도덕적으로 관련된 상황의 복잡한 특성들에 의해 압도당한다는 것을 뜻하는 것이 아니라, 행위규범의 적용이 도덕적 주체가 직면하는 상황에 대한 특수한 요구의 측면에서 해석되어야 한다는 것을 뜻한다. 이것이 요구하는 바는 공리주의자들이 말하는 계산이 대개 또는 결코 아니다. 대신 그 상황이 초래하는 결과에 주의를 기울여야 한다는 것이다.[10] 또는 스스로에게 정직해야 한다든가 행동할 때 스스로 동기를 가져야 한다든가 하는 요구일 수도 있고, 필요한 경우 영향을 받거나 받을지도 모르는 사람들의 관점(성격의 맥락과 이해의 맥락에서)에서 상황을 이해하라는 요구다. 이러한 마지막 관점에서 그것은 훈련을 수반하는 도덕수업의 일부로서 학습되어야 할 규정적 원리, 즉 '황금률'의 적용을 포함하고 있으며 자신이 스스로에게 해서는 안 되듯이 다른 사람에게도 해서는

---

18) *forms* of education

19) appreciation of the particular

안 되는 규정적 원리의 적용을 포함하고 있다.[11]

이제 도덕성과 기예[20]를 위한 도제제도[21] 간에 유사점을 느낄 수 있을 것이다.[12] 기예의 학습은 훈련과 수업을 포함하지만, 이 두 가지만으로 설명할 수 없다. 기예 학습은 기술 적용 범위를 새롭고, 혼란스럽고, 더욱 복잡한 상황과 과업으로 확장시키는 과정을 포함한다. 그것은 직장보다는 더 넓은 사회적 맥락 안에서 행동을 정하는 일을 포함하며, 동료 기술자들이 가진 개인적·사회적 지혜를 활용하는 일을 포함한다. 또한 장인정신의 발달에는 자아실현의 요소가 담겨 있다. 하지만 비교가 너무 지나쳐서는 안 된다. 도덕성이란 장신정신과 관련이 깊기보다는 동료 및 우리의 자아실현과 관련이 더 깊다. 장인정신 안에 담긴 심미적 요소 또한 도덕성 안에 담긴 심리적 요소보다 더 강하다. 도덕성이란 기교[22]이거나 전문성[23]으로 보기 어렵다. 어떤 기예의 실천보다도, 도덕성은 그 자체로서 개인적 인격발달과 관련되어 있다. 하지만 기예적 기술과 마찬가지로, 인격은 처음에 덕의 발달을 가치 있게 여기는 사람들의 지도 아래 덕들의 실천을 통해 발달해야 한다.

지역사회의 구성원은 도덕적 학습을 위해 불가피한 구성요건이다. 반응적 행동의 인식과 형성에 있어서 부모와 가족이 중요하다는 점은 이미 앞에서 언급한 바 있다. 또한 아이가 성장하고 더 넓은 사회의 적극적 구성원이 되어감에 따라 그 사회의 구성원들은 아이에게 도덕교육이 중요하다는 점을 가정하게 된다. 특히 학창시절 교사와, 취업과 가사 생활 초기의 직장 동료와 반려자가 중요하다. 끊임없이 복잡해지고 있는 여러 가지 상황 안에서 가정뿐만 아니라 학교와 직장은 도덕적 학습이 이루어지는 실제적인 맥락을 이루고 있다. 그러므로 교사는 도덕적 본보기이며, 아이들의 도덕적 학습을 도모하기 위한 실천적

---

20) craft
21) apprenticeship
22) *technique*
23) *expertise*

인 도덕적 지혜[24]를 가지고 있어야 한다는 점이 가장 중요하다.[13] 하지만 우리가 알아 두어야 할 것은 어떤 나이가 되면, 교사가 (그럴 수 있다고 해도) 일종의 도덕적 전문가일 필요가 없다는 점이다. 왜냐하면 각각의 개인들은 어떤 상황에서 자신이 해야만 하는 것을 스스로 결정해야 하기 때문이다. 그들은 해야 할 것이 무엇인지에 대해 조언을 들을 수 있다. 만약 그들이 무엇을 해야 하는지에 대해 늘 가르침을 받기만 한다[25]면 성숙한 도덕적 행동의 특징이라고 할 수 있는 자율성을 잃게 될 것이다.

이 점은 또한 자신이 아닌 다른 사람의 도덕적 행동을 평가하고 정당화하는 데 적용될 수 있다. 어쩔 수 없이 이것은 서로 다른 삶의 경험을 가진 개인들의 견해를 통해 이해할 수 있는 특정한 사례들에 대한 고려를 포함하고 있다. 어떤 사람이 도덕적 차원에서 해야만 하는 반응은 어쩔 수 없이 정서적 차원과 관련을 가지게 된다. 하지만 우리 역시 정서적 차원에서 판단하고, 정당화하고, 평가해야 한다. 이는 우리와 다른 사람들이 연루된 도덕적 상황에 대한 우리의 정서적인 반응이 인지적 측면을 가지고 있다는 것을 의미한다. 우리는 견해를 형성하거나 그러한 견해의 바탕이 되는 논의를 해야 할 경우 도덕적 상황에 대한 정서적 반응을 분명히 해야 할 필요가 있다. 우리는 도덕적 사고를 하는 데 필요한 평가적 어휘를 활용하는 법을 배우며(하지만 가이타[26]가 시사하듯 이는 도덕적 사고에만 국한되지 않는다), 여기에는 **감성적임, 냉정함, 경솔함, 진중함**[27]과 같은 개념들이 포함된다.[14]

이와 유사한 관점이 에반스 심슨(Evans Simpson)에 의해 형성되었다.[15] 그는 특정한 대상들에 대한 주의집중의 중요성을 강조하였으며, 정서적 반응의 인지적 측면, 도덕적 감수성 발달에 있어서 대화의 중요성을 강조하고 있다. 하지만

---

24) practical moral wisdom

25) *instructed*

26) Gaita

27) *sentimentality, coldness, shallowness, depth*

그는 도덕적 감수성의 발달에 앞서 이루어져야 할 도덕적 훈련의 시기를 무시하고 있다. 도덕적 훈련은 자신의 원칙으로 채택한 권고사항들[28]에 따라 행동하는 것을 포함한다. 도덕적 훈련만 가지고는 젊은이에게 보다 성숙한 도덕적 숙고에서 요구되는 해석, 평가, 그리고 정당화의 능력을 전할 수 없다. 하지만 그것이 성실하게 이루어지지 않을 것 같으면, 나머지 것들은 큰 가치를 지니지 못하게 된다. 덕 실천의 방법을 가지고 있거나 삶, 성실, 정직의 존중과 관련이 있는 도덕적 원리들의 중요성을 음미할 수 있는 사람은 일상적 삶의 과정에서 직면하게 되는 복잡한 상황 안에서 그것들의 의미를 숙고할 수 있다. 신장된 정서적이고 인지적인 반응을 통해 인식된 도덕적 상황의 특수한 측면들에 관한 세련된 대화에 기초하여 도덕교육을 수립한다는 것은 우선순위를 혼동하는 것이다. 이것은 도덕발달단계에 관한 심리학적 주장이 아니다. 오히려 이것은 도덕교육의 순서에 관해 언급하는 것이 어떤 의미를 지니는가를 다루는 문법상의 요점[29]이다. 원리의 해석과 인격의 검증은 원리들의 획득, 음미, 이해 그리고 (어느 정도는) 그것들이 이루어지기 전 인격의 형성을 요구한다. 심슨이 도덕발달을 기본적으로 도덕적 합리성이라는 추상적 원리들의 인지적 실현으로 바라보려는 도덕적 발달론자들[30]의 주장을 비판한 것은 옳다고 할 수 있겠다.[16] 이것은 논리적인 요건, 곧 발달된 도덕적 행동과 반성(反省)은 훈련된 행동을, 그리고 만약 물질과 연관되어 있다면 지각을 그 기반으로 요구한다는 점을 훼손하지 않는다.

---

28) moral injunctions

29) grammatical point

30) moral developmentalists

4. 도덕 발달론

도덕교육에 관한 최근의 생각은 제7장에서 서술하고 비판한 발달론적 전통에 그 뿌리가 놓여 있다. 이 장에서 이루어진 설명은 도덕교육을 어떤 단계들(각각의 단계는 이전의 단계가 성공적으로 이루어졌을 때 다음 단계로 진행된다)을 통해 이루어지는 것으로 기술하고 있지만, 이것은 앞 장에서 소개한 의미에서의 발달이론은 아니다. 그 순서는 기본적으로 문법론적인 것이며, 그 진행은 저절로 이루어지는 것이 아니며, 개인적인 노력뿐만 아니라 사회적인 노력에 의해 좌우된다.

도덕발달론자로서 가장 널리 알려진 피아제와 콜버그(L. Kohlberg)는 도덕발달이 '자아 중심성'[31]으로부터 사회적 승인을 받기 위한 것으로, 규칙 지배적인 것으로부터 계약적인 것으로, 마지막으로 보편적인 합리적 자율성의 단계로 진행되는 것으로 이해하고 있다.[17] 이 두 저자는 이 단계들을 진정한 도덕적 대안으로 고려한 것이 아니라 도덕적 성숙에로 나아가는 길로 고려하였다는 비판을 받아 왔다. 특히 심슨은, 만약 어떤 정치조직의 형식이란 상대적인 도덕적 미성숙 이외에 아무것도 아니라는 주장이 받아들여질 경우, 사회를 선택적으로 조정하려는 시도에 대한 합리적 정치논쟁이 위험한 결과를 가져올 수 있다는 점을 지적한 바 있다.[18] 이러한 발달론적 도식(圖式)[32]은 대체로 칸트적이라고 할 수 있는데, 그 이유는 이 두 저자가 처음에 주장했던 발달단계를 밝히기 위해 그들이 기초로 삼고자 했던 경험적 자료들을 칸트가 가지고 있던 관점을 통해 굴절시키고 있기 때문이다. 도덕적 질문에 대한 아이들의 반응을 액면 그대로 받아들이는 것은 문제가 있다. 왜냐하면 어른들로부터 질문을 받은 아이들의 지각과 동기는 어떤 결과를 이끌어 내기 전에 신중하게 다루어져야 할 필요가 있기 때문이다. 더 해로운 것은 여러 가지 대답에 규범적 서열을 부과하는 것이

---

31) 'egocentricity'

32) developmental schemata

다. 자아 중심성과 타율성보다 자율성이 가치 있다는 믿음 대신에, 자아 중심성, 타율성, 자율성 순으로 상승하는 척도를 갖고 도덕적 대답을 순서 짓는 근거는 무엇인가? 이러한 방식에 따른 진정한 도덕적 대안들이 있을 수도 있다는 사실이 무시되고 있다.[19]

이보다 심각한 것은, 도덕적 성장이란 도덕적 행동을 정서 및 동기와는 분리된, 소위 합리적 의지의 보편 가능한 행위로 바라보려는 견해와 관련되어 있다는 가설이다. 도덕적 성장이란 칸트가 제시한 이상으로 발달해 가는 과정으로 기술된다. 하지만 이 그림 안에서는 인격의 발달이라든가 덕들에 대한 고려가 간과되고 있다. 사실 기분보다는 의무를 강조한 칸트의 그림에서는 도덕성을 그것이 성장해 가는 삶의 사회적이고 동기적이며 정서적인 측면으로부터 분리시키는 위험성이 놓여 있다.

도덕교육에 있어서 덕을 고려해야 한다고 주장하는 사람들에게 콜버그가 보인 반응은 그러한 주장을 도덕성에 대한 '덕 주머니' 설명[33]을 지지하는 것으로 다룬다는 것이다. 즉, '아이들은 도둑질하지 말라' '거짓말하지 말라' '속이지 말라' 등과 같은 명령들을 아무런 반성 없이 행하는 것 이외에는 아무것도 배울 수 없다는 것이다.[20] 이 장 앞에서 논의한 관점에 비추어 볼 때, 이러한 비판은 풍자만화에 불과하다. 제한된 상황에서 만나게 되는 도덕적 원리들에 무조건 복종하는 것은 인격의 성장에 관심을 가지거나 덕들을 고려해야 한다고 생각하는 사람들에게 필요한 단계지만, 이것은 계속해서 복잡해지는 도덕적 경험으로 이어지는 도상에서 넘게 되는 한 단계에 불과하다. 이것은 젊은이들이 판단의 독립성을 보여줄 것이라는 기대가 되는 도덕적 상황에 대해 반응하고 반성하는 동안 인간 인격의 복잡함 속에서 함께 성장하는 것이다. 도덕적 학습의 속성에 비추어 볼 때, 경험의 성장과 인격의 발달은 서로에게 영향을 준다. 앞에서 서술한 바와 같이, 도덕적 훈련이란 덕들을 발달시키고 실천하도록 하기 위한

---

33) 'bag-of-virtues' account

목적지가 아니라 출발점이다.

5. 도덕교육과 인간적 번영

도덕적 학습을 이해하기 위한 토대로서 인격의 발달과 덕의 실천을 보다 더 잘 실현해 가기 위해서는 가이타(Raimond Gaita)가 매킨타이어(A. MacIntyre)의 저작에 가한 비평을 논의해 보는 것이 좋겠다.[21] 덕에 대한 환원주의자[34]의 설명은 덕이란 인간 복지, 행복 혹은 번영을 증진시키기 위해 존재한다는 것이다. 매킨타이어는 덕에 대한 비환원주의적인 설명을 제공한 것처럼 보이지만 가이타는 덕이 필요한 이유가 무엇인가를 제시하려고 하였기 때문에, 결국 매킨타이어는 환원주의적인 설명을 하였다고 주장한다. 가이타는 도덕성이 그토록 중요한 것이라면, 인간의 욕구와 도덕성 간에는 연결 고리가 반드시 필요하다는 점을 파악하려고 노력한다.[22] 하지만 도덕적 신념과 실천에 대한 설명이 보편적인 인간의 욕구라는 맥락에서 완벽하게 설명될 수 있는 것은 아니다. 덕의 실천이 왜 중요한가를 이해하기 위해서는 덕스러운 행위와 인간 욕구의 실현 간에는 불가피한 관계가 맺어져 있다는 점을 이해할 필요가 있다. 덕 실천의 중요성은, 덕 실천이 그러한 인간 욕구의 실현에 어떻게 기여하는가 하는 점을 보여준다고 해서 완벽하게 설명될 수 있는 것은 아니다.

사람들이 이러한 관점의 설득력을 인정하는 동안 인격발달의 형식으로서 도덕교육이 옹호될 수 있을 것이다. 가이타의 글 때문에 스토아학파처럼 덕은 오직 그 자체를 위해 반드시 실현되어야 한다는 결론이 자연스럽게 나오는 것은 아니다. 아이들이 선한 사람이 되도록 가르쳐야 하는 이유는 그저 선함이 삶 가운데서 존경받도록 하고 잘 살아가도록 돕기 때문이 아니다. 또한 우리가 그래

---

34) *reductionist*

야 하기 때문도 아니다. 덕의 실천은 인간의 유해와 복지와 관련된 것이지만, 자신과 다른 사람의 복지는 덕 실천의 부산물로, 모든 경우에 반드시 얻어지는 것은 아니다. 아이들은 지금 당장 이익이 되지 않더라도 덕스럽게 행동하고 싶어 해야 한다. 반면에 옳은 일을 행하지 못했을 때 유발될 수 있는 해로움을 알고 이해할 수 있어야 한다. 예컨대, 해로움이란 주로 용기 및 근면함과 같은 자기-관련적인 덕들[35]을 무시할 때 자기 자신에게 생겨나며, 다른 사람에게 끼치는 해로움은 주로 신뢰감 및 동정심 같은 타인-관련적인 덕들[36]을 무시할 때 생겨난다. 용기와 동정심을 갖고 행동하도록 습관화되었다면, 또 다른 사람들의 이런 특성들을 높이 평가하게 되었다면, 거기서 끝이 아니라 이제 그런 식의 행동이 결코 쓸데없는 행위가 아니며 궁극적으로 또 집단적으로 행해지면 사회와 개인의 안녕(安寧)에 기여하는 행위임을 이해해야 한다.

　이것은 아이들이 인간은 사회적 존재로서 행복은 자기가 살아가는 사회의 안녕에 달려 있다는 사실을 깨닫게 되었음을 의미한다. 그리고 사회의 안녕은 사회가 지향하는 가치들의 본질과 가치들이 과거, 현재, 미래의 세대들에 의해 어떻게 보존되는가에 달려 있다. 그러므로 치명적 고질병에 걸린 사람이 번영할 가능성이 있다고 하면 별 의미가 없지만, 동료의 요구에 관심을 기울일 때 우리는 우리의 가치와 그것이 삶에서 차지하는 위치의 중요성을 깨닫게 된다는 말은 일리가 있다. 즉, 우리가 그러한 성품이 미치는 영향을 잘 알고 있지만, 그러한 성품 그 자체로도 가치가 있다는 사실을 깨닫게 된다.

　이러한 표현은 도덕교육에는 완전한 관점이 있을 수 없다는 점에서, 도덕교육이 복잡하고 어려운 일이라는 점을 분명히 해 준다. 이것이 바로, 한 아이가 살고 있는 지역사회와 문화의 맥락에서 자기 행동의 중요성을 음미하기 이전에 올바른 기초가 마련되어야 하는 이유다. 올바른 형태의 훈련과 수업 없이는 아이의 도덕성에 대한 이해가 올바른 방향으로 나아갈 수 없다. 또한 아이가 특수

---

35) self-regarding virtues

36) other-regarding virtues

하면서도 제한된 관념, 즉 신중한 이유를 가지고 이루어지는 신중한 규칙 준수에 머물러 있게 되는 위험성이 있다. 이런 경우 사람들은 그러한 상황에 처해 있는 어떤 사람이 도덕성에 관해 무엇인가를 배웠다고 말할 수 있겠지만, 이러한 그의 도덕교육은 깊이가 없을 뿐만 아니라 복잡한 도덕적 상황에서 현명하고 사려 깊은 행동을 하게 할 만한 충분한 준비가 되어 있지 않다고 말을 할지도 모른다.

6. 결론

가장 이른 나이에 이루어지는 도덕적 경험의 형식은 아이가 주위에 있는 사람들을 즐겁게 생각하는가 아니면 혐오스럽게 생각하는가 하는 지각능력과 그러한 지각에 대한 반응 속에 담겨 있다. 하지만 도덕적 조건화는 도덕적 훈련으로 나아가는 길을 제공하는데, 이것이 추구하는 목적은 판단과 반성의 요소를 끊임없이 구체화하는 확신에 찬 행동과 반응을 고무시키는 것이다. 이 기간 동안 아이는 도덕적 차원을 가지는 개인적 인격을 획득하게 된다. 이러한 의미에서 아이는 자기에게 오랫동안 이익이 되고 그가 살고 있는 사회에 이익이 되는 방식으로 태도, 습관, 행동, 반성의 발달을 통해 인격을 발달시키기 시작한다. 여기서 강조해야 할 것은 이것이 사회적 과정[37]이라는 점이다. 아이가 비록 한 개인으로서 자기 행동의 결과에 대해 반성한다고 할지라도, 그렇게 하려는 그의 능력은 주위에 있는 사람들에 대한 반응과 도움, 특히 자신보다 현명하거나 경험이 많은 사람들에게 의존한다.

여기서 가장 중요한 것은 이러한 도덕적 훈련에는 정서적인 차원이 있다는 점이다. 즉, 우리는 아이가 의무감 때문에 또는 기분에 따라서가 아니라, 자기가

---

37) social process

바라는 대로 덕이 있는 사람이 되기를 희망한다. 도덕적 행동이란 의무의 명령에 따르는 것이라는 칸트적인 생각은 도덕적 학습에 위험요소를 제공한다. 왜냐하면 칸트적인 생각은 도덕적 행동과 기분과의 관계를 단호하게 끊어버리고, 도덕성을 그것이 놓여야 할 보다 넓은 인간행동의 영역 안에서 분리시키고 있기 때문이다.[23] 이와 더불어 도덕적 학습에는 인지적 차원이 있다. 중요한 것은 아이들이 상황을 도덕적으로 관련된 것으로 이해한다는 것이며, 아이들이 성장함에 따라 도덕적으로 관련된 상황의 특징이 자신의 관점에서가 아니라 다른 사람의 관점에서 볼 때 다르게 보일 수도 있다는 점을 이해한다는 점이다. 이러한 관점에서 아이들은 황금률과 같은 원리들의 중요성을 음미할 수 있을 뿐만 아니라 대리적 관점[38]에서 그것을 적용하는 것이 늘 단순하지는 않다는 점을 음미할 필요가 있다. 그리고 이것은 규칙 지배적인 틀이 아니라 도덕 판단에서의 복잡성과 미묘함으로 이어져야 한다. 이러한 복잡함의 성장에 도움을 주는 것은 문학, 전기(傳記), 역사 연구를 통한 대리 경험이며, 자기 행동의 의미와 다른 사람 행동의 의미를 반성하는 것이다. 마지막으로 도덕적 지혜의 획득은 폭넓은 삶의 경험을 통해, 인격 자질의 발달을 통해 그리고 도덕적 반성의 습관을 통해 이루어질 수 있을 뿐이다.

모든 사회는 그 사회의 도덕성을 진지하게 다루며, 도덕성의 문제와 관련해 젊은이들의 훈련 및 교육을 무시하지 않는다. 젊은이들이 사회규범에 대한 복종 이상의 것에 어느 정도 관심을 가지느냐에 따라 스스로에게 가치가 있고 사회복지 기여에 도움을 주는 태도, 성향, 행동의 실천을 통해 개인의 인격을 발달시켜 나갈 수 있다. 최소한 부분적으로, 덕 계발의 관점에서 도덕성을 서술하는 것은 메타 윤리적[39]이다. 이것이 바로 도덕성을 진지하게 다루는 사회 안에서 기대할 수 있는 것에 대한 설명이다. 하지만 철학자들 간에 도덕성의 본질에 대해 의견의 일치가 이루어지지 않기 때문에 사회의 도덕적 신념의 성격이 혼

---

38) vicarious point of view

39) meta-ethical

란스러워졌다고 할 수는 없는 일이다.

사회마다 서로 다른 덕을 강조하는 경향이 있다. 즉, 어떤 곳에서는 도덕적 규범을 강조하고, 또 다른 곳에서는 자율성을 강조하고 있다. 어느 사회 안에 존재하는 이러한 다양성과 복잡함을 메타-윤리적 이론으로 파악하기란 쉬운 일이 아니다. 따라서 이러한 혼란은 '사람들 사이에'[40] 존재할 수밖에 없다고 결론 내리기 쉽다. 하지만 이것은 잘못된 주장일 수도 있다. 사회는 젊은이들을 어떻게 기를 것인가, 특히 전환기에 젊은이들을 어떻게 기를 것인가에 대해 혼란을 겪을 수 있다. 예컨대, 기독교적인 사회로부터 세속적인 사회 혹은 서로 다른 도덕적이고 종교적인 체계가 공존하는 사회로의 변화가 이루어질 때 혼란을 겪을 수 있다. 이 장에서 논의한 바 있듯이, 이러한 혼란은 심각한 해를 끼칠 수 있다. 하지만 이러한 사실로부터, 우리가 도덕성의 본질에 대해 혼란스러워하는 사회와 시대를 살고 있으며, 우리는 이러한 주제를 논의할 만한 공통의 언어[41]를 가지고 있지 않다는 결과를 이끌어 낼 수는 없다. 혼란이 일어났을 때 그것을 해결하기 위한 방법이 때론 가장 일반적인 의미의 정치학에서 발견된다. 말하자면, 어떤 가치의 문제에 대한 합의, 대부분이 동의하는 공통의 가치를 가르쳐야 한다는 것에 대한 합의, 절충을 위한 공동의 조정, 공동의 도덕적 이해가 어떻게 이루어질 수 있는가에 대한 합의 과정에서 발견된다.[24]

하지만 도덕교육자들이 공동선(共同善)에 대한 개념을 문제 삼는 곳에서, 심지어는 강한 자율성과는 정반대가 되는 약한 자율성을 추구해야 한다는 의미에서(이 개념들은 이 장 앞에서 소개된 바 있다), 이 장에서 제시된 도덕교육을 채택하기 위한 틀이 공격을 받게 된다. 그 이유는 강한 자율성을 증진시키려면 합의에 따른 도덕규범이 문제가 있거나 조건적인 것이 되어야 할 필요가 있기 때문이다. 이것들은 아이들에게 상의할 수 있는 것이 아니라고 말하는 동안 실현되기 어려울 것이다. 강한 자율성과 약한 자율성이 서로 모순까지는 아니지만, 양

---

40) 'on the ground'

41) common language

립될 수 없는 교육목표라고 말하는 것은 충분한 이유가 있다. 또한 강한 자율성을 채택하면 이 장에서 전개한 도덕교육의 틀을 위협하게 된다.[25] 이러한 문제를 명료화하기 위해서는 최소한 가치란 도덕적 선택의 대상이라고 여기는 정치적 합의가 필요하다. 이러한 것에 관한 합의를 도출해 내려는 노력을 거부하는 것은 합의에 의한 동의를 매우 어렵게 만들어 버린다. 그러므로 교육목적으로서 강한 자율성을 추구하는 일은 도덕적 가치란 선택된 것이라는 동의를 이끌어 내려는 계획 추구를 어렵게 하고, 결국 교육체계 수립을 어렵게 한다. 이 문제에 대한 답은 간단하다. 도덕성을 진지하게 다루기를 원하는 사회에서 강한 자율성은 교육적이거나 도덕적인 목적으로 받아들여지기 어렵다. 물론 이것이 그 어떤 사회도 시민들에게 가치 있는 것으로 여겨지는 가치와 목적을 재검토하면 안 된다는 것을 의미하지 않는다.

혼란이 생겨나는 또 다른 원인은 규범성에 대한 루소적인 생각을 채택하는 데 있다. 루소적인 생각은 아직 합리적이지도 자유롭지도 못한 사람들에게 규범을 부과하는 것을 거부하고, 따라서 아이 양육에서 규범성과 도덕적 형성을 제거해야 한다고 주장한다. 이러한 사상에 담긴 혼란은 제3장에서 이미 검토된 바 있다. 하지만 이러한 두 가지 혼란은 모두 자유로운 사회의 고유한 것이며, 이 혼란의 해결은 정치 분야에서 이루어져야 한다. 이 혼란들이 그 자체로서 도덕교육의 가능성을 파괴하지는 않는다. 이러한 일은 그것들이 일상적인 신념의 중요한 부분들을 압도함으로써 현재의 도덕적 체계의 존재를 위협할 때 일어날 수 있을 뿐이다. 이러한 일이 일어나게 되면, 도덕적 논의의 몰락에 대한 매킨타이어의 악몽이 시작될 가능성이 높다.

1 예컨대 구분에 대한 논의를 하기 위해서는 J. P. White, *Education and the Good Life*, London, Kogan Page, 1990 및 R. Norman, '"I Did it My Way": Some Reflections on Autonomy', *Journal of Philosophy of Education*, 28, 1, 1994, pp. 25-34를 보라.

2 공교육 체제의 목적으로서 강한 자율성에 반대하는 논의에 대해서는 R. Marples (ed.), *Aims in Education*, London, Routledge에 수록된 C. Winch, 'Autonomy as an Educational Aim'을 보라.

3 오늘날 사회에서 강한 자율성을 옹호한 논의에 대해서는 White. op. cit.와 Norman, op. cit.를 보라. 나는 이 장 말미에 도덕교육의 목적으로서 강한 자율성을 채택하는 것은 도덕교육을 문제의 소지가 있는 것으로 만든다는 점을 밝히려고 한다.

4 P. F. Strawson, *Freedom and Resentment and Other Esssays*, London, Methuen, 1974, p. 19. T. Kazepides, 'On the Prerequisites of Moral Education: A Wittgensteinian Perspective', *Journal of Philosophy of Education*, 25, 2, 79.

5 Aristotle, *Nichomachean Ethics*, Book 2. Translated by Sir David Ross, Oxford, Oxford University Press, 1925, pp. 28-29.

6 W. H. Auden, 'The Shield of Achilles', in *Collected Shorter Poems*, London, Faber, 1966, p. 294.

7 Thomas Hobbes, *Leviathan* (first published 1651), London, Penguin, 1968, p. 319.

8 이것은 '도덕적 사실주의(moral realism)'에 대한 논평으로 보이지만, 만약 그렇다고 한다면, 존재론적으로 볼 때 이러한 상황에 대한 불가사의한 특징들을 언급한 것이라고 보기 어렵다.

9 도덕적 상황에 대한 대리 경험은 발달을 도모하기 위한 판단을 인정한다는 점에서 가장 중요한 것들 중의 하나다. 그러한 대리 경험의 적절한 소재가 무엇이냐 하는 것은 쉽게 결정할 수 있는 것이 아니다.

10 결과란 숙고해야 할 중요성을 가진다는 것을 말하는 것이 아니라, 도덕성이 해로움이나 복지를 가능하게 하는 일과 관련이 있을 때 비로소 행동결과에 대한 숙고가 때로 불가피하며 옳은 것이라는 점을 말하는 것이다.

11 높은 수준의 도덕원리로서 '황금율'은 도덕철학 안에서 홉스(*Leviathan*, p. 190)와 칸트(*Groundwork of the Metaphysic of Morals*, 1785에 초판. 및 H. J. Paton, *The Moral Law*, London, Hutchinson, 1948)가 제시한 원리만큼 다양하게 생겨난다. 하지만 알아두어야 할 것은 그것이 다른 개인에 의해 적용될 때 다른 답이 도출될 수 있디는 점이다.

12 이것은 도덕성과 덕의 실천이 어떤 종류의 심미적 감성이라고 주장하는 것으로 이해되어서는 안 될 것이다. 인간적 욕구가 존재하는 곳에서 그것과의 관계는 그렇게 되지 않을 수도 있다는 점을 시사한다. R. Gaita, *Good and Evil*, London, Macmillan, 1991, pp. 85-86을 참고하라.

13 이러한 관점은 D. Carr, *Educating the Virtues*, London, Routledge, 1991, Chapter 12에서 강조된 바를 받아들인 것이다.

14 예컨대, Gaita, op. cit., p. 326.

15 Evan Simpson, *Good Lives and Moral Education*, New York, Peter Lang, 1989.

16 Ibid., Chapter 5.

17 L. Kohlberg, *The Philosophy of Moral Development*, Volumes I−III, San Francisco, Harper & Row, 1981.

18 Simpson, op. cit., Chapter 5.

19 Simpson, op., pp. 150−161을 참고하라.

20 예컨대, C. Beck, B. S. Crittenden and E. V. Sullivan (eds.), *Moral Education: Interdisciplinary Approaches*, New York, Newman Press, 1971, p. 75에 수록된 L. Kohlberg, 'Stages of Moral Development as a Basis for Moral Education'을 보라.

21 예컨대, A. MacIntyre, *After Virtue*, London, Duckworth, 1981을 보라.

22 Gaita, op. cit., p. 86.

23 특히 이러한 표현은 비판철학(Critical Philosophy)에 적용될 수 있다. 하지만 비판철학 이전 혹은 이후 칸트가 의무와 기분을 엄격하게 구분했는지는 분명하지 않다. Keith Ward, *The Development of Kant's Views of Ethics*, Oxford, Blackwell, 1972를 참고하라.

24 C. Winch, *Quality and Education*, Oxford, Blackwell, 1996, 특히 제3장과 제7장.

25 보다 충분한 논의를 위해서는 C. Winch, 'Authority in Education', in the *Encyclopedia of Applied Ethics*, edited by R. Chadwick, California, Academic Press. 및 C. Winch, 'Autonomy as an Educational Aim' in R. Marples(ed.), *Aims in Education*, London, Routledge를 보라.

제15장

창작학습과 감상학습

1. 예술과 삶의 다른 측면들

이 장의 목적은 예술적인 활동과 심미적인 활동의 규칙 지배적인 본질을 강조하고, 인간 삶과 관련된 주요 관심사를 인식시키는 것이다. 한편으로 직업교육에 대해, 다른 한편으로는 도덕교육에 대한 심미적이고 예술적인 교육의 재해석을 논의한다. 마지막으로 심미적이고 예술적인 학습 및 교육의 주요 특징으로서 창작과 감상의 중요성을 강조한다.

오늘날 삶의 예술적이고 심미적인 측면들은 경제, 과학, 기술, 종교, 도덕성과는 확연하게 구별되고 있다.[1] 삶이 여러 측면으로 나누어진다는 것은 인간실존[1)]의 특징이라기보다는 현대성[2)]의 조건이다. 하지만 예술은 일반적으로 분명하게 구별되는 분야로 여겨지지는 않는다. 특히 예술과 종교, 예술과 도덕성, 예술과 기예와 공학들은 서로 밀접한 관련을 맺고 있다. 예술과 미학이 삶의 분리된 측면이라는 생각은 비교적 새로운 것이다.

예술을 인간의 다른 관심사들로부터 분리시키는 요소에는 여러 가지가 있다.

---

1) human existence

2) modernity

예컨대 종교의 쇠퇴, 예술과 도덕성 분야에서의 주관주의[3]의 융기, 대량생산 기술을 포함한 노동의 경제적 분업화 등을 들 수 있는데, 이러한 것들은 기에인[4]의 역할을 완전히 제거한 것은 아닐지라도 점차 감소시키고 있다. 예술이 다른 영역의 활동들로부터 분리되면서, 예술 자체 안에서의 주관주의의 영향이 점차 커져가고 있다. 예술이 외적 규범으로부터 자유로워지면서, 예술활동에 내적인 것이라고 할 수 있는 규범들의 지배를 받고 있다. 이에 덧붙여, 교육적 사고에 있어서 강력한 힘을 발휘하는 것처럼 보이는 반권위주의[5]의 등장은 예술품 생산을 지배하는 내적인 규범조차도 거부하도록 하는 데 기여하고 있다.

이것은 예술생산품을 만들어 내는 데 제한이 없어야 한다는 것을 말하는 것이 아니다. 과거의 규범적 틀로 되돌아가려는 어떤 예술가들의 경제적 요구와 동경은 주관주의의 전조현상이라고 할 수 있다. 하지만 이러한 지배적인 움직임이 예술교육 및 예술학습을 어렵게 만들고 있다. 왜냐하면 많은 이에게 예술교육의 목적이 더 이상 분명해 보이지 않기 때문이다. 이 장은 보다 전통적으로 인식되어 온 시각에서 보았을 때 예술학습에 담겨 있는 것과, 만일 이것을 모든 아이와 젊은이가 경험해야 하는 일부분으로 받아들인다면 현대적 조건에서는 예술이 어떤 양상을 가질 것인가 하는 점을 이해하고자 한다.

2. 창작과 감상

예술에 있어 학습의 두 가지 측면은 창작과 감상[6]이다. 일반적으로 한 사람이 이 두 가지 활동에 모두 관여하게 된다. 때문에 다른 사람의 작품을 어느 정

---

3) subjectivism
4) craftsman
5) anti-authoritarianism
6) making and appreciating

도 감상할 능력이 없다면 솜씨 좋은 화가나 작가가 될 방법을 찾기 어렵게 된다. 예술학습은 다른 사람의 작품으로부터 배우면서 이루어진다. 그 반대는 그렇지 않은 것 같다. 왜냐하면 사람들은 창작할 수 없으면서도 감상할 수 있기 때문이다. 전문성과 기술이 뒷받침된다면 직접 만들어 보는 것은 감상능력을 높이는 데 도움을 줄 수 있을 것이다. 하지만 예술적으로 감상할 만한 물건을 만드는 경우에 노동의 분리가 이루어지지 않는 사회가 있다면 놀랄만한 일이다. 이것은 아이들이 초등 수준에서 예술창작의 실험을 할 수 없다는 것을 말하는 것이 아니다. 하지만 이것은 아이들이 유능한 어른들의 작품과 견줄 수 있는 예술적 감상의 대상을 창작해 낼 수 있을 정도로 배워야 한다는 것을 말하는 것이 아니다.[2] 창작을 익히고 감상을 학습한다는 것은 서로서로 밀접하게 관련된 활동들이지만, 구별될 수 있기 때문에 어느 정도는 따로 떼어서 고려해 봐야 할 필요가 있다.

예술적 활동 각각을 서로 조화시킬 수 있는 학습 형식들은 무엇인가? 예술의 영역이 고급문화를 넘어서고 가정에서 작업 중에 일어나는 혹은 종교적이고 정치적인 의식으로서 문화적 산물에 대한 감상을 포함하는 것이라면, 그것을 인간의 삶 전체를 포괄하는 것으로 생각하는 것은 아주 적절하고 자연스러운 것이다. 그러므로 감상학습은 인생 초기 단계에 이루어지는 학습의 일부다. 이것은 아마도 언어의 경우에 분명하게 드러난다고 할 수 있을 것이다. 아주 어린 아이들은 발달 초기에 이야기하거나 시를 짓도록 안내를 받으며, 참여활동의 일부로 노래를 부르고 읊조리며 모국어를 배운다.[3]

이제 관찰은 언어 외의 대상으로 확장된다. 아이들은 모방과 참여를 통해 이야기와 시뿐만 아니라 음악을 소개받게 된다. 언어와 음악과의 관계는 아주 가까우며, 특히 운문, 시, 노래를 통해 가까워진다. 말하기 학습은 음의 고저, 억양, 리듬을 사용하는 능력을 포함하고 있으며, 이러한 기술들에 대한 보다 발달되고 자의식적인 주의력이 노래를 부를 때 요구된다. 거의 모든 사회에서, 이러한 관계가 다소 명시적인 방식으로 이른 시기의 교육단계에서 이루어진다.

하지만 노래를 부르고 시작(詩作)을 하는 것 역시 무용과 같은 표현활동과 관련이 되어 있다. 다시 말해서 아이는 무용을 공간적으로나 시간적으로 시 및 노래와 구별되는 활동으로 이해하는 것이 아니라, 단일한 활동이나 여러 활동들 안에 담긴 것으로 이해하는 것 같다. 여러 사회에서 이러한 활동들은 종교행사와 같은 특별한 문화적 의미를 가지는 보다 큰 사건의 일부인 것 같다. 따라서 우리는 예술활동을 감상하고 그것에 참여하는 것에 대한 학습이 나이 어린 단계에서 아주 많이 일어난다는 것을 이해할 수 있다. 이러한 것들은 발견의 과정이 아니라 참여, 훈련, 수업을 통해 학습된다.

하지만 폭넓은 예술활동의 스펙트럼에 비추어 보면 이러한 것들은 작은 부분에 지나지 않는다. 대부분의 사회는 일상적인 삶을 위한 가공품을 만들어 내는 데 필요한 기술과 기교를 요구한다. 이러한 가공품들은 일상적인 삶의 부분을 이루는 것이기 때문에 기능적인 역할뿐만 아니라 장식의 역할도 한다. 이러한 가공품들은 우리에게 봉사할 뿐만 아니라 즐거움을 주기 위해 만들어졌는데, 그것은 삶의 사소한 문제들에 있어서 즐거움이란 모든 사회에서는 아니더라도 대부분의 사회 안에서 훌륭한 삶의 중요한 구성요소로 여겨지기 때문이다. 이러한 사회들 안에서 이 두 가지 역할을 구분하기란 쉽지 않다. 왜냐하면 유용한 물건이라도 사람의 마음을 즐겁게 해 주지 못하다면 그 유용성은 줄어들 수밖에 없기 때문이다. 이 둘 간의 명확한 구분은 다른 시대 혹은 장소에서 사는 사람들보다 현대 서구인에게서 더욱 뚜렷하게 나타나는 것 같다. 대부분의 사회에서 예술이라는 것은, 책상의 표면이 책상으로부터 분리될 수 없는 것 이상으로, 결코 분리될 수 없는 어떤 것의 차원이라고 말하는 것이 보다 도움이 될지 모른다. 대다수의 사회에서 유용성과 아름다움을 분리할 수 있다고 가정하는 것도 비슷한 실수를 범하는 것이다.[4]

유아기에 이루어지는 예술에 관한 학습은 여러 활동들 중 어느 한 분야로서 참여학습을 포함하고 있다. 초기에 이루어지는 예술적 인식의 대상에 대한 감상은 학습된 반응적 행동을 통해 이루어진다. 아이들은 다른 사람들이 예술작품과 가공품들에 대해 반응하는 것을 보고 배운다. 여기서 예술작품과 가공품이란 그들이 속한 문화에서 감상의 대상이요, 특히 가치 있는 것으로 여겨지는 것들이다. 아이들은 어른들의 관점에서 예술적 인식 대상의 다양한 측면들에 관한 관찰과 가르침을 통해 감상하는 훈련을 받는다. 그러므로 이른 시기에 이루어지는 예술에 대한 감상은 아이들이 비록 예술작품에 대해 개인적으로 반응하도록 하고, 좋고 싫음을 표현하도록 하며, 예술작품들의 특징들에 몰입하도록 하고, 그것들의 중요성을 자신들의 삶에 연결 짓도록 어른들에게 권고를 받는다고 하더라도 주관성(사회적으로 수용되는 규범 중 어떤 것에도 기반을 두지 않은 판단)에 근거를 두고 있지는 않다는 것이다. 하지만 이것은 아이들이 예술적이고 문화적인 중요성을 가지는 대상에 친숙해졌을 때에만 가능하다. 아이들의 개인적 취향으로 발달한 것은 그것이 무엇이든 간에 그들이 살고 있는 사회의 예술적 전통의 배경과 배치될 것이다.

3. 학습과 장르

　앞의 논의에서 예술감상의 사회적 본질을 훨씬 많이 강조하였다. 이러한 강조 안에 담긴 함축된 의미는 사회적 삶이란 규칙 지배적인 것이라는 인식이다. 이러한 강조점을 염두에 두고 볼 때, 예술작품을 창작하는 활동을 포함하고 있는 예술활동 또한 규칙 지배적인 것이라고 가정하는 것은 자연스러운 일이다. 이러한 생각이 맞는 것이라면, 우리가 그것의 제작을 지배하는 규칙이나 관습을 이해하고, 그것들의 속성에 대한 판단을 지배하는 규칙과 관습을 이해한다고 할 때, 우리는 예술작품을 성공적으로 창작하고 감상할 수 있을 것이다.
　이것이 예술교육에서 인기 있는 방향은 아니다. 주관주의는 예술세계와 교육세계에서 매우 강한 힘을 가지고 있으며 그것을 지지하는 사람들은 예술작품의 장점을 평가하기 위한 객관적 기준들이 있다는 생각에 저항하는 경향이 있다. 이러한 관점을 취하는 데에는 여러 가지 이유가 있다. 판단을 사적이고 어쩔 수 없는 것으로 여기는 경험론적 전통의 영향은 확실히 그중 하나다. 또 다른 견해는, 예술이란 이성보다는 감정이나 정서의 표현이므로 우리가 예술작품을 판단할 수 있다고 말하면 범주오류[7]를 범하는 게 된다고 보는 것이다.[5] 주관주의가 일관성이 없다는 점을 보여 주는 것이 어렵지는 않지만, 논박을 한들 주관주의의 지지자들에게는 비중 있게 들리지는 않을 것 같다. 그들이 주관주의자들이기 때문이다. 주관주의의 주장이 옳다면 예술적 감상에 대한 표현은 모두 대등하게 타당할 것이며 상호 이해의 형식보다는 상충하는 목소리들만이 들리기 때문에 예술에 대한 토론을 실천할 여지가 없게 된다. 즉, 주관주의는 예술과 예술 이외의 다른 활동들과의 차이를 계속 주장할 수 없게 된다. 예술을 구성하는 것이 무엇인가에 대한 판단이 주관적인 것이요, 종잡을 수 없는 것이기 때문이다. 따라서 예술에 관한 어떤 것을 배운다거나 예술 분야에서 아이들을 교육시킬 수 있다는 생각은 아무런 의미가 없다. 만약 주관적인 판단이 교정할 수 없는 것이라면, 우리가 그 판단을 보다 잘할 수 있다고 생각하기 어렵다.

예술교육이 겪는 어려움은 종교교육이 겪는 어려움과 비슷하다. 예술과 과학과 종교 간에 중요한 관련이 있으며 예술에 있어서의 진리와 도덕성에 있어서의 진리 간에는 아직 밝혀지지 않는 관련성이 있지만, 예술에 있어 진리란 과학에서의 진리와 구별되며 종교적 진리와 구별된다. 도덕성 및 종교와 마찬가지로 그것들의 진위(眞僞)에 대한 예술적 진술과 판단의 중요성은 그것을 사용하고 있는 사회의 맥락에서 이해되어야 할 필요가 있으며, 그것들이 누구에게 실천적인 의미를 가지는가 하는 맥락에서 이해되어야 한다. 이것들은 과학 분야에서 발견되거나 철학적 논리를 담은 교재들에 담긴 것 같은 예증적(例證的)[8] 진리 개념과 비교될 수 없다. 여기서 알아두어야 할 것은, 비록 어떤 예술작품들이 실재를 묘사하지 못하는, 이를테면 사실적이고 비감성적이거나 그릇되고 저속한 것이라는 주장을 할 수 있다는 의미에서 보면 '참'과 '거짓'이라는 말을 사용할 수 있을지 모르겠으나, 이것들을 과학적인 의미에서 보자면 그 자체로서 참되거나 거짓된 것이라고 주장할 수 없을 것이다.[6] 이 문제는 다음에 논의

---

7) category mistake

8) paradigmatic

될 것이다.

만약 주관주의자의 주장이 일관성이 없는 것이라면, 우리가 예술이 이루어지는 방식 혹은 감상되는 방식의 가치에 관해 판단을 내릴 수 있다는 주장의 실체는 무엇이며, 그러한 일을 하는 방법을 우리가 어떻게 배우는가에 관한 규범적 진술을 어떻게 할 수 있다는 것인가? 이에 대한 한 가지 답은 예술작품 생산을 지배하는 규칙들이 있으며, 나아가 작품의 질을 판단하는 규칙들이 있다는 것이다. 이러한 설명은 정형화되고 인습적인 예술형식에 해당되는 것처럼 보이기는 하지만 어떤 명백한 사례들 앞에서는 계속 주장하기 곤란한 것이다. 이따금씩 우리는 예술작품을 그것이 가진 개성[9] 때문에 높이 평가하는 것이 아니라 매개수단이나 장르의 규칙들을 파괴하거나 최소한 그것들을 재해석하려고 하기 때문에 높이 평가하게 된다. 이것에 대한 예들이 조이스(J. Joyce)의 『율리시스(*Ulysses*)』로부터 바그너(W. R. Wagner)의 〈트리스탄(Tristan)〉과 피카소(P. Picasso)의 〈게르니카(Guernica)〉에 이르기까지 근대적 정전(正典) 안에 풍부하게 담겨 있다.

사실, 예술에 대한 인습론자의 솔직한 설명은 규칙 따르기에 대한 소박한 설명을 담고 있다. 앞에서 지적한 바와 같이 이러한 설명은 가르쳐야 할 규칙들에 해당하는 것이며 교정을 받아야 할 사람들에게 해당하는 것이지만, 규칙들이란 해석되어야만 하고, 이러한 규칙 따르기는 평가되어야 한다. 여러 경우에 규칙이란 그 자체로서 평가에 속하는 것이다.[7] 이러한 것을 실행하는 일은 규칙 따르기에 속하는 본질적인 것이며, 이것이 예술품의 생산과 감상에 있어서 특별히 중요한 의미가 있다는 점을 상정하고 있다. 여기서 장르에 대한 예술가의 해석과 그의 해석에 대한 청중의 평가가 예술 창작 및 평가에 있어서 비판적인 역할을 한다. 이러한 예술의 특징이 예술품이 가지는 개체적 질을 설명하고 그것들에 대한 우리의 평가반응에 대한 질을 설명하는 방향으로 기운다고 할지라도, 이러한 특징은 우리로 하여금 주관주의를 멀리하도록 한다. 그리고 해석과

---

9) individuality

평가가 진행된 경우 이것들은 쉬 흔들리지 않는 과정인 것이다. 여기서 제공한 설명에 따르자면, 해석과 평가란 그 자체로서 사회적 실천이며 예술가와 그 후원자들로 이루어진 공동체의 부분으로서 토론의 양식 안에서 이루어지는 것이다. 이미 내가 종교와 도덕성에 대한 논의를 할 때 주장한 바 있듯이, 이것은 이러한 의미의 공동체들이 사라질 것이라고 말하는 것이 아니다. 이는 그러한 삶 영역의 실질적인 사멸이거나 적어도 부분적인 해체이지 새로운 규칙 아래 실제가 재건되는 것은 아니다.

제9장에서 살펴본 바와 같이, 비트겐슈타인은 문법의 규칙과 요리의 규칙을 구별하였다.[8] 이것은 대체로 속성상 대단히 임의적인 규칙(문법의 규칙과 같은 것)과 자연법칙의 설명을 요하는 목적론적 원리 같은 규칙을 구별하고자 할 때 사용되었다.[9] 예술작품을 창작하고 판단할 때 적용되는 원리들이 요리의 원리보다도 더 인습적이라고 할지라도(비록 사람들이 요리가 가지는 예술적이거나 심리적인 차원을 과소평가하지 말아야 할지라도), 대부분의 예술은 페인트, 금속, 돌, 나무 등과 같은 재료의 자연적인 속성을 고려해야 한다. 이러한 의미에서, 예술작품들을 어떤 방법으로 창작하는가를 학습한다는 것은 부분적으로, 어느 정도 예술작품의 속성을 조건 지우는 자연의 특징들에 의미를 부여할 줄 안다는 것이다. 이러한 중요한 맥락에서, 예술작품을 창작하는 것을 학습한다는 것은 건물을 짓는다거나 다리를 건설한다든가 도구를 만드는 것과 같은, 보다 공리적 속성을 가지는 물건을 만들어 내는 것을 배우는 것과 흡사하다. 사람들이 작업할 때 경험이나 수업을 통해 자기가 사용하는 재료의 가능성과 한계가 무엇인지를 이해하지 못한다면, 가치 있는 무언가를 만들어 낼 수 없으며 심지어 아무것도 만들어 낼 수 없게 된다.

이는 예술 생산활동이 규칙 지배적인 활동[10]이라는 점을 암시한다. 다만 그 강조점이 한편으로는 만들어지고 있는 것에 대한 해석[11]의 독특성에 있을 수도

10) rule-governed activity

11) *interpretation*

있고, 다른 한편으로는 다루고 있는 재질의 자연적 한계에 대한 인식[12]에 있을 수도 있을 뿐이다. 따라서 색칠하고 조각하면서 예술을 배우는 아이들은 이러한 활동들을 지배하는 인습적이고 목적론적인 규칙들을 따라야 할 필요가 있다는 것이다. 특히 아이들은 어떤 기법들을 배우기 위해 훈련받을 필요가 있으며 틀리게 하면 수정해 줄 필요가 있다. 비록 아이들이 어떤 초기 단계에 자신들이 하고 있는 것에 대해 개인적인 목소리를 내야 한다는 점을 알아 두어야 할 필요가 있다고 할지라도, 시간이 어느 정도 흐른 다음에야 아이들은 어느 정도의 확신을 가지고 그러한 규칙들을 해석하고 평가할 수 있을 것이다.

아이들이 만든 예술작품은 그림이건, 조각이건, 음악이나 문학이건 창조적일 수 없다. 그것이 어느 장르에서 독창적이거나 흥미롭거나 매우 경쟁력 있는 시도일 수는 있다.[13] 하지만 어느 장르가 성공적으로 숙달될 때까지 그 안에서 창조적일 가능성이 없다. 이는 경험적 차원에서만이 아니다. 거칠게 말하면 이론적 차원의 설명이다. 일반적인 인지능력을 갖추고 있다면, 우리는 어느 장르 내에서 먼저 작업을 해 보면서 해석하는 능력을 갖추어야 실제적 의미에서 그 장르를 재해석할 수 있다. 이것은 모차르트[14]와 같은 위대한 창조적인 천재들에게서조차도 마찬가지라고 할 수 있는데, 이들이 완성된 작품을 만들어 내기까지는 수천 시간이 걸렸으며, '장인(匠人)'[15]의 지위를 얻기까지는 도제(徒弟)와 직공(職工)[16]으로 많은 시간을 보내야 했다.[10] 그러므로 아동들이 자신들의 삶에서 창조적인 예술가가 되도록 그 아이들을 고무시키는 것이 교육의 목적이라면, 아이들은 특정한 장르에 입문되어야 하며 그 장르 안에서 작업이 어떻게 이루어지고 있는가를 배워야 할 필요가 있다.[11] 예컨대, 아이들은 시(詩)의 형식으

---

12) *recognition*

13) *can*

14) Mozart

15) 'master'

16) apprentice and journeyman

로 입문되어야 하며, 이야기 안에는 배경, 줄거리, 등장인물이 담겨 있다는 점을 이해할 필요가 있다. 또한 그들 나름의 관습과 구성양식을 가진 서로 다른 종류의 회화가 있다는 점을 이해할 필요가 있다. 아이들은 이러한 관습을 행해 가는 동안 훈련을 받고 수업을 받을 필요가 있다. 이렇게 되었을 때 그들은 장르의 한계뿐만 아니라 가능성을 탐구할 자유를 가지게 되는 것이다.

그러나 이것이 창조적인 예술품을 만들기 위해 필수적인 개인들 내부의 창조적 과정을 무시하는 예술교육에 대한 규범적 설명이라고 보고 반대할 수도 있겠다. 이 점에 대해 다음과 같이 답할 수 있을 것이다. 창조적 과정이 사적인 것이요, 관습에 의해 제약을 받지 않는 어떤 것이라면, 그때 그것은 공허한 개념이 되어 버린다. 이러한 의미에서 관찰 불가능한 모든 정신활동이 창조적 과정이라고 할 수 있겠지만, 이것은 흥미 있는 주장이라고 할 수 없을 것이다. 이와는 반대로, 창조적 예술작품이란 창조적 과정의 결과이기 때문에 창조적 과정이 이루어졌다고 판단한다면, 우리는 그 과정이 아무리 불가사의한 것이라도(과정에 대한 설명은 이러한 맥락에서 좀 이상하게 보이기도 한다), 장르 관습[17]을 설명하고 있다고 주장할 수 있다. 창조의 과정이 장르 관습을 설명하는 것이라면, 일반적으로 이것은 예술가가 그것들에 정통하고 그것들을 사용할 수 있는 능력을 가지도록 하는 훈련으로 형성될 수 있을 것이다.

의심할 수 없는 사실은, 예술작품 창조에 관하여 불가사의하고 설명이 불가능한 어떤 것이 있다는 점이다.[12] 하지만 이것은 예술작품의 창작이 전적으로 주관적인 것이며 사전 경험, 교육 혹은 훈련에 의해 제약을 받아서는 안 된다는 것을 의미하지는 않는다. 예술적인 노력이 직관의 영향을 받는다는 의미에서, 이것은 또한 좋은 예술을 가능하게 해 주는 지각능력, 장르의 완성, 훈련된 상상력을 개발하려는 사전 학습에 의존한다. 데이비드 베스트(David Best)는 벤 샨(Ben Shahn)의 글을 다음과 같이 인용하고 있다. "사실상 직관은 장기간에 걸

---

17) genre conventions

친 수업[18]의 결과물이다"[13] 이것이 사실이라면, 서로 다른 종류의 학습에 대한 아이디어들이 재고되어야 하듯이, 예술교육에 있어서 주관주의의 전통은 내적인 과정에 대한 강조를 줄이고 자연스런 반응, 수업, 훈련을 더 강조하는 차원에서 재고되어야 한다.

　이러한 관점은 예술 창작뿐만 아니라 감상에도 적용된다. 베스트가 주장하였듯이, 작품을 예술작품으로 이해하지 않고도 동시에 예술작품에 대한 심미적 감상이 가능하다는 것이다. 문화전통과 장르 관습에 익숙하지 않아 그림이나 음악을 그에 걸맞은 예술작품으로 감상하기는 어렵다 해도, 우리는 풍경화 한 편의 아름다움, 숭고함, 신비스러움을 황홀하게 바라보는 정도만큼은 그림이나 음악을 감상할 수 있다. 그것이 다른 문화 안에서 만들어진 작품에 적용될 수 있는 것과 마찬가지로 우리 문화 안에서 만들어진 예술작품에도 적용될 수 있다. 사람들 사이에 산다고 해서 아이들이 사람들이 향유하는 문화의 모든 측면에 자동적으로 친숙해지지는 않는다. 따라서 아이들은 교사나 부모의 지도 없이 주의력이 생겨나거나 흥미가 생겨날 수 없는 문화의 여러 측면을 인식하고 감상할 수 있도록 가르침을 받고 훈련받아야 할 필요가 있다. 이러한 익숙해짐이 실천적인[19] 성격을 가질 때, 곧 어떤 장르에서 직접 몇 가지를 해 봄으로써 완성된 것이라면, 예술작품을 예술로서[20] 감상하는 능력은 해당 장르의 재료와 관습의 복잡함을 경험해 가면서 더욱 고양될 것이다. 그러므로 예술 감상 시 이루어지는 교육은, 그것이 적절히 이루어지기만 한다면 이론적인 활동보다 훨씬 실천적이라고 할 수 있다.

---

18) prolonged tuition

19) *practical*

20) *as art*

4. 예술, 미학 그리고 직업교육

예술과 다른 활동들을 엄격하게 구별하는 것은 어느 정도 피상적이며, 현대 사회 안에서 활동 영역을 지나치게 구분하는 경향의 결과라는 점은 이미 진술한 바 있다. 나아가 이러한 구분은 어쩔 수 없는 것이기는 하지만 오늘날 삶에 있어서 강력한 사상적 흐름의 결과라는 점을 진술한 바 있다. 그간 학습에 대한 심리학과 교육학의 사고(思考)에서 신데렐라[21] 같은 역할을 수행해 온 것은 직업교육[22]이었다. 이것은 훈련과 관련이 깊기도 하지만, 이것은 또한 행동주의 이론의 영향하에 있는 조건화와 관련이 깊다.[14]

이렇게 연관시키다 보니, 직업에 관련된 형식의 학습에 대한 문화적 편견이 더욱 공고해지게 되었고, 결과적으로 직업교육과 훈련의 성격과 가치 모두를 무시하기에 이르렀다. 특히 이는 예술과 예술교육과도 관련이 있다. 잘 인식되지는 못하지만 예술 및 예술교육과 직업교육 사이에 밀접한 연관성이 있기 때문이다. 예술적인 것과 삶의 다른 국면들을 구분하는 것은 어느 정도 피상적인 것이며, 우리가 가진 문화의 산물이다. 다리나 건물뿐만 아니라 각종 도구, 도기(陶器), 칼붙이 같은 편의용품도 어쩔 수 없이 심미적 차원을 지니고 있다. 제작자가 의도를 했든 하지 않았든 개개의 꽃병, 칼, 다리는 감탄이나 혐오의 반응을 불러일으킨다. 유용한 가공품들은 늘 감상 대상들이다. 직업교육은 그것들의 유용성에 초점을 맞출 수 있으며 심리적이거나 예술적인 고려를 완전히 무시할 수 있다. 하지만 이것은 공리적인 목적을 위해 만들어진 물건들이 미적 감상의 대상이 되어서는 안 된다는 뜻은 아니다. 왜냐하면 사람들은 유용성뿐만 아니라 물선의 아름다움이나 추함의 맥락에서 반응할 것이기 때문이다. 대부분의 사람들은 무엇을 심미적 판단의 대상으로 볼 때면 추함보다 아름다움을 선호한다. 이는 심미적 차원이 직업교육의 중요 부분이 되어야 한다는 점을 말

---

21) Cinderella

22) vocational education

해 주는 것이다. 실용품을 구입한 대중은 당연히 심미적 가치에 대해 민감한 반응을 보인다.

실용품을 생산하는 데 있어 예술적이고 심미적인 차원을 상대적으로 무시하는 것은 유감스럽고 불필요한 일이다. 한편으로 직업적인 학습을 낮은 차원의 규칙 지배적인 활동으로 보는 경향이 있으며, 다른 한편으로 예술품을 만드는 학습을 주관적인 표현으로 보려는 경향이 있다. 결국 이 두 가지의 유사함이 자주 간과되고 있다. 하지만 이러한 난점은 각각을 왜곡된 렌즈로 바라보기 때문에 생겨난다. 실용품의 생산을 순전히 저급하고 틀에 박힌 제작활동으로 서술하는 것은, 예술품의 생산을 마치 무제한적인 주관적 표현으로 서술하는 것과 같이 부정확하다.

자기 일에 대한 애정 때문에 탁월성[23]을 얻고자 노력하는 기예인이나 기술자[24]는 자신의 계획을 판단하고 조정하며, 지금 만들고 있는 것의 목적과 설계하는 상황에 얼마나 잘 맞을지를 파악할 수 있어야 한다. 그가 자신의 작품에 정열을 쏟고 있다면, 그는 그것을 사용할 사람들에게 좋은 평가를 받을 무엇인가를 만들려고 노력하게 될 것이다. 뿐만 아니라 원래 디자인의 목적에 부합하는 유용한 어떤 것을 만드는 것을 자신의 목적으로 삼아야 한다. 예술가나 기예인은 다루고 있는 재료의 강점을 개발하고 약점을 이해할 필요가 있다. 나아가 자신이 작업하는 장르의 관습을 이해하고 개척할 수 있어야 한다. 또한 자신이 만드는 물건이 어디에 맞을지, 또 그곳에서 인간들에게 어떤 의미를 줄지 이해하고 있어야 한다. 달리 말해 유용하면서 아름다운 그 무엇을 만들어야 한다.

기술자, 기예인 혹은 예술가의 작품에 대한 이러한 서술이 기술적이기보다는 규범적이라고 할지라도, 이러한 서술은 여기서 직업교육과 심미/예술교육 간의 유사성이 이들 교육의 형식 안에서 충분하게 논의되지 않았다는 사실을 밝히는 데 도움을 준다.

---

23) excellence

24) craftsman or technician

직업교육의 예술적 측면을 숙고해야 한다는 점에 대한 베스트의 불편한 심기 그리고 실용품에 예술적 의미가 아닌 심미적 의미만을 부여하려는 바람은 직업 교육과 이 장에서 제기한 다른 교육의 형식들 간의 구분을 더 날카롭게 만들어 버리는 경향이 있다.[15] 왜냐하면 자연 현상과 마찬가지로, 가공품이 우연히 심미적 가치를 가질 수도 있기 때문이다. 만약 직업교육이 가공품의 심미적 차원에 관심을 기울이도록 장려하지 않을 뿐더러 예술적 차원을 지닐 수 있다는 가능성을 무시한다면, 이런 심미적 가치를 디자인이 아닌 뜻밖의 사고(事故)로 돌리기 쉽다.

5. 예술과 지식

어느 정도까지 예술로부터 배울 수 있을까? 한 가지 답은 예술에 관하여 배우는 것은 충분히 가능하지만, 예술로부터 배우는 것은 불가능하지는 않더라도 매우 어렵다는 것이다. 나는 이 두 가지 의미에서 예술이 지식을 만들어 내고 있다고 주장하고 싶다. 즉, 두 번째 의미에서 예술이 지식을 생산한다는 사실을 무시하는 것은 지식을 매우 좁은 의미로 이해하려 하기 때문이다.

사람들은 다음 세 가지 방식으로 예술에 관해 배운다. 첫째, 사람들은 예술의 역사, 만들어진 작품들, 그것들을 만드는 기술들, 작품들이 만들어지는 문화적 분위기 등에 대해 배운다. 둘째, 사람들은 예술작품이 만들어지는 방법, 예술을 생산할 때 필요한 규칙들을 배운다. 마지막으로, 사람들은 예술작품들을 개인적인 혹은 다양한 즐거움을 위해 감상하는 법을 배운다. 이러한 것들은 대부분 예술교육의 매우 적합하면서도 필요한 부분이기는 하지만 예술로부터 학습할 수 있는 것은 이것들이 전부인가 아니면 예술의 경험을 통해[25] 얻을 수 있는 추

---

25) *through*

가적인 통찰력이 있는가?

　주관주의 전통은 사람들이 예술을 통해 가질 수 있는 유일한 학습은 감정이 창작을 통해 만들어지건 아니면 감상을 통해 만들어지건 본인만의 감정에 관한 것이라고 주장한다. 세계의 진리에 관한 지식이 예술로부터 얻어질 수 있다고 하는 생각에 대해 회의적이라고 할지라도 반드시 주관주의자가 되어야 하는 것은 아니다. 예술을 지식의 형식[26]으로 특성화한 허스트의 시도는 이상하다. 왜냐하면 그가 말한 지식의 형식이란 세계에 관한 진리를 표현한 **명제적 지식의 형식**[27]을 의미하기 때문이다.[16] 이러한 지식의 의미에서 예술은 거의 지식을 만들어 낼 수 없을 것이다. 반대로 예술이 이러한 의미에서의 지식을 만들어 낼 수 있다면 예술의 본질은 매우 그릇된 것이라고 할 수 있다. 보기에 따라서 예술에 관한 플라톤의 의심은 예술작품을, 어떤 사건에 대한 서술이라는 의미에서의 표상(表象)으로 잘못 받아들이고 있다. 예술은 예술이 아닌, 예술이 의도하지도 않은 어떤 것으로 짜 맞추어 보려는 시도에 불과하다.[17] 하지만 이것은 예술이 또 다른 방식으로 진리뿐만 아니라 허위를 전할 수 없다는 것을 말하려는 뜻은 아니다.

　예술이 참된 경험적 명제와 같은 무엇인가를 전달하는 방식으로 드러나지 않는다면, 예술이 우리에게 지식을 준다는 말은 무슨 뜻인가? 차라리 예술이 이해의 차원에서 지식을 만들어 낼 수 있을 것이라고 말하는 것이 정확한 표현일 것이다. 예술은 우리의 삶을 변화시킬 수 있기 때문에 우리는 다른 각도에서 그것의 다른 측면들을 이해할 수 있으며, 다음으로 이것은 우리가 행동하고 다른 인간 존재들에 대해 반응하는 방식을 변화시킬 수 있는 것이다. 예술은 삶을 바라보는 시각을 변화시키므로 우리는 삶의 여러 측면들을 다른 각도에서 보게 되고, 이는 다시 우리가 다른 사람들에게 행동하고 반응하는 방식을 변화시킨다. 예술적 표현을 반드시 실재로 받아들여서는 안 된다. 대신 다른 어떤 방식으로

---

26) form of knowledge

27) forms of *propositional* knowledge

는 사람들의 관심을 불러일으키기 힘든 실재(實在)[28]의 국면들을 보여 준다고 받아들여야 한다. 예술은 겉치레가 아니라 삶의 중요한 특징을 왜곡됨이 없이 (배려와 성실함을 가지고) 진실하게 보여 주려는 표현 형식이다.[18]

예술이 전하려는 진리는 우리가 진실함, 성실함, 정직에 대해 말할 때 의미하는 진리다. 이것들은 우리가 인식하고 있는 상황의 여러 측면들을 이해할 수 있도록 해 주며, 우리가 아직 충분히 평가하지 못한 그것들의 중요성과 의미를 이해하게 해 준다. 이것은 그저 예술이 우리에게 어떤 감정을 줄 수 있다는 의미(비록 예술이 곧잘 그렇게 하지만)만이 아니라 새로운 이해를 가져올 수 있다는 뜻이다. 이 말은 그것들이 우리 삶 속에서 그 외의 다른 것을 가져다주지 않기 때문에 주관적 경험만을 했다는 것 이상을 의미한다. 이것은 우리가 세계를 바라보는 방식이 변할 수 있으며, 아마도 우리가 행하는 방식 또한 변할 수 있다는 것을 함의하고 있다.

예컨대, 나는 간통(姦通)이 당사자들과 그들의 행동으로 피해를 입는 사람들 모두에게 파괴적인 행동이라는 점을 안다. 하지만 나는 『안나 카레니나(*Anna Karenina*)』를 읽고 나서 간통이 인간의 영혼에 어떤 영향을 끼치는가를 알 수 있으며 그것이 왜 파괴적인 영향을 끼치는가를 알 수도 있다. 이러한 메시지가 가진 즉시성과 힘은 다른 방법으로는, 심지어 불륜의 욕정을 경험하게 해도 전하기 어려운 것이다. 예술은 진실함, 통찰력, 성실함을 표현할 수 있지만 그 반대로 그릇됨, 감상벽(感傷癖), 천박함, 부정직함 등을 표현할 수도 있다.

그리스적 맥락에서 볼 때, 플라톤은 예술의 표상적 성격이 불러온 불가피한 결과를 인정하면서도, 자신이 못마땅하게 여기는 예술이 도덕규범을 표현해 냈다는 점에서 결국 예술의 가치를 의심하게 되었다. 훌륭한 예술과 그렇지 못한 예술 간에는 중요한 차이가 있는데 그것은 기술과 실천에서의 차이일 뿐만 아니라 도덕적이고 인간적인 차원에서의 차이다. 따라서 예술교육이란 일종의 도

---

28) reality

덕교육이라고 할 수 있다. 왜냐하면 예술에의 참여가 대리 도덕적 경험[29]을 제공하여 인간 경험의 의식을 고양시키기 때문이다. 물론 이렇게 하는 데 실패할지도 모른다. 이것이 바로 예술교육의 교과 내용이 적지 않게 중요하며 때로 격렬한 다툼의 대상이 되는 이유다. 그러므로 교사들이 참된 것이 무엇이며 그릇된 것이 무엇인가에 관한 견해를 형성시켜 주어야 하며, 자신들의 학생이 관심을 기울이는 예술작품 안에서 진실한 것(혹은 그것이 결여된 것)을 인식할 수 있도록 이끄는 능력과 열정을 가져야 한다는 의미에서, 예술 교육과정(敎育課程)의 내용 선택은 부분적으로 도덕적 선택이다. 이것은 편치 않은 선택과 논쟁 속으로 교사들을 끌어들일지 모른다. 하지만 이러한 일이 일어나는 곳에서는 문학을 포함하여 예술을 위한 교육 안에 담겨야 할 것이 무엇인가에 대한 최소한의 암묵적 인식이 있다.

오늘날 서구세계는 예술을 기술 혹은 주관적 경험의 맥락에서 생각하는 경향이 있다. 그러므로 음악, 회화, 문학에 상당히 친숙한 사람들 사이에서조차 예술에 관한 대화가 어떻게 가능한지 이해하지 못한다. 고작 자신들의 감정을 묘사하거나 (그럴 능력이 있다면) 작품을 만드는 데 사용된 테크닉에 대해 의견을 간략히 제시할 뿐이다. 하지만 이러한 상황이 존재한다는 사실은 실천적인 측면과 이해의 측면 모두에서 예술교육의 개념이 빈곤해지고 있으며 직업, 종교, 도덕성과 같은 삶의 중요한 국면들과 분리되고 있다는 점을 시사하고 있다.

---

29) vicarious moral experience

1 베스트(David Best)가 예술적인 경험과 심미적인 경험을 구분하기는 했지만, 나는 예술적인 것과 심미적인 것을 하나로 다루려고 한다. 실제로, 아름다움에 대한 관심과 삶에 대한 관심을 구분하는 것은 불가능하다. 이러한 구분이 어떤 목적을 이루기 위해 유용하다고 할지라도 모든 상황에 적용될 수 있는 일반적인 구분으로서는 도움이 되지 않는다. 이 점에 대해서는 D. Best, *The Rationality of Feeling*, Brighton, Falmer, 1992, p. 173을 보라.

2 이 점에 관한 영향력 있는 사고의 흐름은 존 듀이의 저작에서 비롯되는 것으로, 이것은 아이들이 재료를 가지고 실험을 함으로써 예술품을 만들어 내야 한다는 것이다(듀이의 *Democracy and Education*, New York, Macmillan, 1916을 보라). 주관주의자들의 접근법은 어른들의 예술품과는 달리, 아이들의 예술작품은 그 질을 객관적으로 판단할 수 있다는 점을 부정한다.

3 때로 이러한 활동 안에는, 그림형제(Brothers Grimm)의 이야기와 같은 것과 비슷한 구술적인 이야기에서 발견할 수 있는, 어떤 강한 도덕적 요소가 담겨 있다.

4 이러한 아이디어에 관한 유익한 역사적 논의를 위해서는, B. Tilghman, Wittgenstein, *Ethics and Aesthetics*, London, Macmillan, 1991, 2장을 보라.

5 Best, op. cit.는 이러한 아이디어 모두에 대한 통렬한 비판을 가하고 있지만 나는 여기서 그것을 모두 다루지 않겠다.

6 이와 관련된 주제에 대해서는 I. Murdoch, *Metaphysics as a Guide to Morals*, London, Penguin, 1992를 보라.

7 이것에 대한 예들은 규범적 원리들이 창조과정을 지배하고 행위규범으로 사용되는 곳, 예컨대, 도덕성 및 정치학 분야에서 발견된다.

8 L. Wittgenstein, *Zettel*, Oxford, Blackwell, 1967, 320절을 참조하라.

9 G. Robinson, "Langauge and the Society of Others", *Philosophy*, 67, 1992, pp. 329-341을 보라.

10 예외적인 능력을 가진 사람들에 대한 신화 제거적 설명에 대해서는 M. J. A. Howe, *The Origins of Exceptional Abilities*, Oxford, Blackwell, 1990을 보라.

11 I. Reid (ed.), *The Place of Genre in Learning*, Geelong, Typereader Press, Deakin University, 1987을 참고하라.

12 플라톤에 의하면, 이러한 불가사의한 일은 예술가가 신에게서 능력을 부여받았다는 사실에서 비롯된다. *Plato; The Collected Dialogues*, edited by E. Hamilton and H. Cairns, Princeton, New Jersey, Princeton University Press, 1963, pp. 219-221에 수록된 *Ion*을 보라.

13 Cited in Best, op. cit., p. 81.

14 제4장에서 이루어진 논의를 보라. 또한 나의 글인 "Vocational Education: A Liberal Interpretation", *Studies in Philosophy and Education*, 14, 4, 1995, pp. 401-415를 보라.

15 베스트에 따르면, 예술은 인간적인 문제를 포함하고 있는 반면에 미학은 삶의 문제와는 거리가 있는 감상과 관련되어 있다. 이 두 가지를 분리하려는 그의 의도는 그가 이미 알린 바 있듯이(op. cit., pp. 178-179), 심리적인 것과 예술적인 것의 구분이 어려운 건축교육의 경우에는 어울리지 않는 것이다. 여기서 논의할 만한 충분한 공간이 없다고 할지라도, 이것은 인간적인

것으로부터 분리하여 심미적인 숙고에 무게를 두고 있으며 따라서 사람들이 또 다른 것과 관련을 짓는 도덕적 공간, 즉 현대 건축을 인기가 없는 것으로 만들어 버리는 도덕적 공간에 무게를 두고 있다고 주장할 수 있을 것이다.

16 C. Hamm, *Philosophical Issues in Education*, London, Falmer, 1989를 참고하라. 허스트(P. Hirst)의 견해에 대한 비판에 대해서는 J. Gingell, "Art and Knowledge", *Educational Philosophy and Theory*, 17, 1985, pp. 10-21을 보라.

17 하지만 어떤 예술형식의 자연주의적인 특성, 특히 영화는 사람들에게 실재에 대한 직접적인 묘사라는 생각을 가지도록 잘못 이끌 수도 있다. 스크린의 어두움과 깜박이는 특성은 플라톤이 말한 동굴을 암시한다고 할 수 있는데, 플라톤이 이러한 특수한 예술형식을 만들어 냈다는 것을 알아보는 일은 흥미로운 일이 될 것이다.

18 예술작품은 그것이 실제 사물이 아닌 표상이라는 의미에서 허구라고 할 수 있다. 그것이 진실과는 멀게 표상되었을 때 그것은 허구일 수밖에 없다. Best, op. cit.에 인용된 H. O. Mounce, "Art and Real Life", *Philosophy*, 55, April, pp. 183ff를 참고하라.

제16장

결론:
다섯 가지 주제는 있지만
거대이론은 없다

1. 인간적 다양성의 중요성

2. 학습과 교육

제16장

결론:
다섯 가지 주제는 있지만 거대이론은 없다

　학습의 여러 측면에 대한 이러한 연구로부터 어떤 결론을 이끌어 낼 수 있을 것인가? 학습이 어떻게 일어나는가에 관해 설명해 줄 한 가지 이론은 나타날 것 같지가 않다. 그러한 이론 근처에 있거나 있을 수 있다고 주장하는 연구들을 들여다보면 아무것도 없기 때문이다. 인지주의와 발달주의에 의해 시도된 바 있듯이, 거대 경험이론의 수립[1]이란 우리가 6, 7장에서 살펴본 바와 같이, 이론적 혹은 경험적 무게를 전할 수 없는 사상누각에 기초하고 있다. 그래서 결국 그러한 주제[2] 한 가지는 거대 학습이론들은 쓸모가 없으며, 특히 늘 그렇듯이 그릇된 인식론적 전제를 기반으로 할 때 쓸모가 없다는 것이다. 이는 증거에 기초하고 있고 학습이 이루어지는 문화적 문맥에 민감한 학습의 구체적인 측면에 대한 하위 이론들[3]이 나올 수 없다는 것을 말하는 것은 아니다.

　앞서 진술한 바 있는 이론의 적용 불가능성[4]에 대한 주제는 부정적이지만, 누군가에게 학습에 대한 경험적 관심을 가지도록 이끌어 주는 보다 긍정적인 주제들이 있다. 게다가 최소한 몇몇은 다음과 같은 학습 분야들을 두루 관통하고 있다.

---

1) grand empirical theory-building
2) theme
3) local theories
4) inapplicability of theory

1. 첫째, 학습은 필연적으로 사회적 속성을 지닌다고 할 수 있는데, 이것은 인간 삶의 사회적 속성이 초래한 결과다. 4장에서 이루어진 사적 언어 논쟁에 대한 논의는 이러한 관점을 정립하고, 인지주의, 행동주의 및 몇몇 형태의 발달주의 모두의 주장을 무너뜨리는 중요한 단계였다.

2. 학습은 정서적인 속성[5]을 가진다고 할 수 있는데, 이것은 규칙 따르기의 사회적 속성과 밀접히 관련되어 있으며, 규칙 따르기 활동에 참여할 수 있는 능력을 가지고 이루어지는 반사적 행동과 그러한 행동에 대한 반응의 중요성과 밀접히 관련되어 있다. 우리는 제5장, 제8장, 제10장, 제13장, 제14장, 제15장에서 이것이 훈련, 언어학습, 기억기술의 획득, 도덕성, 종교, 예술에의 참여 학습에서 얼마나 중요한지를 살펴보았다.

3. 또한 학습에서는 동기[6]가 중요한데, 이것은 루소 이래 발달주의자들이 주장한 대로 순수히 내면적인 힘이 아니라, 개인적인 것이지만 끊임없이 사회, 사회가 지닌 가치들, 우선순위, 요구와 상호작용하며 개인의 자기 존중감 및 배우고자 하는 대상을 결정하는 데 영향을 미치는 그 무엇으로 이해해야 한다.

4. 중요한 관심사 중의 하나는 학습할 대상에 대한 사랑[7]이다. 이런 사랑만이 비범한 재능이 선택된 분야에서 탁월성을 성취하는가 하는 점을 설명할 수 있다. 플라톤은 신성한 영감을 언급했지만 이것은 여기서 강조한 관점과 모순되지 않는다. 왜냐하면 시인의 능력은 그에게 영감을 주는 신에 대한 사랑을 통해서 드러나기 때문이다. 보다 세속적인 용어로 말하자면, 그러한 사랑은 개인이 느끼는 흥미를 통해 다가온다. 그리고 이 흥미는 일정 부분 사회나 사회의 일부분이 어떤 활동이나 지식에 대해 부과하는 중요성의 지배를 받는다. 사랑에 대한 요구는 다른 사람들이 꿈꿔 보지 못했던

---

5) *affective* nature

6) *motivation*

7) *love*

일들을 하게 되는데, 우리는 이번 방식으로 무엇인가에 탁월한 능력을 가지게 된다. 하지만 사랑에 대한 요구는 부분적으로나마 사회의 요구와 기대에 의해 영향을 받게 된다.

5. 만약 사랑이 탁월성을 갖추기 위한 요건이라면, 존중은 효율성[8])을 갖추기 위한 요건이다. 사람들이 자기가 배워야 할 것을 존중하지 않는다거나 그것의 창조와 발달에 필요한 노력을 인식하지 못한다면, 성공을 이루기란 어려울 것이다. 하지만 어떤 의미에서 학습이 이미 갖고 있는, 선행 지식을 검토함으로써 일어난다는 주장은 인지주의와 발달이론이 가진 독단이다. 이제 필요한 것은 오직 정밀한 조정[9])뿐이다. 이러한 생각이 학습자나 교사의 입장에서 볼 때 어느 정도의 겸손함을 갖추도록 인도할 것 같지는 않다. 루소가 그랬듯이 이 생각이 어떤 사회는 자유와 평등의 이념에 굳건히 서 있지 않다는 의심과 결합된다면, 그때는 그 결과가 매우 실망스러울 것이다.

1. 인간적 다양성[10])의 중요성

학습은 다양한 문화 속에서 이루어지며, 각 문화는 서로 다른 활동들과 지식 체계에 그 문화가 부여하는 중요성에서 그리고 학습에 대한 태도에서 상당히 다른 모습을 갖는다. 이와 더불어, 인간 존재의 개별성[11])은 서로 분리될 수 없는 생물학적 재능과 사회적 관계의 혼합 결과라고 할 수 있다. 이에 덧붙여 모든 사회에서, 특히 우리 사회와 같이 복잡한 사회에서 가치 있는 것으로 여겨지

---

8) effectiveness
9) fine-tuning
10) human diversity
11) individuality

는 활동들의 다양성과 사회적 맥락 안에서 개성을 발달시킬 수 있는 가능성은 엄청나다. 개별성의 발달은 (제재나 자기도야(自己陶冶)[12]의 부재(不在)와 밀접하게 연관된 듯한) 개인주의[13]의 발달이 아니다. 오히려 사회를 반영하고 다시 사회에 반영되는 능력, 관심, 열정의 독특한 조합들로 구성되어 있다.

인간의 개별성을 진지하게 생각하지 않는 사회는 그 자체로서 빈곤해질 위험이 있다. 개별성을 진지하게 다루지 않는 학습이론들은 이러한 빈곤을 초래할 가능성이 있다. 이 이론들 대부분은 개별성에 관해 타당한 설명을 하기 어렵다. 사실 마음에 대한 다양한 기계적인 설명을 채택한 결과 이 이론들은 그 개별성이 어떤 것인지를 제대로 밝히지 못하고 있다. 루소는 개별성을 설명해 내는 데 성공한 가장 대표적인 인물이라고 볼 수 있지만, 현존하는 사회에 대한 경멸 때문에 그는 에밀이 세상에서 의미 있는 위치를 차지하는 순전히 사회적인 개인으로 발달하도록 허락하지 않는다.

2. 학습과 교육

그러므로 인간적 다양성이란 의심을 가지고 볼 것이 아니라 권장되고 인정받아야 한다. 그렇다면 젊은이들에게 제공할 교육은 이러한 점을 충분히 고려한 것이어야 한다. 여기서 시사하는 바가 있다면, 교육이 교육과정의 형식이 다양하건, 학교형태가 다르건, 도제제도와 같은 다른 제도를 통해서건 서로 다른 능력과 관심을 전할 필요가 있다는 것이다. 물론 이러한 필요성이란 다양성이 처음부터 제도에 기반해야 한다는 것을 뜻하지는 않는다. 대부분의 문화란 공통된 이해와 공통된 기술의 기반 위에서만 발달해 갈 수 있다. 발달된 서구사회들에서 개인주의의 끊임없는 성장은 이미 그 공통된 문화적 자본[14]을 파괴해 왔

---

12) self-discipline

13) *individualism*

다. 특히 앵글로색슨 사회에서 그랬다. 개별성이란 일종의 독립성에서부터 발달한다. 그리고 독립성은 조금씩 늘려 가야 하는 것이다. 그것은 신생아가 태어날 때부터 가지고 나오는 것이 아니다.

아이가 나이를 먹어 감에 따라 사회성과 독립심을 발전시키려는 기회와 더불어, 공통된 반응, 기술, 문화적 지식과 이해는 가장 어린 시절에 이루어지는 훈련과 수업을 통해 가장 잘 계발될지도 모른다. 이러한 점이 시사하는 바는, 교육에 대한 공통의 원칙이 있어서 그러한 문화적 유대를 발전시키고, 사회를 파편화시키는 것이 아니라 강화시키는 동시에 개인에게도 만족감을 주는 방향으로 다양성이 진전되도록 해야 한다는 것이다. 이 책이 어떤 식으로든지 그러한 가능성을 실현하는 일에 기여했다면, 원래 이루고자 했던 목적을 성취한 것이라고 할 수 있겠다.

---

14) cultural capital

참고문헌

Abbs, P., 'Training Spells the Death of Education', *The Guardian*, 5 January 1987.

Alexander, R., *Policy and Practice in the Primary School*, London, Routledge, 1992.

Aristotle, *Nichomachean Ethics*. Translated by Sir David Ross, Oxford, Oxford University Press, 1925.

Auden, W. H., 'The Shield of Achilles', in *Collected Shorter Poems*, London, Faber, 1966, p. 294.

Augustine, *Confessions*, London, Dent, 1907.

Baker, G. P., and P. M. S. Hacker, *Language, Sense and Nonsense*, Oxford, Blackwell, 1984.

_____, *Wittgenstein: Rules, Grammar and Necessity; Volume Two of an Analytical Commentary on the 'Philosophical Investigations'*, Oxford, Blackwell, 1985.

Baker, G. P., and K. J. Morris, *Descartes' Dualism*, London, Routledge, 1996.

Barrow, Robin, and Ronald Woods, *An Introduction to Philosophy of Education*, London, Methuen, 1975.

Bastide, D. (ed.), *Good Practice in Primary Religious Education 4−11*, London, Falmer, 1992.

Beardsmore, R. W., 'The Theory of Family Resemblances', *Philosophical Investigations*, 15, 2, 1992, pp. 111−130.

Beckett, K., 'Growth Theory Reconsidered', *Journal of Philosophy of Education*, 19, 1, 1985, pp. 49−54.

Berkeley, B., *The Principles of Human Knowledge*, in Berkeley, *Selections*, edited by Mary W. Calkins, New York, Scribner, 1929.

Best, D., *The Rationality of Feeling. Understanding the Arts in Education*, Brighton, Falmer, 1993.

Brown, G., and C. Desforges, *Piaget's Theory: A Psychological Critique*, London, Routledge, 1979.

Bryant, P., and L. Bradley, *Children's Reading Problems*, Oxford, Blackwell, 1985.

Carr, David, 'Knowledge and Curriculum: Four Dogmas of Child-Centred Education', *Journal of Philosophy of Education*, 22, 1, 1988.

_____, *Educating the Virtues*, London, Routledge, 1991.

_____, 'Knowledge and Truth in Religious Education', *Journal of Philosophy of Education*, 28, 2, 1994, pp. 221-238

_____, 'Towards a Distinctive Concept of Spiritual Education', *Oxford Review of Education*, 21, 1, 1995, pp. 83-98.

Carruthers, Peter, *Human Knowledge and Human Nature,* Oxford, Oxford University Press, 1992.

Champlin, T. S., 'Solitary Rule-Following', *Philosophy*, 67, 1992, pp. 285-306, 298.

Chomsky, Noam, *Aspects of the Theory of Syntax*, Cambridge, Cambridge University Press, 1965.

_____, *Language and Problems of Knowledge*, Cambridge, Mass., MIT Press, 1988.

Cooper, D., *Knowledge of Language*, London, Prism Press, 1975.

_____, 'Labov, Larry and Charles', *Oxford Review of Education*, 1984.

Cottingham, John, *Descartes*, Oxford, Blackwell, 1986.

D'Agostino, Fred, *Chomsky's System of Ideas*, Oxford, Clarendon, 1986.

Darling, J., 'Understanding and Religion in Rousseau's *Émile'*, *British Journal of Educational Studies*, 33, 1, 1985, pp. 20-34.

_____, 'Rousseau as Progressive Instrumentalist', *Journal of Philosophy of Education*, 27, 1, 1993, pp. 27-38.

_____, *Child-Centred Education and Its Critics*, London, Chapman, 1994.

Dearden, R., *The Philosophy of Primary Education,* London, Routledge & Kegan Paul, 1968, Chapter 3.

_____, 'Education and Training', *Westminster Studies in Education*, 7, 1984, pp. 57-66.

Dent, N., 'The Basic Principle of Émile's Education', *Journal of Philosophy of Education,* 22, 2, 1988a, pp. 139-150.

_____, *Rousseau*, Oxford, Blackwell, 1988b.

Descartes, René, *Oeuvres de Descartes.* Edited by Charles Adam and Paul Tannery, Paris, Cerf [1897], 1913.

_____, *Philosophical Writings.* Selected, translated and edited by E. Anscombe and P. T. Geach, London, Nelson, 1966.

Dewey, John, *Democracy and Education*, New York, Macmillan, 1916.

Donaldson, M., *Children's Minds,* London, Fontana, 1978.

_____, *Human Minds*, London, Penguin, 1992.

Egan, K., *Individual Development and the Curriculum*, London, Hutchinson, 1986.

Evers, C., and G. Lakomski, 'Reflections on Barlosky: Methodological Reflections on

Postmodernism', *Curriculum Inquiry*, 25, 4, 1995, pp. 457–465.

Fetzer, J. E., 'What Makes Connectionism Different?', *Pragmatics and Cognition*, 2, 2, 1994, pp. 327–347.

Fodor, J., *The Language of Thought*, Cambridge, Mass., MIT Press, 1975.

Gaita, R., *Good and Evil*, London, Macmillan, 1991.

Galton, M., B. Simon and P. Croll, *Inside the Primary Classroom*, London, Routledge, 1980.

Garson, J. W., 'No Representations without Rules: the Prospects for a Compromise between Paradigms in Cognitive Science', *Mind and Language*, 9, 1, 1994, pp. 25–37.

Geach, P. T., *Mental Acts*, London, Routledge, 1957.

Gettier, Ernest, 'Is Justified True Belief Knowledge?', in A. Phillips Griffiths (ed.) *Knowledge and Belief*, Oxford, Oxford University Press, 1967.

Gingell, J., 'Art and Knowledge', *Educational Philosophy and Theory*, 17, 1985, pp. 10–21.

Ginsberg, H., *The Myth of the Deprived Child*, New York, Doubleday, 1972.

Glasersfeld, E. von, 'Cognition, Construction of Knowledge and Teaching', *Synthese*, 80, 1989, pp. 121–140.

Gould, S. J., *The Mismeasure of Man*, London, Penguin, 1981.

_____, *Wonderful Life: The Burgess Shale and the Nature of History*, New York, Norton & Co., 1989.

Gramsci, A., *Selections from the Prison Notebooks*. Edited by Quinin Hoare and Geoffrey Nowell Smith, London, Lawrence & Wishart, 1971, p. 37.

Green, J. A. (ed.), *Pestalozzi's Educational Writings*, London, Edward Arnold, 1912.

Hacker, P. M. S., *Wittgenstein's Place in Twentieth–Century Analytic Philosophy*, Oxford, Blackwell, 1996.

Haften, W. van, 'The Justification of Conceptual Development Claims', *Journal of Philosophy of Education*, 24, 1, 1990, pp. 51–70.

Halliday, M. A. K., *Learning How to Mean*, London, Arnold, 1978.

Hamlyn, D., *Experience and the Growth of Understanding*, London, Routledge, 1978.

Hamm, C., *Philosophical Issues in Education: An Introduction*, Lewes, Falmer, 1989.

Hanfling, O., ' "Thinking", a Widely Ramified Concept', *Philosophical Investigations*, 16, 2, 1993, pp. 101–115.

Hirst, Paul, 'Morals, Religion and the Maintained School', *British Journal of Educational Studies*, November 1965.

_____, *Knowledge and the Curriculum*, London, Routledge, 1974.

_____, 'Education, Knowledge and Practices', in R. Barrow and P. White (eds) *Beyond Liberal Education*, London, Routledge, 1993, pp. 184–199.

Hobbes, Thomas, *Leviathan* [1651], London, Penguin, 1968, p. 319.

Holland, R. F., *Against Empiricism*, Oxford, Blackwell, 1980.

Hollis, M., *The Philosophy of Social Science*, Cambridge, Cambridge University Press, 1994.

Horgan, T., and J. Tienson, 'Representations Don't Need Rules: Reply to James Garson', *Mind and Language*, 9, 1, 1994, pp. 38–55, 56–87.

Howe, M. J. A., *The Origins of Exceptional Abilities*, Oxford, Blackwell, 1990.

Hume, David, *A Treatise of Human Nature* [1739–40], Oxford, Oxford University Press, 1978.

_____, *Natural History of Religion* [1777], Oxford, Oxford University Press, 1993.

Jessup, G., 'Implications for Individuals: The Autonomous Learner', in G. Jessup (ed.) *Outcomes: NVQs and the Emerging Model of Education and Training*, Brighton, Falmer, 1991.

Kant, I., *Groundwork of the Metaphysic of Morals* [1785], cited in H. J. Paton, *The Moral Law*, London, Hutchinson, 1948.

_____, *Critique of Practical Reason* [1788], translated by L. W. Beck, Indianapolis, Bobbs–Merrill, 1956.

Kazepides, T., 'On the Prerequisites of Moral Education: a Wittgenstein Perspective', *Journal of Philosophy of Education*, 25, 2, 1991, pp. 259–272.

Kenny, A., *Descartes*, New York, Random House, 1969.

_____, *The Legacy of Wittgensteinian*, Oxford, Blackwell, 1989.

Kirk, R., 'Rationality without Language', *Mind*, V, 76, 1967, pp. 369–386.

Kohlberg, L., 'Stages of Moral Development as a Basis for Moral Education,' in C. Beck, B. S. Crittenden and E. V. Sullivan (eds) *Moral Education: Interdisciplinary Approaches*, New York, Newman Press, 1971.

_____, *The Philosophy of Moral Development*, Volumes I–III, San Francisco, Harper & Row, 1981.

Lenneberg, E., 'Natural History of Language', in F. Smith and G. Miller (eds) *Genesis of Language*, Cambridge, Mass., MIT Press, 1966.

Levi, D., 'Why Do Illiterates Do So Badly in Logic?', *Philosophical Investigations*, 19, 1, 1995, pp. 34–54.

Lieberman, D., *Learning*, California, Wadsworth, 1990.

List, F., *The National System of Political Economy* [1841], New Jersey, Augustus Kelley, 1991, Chapter XVII.

Locke, D., *Memory*, London, Macmillan, 1971.

Locke, J., *An Essay Concerning Human Understanding* [1690], London, Dent, 1961.

MacIntyre, A., *After Virtue*, London, Duckworth, 1981.

Mckeon, R. (ed.), *The Basic Works of Aristotle*, New York, Random House, 1941.

Macmillan, C. A., *Women, Reason and Nature*, London, Macmillan, 1982.

McPeck, J., *Critical Thinking and Education*, Oxford, Martin Robertson, 1981.

Malcolm, N., *Memory and Mind*, Ithaca, NY, Cornell, 1977.

_____, 'Thoughtless Brutes', in N. Malcolm, *Thought and Knowledge*, Ithaca and London, Cornell University Press, 1977.

_____, 'Wittgenstein on Language and Rules', *Philosophy*, 64, 1990, pp. 5-28.

Malone, M. E., 'On Assuming Other Folks Have Mental States', *Philosophical Investigations*, 17, 1, 1994, pp. 37-52.

Matson, William I., and Adam Leite, 'Socrates' Critique of Cognitivism', *Philosophy*, 66, 256, 1991, pp. 145-168.

Matthews, P. H., *Generative Grammar and Linguistic Competence*, London, Allen & Unwin, 1979.

Menyuk, P., *Language Development: Knowledge and use*, London, Scott Foresman, 1988, Chapter 8.

Mills, Stephen, 'Wittgenstein and Connectionism: A Significant Complementarity?', in C. Hookway and D. Peterson (eds) *Philosophy and Cognitive Science*, Royal Institute of Philosophy Supplement 34, Cambridge, Cambridge University Press, 1993, pp. 137-158.

Mortimore, P., P. Sammons, L. Stoll, D. Lewis and R. Ecob, *School Matters*, Wells, Open Books, 1987.

Mounce, H. O., 'Art and Real Life', *Philosophy*, 55, April 1980, pp. 183ff.

Murdoch, I., *The Sovereignty of the Good*, London, Routledge, 1970.

_____, *Metaphysics as a Guide to Morals*, London, Penguin, 1992.

Nolan, R., *Cognitive Practices: Human Language and Human Knowledge*, Oxford, Blackwell, 1994.

Norman, R., ' "I Did It My Way". Some Reflections on Autonomy', *Journal of Philosophy of Education*, 28, 1, 1994, pp. 25-34.

Papineau, D., *For Science in the Social Sciences*, London, Macmillan, 1988.

Peacocke, C., *A Study of Concepts*, Cambridge, Mass., MIT Press, 1992.

Perera, K., *Children's Writing and Reading*, Oxford, Blackwell, 1984.

Peters, R. S., 'Authority', in A. Quinton (ed.) *Political Philosophy*, Oxford, Oxford University Press, 1967.

_____, *Essays on Educators*, London, Allen & Unwin, 1981.

Phillips, D. Z., 'Philosophy and Religious Education', *British Journal of Educational Studies*, XVIII, 1, February 1970, pp. 5-17.

_____, *Wittgenstein on Religion*, London, Macmillan, 1993.

_____, 'Wittgenstein, Religion and Anglo−American Philosophical Culture', in *Wittgenstein and Culture*, Wittgenstein Vienna Society, forthcoming.

Piaget, J., *Le Language et la pensée chez l'enfant*, Neuchâtel−Paris, Delachaux et Niestle, 1923.

_____, *Logic and Psychology*, Manchester, The University Press, 1953.

_____, *Biology and Knowledge*, Edinburgh, Edinburgh University Press, 1971 (first published in French, 1967).

_____, *The Principles of Genetic Epistemology*, London, Routledge, 1972.

Piaget, J., and B. Inhelder, *The Psychology of the Child*, London, Routledge, 1969 (first published in French in 1966).

Plato, *Theatetus*, pt 3, in F. M. Cornford, *Plato's Theory of Knowledge*, London, Routledge, 1935.

_____, *Ion*, in *Plato; The Collected Dialogues*, edited by E. Hamilton and H. Cairns, Princeton New Jersey, Princeton University Press, 1963.

_____, *Meno*, in B. Jowett, *The Dialogues of Plato*, London, Sphere Books, 1970.

Prais, S., 'Mathematical Attainments: Comparisons of Japanese and English Schooling', in B. Moon, J. Isaac and J. Powney (eds) *Judging Standards and Effectiveness in Education*, London, Hodder & Stoughton, 1990.

_____, 'Vocational Qualifications in Britain and Europe: Theory and Practice', *National Institute Economic Review*, 136, May 1991, pp. 86−89.

Reid, I.(ed.), *The Place of Genre in Learning*, Geelong, Typereader Press, Deakin University, 1987.

Rescorla, R. A., and A. R. Wagner, 'A Theory of Pavlovian Conditioning: Variations in the Effectiveness of Reinforcement and Non−reinforcement', in A. H. Black and W. F. Prokasy (eds) *Classical Conditioning II: Current Research and Theory*, New York, Appleton Century−Crofts, 1972.

Rhees, R., 'Languages as Emerging from Instinctive Behaviour', *Philosophical Investigations*, 20, 1, 1997, pp. 1−14.

Robinson, Guy, 'Language and the Society of Others', *Philosophy*, 67, 1992, pp. 329−341.

Rogers, Carl, *The Carl Rogers Reader*, edited by H. Kirschenbaum and V. Land Henderson, London, Constable, 1990.

Rosenow, E., 'Rousseau's "Émile": an Anti−utopia', *British Journal of Educational Studies*, XXVIII, 3, 1980, pp. 212−224.

Rousseau, J. J., *Émile ou l'éducation* [1762]. English edition translated by Barbara Foxley,

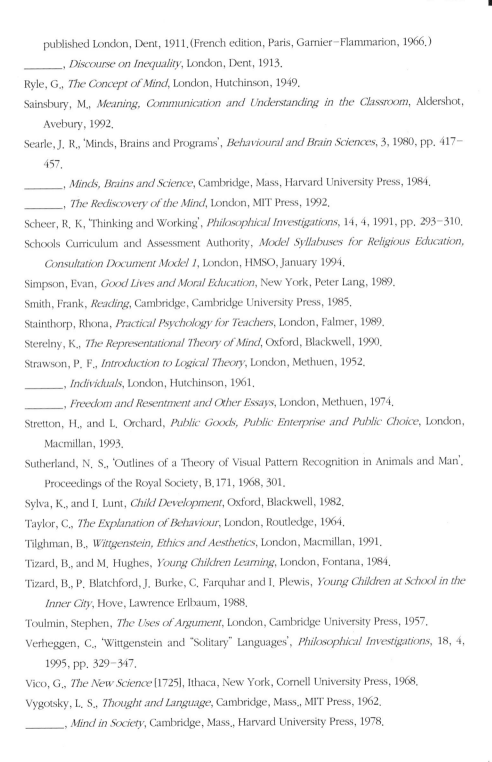

published London, Dent, 1911.(French edition, Paris, Garnier-Flammarion, 1966.)

_____, *Discourse on Inequality*, London, Dent, 1913.

Ryle, G., *The Concept of Mind*, London, Hutchinson, 1949.

Sainsbury, M., *Meaning, Communication and Understanding in the Classroom*, Aldershot, Avebury, 1992.

Searle, J. R., 'Minds, Brains and Programs', *Behavioural and Brain Sciences*, 3, 1980, pp. 417-457.

_____, *Minds, Brains and Science*, Cambridge, Mass, Harvard University Press, 1984.

_____, *The Rediscovery of the Mind*, London, MIT Press, 1992.

Scheer, R. K, 'Thinking and Working', *Philosophical Investigations*, 14, 4, 1991, pp. 293-310.

Schools Curriculum and Assessment Authority, *Model Syllabuses for Religious Education, Consultation Document Model 1*, London, HMSO, January 1994.

Simpson, Evan, *Good Lives and Moral Education*, New York, Peter Lang, 1989.

Smith, Frank, *Reading*, Cambridge, Cambridge University Press, 1985.

Stainthorp, Rhona, *Practical Psychology for Teachers*, London, Falmer, 1989.

Sterelny, K., *The Representational Theory of Mind*, Oxford, Blackwell, 1990.

Strawson, P. F., *Introduction to Logical Theory*, London, Methuen, 1952.

_____, *Individuals*, London, Hutchinson, 1961.

_____, *Freedom and Resentment and Other Essays*, London, Methuen, 1974.

Stretton, H., and L. Orchard, *Public Goods, Public Enterprise and Public Choice*, London, Macmillan, 1993.

Sutherland, N. S., 'Outlines of a Theory of Visual Pattern Recognition in Animals and Man'. Proceedings of the Royal Society, B.171, 1968, 301.

Sylva, K., and I. Lunt, *Child Development*, Oxford, Blackwell, 1982.

Taylor, C., *The Explanation of Behaviour*, London, Routledge, 1964.

Tilghman, B., *Wittgenstein, Ethics and Aesthetics*, London, Macmillan, 1991.

Tizard, B., and M. Hughes, *Young Children Learning*, London, Fontana, 1984.

Tizard, B., P. Blatchford, J. Burke, C. Farquhar and I. Plewis, *Young Children at School in the Inner City*, Hove, Lawrence Erlbaum, 1988.

Toulmin, Stephen, *The Uses of Argument*, London, Cambridge University Press, 1957.

Verheggen, C., 'Wittgenstein and "Solitary" Languages', *Philosophical Investigations*, 18, 4, 1995, pp. 329-347.

Vico, G., *The New Science* [1725], Ithaca, New York, Cornell University Press, 1968.

Vygotsky, L. S., *Thought and Language*, Cambridge, Mass., MIT Press, 1962.

_____, *Mind in Society*, Cambridge, Mass., Harvard University Press, 1978.

Ward, Keith, *The Development of Kant's Views of Ethics*, Oxford, Blackwell, 1972.

Warnock, M., *Memory*, London, Faber & Faber, 1987.

White, J. P., *Education and the Good Life*, London, Kogan Page, 1990.

Whitehead, A. N., *The Aims of Education*, New York, The Free Press, 1967.

Winch, C., 'Cooper, Labov, Larry and Charles', *Oxford Review of Education*, 1985.

_____, 'The Curriculum and the Study of Reason', *Westminster Studies in Education*, 1987.

_____, 'Education Needs Training', *Oxford Review of Education*, 21, 3, 1995, pp. 315–326.

_____, 'Vocational Education: A Liberal Interpretation', *Studies in Philosophy and Education*, 1995.

_____, *Quality and Education*, Oxford, Blackwell, 1996.

_____, 'Authority(Education)', in the *Encyclopedia of Applied Ethics*, edited by R. Chadwick, California, Academic Press, forthcoming.

_____, 'Autonomy as an Educational Aim', in R. Marples (ed.) *Aims in Education*, London, Routledge, forthcoming.

Winch, P., 'Authority', in A. Quinton(ed.) *Political Philosophy*, Oxford, Oxford University Press, 1967.

_____, 'Understanding a Primitive Society', in *Ethics and Action*, London, Routledge, 1972.

_____, *The Just Balance*, Cambridge, Cambridge University Press, 1989.

Wittgenstein, L., *Tractatus Logico−Philosophicus*, London, Routledge, 1922.

_____, *Philosophical Investigations*, Oxford, Blackwell, 1953.

_____, *Blue and Brown Books*, Oxford, Blackwell, 1958.

_____, *Zettel*, Oxford, Blackwell, 1967.

_____, *On Certainty*, Oxford, Blackwell, 1969.

_____, *Philosophical Grammar*, Oxford, Blackwell, 1974.

_____, *Remarks on Philosophical Psychology*, Volume 1, Oxford, Blackwell, 1980.

_____, Culture and Value, translated by Peter Winch, Oxford, Blackwell, 1980.

Wollheim, Richard, *The Thread of Life*, Cambridge, Cambridge University Press, 1984.

Wood, David, *How Children Think and Learn*, Oxford, Blackwell, 1990.

Yates, Frances, *The Art of Memory*, London, Ark, 1984.

찾아보기

[내용]

저자 소개

▌ **크리스토퍼 윈치**(Christopher Winch)

크리스토퍼 윈치는 현재 영국 노샘프턴에 있는 네인 대학의 교육철학 교수로서 초등학교와 고등교육기관에서 학생들을 가르친 바 있다. 주요 저서로는 『언어, 능력 그리고 교육성취(*Language, ability and educational achievement*)』(1990), 『읽기, 쓰기 그리고 논증하기(*Reading, writing and reasoning*)』(Gavin Fairbairn과 공저, 1991, 1996), 『자질과 교육(*Quality and education*)』(1996) 등이 있다.

역자 소개

▌ **이병승**(李秉承, Lee ByungSeung)

현재 공주대학교 사범대학 교육학과 교수로, 교육철학, 교육사, 교육사상 등의 교과목을 가르치고 있다. 주요 저서로는 『교육에 관한 철학적 담론』(원미사, 2006), 『쉽게 풀어 쓴 교육학(3판)』(학지사, 2013), 역서로는 『도덕교육의 철학』(서광사, 2005), 『교수에 관한 철학적 탐구』(원미사, 2013) 등이 있으며, 주요 논문으로는 「훌륭한 교사의 철학적 자질 탐구」(2008) 등 다수가 있다.

▌ **김우영**(金祐永, Kim WooYoung)

서강대학교 불문과를 졸업하고 동 대학원에서 마담 드 라파예트의 작품 연구로 불문학 석사학위를 받았으며 공주대학교 교육학과 대학원 박사과정(교육철학 전공)에 재학 중이다. 현재 안양여자고등학교 교사로 재직하고 있다. 역서로 『펭귄의 섬』(다른우리, 2008) 등이 있으며, 주요 논문으로는 「인문학적 리터러시의 의미와 교육적 함의」(2013) 등이 있다.

인간학습의 철학
The Philosophy of Human Learning

2014년 8월 20일 1판 1쇄 인쇄
2014년 8월 29일 1판 1쇄 발행

지은이 • 크리스토퍼 윈치
옮긴이 • 이병승 · 김우영
펴낸이 • 김진환
펴낸곳 • ㈜ **학 지 사**

　　　　121-838 서울특별시 마포구 양화로 15길 20 마인드월드빌딩
대표전화 • 02)330-5114　　　　팩스 • 02)324-2345
등록번호 • 제313-2006-000265호

홈페이지 • http://www.hakjisa.co.kr
커뮤니티 • http://cafe.naver.com/hakjisa

ISBN 978-89-997-0474-1　93370

Korean Translation Copyright ⓒ 2014 by Hakjisa Publisher, Inc.

정가 18,000원

인터넷 학술논문 원문 서비스 **뉴논문** www.newnonmun.com

이 도서의 국립중앙도서관 출판시도서목록(CIP)은 서지정보유통지원시스템
홈페이지(http://seoji.nl.go.kr)와 국가자료공동목록시스템(http://www.
nl.go.kr/kolisnet)에서 이용하실 수 있습니다.
(CIP제어번호: CIP2014024330)